"CÓMO SE ROBARON LA COPA"

David Yallop

Primera edición en español
Noviembre de 2000
© Editorial Oveja Negra Ltda., 2000
 Cra. 14 No. 79-17. Santafé de Bogotá, Colombia
© Poetic Products Limited 1999
 50-60 Berners Street
 Londres W1p. 4JS

Los derechos de autor de esta obra se han patentado de acuerdo con el acta de derechos sobre patentes y proyectos de 1998 en los numerales 77 y 78.
Todos los derechos están reservados. No se permiten publicaciones parciales ni totales de esta obra. Tampoco el uso de ningún sistema de reproducción o transmisión en cualquier medio electrónico, mecánico, digital o fotocopiado sin el previo aviso del editor.

Traductores Sergio Sanguino
Rubén Martínez

ISBN: 848280-393-4

Impreso por Panamericana Formas e Impresos S.A.
Impreso en Colombia - Printed in Colombia

CONTENIDO

PRÓLOGO
9

PRIMERA PARTE
19

SEGUNDA PARTE
89

TERCERA PARTE
195

EPÍLOGO
213

DEDICATORIA

Para Lucy, quien comparte el punto de vista de Pelé según el cual "sólo es un juego"; y para Fletcher, quien está de acuerdo con el desaparecido Bill Shankly, para quien "es más importante que la vida o la muerte".

AGRADECIMIENTOS

Así como con otras investigaciones que he emprendido, la lista de agradecimientos que a continuación publico, es apenas un listado parcial de las fuentes que he consultado. Como en el pasado, muchos quisieron participar en esta investigación a cambio de permanecer en el anonimato. También como en el pasado, respeto ese deseo, aun cuando debo observar que la existencia de personas viviendo bajo el temor a represalias cuando se trata de esta clase de investigaciones es una acusación aterradora acerca del estado actual del fútbol internacional. Quisiera agradecer a los informantes anónimos y a las siguientes personas:

Su excelencia Rubens Antonio Barbosa, embajador de Brasil en el Reino Unido, y al personal de la embajada; Mónica Berlioux; Wolfgang Berner; Sepp Blatter; Marcio Braga; Bryon Butler; Su excelencia Fernando Henrique Cardoso, presidente de Brasil; Marco Casanova; Dr. Mong Joon Chung; Steve Clarke, Mars UK; Richard Denton, Canon; Teddi Domann, McDonalds; Eric Drossart; George Drummond; Mustafá Fahmy; Paul Farrelly, director de la Oficina Federal de Inteligencia, FBI, Washington, D. C; al personal de la FIFA, Zurich, especialmente a Keith Cooper, Andreas Herren, Michele Zen-Ruffinen; Barrie Gill, Brian Glanville; Celso Grellet; Dr. João Havelange; Mava Heffler, Mastercard; Marc Héraud, Fuji; Bruce Hudson Anheuser-Busch; director de la Interpol; Andrew Jennings; Lennart Johansson, presidente de la UEFA; Jota Jota; Tom Kemmere, Philips; Juca Kfouri; Jim Latham, General Motors; Dr. Haddock Lobo; Peter McCormick; John McKnight; Ivan G. Pinheiro Machado, L & P M Editores, Brasil; Sergio A. C. Machado, Distribuidora Record de Servicios, Brasil; Faouzi

Mahjoub; Su excelencia Chadeerton Matos, embajador de Venezuela en el Reino Unido, y al personal de la embajada; al vicepresidente de la UEFA, Dr. Antonio Matarresse; Waren Mersereau, Adidas AG; Edson Arantes do Nascimento, "Pelé"; Jochen H. Pferdmenges; Judith Ravin; Simon Rooks y al personal de los archivos de grabaciones de la BBC; Claude Ruibal, Coca-Cola; John Salthouse; Laura Sandys; Hiroyuki Sakamoto, JVC; Tim Schramm, Gillette; Karl Schiltz; secretario y personal de la UEFA; Margaret Shanks; Andrew Sheldon; Vyv Simson; Giulite Soutinho; Roberto Pereira de Souza; al personal de Dentsu; al personal de la Biblioteca de la Cámara de los Comunes; al personal de ISL; al personal de la Villa Olímpica, Rio; al personal de los archivos Press Association; al Procurador Departamental de Rio, Brasil, Dra. María Emilia Arauto, y al profesor Rogerio Mascarenhas y a sus colegas; John Sugden; Rogan Taylor; GuidoTognoni; profesor Alan Tomlinson; Brian Tora; Fernanda Verissimo; Derek Wyatt MP.

PRÓLOGO

En la primera semana de diciembre de 1997 la corte del Rey Sol llegó a Marsella.

Los acólitos de la corte, secretarios, asistentes, agregados de prensa y los guardias de seguridad se movían apresuradamente por doquier. Los miembros del cortejo siempre manifestaban una ansiedad subyacente cuando "Le Grand Monarque"[1] estaba cerca, y particularmente cuando daba una audiencia pública. En esta oportunidad la prensa mundial asistente fue más respetuosa que de costumbre, pues los periodistas no querían correr el riesgo que se les negara el derecho de asistir al torneo que el Rey Sol preparaba para el próximo verano.

Se veía a sí mismo como el hombre más poderoso de la tierra. Estaba a la cabeza de una de las grandes religiones del mundo, y las ceremonias del siguiente verano serían observadas por una audiencia acumulativa de cuarenta mil millones de personas, unas seis veces la población de la tierra.

Un asesor se adelantó y musitó algo al oído de Su Majestad. Fue necesario que se empinara para alcanzar el oído real. A sus ochenta y dos años el Rey Sol con su metro ochenta de estatura conserva el aspecto atlético que lucía en su juventud y aunque su peso excede en diez kilos a los que antes tenía, continúa siendo una figura imponente. Su cara, que suele semejar una tumba cerrada, esbozó una sonrisa que luego se convirtió en una mirada amenazante, pero aún era obvio que se deleitaba saboreando el momento.

---
[1] El gran monarca, en el original en francés (N del T).

"Les pido que me disculpen, señoras y señores, tengo que atender una llamada del presidente Chirac".

Presidentes, reyes y reinas, jefes de Estado y primeros ministros: ha conocido a la mayoría de líderes mundiales. Su Santidad el Papa le ha concedido varias audiencias. El Rey Sol tiene una clara visión de su posición en el orden mundial.

"¿Se considera usted el hombre más poderoso de la tierra?"

Cualquiera a quien se le dirigiera esta pregunta vacilaría y la evadiría con una sonrisa.

Pero el Dr. João Havelange, presidente de la Federación Internacional de Fútbol, FIFA, no la evadió y por supuesto que no rió.

"He ido a Rusia dos veces, invitado por el presidente Yeltsin. He estado en Polonia hablando con el presidente. En la Copa jugada en Italia en 1990 me entrevisté tres veces con el Papa. Cuando voy a Arabia Saudita el rey Fahd me da una espléndida bienvenida. En Bélgica tuve una entrevista de hora y media con el rey Alberto. ¿Creen ustedes que un jefe de Estado dedica todo ese tiempo a cualquiera? Eso es respeto. Ese es el poder de la FIFA. Puedo hablar con cualquier presidente, pero les aseguro que ellos estarán hablando con su homólogo en iguales condiciones. Ellos tienen su poder y yo tengo el mío: el poder del fútbol, que es el poder más grande que existe".

Esa es la manera de decir *sí* de Havelange.

En realidad es una pretensión ultrajante, pero el actual Rey Sol ofrece una gran lista de hechos y cifras buscando con ello justificarse. El Papa puede ser el máximo representante de una de las mayores religiones de la tierra, pero Havelange gobierna en una religión que es seguida fervorosamente por más de la quinta parte de los habitantes del planeta.

"El campeonato mundial de 1994 celebrado en Estados Unidos fue observado por una audiencia acumulativa de 30 mil millones de personas. Algo así como cinco veces la población de la tierra. El ingreso anual del fútbol es de 225 billones de dólares, y ofrece empleos directos e indirectos a cerca de cuatrocientos cincuenta millones de personas. Hay federaciones nacionales afiliadas a la FIFA en ciento noventa y ocho países. Hay más países afiliados a mi organización que a las Naciones Unidas".

Parece adecuarse más la idea de *Yo soy el Mundo* que aquella de *Yo soy el Estado*. Como muchos gobernantes a través de la historia, João Havelange ha incrementado la fuerza y seguridad de su trono con el crecimiento decidido de su imperio. El 11 de julio de 1974, cuando llegó al poder luego de conspirar durante los tres años anteriores, el número de países afiliados a la FIFA era de ciento treinta y ocho. Ese mismo año en Alemania sólo compitieron dieciséis países por el campeonato mundial, mientras que en Francia en 1998 compitieron treinta y dos países. Esto puede ser o no ser por el bien del fútbol, pero ciertamente ha sido por el bien del doctor Havelange, quien se ha asegurado seis presidencias consecutivas. El aumento del número de competiciones mundiales de dos a ocho también fue un voto ganador entre los delegados. La Copa FIFA Coca-Cola. El campeonato mundial Futsal FIFA. El campeonato mundial femenino FIFA. El campeonato mundial Juvenil FIFA / JVC sub-17, entre otros. El comentarista deportivo británico Brian Glanville me comentó:

"Havelange ha dejado de cumplir sólo dos deseos. El primero, ser el primer presidente póstumo de la FIFA; el segundo, organizar un campeonato mundial para embriones".

En menos de tres minutos, tiempo en que apenas se alcanza a cocer un huevo, el Rey Sol regresó después de hablar con el presidente francés. Hubo disculpas cordiales por parte de Chirac, pues no podría asistir al mitin de Marsella. Las relaciones con Chirac no siempre habían sido tan cordiales.

En 1985 mientras se realizaba una reunión del Comité Olímpico Internacional en Berlín, Chirac, que buscaba la sede para París, se enojó con Havelange, pues se dio cuenta que éste negociaba para que Barcelona obtuviera la sede de los Juegos Olímpicos de 1992.

La comitiva francesa había ido a Berlín dispuesta a establecer los méritos y virtudes de París. Havelange, que usaba el sombrero del Comité Olímpico, se encontraba ocupado organizando a los miembros hispanohablantes del comité que apoyaban la campaña de Barcelona. El estilo de Havelange ante este tipo de situaciones siempre incluye recepciones suntuosas, viaje con gastos pagos para los miembros del comité, regalos que comienzan con relojes Rolex y terminan con cualquier precio a fin de que el miembro del comité dé su voto. Para asegurarse que el voto quedaba comprometido a favor de Barcelona, los delegados fueron invitados a comer y a cenar con el primer ministro Felipe González y los funcionarios claves de su Gabinete, para luego ser agasajados por el Rey y la Reina de España. Chirac estalló:

"Si no detiene estos sobornos, Dr. Havelange, utilizaré la influencia que tengo en África. No para conseguir la sede de los Juegos Olímpicos sino para evitar que consiga su reelección en la FIFA".

Esto no hizo mella. Barcelona de todos modos obtuvo la sede de los Juegos y Havelange continuó sin oposición alguna presidiendo la religión más popular de la tierra.

Durante su breve ausencia, lo reemplazó Sepp Blatter, secretario general de la FIFA, quien imprudentemente permitió que la prensa formulara preguntas. Al Rey Sol no le gusta la prensa, menos las preguntas que le hacen los periodistas. Lanzó una mirada paralizante al reportero que preguntó:

"¿Por qué no invitaron a Pelé para que participara en el sorteo de la sede?"

Algunos mensajes silenciosos se cruzaron entre Blatter, que es bajo de estatura, regordete, y Havelange, que es alto y quien aún a los ochenta y dos años conserva el físico de un nadador olímpico. Blatter, no obstante, respondió:

"No tenemos ningún problema con el señor Pelé".

Hubo una risilla contenida. Todos en el lugar sabían que sí había un problema.

"¿Entonces, por qué no se le invitó a participar en el sorteo de las sedes junto con los otros grandes jugadores?"

"No tenemos ningún problema con el señor Pelé". Replicó Blatter.

"Pero…"

"No tenemos ningún problema con el señor Pelé", dijo nuevamente, pero esta vez de manera concluyente. El secretario general ha sido muy bien entrenado durante años por el actual Rey Sol y la versión moderna del cardenal Richelieu: Horst Dassler, de Adidas. Las damas y caballeros de la prensa recibieron un tratamiento menos cortés que los miembros del Comité Olímpico. Si su potencial acreditación para el campeonato mundial 1998 no ocupaba plenamente su concentración, sí lo hacían las prebendas. Los mil ciento ochenta y un periodistas se arremolinaban en torno a las migas que les daban. Chocolatinas de Snickers, máquinas de afeitar de Gillete, filofaxes de Canon. Y cada uno coleccionó gorros, insignias y relojes que guardaban en las chaquetas, mientras metían un balón gratis en las maletas, tomaban puñados de calcomanías, llaveros, cuadernos y bolígrafos; y recibían calculadoras gratuitas que automáticamente calculaban resultados en una amplia gama de monedas extranjeras.

No causa asombro que las entradas para asistir a este evento se acabaran tan rápido como las entradas a los partidos de fútbol. El escenario donde se desarrollaron las principales festividades fue el agrandado y costosamente remodelado velódromo de Marsella. Fue toda una fiesta.

Había treinta y ocho mil invitados ordinarios y mil quinientos invitados especiales. Si entre los primeros había niños y adolescentes, entre los últimos se encontraban los verdaderos jugadores importantes del deporte; no las estrellas de fútbol sino los políticos más influyentes, los negociantes oportunistas, y los delegados de la FIFA que podían llevarse muchos votos en el bolsillo, y patrocinadores cuyos millones pagaron mucho más que un festín de cinco días en Marsella, por un valor de cinco millones de libras, que apenas representaba una porción de la inversión. El compromiso financiero de los patrocinadores del fútbol a mediados de los años 70 ha contribuido dramáticamente a la frenética voracidad financiera en que se ha convertido el fútbol.

La localidad podía ser Marsella, pero a cualquier extranjero se le excusaría si pensaba que estaba asistiendo al ensayo de un drama moderno sobre Luis XIV. Los temas discutidos en grupúsculos, casi como una conspiración, eran los de todos los tiempos: dinero, poder, propiedades.

Uno de los grupos estaba preocupado con la lucha por el trono que se avecinaba. ¿Acaso Blatter anunciaría su postulación? ¿Quizá Beckenbauer postularía tardíamente un reto? ¿Y qué decir de Platini, de Grondona o de...?

Otro grupo discutía sobre los derechos de mercadeo y televisión para el 2002 y el 2006. Los números telefónicos se actualizaron. Sólo se hablaba de "uno punto cuatro" o de "dos punto seis"... billones, claro está.

En una de las esquinas, Graham Kelly y Sir Bert Millichip discutían sobre las ventajas que acarreaba la televisión por cable. "Si programamos los partidos los sábados por la noche o los domingos, ¿cuáles serán los ingresos el primer año? ¡Oh!, por encima de los ciento sesenta millones de dólares que ya pagó Sky, tiene que ser un adicional de cuarenta millones. El capital potencial es un..., ¡Sky high![2]"; enseguida estallaron en risa.

---

[2] Juego de palabras entre Sky, nombre de la compañía, y Sky high, precio muy elevado o alto como el cielo (N del T).

Moviéndose como vigilantes barracudas por la sala estaban los asesores de los jugadores. Sólo un reducido número se las ingenió y fue admitido, sin duda que eran los que tenían excelentes conexiones con Zurich. Querían un trozo del pastel. Deseaban una porción de las ganancias que se han lavado en los últimos años gracias al fútbol. Michael Owen, de apenas 18 años, estableció la marca para los jugadores jóvenes al fichar por diez mil libras esterlinas a la semana. Al finalizar el año, luego de un debut sensacional en el campeonato mundial, Owen estaba destinado a recibir un aumento. Su sueldo semanal, al que se sumaban sus cuentas de patrocinio, alcanzaba unas 50.000 libras. Algunos de los jugadores entre los veinte y treinta años devengan algo más. David Beckham, que recibe 8.1 millones de libras, este año apenas aventaja a Alan Shearer, pero todavía estaba muy por debajo del mejor pagado del mundo, Luiz Nazario de Lima, de Brasil, más conocido como Ronaldo, quien tiene un contrato con el Inter de Milán y devenga un salario de 100.000 libras semanales.

Ronaldo, quien frisa los veintiún años, recibe un patrocinio comercial de Nike por 200 millones de dólares, cifra que se paga como endosos a la Selección de Brasil. Este año Ronaldo ganará 36 millones de dólares, un poco menos de 750 mil dólares semanales.

Para cuidar y atender a los invitados se dispuso de mil empleados, sumados a quinientos guardias de seguridad y dos escuadrones de la gendarmería. Y para asegurarse que el festín transcurría apaciblemente asistieron mil cuatrocientos técnicos de escenario y televisión. Catorce tractomulas transportaron diversos equipos.

Pero por encima de todo y de todos estaban los patrocinadores. El campeonato mundial no es primordialmente sobre fútbol. Lo es antes que nada sobre la venta del producto. El producto varía dependieno de quién lo está promoviendo.

En Marsella a principios de diciembre de 1997 había mucho por hacer, siempre y cuando se tuviera la acreditación, las etiquetas correctas, las insignias adecuadas y cuatro carnets de identificación.

Era fácil desayunar en McDonalds y dialogar con Ronaldo, o con Beckenbauer, o con Carlos Alberto Pereira. Almorzar con el incomparable Pelé por cuenta de MasterCard, tomar el té al atardecer con embajadores a quienes Adidas les pagaba por entretener a los invitados, tomarse una copa de champaña con el jugador del Newcastle, Alan

Shearer, gracias a que Umbro formó al capitán Inglés como si fuera un enorme conejo a quien hizo fichar por quince años por un valor entre 10 y 20 millones de libras, dependiendo más de la presentación del producto en la cancha que en traje de coctel.

La salud de Shearer es sensible al mercado. Cinco meses antes de la reunión en Marsella, Shearer tuvo una lesión seria en los ligamentos del tobillo. De la noche a la mañana disminuyó el valor de las acciones del Newcastle en once millones de libras. Si la campaña realizada por Umbro le hubiera servido para más, uno podría pasar a los canapés y pedir más champaña, esta vez por cuenta de Hewlett Packard. Por último hubo una cena de nueve platos por cuenta de la FIFA, en la que participaron diez alcaldes de diferentes ciudades en las que más tarde se jugarían varios partidos, y claro está más champaña, mientras una procesión de cinco mil niños con antorchas pasaban junto a las ventanas del restaurante. Todo esto sin que se hubiera pateado formalmente una sóla pelota en los cinco días, siendo el partido entre un equipo europeo contra el resto del mundo un ejemplo perfecto de la gran dificultad experimentada por los grandes atletas cuando tratan de correr con la billetera repleta.

Y era tan sólo para celebrar el sorteo de la primera vuelta del campeonato mundial de 1998. Escogiendo treinta y dos papeletas de un jarro de cristal. Sólo Dios sabe lo que el Rey Sol escondía en la manga de la camisa cuando las cosas se ponían serias y se tenían los partidos en junio. En estos procedimientos siempre resplandecía la figura del Dr. Havelange junto con sus no menos intachables atuendos. Que se apiade el cielo del oficial de la FIFA que llegue a entrar en su campo de visión con una camisa desabotonada o una corbata suelta. Perdurará en el tiempo la imagen del Rey Sol en la inauguración del campeonato mundial que se realizó en Estados Unidos en 1994, una tarde en Chicago cuando hacía un calor insoportable por encima de los 30°C, con el presidente Clinton transpirando mientras Havelange permanecía sentado con un traje cruzado oscuro que mantuvo elegantemente abotonado durante todo el partido. Nunca ha dado muestras de agobio o desaliento, pero tampoco de ninguna otra emoción. En Marsella ocurrió lo mismo. Comparada con el Rey Sol, la Esfinge sufre de hiperactividad crónica.

En algunos momentos, sin embargo, parecía que el presidente de la FIFA reflexionaba quizás acerca de hechos acontecidos en el pasado, en tiempos inmemorables. La mirada perdida en el horizonte, la imposibilidad de responder a una pregunta de sus acompañantes y su asesor diciéndole dónde debía situarse, eran instantes en los que por primera vez parecía que hubiese aceptado que su reinado estaba a punto de terminar. En París, el 8 de junio de 1998, terminó el reinado de Havelange, reinado que duró veinticuatro años, y la corona pasó a uno de los aspirantes al trono.

Si en realidad Havelange estaba ensimismado en las reflexiones nostálgicas durante los eventos en Marsella, tenía mucho sobre que meditar. Este hombre, que es el señor de todo lo que tiene que ver con el mundo del fútbol, ha recibido toda clase de honores.

Entre éstos, se incluye el haber sido nombrado Caballero de la Legión de Honor de Francia, recibido la Orden al Mérito Deportivo de Brasil, ser Comandante de la Orden de Don Enrique de Portugal y Caballero de la Orden Vasa de Suecia, y recibir la Gran Cruz de Isabel la Católica, de España. Y la lista total supera las trescientas condecoraciones que ha recibido. En 1989 fue postulado al Premio Nobel de Paz.

Lo anterior nos muestra a un hombre que debe ser tomado en la más alta estima en cualquier país donde se juegue fútbol. Él me contó que al asumir la Presidencia de la FIFA en 1974, las arcas estaban vacías. Los funcionarios apenas vivían al día. Al menos éste es el punto de vista de Havelange. Cuando dejó el cargo en 1998, quedaron acciones por un valor de cien millones de dólares y un ingreso garantizado para los próximos años por más de cuatro billones de dólares.

Durante los veinticuatro años que duró su reinado el fútbol ha sido transformado, los espectadores ahora se sientan cómodamente en los estadios y en muchos países pueden aplaudir a veintidós multimillonarios en la cancha. Los clubes más famosos tienen ahora más accionistas que hinchas. La presentación de los encuentros en la cancha depende ahora del movimiento de la bolsa. El ascenso a primera división en Inglaterra le produce al club unos ingresos adicionales de por lo menos 5 millones de libras. ¿Cuál es el precio del descenso a la segunda división? El olvido financiero. Durante los últimos veinticuatro años que duró el reinado de Havelange, a pesar del exceso de comercialización que absorbe el fútbol, éste se ha aferrado más en la vida cotidiana. Una encuesta reciente llevada a cabo en Gran Bretaña mostró que el noventa y cinco por ciento de los hombres entre veinte y treinta años prefiere mirar el campeonato mundial de Fútbol a hacerle el amor a la mujer de sus sueños. Modelos como Michelle Pfeiffer, Claudia Shiffer y las demás son relegadas a un segundo plano, mientras se cobran los penaltis.

Por tanto, vaya y busque los doce accesorios que se necesitan para presenciar un partido: una estuchera Cloudy Bay, una gorra de béisbol oficial de la Copa Mundo, un llavero del campeonato mundial de Fútbol, una libreta, gafas deportivas, zapatos y atuendos Adidas, Coca-Cola con etiquetas del campeonato mundial de 1998, fax marca Canon; páguelo todo, claro está, con tarjeta de crédito MasterCard del campeonato mundial, y luego siéntese frente al televisor. No trate de conseguir una entrada para ninguno de los partidos. Con un veinte por ciento de los puestos ofrecidos a patrocinadores, contra tan sólo ocho por ciento para los hinchas de cada equipo, será difícil estar incluido, claro está, a no ser que conozca a uno de los ejecutivos de la FIFA que está vendiendo las entradas en el mercado negro. Siéntese tranquilo y levante una lata de cerveza o una copa de vino al Rey Sol, que él más que nadie es el responsable del alegre estado de las cosas que se acaban de mencionar. Es más, le prometió a cada una de las casi doscientas federaciones de fútbol una donación de un millón de dólares anuales en los próximos cuatro años. Y a cada una de las confederaciones internacionales de fútbol le ha prometido una donación anual de diez millones de dólares por el mismo lapso, todo ello para «mejorar el deporte en sus regiones».

Toda esta gran cantidad de dinero también se acumuló en las mentes de los delegados cuando votaron para escoger en París el sucesor de Havelange.

El Dr. Havelange, sin duda, ha nadado un largo camino desde que compitió en los Juegos Olímpicos de Berlín en 1936, y las aguas no siempre fueron transparentes. De acuerdo con él mismo, el fútbol mundial le debe mucho. Entonces, ¿por qué es tan despreciado y criticado dentro y fuera de la Federación?, ¿son ciertos los alegatos de corrupción que se le imputan?, ¿o de tráfico ilegal de armas?, ¿o de sobornos recibidos y dados?, ¿hay validez alguna en las afirmaciones que dicen que entre sus amigos se encuentran algunas de las peores escorias de la sociedad, personas con las que ningún caballero de la Legión de Honor debería codearse?

La FIFA tiene como divisa: *'por el bien del juego'*. Lo que a continuación sigue es un intento por aclarar exactamente cuánto bien se le hizo al fútbol durante el tiempo y vida de João Havelange.

PRIMERA PARTE

Su padre, José Faustino Godofredo, murió en 1933 cuando Havelange apenas acababa de cumplir los dieciocho años. Su madre Julieta, en 1945. Aún hoy en día a los ochenta y dos años todavía declara que su padre ha sido su mejor amigo y su madre la mejor amiga que ha tenido. ¡Qué padres tan afortunados!

Nació en Rio de Janeiro, Brasil, el 8 de mayo de 1916. Fue bautizado como Juan María (João) Faustino Godofredo Havelange. Sus padres se aseguraron en el sentido clásico del término que el futuro presidente de la FIFA tuviera varios nombres de que vivir.

Su padre se graduó como ingeniero de minas de la Universidad de Lieja en 1902, poco antes de aceptar el cargo de docente en la Universidad de San Marcos, en Lima, Perú. Diez años más tarde regresó a Lieja y se casó con la novia de su infancia. Antes de cambiar de profesión, la que lo llevaría hasta Brasil, regresó a Lima para terminar el contrato con la Universidad de San Marcos. Para el regreso quiso viajar en un barco que había sido descrito como insumergible —el *Titanic*— pero cuando llegó a Southampton, el barco ya había zarpado; de esta manera se salvó e hizo posible que la presencia de Havelange fuera una futura posibilidad en la tierra.

En aquella ocasión la joven pareja se trasladó a Rio, en donde José trabajó como representante de la United States Steel. Hombre versátil, pronto tomó otras representaciones en diferentes compañías, pero las que tendrían resonancia en la carrera de su hijo —resonancia para los críticos de João Havelange— fueron los trabajos que realizó para la Sociedad Francesa de Municiones. Si en algo se recuerda hoy en día al padre de Havelange aparte de su familia, es como traficante de armas.

La infancia de João, de su hermano Julio y de su hermana Helena fue bastante cómoda. Aunque no era una familia acaudalada, gozaron de muchas comodidades en la capital de Brasil. Dondequiera que esté la clave del éxito de Havelange, sin duda que no podemos decir que está en los años de una infancia pasados en extrema pobreza. De sus padres aprendió precisamente la clase de valores que se espera de un católico practicante.

"En mi formación y crianza mis padres siempre me recalcaron la importancia de los amigos. También que la amistad es algo que se debía respetar y conservar... El respeto fue otro de los principios que aprendí en mi temprana infancia. Bien fuera a las personas importantes que están en la cima de la escala social, como a aquéllas que están abajo y necesitan ayuda. Siento mucho respeto por toda la humanidad. La honradez fue otro de los principios que me inculcaron mis padres desde que nací; y es, además, uno de los principios que he respetado y aplicado en los negocios. Siempre seguí este principio durante mi mandato como director de la FIFA".

Sin duda, que uno de los mayores peligros que existen cuando se afirma públicamente sobre los principios que se aplican en la vida, es que se pueden volver en contra de uno mismo.

El ambiente multirracial en que vivió los primeros años de su vida en Rio tuvo un valor incalculable años más tarde en la vida de Havelange. Una sociedad que comprende todo el espectro racial o al menos una buena parte del mismo, como sucede en Brasil, debería permitirle, por lo menos, mantener una visión equilibrada y libre de prejuicios raciales con los ciento noventa y ocho países de la FIFA; no obstante, Havelange durante más de dos décadas ha mostrado los prejuicios que tiene. Puede ser tolerante cuando habla con los negros, árabes y judíos. Abrazar y dar la bienvenida a los indios, japoneses y coreanos. Pero cuando viaja al Viejo Continente siempre ha mostrado sentimientos antieuropeos. En realidad, gracias a su antieuropeísmo pudo ganar la presidencia de la FIFA en 1974. Algo extraño para una persona que se formó en un hogar en el que sólo se hablaba francés, mientras el portugués se relegaba a un segundo plano, y que además cursó casi todos los años escolares en Francia. El Rey Sol es sorprendentemente hostil a Europa. Es, antes que nada, un brasileño que impuso en el mundo del fútbol una infraestructura con una quintaesencia netamente sudamericana.

El favoritismo, los negocios con prebendas, los tratos dudosos, el nepotismo, la falta de democracia y el excesivo liderazgo dictatorial —aspectos que caracterizaron su presidencia en la FIFA— demuestran otras influencias diferentes de las que le inculcaron sus padres en los años de infancia. Cuando se escucha a Havelange —muchos han notado cuando lo entrevistan que es como si hablara consigo mismo— se tiene la impresión que es el típico ejemplo de la persona que se hizo a sí misma. Una y otra vez rinde tributo sólo a una persona, a un individuo: a sí mismo.

Una de las características que resalta cuando se habla con el presidente de la más difundida religión en el mundo es su espíritu obcecado, pues manifiesta en sí mismo un recital bizarro de sus logros. Un recital que puede ir de lo más importante a lo más trivial.

"Mi estadía en la oficina equivale a 8.700 días, y estuve fuera de casa 7.200 de ellos cumpliendo con mi deber. Ello demuestra que me he dedicado a la tarea de probar lo importante que es el fútbol en todo el mundo. Desde 1974 hasta 1998 he trabajado trescientos días al año para la FIFA. He participado en 720 reuniones en comités de apoyo a la FIFA. He visitado 192 países por lo menos tres veces. No he podido ir a Afganistán, a las islas Samoa y a cuatro antiguas repúblicas de la Unión Soviética. He pasado más de 800 horas al año volando, lo cual equivale a aproximadamente veinte mil horas... He volado desde Rio a Zurich doce veces al año, lo que da un total de 288 viajes de ida y regreso Rio-Zurich".

Si el detalle trivial alguna vez se vuelve un deporte olímpico, mi dinero —sin importar su edad— apostará por Havelange. Él es capaz de describir cualquier viaje con lujo de detalles, la hora en que llegó al aeropuerto, la hora de salida, la duración de las escalas. También de contar cómo transcurren los minutos las veinticuatro horas del día. Quizás no todos ellos. Hay horas, días y hasta semanas que Havelange prefiere cubrir con un velo o guardar con un silencio sepulcral, pero generalmente muestra una marcada personalidad obsesiva.

Ésta es sin duda una de las características personales que más resaltan de João Havelange, características que he discutido con el Dr. Haddock Lobo. Él y el Rey Sol interrumpieron la amistad en los años 70, pero anterior a esto fueron muy buenos amigos por espacio de 50 años. Lobo recuerda a Havelange cuando apenas era un adolescente de trece años.

Debido a que su padre José fue uno de los socios fundadores del Standard de Lieja, es fácil predecir el interés del hijo por el fútbol.

"En aquel tiempo ambos jugábamos al fútbol en el Fluminense. Havelange jugaba como zaguero central. Con un rendimiento apenas promedio. Su padre creyó que la natación sería mejor para João y fue su entrenador. João entrenaba constantemente. Entrenaba sin cesar. Mientras algunos compañeros nadaban trescientos o cuatrocientos metros, él nadaba tres mil. Ciertamente que esto tenía que ver con el influjo que ejerció su padre, pero el hijo ya era muy obsesivo. Entrenaba todos los días de la semana, incluidos los domingos. En aquel tiempo la única piscina que estaba abierta los domingos en Rio era la de la YMCA (Asociación Cristiana de Jóvenes), en donde João entrenaba los domingos. Ahora que ya soy viejo reflexiono sobre estas cosas y me digo que sin lugar a dudas estaba obsesionado con querer ser el número uno. El mejor de todos".

Puesto que estos comentarios son los de un hombre que por más de veinte años sostuvo una amarga batalla legal con su antiguo socio, creemos que pueden estar recargados; sin embargo, sí cuentan los de su amigo Mario Amato, presidente de la Asociación Nacional de Industriales, CNI, quien ha sido amigo de Havelange desde hace más de cincuenta años, y recuerda entusiasmado a Havelange cuando estuvo en el Club Espéria de São Paulo:

"Havelange pertenece a esa clase de personas que ya no existen. Fue miembro notable del equipo de polo acuático. Tenía además la suficiente habilidad para comandar los otros equipos del club. Es una de esas personas que tienen tanto carisma que uno quisiera tocarlas para ver si son de verdad; es un ídolo. Recuerdo que una vez, cuando el equipo de polo iba a jugar en Europa, hizo llenar la piscina con hielo. Él le dijo a los integrantes del equipo que era para que se aclimataran para cuando les tocara jugar allá".

Al mismo tiempo que impresionaba a sus condiscípulos en Rio, Havelange comenzaba su eterno interés en el comercio, en ganar dólares. Aunque aún era un joven estudiante, iba a la oficina de su padre en Rio para ayudarle a decodificar los telegramas.

Cuando le dije lo que me había contado Mario Amato sobre la piscina con hielo, Havelange lo desmintió aduciendo que era "pura fantasía, nunca sucedió".

Hay que tener en cuenta que cuando se estudia la vida de Havelange es recomendable tomar más precauciones de lo acostumbrado, puesto que la fantasía se ha tejido en muchos lugares a lo largo de la historia, y a veces por el mismo hombre.

Los primeros años de vida de Havelange son importantes por muchas razones, no sólo porque contienen dos claves importantes. Una que abre la puerta de su credibilidad personal, y otra que revela los orígenes de su riqueza. El punto de vista de Havelange es que fue adquirida gracias al esfuerzo y trabajo honesto. Los extraordinarios argumentos que se han arremolinado en la cabeza del presidente de la FIFA sugieren otras explicaciones. Por eso es necesario examinar su vida en los años pre-FIFA.

No cabe duda que fue en su temprana infancia —o si no en años posteriores— cuando surge el casi fanático deseo de tener éxito en todo. Dentro o fuera del agua todavía está obsesionado con ganar. Con ser el mejor. Él me contó que cuando era un joven nadador le había tocado entrenar mucho: "Seis mil metros en la mañana y seis mil en la tarde".
—Sin importar cuánto tiempo gastara, nunca pudo ganar ninguna carrera. Ese elemento indefinible continuó eludiéndolo, hasta que...

"No sé cuándo surgió, pero de repente algo dentro de mí explotó. Yo comencé a ganar en los cuatrocientos, ochocientos y mil metros. En todos ellos gané. Todas las pruebas en que competí durante diez años las gané. Fui campeón de Rio, campeón de São Paulo, campeón del Brasil, campeón sudamericano".

Y en todos estos triunfos su padre estaba presente apoyándole continuamente hasta que en 1933 sufrió un derrame cerebral y estuvo al borde de la muerte durante varias semanas.

Tan pronto se recuperó y recobró la conciencia le pidió a su hijo que continuara descollando en la natación. Y puso todo el empeño para que su hijo representara a su país en los Juegos Olímpicos de Berlín, quien inevitable y obedientemente aceptó el reto. Unos días más tarde su padre murió. El joven adolescente continuó ganando cada competencia y fue seleccionado en el equipo de natación de Brasil. Aunque su buena racha casi termina.

"Hoy en día entre Rio de Janeiro y Zurich se habla de viajes de once u once horas y media. Pero en la época de los Juegos Olímpicos de Berlín, no había aviones, nos tocaba viajar en barco; íbamos desde Rio hasta Bremerhaven en barco. El viaje nos tomó veintiún días. No había piscina en el barco; por ello llegamos seis días antes de la competición sin tiempo para entrenar y ponernos en forma. Claro está qué yo participe, pero no pude estar nunca en forma".

Los Juegos Olímpicos de Berlín de 1936 tenían en la mente de los organizadores alemanes sólo un objetivo: glorificar el régimen nazi de Adolf Hitler. Los juegos se habían adjudicado a Alemania antes de que Hitler alcanzara el poder absoluto. Mientras la realidad maligna del tercer Reich cobraba vigencia hubo un crecido número de atentados, especialmente en Estados Unidos por la comunidad judía, que pretendía boicotear los juegos.

A pesar que tres años después de que Hitler alcanzara poder absoluto —poder que previamente obtuvo democráticamente— su abuso dictatorial era obvio para todos, los juegos continuaron. El *Heil Hitler!* (¡Qué Viva Hitler!) era el saludo obligatorio; la veneración y culto por Hitler mantuvo esclavizada a Alemania. Los opositores políticos al régimen eran purgados, encarcelados y aun asesinados. La libertad de expresión dejó de existir; la supremacía de la raza aria era artículo de fe. Se quitó la ciudadanía a los judíos y se les prohibió casarse con no judíos. Los campos de concentración fueron atiborrados con prisioneros cuyo único delito era ser judíos. Cuando se inauguraron los juegos a mediados de 1936 era obvio que Alemania se estaba rearmando. Se despojó a los judíos de la nacionalidad alemana, se les prohibió casarse con no judías y se les expulsó de los cargos públicos y profesiones liberales. Todo esto y mucho más era demasiado evidente y obvio, pero no para todo el mundo.

Havelange me contó las impresiones que le causaron: "La Organización. La atención detallada. La eficiencia. Los Juegos de Berlín han sido uno de los espectáculos más eficientes que he visto en mi vida. Todo era grandioso y perfecto. Hay que recordar qué período de la historia era. Todo el mundo admiraba el progreso de Alemania".

Havelange aplaudió la extraordinaria hazaña del atleta negro norteamericano Jesse Owens, el modesto corredor de veintitrés años que gracias a su notable talento, le dio una respuesta contundente a la supuesta supremacía aria que sostenía Hitler, ya que ganó cuatro medallas de oro en velocidad y salto largo. El brasileño no supo que Hitler protestó y salió furioso del estadio olímpico en lugar de saludar al ganador.

Tampoco se enteró que Hitler hizo énfasis al felicitar a Luzt Long, un norteamericano de origen alemán, que quedó segundo en el salto largo; mientras que ignoró a Jesse Owens; ni que José Goebbels, el ministro de propaganda nazi, había tildado a Jesse Owens y a otros atletas negros norteamericanos de *negros mercenarios*. Todavía hay otros aspectos que después de sesenta años Havelange recuerda:

"Una vez finalizaron los juegos el gobierno alemán permitió que los atletas visitaran las ciudades que quisieran y viajamos excepcionalmente en tren en primera clase y obtuvimos reducciones hasta del setenta y cinco por ciento en las tarifas".

"¿Y cuál fue la impresión que le produjo el resto de Alemania después de los Juegos?"

"Que todo el mundo era feliz, esa fue la impresión que me produjo. Nadie era tacaño. Todo el mundo era cortés. Claro está que los jóvenes en mi tiempo no eran como los de ahora, que sólo están interesados en política. Ese es un aspecto diferente. Nosotros no nos comprometíamos políticamente. Debo confesar que el tiempo que pasé en Alemania fue un tiempo inolvidable y maravilloso".

En el otoño de 1936 Havelange regresó al Brasil con gratos recuerdos pero con un futuro incierto. Los negocios de su fallecido padre habían terminado. El lucrativo tráfico de armas que le había dado de comer mientras su padre vivía, pasó a otras manos. El joven adulto se encontraba en un infierno dantesco. Finalmente comenzó a trabajar en la Siderúrgica Belgo-Mineira, una compañía fabricante de hierro y acero.

Si los recuerdos que él hace de esa época son tan exactos como las estadísticas que redondea con la FIFA, entonces se debe decir que estos cuatro años le dieron una formación sólida.

"Yo hacía todo el trabajo administrativo. Negociaba con los trabajadores, recibía los clientes, en fin, todo lo que tuviera que ver con la compañía por unos diez dólares semanales. Después de cuatro años hablé con el gerente general y le dije: renuncio. No trabajo para nadie más. No quiero tener nunca un jefe más por el resto de mi vida".

Pero cuando se graduó como abogado, Havelange —tal como me contó— comenzó a ejercer su profesión en 1940 en una compañía de transportes. Después que se fusionaron varias de estas compañías, y fue nombrado director. Desde ese tiempo Havelange siempre se ha considerado el propietario y presidente de la compañía Viação Cometa Ltda.

"Treinta millones de personas son transportadas al año por mi compañía, con la que he estado vinculado durante cincuenta y ocho años, cincuenta y cuatro de los cuales como director".

Investigaciones posteriores sobre los primeros años de Havelange permiten reproducir un cuadro más prosaico. El Dr. Lobo asegura que su antiguo socio y amigo nunca ejerció como abogado.

"Es cierto que él asistió a la universidad y se graduó, pero nunca ejerció el derecho. Mire usted: yo también me gradué como contador, pero nunca he ejercido mi profesión. ¿Significa eso que yo soy contador juramentado? Sólo de nombre".

Y, ¿acaso ha sido presidente de una compañía de transportes?

"Él fue a São Paulo y después de haber trabajado en la Siderúrgica Belgo-Mineira por unos años, pasó a ser empleado de una pequeña compañía de transportes. Años después, esta compañía absorbió otra llamada Viação Cometa. Lo cual le permitió que hacer viajes nacionales. Es cierto que Havelange fue nombrado en la junta directiva después de unos años, pero según tengo entendido el título de director que alcanzó fue sólo honorario. Nunca fue el presidente".

Cualquiera que sea la verdad sobre el cargo que ocupó en la compañía de transportes de São Paulo, lo cierto es que Havelange conoció todo el funcionamiento práctico del transporte interurbano y nacional:

"Debido a la guerra, Sudamérica estuvo incomunicada de Europa, por tanto era muy difícil conseguir recambios. De doscientos cincuenta buses se desmantelaron cincuenta que sirvieron como repuestos; sólo de esa manera se pudo continuar trabajando. Durante los seis años que duró la guerra, trabajamos con doscientos buses en São Paulo. Cuando se terminó la guerra el alcalde de São Paulo ofreció montar una compañía oficial de transporte para absorber a las compañías privadas. Me pidieron que fuera el director. Pero yo no acepté porque yo no trabajo para el gobierno. Soy demasiado independiente para someterme a los políticos. Y de tal suerte se inauguró la compañía oficial de transportes en mayo de 1945 cuando la guerra había terminado. Y sólo a finales de 1946 se inauguró la compañía de transportes Viação Cometa. Y en lugar de trabajar en las ciudades, comenzamos haciendo rutas nacionales, digamos, por ejemplo, como las que hay entre Ginebra-Zurich, Zurich-Lausana, etc.".

"¿Y todavía le pagaban diez dólares semanales, en ese tiempo?"

"Eso es otra cosa. Y en toda esta red de transporte movíamos treinta millones de personas anualmente. Y cuando Brasil estaba sufriendo una gran crisis financiera tuvimos que disminuir los viajes de sesenta a veintiséis. Con estos viajes alcanzamos un promedio de ocupación del ochenta por ciento. Por culpa de la crisis perdimos treinta y cuatro viajes, pero escogimos los mejores conductores y buses, y, además, ofrecimos un servicio completo y fiable de transporte que aumentó el promedio de ocupación a ciento por ciento. Durante la crisis tuvimos quince mil empleados y ninguno fue despedido. La razón de ello es que uno conoce a las personas en los tiempos difíciles y no cuando todo les sonríe. La vida normal de un bus es de cinco años. En el transcurso de estos cinco años hay que cambiarle dos veces el motor para que recorra sin problema un millón de kilómetros. Por tanto, cada año se deben renovar y reparar seiscientos buses, ya sea instalándoles un nuevo motor o reparándolos para que le puedan garantizar un recorrido de un millón de kilómetros. Y nosotros teníamos un gran mercado para reparar y reacondicionar los buses. En términos reales, después de cinco años de servicios se desvaloriza el precio y el bus queda valiendo sólo un dólar, como si ya no existiera luego de los cinco años. Por consiguiente, si se reacondiciona y se le instala un nuevo motor, podrá recorrer un millón de kilómetros, y bueno, había clientes que venían de Chile, Argentina, Paraguay y Uruguay a comprar estos buses, y pagaban en dólares. Y esto nos sirvió para equilibrar la balanza de pagos. Entonces, usted puede entender por qué la FIFA para mí ha sido... Yo no ingresé a ella sólo para mirar partidos de fútbol. Yo ingresé a ella para administrarla como si fuera una compañía o una industria".

Éstas fueron lecciones invaluables. Una y otra vez Havelange aplicará durante toda la vida este agudo sentido que tiene para los negocios. Su vida es un completo enigma llena de similares ejemplos. También es evidente que aún a los ochenta y dos años conserva el ardiente y ferviente deseo de ser no sólo un ganador sino *el* ganador.

Cuando estuvimos afuera en el patio del segundo piso en la sede de la FIFA en Zurich, disfruté por un momento la hermosa vista que divisaba. Havelange no estuvo ansioso por mostrarme el lago de Zurich o el Fraumunster con los vitrales de Marc Chagall, o el Belvoirpark, sino en comentarme sus historias.

"En este sitio donde estamos parados, cuando me posesioné como presidente de la FIFA en 1974, había un edificio de dos plantas. Con sólo ocho empleados. Lo hice demoler y construimos estas modernas instalaciones. Al frente compré otro edificio para alojar al personal técnico y un poco más lejos compré un hotel viejo que están demoliendo para construir un edificio en el que se puede alojar más personal de la FIFA. Ahora tengo sesenta empleados que trabajan de tiempo completo aquí conmigo. Todos estos locales los adquirí en el sector más lujoso de Zurich. La propiedad raíz de la FIFA ahora está estimada conservadoramente en algo más de cien millones de dólares".

En ese momento supe que cuando el joven Havelange emprendió el viaje por la vida, bien con compañías de transportes, propiedad raíz, condominios o asociaciones de fútbol, o en cualquier otra cosa que se involucrara, no descansaría, reposaría o reflexionaría hasta que su organización o empresa no fuera la más grande y poderosa del mundo. En un momento dado de su imparable ascenso tuvo la suerte de toparse con el fútbol. En los veinticuatro años que ejerció el poder supremo, lo tomó y lo transformó. Y lo revolucionó. Sea que esta transformación haya sido buena, o bien que esta revolución haya agrandando el fútbol, o que el fútbol siga siendo un juego inocente como antes lo era, le corresponde al lector juzgar.

Si antes mostraba una minuciosidad exagerada en la compañía de transporte que durante horas canalizaba su personalidad obsesiva, Havelange todavía pasa horas en sus ratos libres nadando, entrenando, siempre entrenando. Tres veces ganó en São Paulo la carrera de larga distancia atravesando el río Tiete. En 1952 volvió a representar a su país, esta vez como jugador de waterpolo en los Juegos Olímpicos de Helsinki. En 1956 representó la delegación de Brasil en los Juegos Olímpicos de Melbourne.

En ese mismo año fue elegido presidente de la CBD, la Federación Brasileña de Deportes, responsable de controlar veintitrés disciplinas deportivas. Havelange ha coleccionado carros deportivos desde 1937; desde el momento que fue el número dos en la más poderosa organización deportiva de Brasil ha estado manejando los hilos mágicos administrativos.

Su elección como presidente de la CBD acaecida dos años más tarde, en 1958, felizmente coincidió con el gran éxito deportivo que tuvo Brasil.

Cuando Havelange llegó a ser el vicepresidente de la CBD, uno de los deportes a los que más le prestó atención fue el fútbol, especialmente la Selección Nacional.

Hoy en día, no obstante lo que aconteció en el campeonato mundial de 1998, Brasil representa para millones en todo el planeta lo mejor del fútbol, es decir: estilo, instinto, elegancia, habilidad, logro, resultados, genio. El diccionario se ha quedado corto en superlativos para describir a los equipos brasileños de los últimos cuarenta años. Magnífico, incontestable, inigualable, supremo. La notoria técnica que los brasileños han mostrado en las últimas cuatro décadas, quedó grabada para siempre en la memoria de los espectadores. Pero no siempre fue así.

En los años 50 la Selección de Brasil hizo las veces de Dr. Jekyll y Mr. Hyde. Ambas personalidades se mostraban con frecuencia en un mismo encuentro. El talento siempre fue disfrazado y estropeado por un nivel de violencia que terminaría con cárcel, de ser exhibido fuera del estadio. En 1954 el campeonato mundial se realizó en Suiza, ya que la FIFA cumplía cincuenta años de fundada y se pretendía disputar el torneo en la propia sede.

En este campeonato se observó por primera vez un partido televisado. El 16 de junio millones de hinchas se convirtieron al nuevo deporte cuando vieron a Yugoslavia ganarle 1-0 a Francia. Casi todos los partidos se televisaron, dando inicio a la comercialización del fútbol. Si existe una grabación de juego de cuartos de final entre Hungría y Brasil, y es retransmitido, debería llevar una advertencia de *"no es aconsejable para personas con predisposiciones nerviosas o cardíacas"*. Lo bueno, lo malo y lo feo fue televisado en lo que se llamó la Batalla de Berna. Se anotaron dos penaltis. Se expulsaron tres jugadores —dos brasileños y un húngaro.

Cuando la batalla terminó, se jugó un tiempo extra con cambio de portería. El entrenador húngaro Gustavo Sebes recibió un golpe. Al capitán de Brasil, Pinheiro, le lanzaron un botellazo en la cara que según los espectadores fue arrojado por la estrella húngara Ferenc Puskas, que al haber atraído la atención de la hinchada se le unió. Hubo riñas entre los equipos y entre la policía, los aficionados, fotógrafos y los delegados de las selecciones. La Selección de Brasil invadió el camerino húngaro. El Comité Disciplinario que presenció el partido no impuso sanciones. Cuando el árbitro inglés Arthur Ellis, el único que salió bien librado, le preguntó a Bozsik, el capitán de Hungría (uno de los expulsados), si había sido suspendido por la Asociación Nacional de su país, despectivamente replicó:

"No suspendemos diputados en Hungría". La moraleja salta a la vista: si se va a comportar mal en un campeonato mundial, primero hágase elegir en el parlamento, o en el caso de Bozsik, diputado de la Asamblea Nacional de Hungría.

El marcador —por si a alguien le interesa— quedó 4-2 a favor de Hungría.

Hace poco Arthur Ellis recordó el encuentro: "Yo creía que sería el mejor juego que iba a ver. Yo estaba en la cumbre del fútbol del mundo, pero sólo fue una desilusión anticipada. Si la política o la religión tienen que ver con ello, no lo sé, pero en cualquier caso se comportaron como bestias. Fue una desgracia". Ellis se mostró desdeñoso con el desorden que existía. "La FIFA actúo como si no hubiera visto nada. Muchos miembros del comité tuvieron miedo de perder los viajes a atractivos sitios turísticos".

Quizás más allá de cierto nivel la razón salta por la ventana cuando la locura entra por la puerta.

Cuatro años antes en el todavía inacabado estadio de Maracaná, doscientos mil espectadores vieron arrebatarle la victoria al favorito Brasil a quince minutos del final, cuando Uruguay marcó el gol que le dio la victoria en el campeonato mundial de 1950, y en el momento en que los ganadores dieron la vuelta de honor, el más grande estadio de fútbol estaba prácticamente vacío. No se pudo soportar la gran expectativa que este encuentro suscitó. Pero todavía Brasil pudo sentirse orgulloso de haber sido el finalista. En cambio, no podía sentirse orgulloso por el descalabro de Berna.

En la gira que hizo Brasil por Europa en 1956, el lado oscuro del Brasil volvió a relucir. Después que jugó en Viena, la Selección de Brasil y los delegados intentaron agredir al árbitro. Brasil llegó a ser el equipo que todos temían por múltiples razones.

Quedaban sólo dos años para realizarse el siguiente campeonato mundial, dos años antes de que Brasil se volviera —probablemente— a autodestruir en un campeonato mundial.

Fue precisamente en ese tiempo cuando João Havelange resultó elegido presidente de la CBD. Havelange, un delegado por antonomasia, comenzó a demostrar que un comité de siete delegados funciona mejor cuando sólo uno trabaja y el resto está ausente o guarda silencio.

"He aplicado los mismos principios de organización para solucionar los problemas de la Selección Nacional que apliqué en Viação Cometa".

Administrar una compañía de transporte desde luego que requiere una experiencia diferente a administrar una selección nacional de fútbol.

"Lo que difiere es el detalle refinado. La necesidad de compartir el concepto de administración directiva es primordial. La necesidad de ampliar el número de especialistas en diferentes disciplinas es compartida. Lo que difiere es la clase de especialistas. Uno necesita que el bus lo arregle un mecánico. El futbolista no sólo necesita entrenadores sino también especialistas, psicólogos, por ejemplo, yo nombré un nuevo entrenador, Vicente Feola. El de São Paulo. Lo conozco bien. Otro de São Paulo a quien nombré médico de la Selección es Hilton Gosling. Nombré al psicólogo de la Selección, el profesor João Carvalhais. También es de São Paulo".

"¿Cuál era la intención al contratar un psicólogo?"

"Yo estaba seguro que aumentaría el nivel de confianza. Para mí viajar a Berlín, Helsinki o Melbourne no era ningún problema. Pero muchos de los jóvenes jugadores provienen de hogares humildes, de *favelas*, de los bajos fondos, y en un lapso muy breve tienen que canalizar la violencia en que han crecido. Por eso deben aceptar y entender lo que es la disciplina. Antes que yo asumiera el control, esta clase de problemas no contaban. No era posible continuar de la misma manera hacia el campeonato mundial que se celebraría en Suecia en 1958. Tomé la determinación que lo que aconteció en Berna y en Viena no se volvería a repetir. La primera cosa que hice fue producir un informe muy confidencial con un equipo de profesionales calificados —médicos, psicólogos y demás expertos— sobre cada aspirante a titular de la Selección Nacional. Aquellos que a nuestro juicio no se adaptaban, o no podrían adaptarse, a las necesidades primordiales de la Selección eran excluidos. El psicólogo jugaba un papel muy primordial en todo esto. No es el caso mandar a jugar al exterior un equipo que sólo esté entrenado físicamente. Es necesario que los integrantes también estén entrenados mentalmente".

En la mitad de los años 50 esta manera de pensar era radical en los países del primer mundo. En los países del tercer mundo no existía. En

Inglaterra casi todos los equipos de la primera división no habían cambiado mucho el concepto de que el rocío de un *spray* y unos sorbos de agua con un trocito de naranja aliviaban el dolor. Con esa clase de métodos se cuidaba a los jugadores.

El nombramiento de un médico para velar por la Selección de Inglaterra sólo aconteció hasta que Alf Ramsey estuvo a cargo de ella en 1963. En 1998 el número de auxiliares que asisten al entrenador de la Selección de Inglaterra ha aumentado a dieciocho, incluyendo a Ray Clemence como entrenador especial del portero y Gary Guyan como encargado del equipo investigativo de vídeo —sobre todo de los encuentros que han sostenido los adversarios— y Roger Nabed como jefe de viajes.

Los años 50 todavía era la época de *no cambios* ni siquiera en la final. Lo normal era que un jugador seriamente lesionado rechinara los dientes y empezara a jugar por los costados. En esos años, si un jugador de la clase de Slavan Bilic se lesionaba y rodaba por la gramilla después de haber sido golpeado en la cara, en lugar de expulsar al capitán Laurent Blanc, era motivo de burlas y risas. Era lo que creía una sociedad de machistas similar a la de la mitad de los años 50. Un Brasil formado por médicos, consejeros, psicólogos y el resto una infraestructura de mendigos creada por Havelange

João Havelange le debe mucho a la Selección de Brasil que jugó el Mundial de Suecia en 1958. Le debe mucho más de lo que él mismo admitiría o reconocería. Sobre todo a uno de los jugadores a quien nunca podrá pagar lo que le debe. Tal vez por eso es que Havelange lejos de reconocerle la deuda, no ha hecho en la última década sino insultarlo y, además, le ha desconocido sus extraordinarios logros. Sin embargo, estos desplantes públicos no han dañado al jugador, y sí han menoscabado la imagen de Havelange a los ojos del fútbol mundial. El jugador es nadie más y nadie menos que Edson Arantes do Nascimento, "Pelé".

Sin embargo, todo comenzó de una manera muy diferente.

Cuando algunos de los "expertos" decidieron que este joven, aunque talentoso jugador no fuera a Suecia, argumentando que su mejor momento sería posiblemente en Chile 1962, Havelange fue uno de los que defendieron y lucharon incansablemente para que Pelé formara parte de la Selección de Brasil. Sin duda tuvo mucho que ver con que Brasil ganará por primera vez la codiciada Copa Jules Rimet.

João Havelange se ha convertido a lo largo de su vida en la clase de persona que no sólo gusta de ganar pleitos, sino además, de ir hasta las últimas consecuencias para hacer que sus puntos de vista prevalezcan por encima de todo el mundo. Esta actitud la adoptó cuando, con apenas veintiún años, se convirtió, en 1937, en director del equipo de polo acuático del Club de Regatas de Botafogo, asistiendo a cientos de reuniones, en las que siempre impuso sus puntos de vista. Los negocios que ha efectuado para alcanzar el máximo cargo deportivo del Brasil no han sido gratuitos. Desde que sus padres murieron existe la prueba que Havelange no ha respetado a nadie, al menos hasta hace poco.

Pelé fue a Suecia.

En realidad Brasil contó con mucha suerte para llegar a la final de Suecia. En los octavos de final apenas ganaron 1-0. Didi realizó una de las famosas *flogia secca* (caída de la hoja) con patadas libres, que en los años recientes se conocería como *la patada de la banana*. El comentarista deportivo británico Brian Glanville me comentó:

"Didi en realidad no nos dio el pase a Suecia. Se consideraba que ya había dado lo mejor, tenía treinta años. Además, se casó con una blanca y se hicieron comentarios sobre el nivel de su compromiso. Recuerdo que después de marcar el gol que clasificó a Brasil tuvo que esperar hasta que Havelange, el entrenador de la Selección Vicente Feola, el médico y sabe Dios quién más decidieron su suerte. Mientras esto sucedía, Didi comentó públicamente: "Sería extraño si me dejan fuera, al fin y al cabo gracias a mí el equipo clasificó".

Ponerle demasiado cuidado a los pormenores es algo demasiado evidente en Havelange. En los partidos previos al campeonato mundial la Selección de Brasil aceptaba cualquiera de las ofertas hechas por la nación sede. Pero esta vez no. Hilton Gosling, el médico de la Selección, y João Carvalhais, el psicólogo, precedieron a la comitiva central y recorrieron Suecia por varias semanas, antes de encontrar un lugar apropiado para los entrenamientos en las afueras de Gotemburgo.

Algunos miembros del círculo de periodistas que viajaron con Brasil, lo vieron como uno de los favoritos, considerando que si desplegaba todo el talento que había mostrado, entonces la Selección del Brasil ganaría el campeonato. Otros lo descartaron, convencidos de que el lado oscuro del fútbol latinoamericano irrumpiría bajo cualquier presión y que sólo había que cometer faltas para que la Batalla de Berna se volviera a repetir en Gotenburgo. Si la selección, que contaba con jugadores de tan elevado talento como Didi, el pajarito Garrincha, Nilton Santos, Babá, Zito, Zagalo y un puñado de jugadores de talla mundial, recurría a la violencia, entonces no valdría la pena el juego y mejor sería mirar un encuentro de lucha libre.

Y ahí estaba Pelé.

A fines de 1957, unos nueve meses antes del campeonato mundial de Suecia, empezaron a surgir noticias de Pelé desde el Brasil. En esos días previos al satélite y, en muchos países, previos a la televisión, las noticias corrían de boca en boca. ¿Podría el nuevo prodigio ser tan bueno como proclamaban? ¿O al menos la mitad de bueno?

En su retiro campestre, comenzaron las prácticas cotidianas. Aparte del típico horario de entrenamiento, como consecuencia de las innovaciones que hizo Havelange se realizaron algunas sesiones inhabituales. Éstas incluían largas pláticas con el médico de la Selección, el doctor Hilton Gosling, al cual muchos jugadores utilizaron como padre sustituto. En él confiaban y con él compartían los problemas que tenían. Entre los integrantes de este grupo figuraba Pelé, que no contaba con apoyo en Brasil y sabía que la falta de este apoyo no cicatrizaría con el tiempo. Y además, estaba ansioso porque el peso que recaía en sus hombros no afectara su juego.

También estaba Garrincha, el jugador de espíritu libre, con asombrosos dones naturales, notoria velocidad y quiebres de cintura; además cojo de nacimiento y pobremente educado. A pesar de estas desventajas formaba parte de la selección. Entre otras desventajas, figuraba el hecho que Garrincha había sido evaluado por un psicólogo como retardado mental y, por tanto, poco apto para jugar el campeonato mundial.

"El otro". Frecuentemente así llamaban los brasileños a Garrincha. Estaba Pelé y "el otro", que nació el 18 de octubre de 1933 en Raí Da Serra, Petropolis, poco antes que su familia se mudara a una casucha situada en las colinas de Rio, un sitio que carecía de las mínimas condiciones humanas. Garrincha, "el pajarito" —como también lo apodaban—, escogió la vía de escape de muchos que vivían en esos tugurios: el fútbol.

Si Dios le dio a Garrincha un cuerpo deforme y torcido, también el Todopoderoso le dio un genio futbolístico para equilibrar su bajo cociente intelectual. Era muy ingenuo fuera de la cancha, pero en ella muy pocos lo igualaban.

El masajista brasileño en Suecia fue Mario Americo. «Garrincha era el único jugador que no permitía que le tocaran las piernas, pero me tenía un gran respeto. En Suecia se compró un radio de más de cien dólares que me dejó muerto de la envidia porque yo no tenía ese dinero. Un día en que nos encontrábamos solos y dejó de sonar la música para dar paso a los comerciales, me dijo: "Este radio no sirve en Brasil porque sólo hablan en sueco. Y todo el mundo se va a reír...". Y después de un rato me comentó: "Y, ¿qué vamos hacer?". Yo respondí: "Es muy fácil. Véndemelo por cuarenta dólares. A mí no me importa que la gente se ría de mí. Yo no soy tan importante como tú". Y él replicó "Pero yo pagué más de cien dólares...". Yo le dije: "Yo no los gano...". Entonces me vendió el radio por cuarenta dólares con la promesa que nadie sabría la suma que él había pagado por esa cosa».

Entre las varias entretenciones en la sede brasileña estaban las sesiones con el psicólogo Carvalhais. Sus métodos siempre confundían a la prensa. No les hablaba a los jugadores separadamente, pues "podría hacer que cualquier pequeño problema se agrandara". Así les decía a los reporteros. Tampoco les hablaba en grandes grupos, pues explicaba: "Eso podría generar malos recuerdos de personas y figuras autoritarias como profesores y entonces produciría efectos negativos". A él le gustaba que los jugadores se expresaran por medio de dibujos. Hacía, por ejemplo, que dibujaran al enemigo. A los jugadores que les tocaría enfrentar en los partidos: Francia, Rusia y Austria.

Obviamente que genios como Pelé y Garrincha pintados en el caballete dejaban algo que desear. Ninguno de ellos jugó en el primer partido contra Austria, partido que ganó Brasil 3-0. Pero la generalmente entristecida cara de Feola apenas sonreía, ya que creía que el marcador podía haber sido mayor. En el segundo partido el entrenador creyó que no necesitaba ni al pajarito Garrincha ni a Pelé. Esta vez el adversario era Inglaterra. En el primer tiempo Brasil perdió muchas oportunidades de anotar. En el segundo tiempo tuvieron la suerte que Kevan, el mediocampista inglés, fue arrojado a la gramilla por Bellini y el árbitro no pitó penalti. El resultado fue 0-0.

Antes del tercer partido hubo una reunión privada en la que una comitiva compuesta por jugadores se presentó ante el entristecido entrenador. Feola escuchó atento las deliberaciones. Aun cuando había estado ocupado barajando una serie de cambios, no quiso alinear dos veces el mismo equipo en este campeonato.

La comitiva no conocía mucho sobre el arte del fútbol, o quién había sido el mejor jugador en los entrenamientos, pero tenían una idea sobre la posible alineación titular que debía jugar. Se exigió la inclusión de Garrincha contra Rusia. Feola, que es una persona extraña, no obstante, escuchó a la comitiva y alineó al pajarito Garrincha para el tercer partido contra Rusia. Y también como medida preventiva a Zito y a Pelé.

En realidad a Rusia le tocó poner a prueba a esta nueva Selección del Brasil. En el primer minuto Garrincha lanzó un pelotazo que se estrelló contra el vertical izquierdo, un minuto después Pelé lanzó otro pero contra el vertical derecho. Dos minutos más tarde Vavá, después de recibir un pase cruzado de Didi, anotó el primer tanto; después de ese gol los rusos jugaron a la defensiva, desesperados ante el dominio que ejercía Brasil. De nuevo, Vavá anotó otro gol después de hacer una pared con Pelé. Sin embargo, de haber convertido muchos disparos errados que se perdieron, seguramente habría sido el partido donde más goles se anotaran en un campeonato mundial. Los brasileños mostraron tal técnica y calidad que los colocó en un nivel diferente ante sus confundidos adversarios.

Garrincha jugó asombrosamente bien y, además, estuvo impredecible. En un momento inesperado dejó atontado al marcador Kuznetsov quien fue rebasado después que le hizo un quiebre espectacular y lanzó una pelota de primera a otro brasileño. Kuznetsov no sabía que hacer, si marcar a Garrincha o quedar hipnotizado viendo como lo pasaba a cada momento. Didi corría por toda la cancha y daba pasos cortos. En otra ocasión Garrincha quedó rodeado por cinco rusos que apenas se atrevían a seguir el balón. Esta selección era la que Brasil esperaba, con la que soñaban y hacían fantasías. Jugadores con un juego extraordinario, pero también con un entrañable rendimiento colectivo. Si Garrincha fue el mejor de la cancha, Pelé mostró el suficiente talento que tenía justificando las peticiones que por él hacían. Pelé volvió a dar muestras de gran modestia. Con esta presentación demostró al público internacional lo que hacía un año había hecho en América Latina. Cuando jugó contra Rusia, apenas tenía diecisiete años. Brasil pasó a los cuartos de final en los que enfrentó a Gales.

De nuevo Feola cambió la selección. Esta vez cambió a Vavá que marcó dos goles contra Rusia, y alineó a Mazzola. Si antes era difícil saber qué escondía Feola tras sus lentes oscuros, ahora parecía imposible adivinar lo que estaba tramando.

Los galeses jugaron a la defensiva para tratar de contener la delantera brasileña hasta que en el minuto sesenta y seis se abrió el marcador. El remate que hizo Pelé marcó una curva impresionante y la pelota pasó rasante al portero Jack Kelsey que no la pudo atajar. Pelé, recordando ese momento, me contó: "Es uno de los goles más importantes que he anotado. No uno de los mejores, pero me alivió. Me calmó".

A partir de entonces el genio de Pelé se desplegó cada vez más ante la audiencia mundial. Este joven jugador, hijo de una familia pobre que vivía en Baura, en el estado de Minas Gerais, aprendió a jugar al fútbol en condiciones que a cualquier jugador europeo de hoy día parecerían increíbles. No tenía dinero para comprar zapatos de fútbol ni balones. La pelota con la que jugaba era de papel y trapo, y jugaba con ella hasta que se deshacía. Su padre apenas fue un jugador promedio que jugaba para el equipo local de Minas Gerais. Pelé lo único que quería era "ser como mi padre, un futbolista".

El fútbol era visto como algo muy precario y aunque desde muy joven mostró mucha habilidad y talento, sin embargo, su familia quería que fuera un zapatero. A los quince años lo descubrió Valdemar de Brito, antiguo integrante de la Selección que se asombró por la manera como jugaba este chico. Y logró persuadir a sus padres para que no fuera un zapatero y lo dejaran jugar con el Santos de São Paulo.

"Mi primer contrato lo hice por diez dólares. Nueve meses más tarde cuando tenía dieciséis años me nombraron en la Selección de Brasil y me hicieron un aumento. Ganaba quince dólares mensuales".

Cuando jugó en Suecia ganaba el mismo sueldo. Este jugador, de un metro setenta y cinco centímetros de estatura y 70 kilos de peso, con músculos perfectamente armonizados y un cuerpo atlético, le mostraría al mundo las grandes dotes que sólo muy pocos futbolistas tienen. Era un goleador innato, lo máximo. Bastante ágil, elástico, recursivo, cogía la pelota igual que como con una cuerda con la que jugaba antes de pasarla o dispararla con un tremendo derechazo. Por el aire era hábil y peligroso, en otras palabras: demoledor; y para resaltar aún más sus extraordinarias dotes era muy equilibrado emocionalmente.

Poco temperamental, frío, y con un autocontrol que no perdía incluso en situaciones en las que otros jugadores se salían de casillas. Todo esto hacía de él un jugador casi fuera de este mundo. Durante toda su carrera estaría destinado a soportar los brutales tratamientos que le hacían los defensores que apuntaban sin piedad a sus piernas. El valor que exhibía era tan grandioso como su genio. Fue el último héroe en esta disciplina,, y los espectadores que lo vieron jugar sin duda que fueron unos afortunados.

En Suecia, sólo quedaba por jugar contra Francia en los cuartos de final. Francia, los goleadores del torneo con quince goles en cuatro juegos, contra Brasil, con una valla invicta.

A los dos minutos Didi, Garrincha y Pelé hicieron una brillante combinación y le pasaron la pelota al realineado Vavá, quien anotó; siete minutos más tarde Raymond Kopa y Just Fontaine como si se hubieran entendido telepáticamente tejieron una pared y Fontaine igualó el marcador. El estadio de Estocolmo estalló de emoción. El partido continuó con acciones en ambos bandos. En el minuto treinta y cinco la suerte del juego se había decidido. El defensor francés Robert Jonquet chocó violentamente contra Vavá y salió del campo con una lesión muy seria en la rodilla derecha. Más tarde volvió a la cancha jugando por uno de los costados, pero cojeando y sin haberse recuperado completamente. Jugar contra este equipo con diez hombres era correr con una suerte negra. Didi puso a Brasil adelante, mientras Jonquet se encontraba lesionado fuera de la cancha. En el segundo tiempo Pelé hizo varias incursiones. Una y otra vez penetró en el área ante una debilitada defensa que no logró pararlo y anotó tres tantos eclipsando aun al famoso Garrincha. El marcador final fue Brasil 5, Francia 2.

Después del partido el guardameta francés Claude Abbes confesó frenéticamente:

"Prefiero jugar contra diez alemanes que contra un brasileño".

En la final Brasil enfrentó al país anfitrión, Suecia. Fue precisamente por esto por lo que los entendidos dieron a Suecia como favorito. Los expertos creían que enfrentar a una selección con toda la hinchada gritando en su contra haría que los latinoamericanos perdieran el control y se derrumbaran al enfrentar el momento de la verdad. Lo único que Suecia necesitaba era anotar al comienzo del partido un gol y mandar para la casa a Brasil.

Teniendo en cuenta lo que había ocurrido en Berna y en Viena, esta presunción era válida.

A medida que el torneo avanzaba, los directivos suecos se habían preocupado por la curiosa apatía que reinaba entre la fanaticada local. Aun cuando Suecia llegó a los cuartos de final, ni siquiera esto sirvió para motivar a la hinchada. Cuando jugaron contra Alemania Occidental, se usaron animadoras. Esta novedad dio resultados; con cantos, banderas y gritos de aliento, lograron vencer a los alemanes 3-1.

Cuando estaba a punto de jugarse la final, Havelange regresó a Rio, meditando en todo lo sucedido. Se ausentó, pues "necesitaba firmar unos cheques para la CBD". Otros en Brasil, en ese tiempo como ahora, ofrecen una explicación diferente: Havelange regresó a Brasil por temor a la derrota. En la sede de la CBD en Rio no ocultaba la preocupación por la designación del árbitro e hizo que el Comité del Campeonato buscara un árbitro neutral que permaneciera inmune a la presión local. Estaba preocupado por las animadoras y por el apoyo que habían mostrado los suecos por su selección cuando jugó la semifinal. Hizo reclamos muy ruidosos y persistentes y finalmente obtuvo una victoria preliminar. Se prohibió en los términos más duros cualquier demostración que indicara que Suecia jugaba de local. Se expulsó a las animadoras y el Comité infundió el temor de Dios que era visto como una ruptura de la tregua de paz si se oía un viva o una aclamación por el equipo de casa. Como resultado, los cincuenta mil espectadores que presenciaron el cotejo guardaron en todo el partido un silencio sepulcral. La excepción fueron los hinchas brasileños que viajaron a presenciar el partido. Presuntamente no comprendieron las disposiciones tomadas por el Comité Organizador. En cualquier caso, ignoraron estas disposiciones e hicieron un gran ruido.

El entrenador George Raynor y los directivos del seleccionado sueco declararon airadamente: "Si marcamos el primer gol, los brasileños jugarán temerosos todo el partido".

De esta manera Raynor aceptó la teoría que se había difundido en la muchedumbre.

A los cuatros minutos Suecia anotó el primer gol del partido. Liedholm burló a los defensas brasileños en el área de penalti y batió a Gilmar con un disparo bajo que pasó rasante al vertical derecho. Era la primera vez que los brasileños iban perdiendo. Los cínicos esperaban la tormenta mientras Didi sacaba la pelota de la red. Seis minutos más tarde Brasil igualó el marcador. Garrincha fue prácticamente el que marcó el gol, porque después de haber forcejado y sacado a dos defensas le dio un pase cruzado a Vavá y éste anotó el gol.

Garrincha estaba en la mejor forma, pero los suecos jugaban sin concesiones. Después un tiro de Pelé se estrelló contra el travesaño y en el contraataque los suecos estuvieron a punto de anotar si no es porque Zagalo sacó la pelota de la raya de gol. En el minuto treinta y dos Garrincha penetró por el costado izquierdo y le cruzó la pelota a Vavá para poner en ventaja a Brasil 2-1.

A los diez minutos del segundo tiempo Pelé puso a sufrir a los suecos. De espaldas al arco hizo suspirar a los espectadores cuando paró con el muslo la pelota, la lanzó por sobre la cabeza y sobre un central sueco, hizo un giro, pasó a la asustada defensa sueca, pateó y venció a Svensson, el portero sueco.

Los brasileños jugaron con tal valor y dedicación, que a los suecos les quedó poco que hacer. Ningún equipo le hubiera podido ganar a Brasil ese día.

Zito y Didi hicieron una llave inseparable, cambiaban cada rato de posición, corrían por toda la cancha en un abrir y cerrar de ojos. El defensa central Djalma Santos, que jugaba el primer partido del campeonato, jugaba como si fuera delantero y se daba el lujo de incursionar en el campo enemigo.

Vavá y Pelé hacían adelante lo que Didi y Zito hacían en el medio campo. Cuando faltaban trece minutos para acabarse el partido, el defensor Zagalo penetró en el campo enemigo, pasó tres defensas y marcó el cuarto gol. No levantó los brazos, no corrió hacia las graderías buscando los aplausos. Tampoco cogió la bandera apostada en una de las esquinas ni hizo poses. Ningunos brazos meciendo bebés invisibles. En fin, no hubo gestos masturbatorios de ninguna índole. Sólo se arrodilló, se santiguó y lloró de alegría.

Los brasileños, que hacían caso omiso de las restricciones impuestas por el Comité Organizador, hicieron unas improvisaciones carnavalescas. Hubo gritos seguidos de: *¡Samba! ¡Samba!* Suecia marcó el segundo gol cuando Simonsson, que se encontraba en posición adelantada y que no fue sancionada por el juez de línea, anotó. Pero Pelé tenía la última palabra. Saltando magistralmente por encima de quienes lo marcaban, cabeceó la pelota que le centró Zagalo y marcó el gol pasando la pelota en perfecto arco por entre las manos de Svensson.

Cuando sonó el pitazo final la Selección de Brasil dio la vuelta sosteniendo su bandera. Los suecos no fueron humillados, fueron abrumados contra un rival fuera de serie. Por fin Brasil ganaba por primera vez un campeonato mundial.

Con el pasar de los años tras esa sensacional victoria, una persona más que nadie ha ganado el crédito, o más bien, ha tratado de ganar crédito por tan notorio logro. No vayan a creer que es Garrincha o Pelé o cualquier otro de los jugadores, o aun el entrenador, el psicólogo o el médico de la selección.

"Gané la primera Copa Mundial en Suecia", me dijo el Dr. Havelange. También acotó: "Pelé me debe mucho a mí y su deuda comienza cuando lo autoricé en los años 50 para que fuera a Suecia". Havelange, claro está, no asistió a la final de Suecia, sino que permaneció ocupado en Rio haciendo sus negocios.

Se dice que la historia es una fábula aceptada por el hombre. No si este hombre es Havelange. En su caso él mismo la ha vuelto a escribir.

Havelange ve a los jugadores sólo como las partes finales de un plan maestro previamente elaborado, una visión similar a la del Supremo Comando Aliado responsable de casi toda la carnicería que se dio en la Primera Guerra Mundial. El hombre de la calle, el que monta en bus en Rio, en São Paulo, o en Porto Alegre o aun en todo Brasil ve el triunfo de la selección de una manera muy diferente. La nación entera cree que los integrantes de la Selección fueron los responsables del triunfo. Hubo gran regocijo, y entre esa alegría se sembraron las semillas de la amenaza que representaba el irresistible ascenso de João Havelange. De alguna manera, si Havelange iba en realidad a capitalizar el triunfo en el campeonato mundial celebrado en Suecia, Brasil tendría que hacerlo de nuevo.

Gracias a esta resonante victoria los pobres, los marginados y subprivilegiados pudieron, por un momento, olvidar la vida miserable que llevaban. Era tiempo de carnaval, sólo que mejor y más largo. Un carnaval que continuaría por cuatro años. Que continuó hasta que a Brasil le tocó defender el título en el campeonato mundial de Chile en 1962.

El único miembro integrante de la Selección que no era jugador y que tuvo mucho que ver en la victoria obtenida en Suecia fue Paulo

Machado de Carvalho, comisionado por Havelange como director de la Selección, pues logró formar una selección cohesionada y compacta y, además, convencer a sus integrantes que el sueño de ganar el campeonato mundial podía volverse una realidad.

Si Havelange estuvo muy ocupado con sus negocios como para acompañar a la desconocida Selección de Brasil en Suecia, se las arregló para dejarlos cuando los aclamados campeones regresaron a Brasil. Él los acompañó en las visitas que le hicieron al presidente de la República Juscelino Kubitschek. Un tiempo después el presidente conversó por teléfono con Havelange a quien le comentó: "Mientras se jugaba el campeonato en Suecia cambié a varios Ministros y no hubo ningún comentario en la prensa. Voy a realizar más cambios en un futuro cercano. ¿Podría decirme cuál es la fecha del próximo campeonato mundial?". Kutbitschek entendió, como el resto de los gobernantes de Brasil lo han entendido desde los años 30, que con el fútbol tenía en sus manos un arma poderosa.

Ya hacia 1937, el entonces dictador de Brasil Getúlio Vargas había creado una red de espionaje que constantemente vigilaba las actividades futbolísticas. El dictador estaba obsesionado con la idea que durante las grandes reuniones que se realizaban en los estadios de fútbol las células comunistas urdían un complot. Esta clase de episodios continuó al menos hasta mediados de los años 80. En los años 70, cuando el Santos de Pelé jugó muchos encuentros fuera de Brasil, informes secretos eran entregados al Servicio Secreto brasileño. Aparte de un juego extremo, al parecer ninguno de los integrantes se involucró en comportamientos sospechosos.

En 1974 cuando Havelange buscaba ocupar el máximo cargo de la FIFA, se jactó diciendo:

"Todavía es Brasil quien ha construido el estadio más grande del mundo, además de una gran cantidad de estadios de primera categoría con una capacidad aproximadamente de cuatro millones y medio de sillas".

No agregó en esa demostración de grandeza que la mayoría de esos estadios fueron cínicas creaciones de los miembros de la junta militar que entendieron muy bien, como muchos dictadores antes y después, que el fútbol es el equivalente del pan y circo romano. Tampoco aclaró en el manifiesto de su elección que encontrar los estadios llenos antes de 1974 era cosa muy rara en Brasil.

El juego doméstico en Brasil se convirtió, después que Havelange se hizo al poder de la Federación Brasileña de Deportes, en anfitrión del juego internacional, sobre todo del campeonato mundial. Esta tendencia que ya era evidente a finales de los años 50, se aceleró de manera dramática después de abril de 1964 cuando la democracia desapareció de Brasil.

Entretanto, había una compañía de transporte terrestre que administrar y próximamente además estarían los seguros Farroupilha, una pequeña compañía creada en São Paulo y, en Rio, la Atlántica Boavista, otra compañía de seguros. Éstas sirven de ejemplo sobre la mezcla de negocios y deportes que ha sido un elemento común en la vida de Havelange. Atlántica Boavista tenía numerosas conexiones con la Federación Brasileña de Fútbol, siendo notorio que no le cobraba arriendo a la Federación, a cambio de permitirle hacer un lucrativo negocio de seguros con la Federación. Un ejemplo clásico de cómo una mano lava a la otra. También es un claro ejemplo de los diferentes criterios que se ponen en práctica en el mundo de los negocios. Si el presidente de la Federación Inglesa de Fútbol consintiera tal clase de negocio y fuera revelado, como mínimo sería obligado a renunciar y posiblemente enfrentaría cargos penales.

Otro negocio en el que Havelange participaba era Orwec, compañía de la cual es accionista y la cual produce productos químicos que se utilizan en la galvanización del acero. Inicialmente Orwec era muy próspera en negocios no relacionados con sus actividaes, uno de los cuales —debido a la gran posición de Havelange en los últimos años no sólo es ridículo sino, en vista de los recientes alegatos que ha tenido, irónico— era la eliminación de basura quemándola. Esto fue abolido por la contaminación que causaba.

Sin embargo, Orwec ejercía otro tipo de actividades más dudosas que la simple contaminación: la venta de explosivos, que además le dejaba grandes ganancias.

Los costosos y desastrosos campeonatos nacionales y la pobre asistencia a los encuentros futbolísticos no fueron los únicos resultados nefastos que dejó el reinado de Havelange en el fútbol brasileño. Otro fue el flujo de los mejores jugadores brasileños al fútbol extranjero, flujo que continúa dejando al fútbol nacional en un nivel muy bajo. Este fenómeno se empezó a dar como consecuencia directa de las actividades que ejerció Havelange. Dos astros del campeonato mundial de Suecia, Didi y Vavá, fueron transferidos a Madrid. El primero al Real Madrid y el último al Atlético de Madrid. Orlandoi fue transferido a un club argentino.

El hecho que los gobiernos de todos los tintes y matices entendieran el poder y la potencia que acarreaba el fútbol, o cómo se podía usar para diversos fines políticos, fue subrayado por el gobierno chileno cuando una serie de temblores e inundaciones, especialmente en 1960, dejaron muy frágil a la ya endeble economía chilena.

Había una inflación crónica, huelgas, protestas callejeras. A todas luces el país no podía darse el lujo de hacer un campeonato mundial. El dinero que se necesitaba para la construcción de nuevos estadios, la inversión que había que hacer para mejorar la infraestructura del transporte era de cientos de millones de dólares. La administración chilena encabezada por Jorge Alessandri luchó largo y tendido para obtener la sede del campeonato mundial de 1962.

Ellos sabían que todo el evento servía como el mejor sofisma de distracción para paliar la pobreza. También sabían que tenían que usar cada argumento posible para lograr el premio, incluyendo una petición emotiva por parte del presidente la Federación Chilena de Fútbol, Carlos Dittborn, con la muy sentida pero ilógica frase: "Debemos celebrar el campeonato mundial porque no tenemos nada".

Sabían que si se retractaban, permitiendo que primara la lógica y se gastaran los fondos del Tesoro Nacional en proyectos menos emocionantes, entonces todo el Gabinete debería exiliarse porque sería derrocado.

Chile obtuvo la sede y se construyeron nuevos estadios. En 1962 el entrenador de la cara triste, Feola, fue reemplazado por Aymore Moreira, pero todavía quedaban caras más familiares entre las que destacaba Paulo Machado de Carvalho que intentaba anticipar cada problema antes de que ocurriera. También estaba el padre espiritual de la selección, el Dr. Hilton Gosling y el psicólogo João Carvalhais. La unidad de respaldo había aumentado considerablemente, una característica del fútbol moderno en que la parte administrativa y el personal de apoyo excede en número a los jugadores.

Esta vez los brasileños eran los grandes favoritos. Se creía que "los geniales brasileños", como habían sido llamados por la prensa, iban a sacar provecho ya que el campeonato se jugaría en suelo sudamericano. Creer eso muestra una crasa ignorancia de las rivalidades que se dan entre los sudamericanos, o quizás una mentalidad cínica que cree que los árbitros son susceptibles a las presiones externas dentro y fuera del juego. En el caso del torneo, fue un triunfo para los cínicos.

Mientras tanto, Havelange recibió una llamada del presidente João Goulart, pues Kubitschek ya había terminado su mandato. Goulart era otro gobernante interesado en el fútbol, pero el interés del nuevo presidente no estaba limitado sólo a explotar el éxito de la Copa Mundial, quería ser participe de él. Havelange fue a la casa del presidente y Goulart le dijo: "Para el próximo Mundial de Chile le voy a dar la alineación que se necesita, pues yo jugué al fútbol y sé qué selección se requiere". Havelange repuso inclinando la cabeza: "Está bien, Jango. Acepto que sabes todo acerca del fútbol, entonces, ¿por qué no hacemos un trato? Renuncias a la Presidencia y tomas el cargo de entrenador de la Selección". Hubo risas. Ambos aceptaron la broma e intercambiaron opiniones durante más de hora y media, y analizaron las posibles alienaciones mientras otro se ocupaba del destino de la nación.

El gobierno de Chile en 1962 podía ser bastante inepto para administrar la economía, pero en cambio para leer la mentalidad del pueblo era muy apto. La Federación Sueca, como se ha constatado, tuvo dificultades para hacer que la gente apoyara a su equipo. En cambio, Carlos Dittborn y sus colaboradores no tuvieron mayor problema, después que recibieron una ayuda inesperada de dos periodistas italianos.

Poco antes del torneo y antes que llegara la selección de Italia a Chile, los periodistas mandaron unos artículos a Milán y Roma. En ellos describieron la vida de Chile peor que la de cualquier país africano y asiático. También escribieron sobre el extendido analfabetismo que había y sobre el grado desenfrenado de alcoholismo con ebrios deambulando noche y día por las calles de Santiago, la capital. En buena parte crearon la impresión de que todas las mujeres estaban listas a prostituirse. También criticaron la organización del campeonato mundial y afirmaron que había una corrupción extendida por todo el país, sobre todo en lo concerniente a la venta de entradas.

Los artículos fueron leídos por chilenos residentes en Italia. Sendas copias comenzaron a llegar al despacho del embajador chileno en Roma, quien las remitió al gobierno chileno en Santiago. De manera general se desató una campaña violenta y hostil contra Italia y particularmente contra su selección. Los jugadores sufrieron furiosos ataques verbales en la prensa, radio y televisión. Se les acusó de fascistas, de pertenecer a la mafia y de ser maníacos sexuales. Y aprovechando un escándalo reciente en el Inter de Milán, los chilenos acusaron a los integrantes de la Selección Italiana de drogadictos.

Esto fue echarle más leña a un fuego ya iniciado. Crecía un resentimiento en toda Latinoamérica porque Musssolini había promulgado la ley según la cual los niños nacidos de padres italianos que vivieran fuera de Italia eran aún ciudadanos italianos, *oriundi*[3]. De este modo muchos chilenos, argentinos y brasileños se transformaron en ciudadanos italianos, cortesía de Mussolini. Así, el brasileño Altafini, que había jugado para la selección de su país de origen en el campeonato mundial de Suecia, era considerado italiano, Humberto Maschio y Omar Sivori habrían jugado en Suecia para su nativa Argentina si equipos italianos no los hubieran reclamado el año inmediatamente anterior. Era una política diseñada para incomodar al más tranquilo fanático del fútbol. No precisamente una descripción aplicable a los fanáticos latinoamericanos.

Lo que más exaltó los ánimos de la población local fue la presencia de un grupo de escaladores italianos cerca del campo de entrenamiento que era utilizado por algunos equipos sudamericanos.

El hecho que Italia estuviera en el mismo grupo que Chile produjo una sensación terrible de lo que podía pasar cuando se enfrentaran.

El recién nombrado presidente de la FIFA, Sir Stanley Rous, hizo un discurso público antes del juego inaugural. El sol brillaba, todo era resplandor y dulzura... Y Suiza arrollada por Chile perdió 3-1.

En menos de una semana todo el resplandor y dulzura desapareció como por arte de magia. En las cuatro sedes, Santiago, Arica, Viña del Mar y Rancagua hubo brotes de violencia dentro y fuera de la cancha. Temperamentos explosivos estallaron dejando muchos heridos y lesionados. En esa semana hubo muchos accidentes. El defensa central de la Unión Soviética, Dubinski, el capitán de la Selección de Colombia, Cobo Zuluaga, y Eschmann, delantero suizo, fueron hospitalizados con las piernas fracturadas. Dos jugadores claves de Bulgaria fueron brutalmente pateados, y cuatro expulsados del torneo.

---

[3] De origen, en italiano en el original (N del T).

Los titulares del *Clarín* de Santiago, un periódico que hizo más de la cuenta para enardecer los ánimos, resumió la situación con el titular: *"GUERRA MUNDIAL"*.

Inevitablemente, los problemas más serios ocurrieron en el juego de Chile contra Italia.

Un crecido número de periodistas italianos más tarde criticó a la Selección de su país de "haberse dejado fácilmente provocar por los chilenos". Se requiere una fuerte dosis de autocontrol para no responder cuando alguien constantemente lo está escupiendo al rostro. Ésta fue la táctica de Chile durante todo el cotejo. Los italianos nunca han perdonado al árbitro Ken Aston, al que acusaron de "hostil, provocador e incompetente". Acusaciones que todavía hoy harían en caso de recordar los desórdenes que se vieron durante el partido. El entrenador y los delegados italianos temían que cualquier equipo que jugara contra Chile iba a ser escogido como chivo expiatorio de los pecados y transgresiones cometidos por los demás. No estaban equivocados. En realidad el equipo italiano fue escogido más por la capacidad de autocontrol de los jugadores que por la técnica que desplegaron.

La atmósfera en Santiago antes del cotejo era tensa. La Selección Italiana en un intento de apaciguar los ánimos salió y arrojó rosas a los sesenta mil espectadores que presenciaban el encuentro. Los hinchas chilenos respondieron con amenazas, gritos e insultos. El árbitro Aston consideró los insultos que profería la multitud como dirigidos a él y a los dos jueces de línea. Aparentemente no vio ninguno de los escupitajos, patadas y puñetazos que daban los chilenos. Ni Aston ni uno de los jueces de línea que estaban cerca del incidente vieron al jugador que de un puñetazo le rompió la nariz al italiano Maschio, aunque fue televisado mundialmente. Tampoco los jugadores chilenos fueron sancionados, mientras que los italianos cada rato eran amonestados y sancionados. Ferrini fue expulsado en el minuto siete. El próximo sería su compañero de equipo David.

Más tarde, Aston admitió renuentemente que él quería detener el juego, pero que no lo hizo por temor a que se produjera un motín. Los delegados de la FIFA también mostraron una sospechosa falta de carácter. Con Italia jugando con sólo nueve jugadores la carnicería continuó. Asombrosamente los italianos sostuvieron el marcador hasta el minuto setenta y cinco cuando Ramírez cabeceó la pelota que le lanzó Sánchez, uno de los jugadores que debió haber sido expulsado no sólo de este cotejo sino del torneo, y anotó. Toro anotó el segundo gol en el último minuto.

El comité organizador censurado por la opinión mundial convocó a los jugadores de las dieciséis selecciones y les advirtió que si había más brotes de violencia en cualquier equipo, acarrearía automáticamente la expulsión individual o colectiva del campeonato. En efecto, esto acaeció cuando el jugador yugoslavo Mujic le rompió la pierna a un adversario, y automáticamente fue suspendido del torneo.

Respecto a la actuación del juez central, Ken Aston, la FIFA aseguró que no se viera afectada su carrera. Posteriormente fue nombrado en el exclusivo Comité de Árbitros de la FIFA y se le designó para que monitoreara el desempeño de los árbitros en los partidos de los campeonatos mundiales de 1966 y 1970.

Inglaterra llegó a los cuartos de final después de un partido perdido, uno empatado y uno ganado. Si éstas eran buenas noticias para los hinchas ingleses, las malas eran que tenía que jugar contra Brasil, que era cabeza de grupo después de haberle ganado a México, cuando Pelé, haciendo gala del fútbol que había jugado en la final de Suecia, dejó rezagados a cuatro defensas mexicanos y venció al portero con un impresionante disparo.

En el segundo partido contra Checoslovaquia, en el minuto veinticinco, Pelé recibió un pase de Garrincha y disparó desde una distancia de treinta yardas y cayó al piso con un músculo del muslo desgarrado sin poder continuar en el torneo. Quedaba Garrincha que igual que Pelé jugaba como un mago demostrando la habilidad que había confundido a tantas defensas en Suecia en 1958. En ese campeonato Garrincha marcó una huella indeleble cuando dejó hipnotizados a cinco defensas rusos que no pudieron atajarlo. Ahora, cuatro años más tarde, contra México produjo otra extraordinaria miniatura. Esta vez no sacó a cinco sino a ocho mexicanos incluido el arquero, pero infortunadamente Pelé ya no estaba allí para anotar.

Fue un duro golpe para Brasil y para Pelé, quien a los veinte años había mejorado maravillosamente el juego. Aun cuando existía la creencia que lo mejor estaba por venir. Se creía que su punto máximo llegaría en este campeonato de 1962, ahora deslucido por la pérdida de uno de los jugadores que eran capaces de transformarlo y producir, además, un juego admirable y memorable.

Aymore Moreira alineó a Amarildo, un jugador de veinticuatro años, en reemplazo de Pelé. Obviamente, Amarildo no era Pelé. Nunca Pelé tendrá un sustituto, pero Amarildo era veloz, imaginativo y con un desarrollado instinto para marcar goles. Sencillo y descomplicado, parecía estar preparado para llevar la camiseta número diez de Pelé, sin mayores contratiempos y preocupaciones.

En el juego contra España, Brasil ganó 2-0, una victoria que se le debe al imparable Garrincha y al enérgico Amarildo, quien anotó los dos goles.

"El pajarito", para desgracia de Inglaterra, seguía jugando de manera inmejorable durante los cuartos de final. El primer tanto hizo que los espectadores se frotaran los ojos porque no podían creer que el pequeño Garrincha de apenas un metro sesenta y cinco centímetros le ganara el salto al defensa inglés Maurice Norman, que medía un metro ochenta y siete centímetros, y cabeceara el balón para anotar.

Las esperanzas inglesas surgieron cuando Jimmy Greaves disparó un cañonazo que se estrelló contra el horizontal y Hitchens en el rebote anotó.

En el minuto quinto del segundo tiempo Garrincha puso a ganar a Brasil, después del cobro de un tiro libre. Uno de los jugadores tranquilamente movió la pelota del sitio en el que el árbitro la había colocado para que Garrincha tuviera una posición más clara para anotar. En vez de protestar, los jugadores ingleses, según lo expresó más tarde su entrenador Winterbotton: "se quedaron parados y como buenos ingenuos se dejaron engañar". Garrincha remató dejando vencido al arquero Ron Springett. El tercer tanto fue anotado por Vavá cuando uno de los disparos de Garrincha rebotó en el pecho de Springett.

Ahora le tocaba a Chile jugar la semifinal contra Brasil. Chile estaba convencido que iba a ganar el campeonato.

Si era cierta la teoría que Brasil, a pesar de toda la técnica y talento que tenía, podía perder si se provocaba a los jugadores, entonces en este encuentro se comprobaría.

Garrincha parecía estar determinado a ganar el encuentro, a los nueve minutos incursionó en el campo chileno y desde las veinte yardas mandó un potente zurdazo que entró en la red del portero chileno.

A los treinta y dos minutos volvió a mostrar sus grandes dotes como cabeceador, saltando por encima de los defensas chilenos y anotando un tiro de esquina que había cobrado Brasil. Chile jugó muy bien, cuando no se concentraba en patear a Garrincha y otros brasileños, y descontó el marcador 2-1. Más tarde Vavá marcó el 3-1 cuando Garrincha cobró un tiro de esquina. Otra vez los chilenos apretaron para acortar la distancia y gracias a un penalti marcaron el segundo gol para poner el marcador 3-2. Por un tiempo breve parecía que Chile iba a empatar realizando su sueño. Sin embargo, Zagalo se descolgó por el costado izquierdo, sacó a un jugador y luego a otros dos para cruzar el pase a Vavá quien puso el marcador 4-2.

Privados de su sueño, los chilenos empezaron a dar patadas y codazos. Rojas se dedicaba a recargar y patear a Garrincha.

Garrincha no se contuvo y replicó, siendo expulsado de la cancha. Cuando se dirigía al camerino fue abucheado e insultado. Un botellazo que le lanzaron de las graderías lo escalabró. Posteriormente Landa, el centro delantero chileno, fue expulsado. Unos minutos más tarde sonó el pitazo final. Brasil jugaría consecutivamente otra final, pero esta vez sin Pelé y sin Garrincha, que había sido expulsado, y quien más que nadie le había dado la oportunidad a Brasil de ganar el campeonato mundial.

Con el paso de los años al presidente de la FIFA le gustaba decir que la política no tiene nada que ver con los deportes. Éste es un punto de vista que pone en entredicho a quien lo dijo. El deporte y la política están vinculados desde que se jugaron los primeros juegos en Grecia, setecientos setenta y seis años antes de Cristo.

Havelange y sus colaboradores en la Federación Brasileña se encontraban a punto de lo que podría ser —al menos en la mente de Havelange—, un gran triunfo personal: otra victoria mundial. Con una situación política en Brasil que se deterioraba día a día, era el momento más oportuno para distraer a la población ganando otro campeonato mundial. Eso al menos pensaban los delegados brasileños. Ellos estaban ocupados, muy ocupados. Havelange se ausentó de nuevo de la lucha por el campeonato mundial. Los negocios y el dinero lo mantenían ocupado en Rio. Pero cuando se vio confrontado con la crisis que había suscitado su más influyente jugador, Garrincha, acudió al teléfono.

Los obstáculos por superar eran enormes. Después de todo, en la primera reunión que sostuvo el Comité Organizador del campeonato mundial se decretaron expulsiones tanto individuales como colectivas si se volvía a jugar con violencia. Patear a un adversario y ser expulsado del terreno de juego era motivo de expulsión del campeonato. Poco importaba que Garrincha estuviera respondiendo a una agresión previa. No se permitía a los jugadores vengarse. La expulsión implicaba que no podía jugar la final. Con toda probabilidad la expulsión era más severa de lo que se creía y podía acarrear una sanción en los próximos encuentros controlados por la FIFA. Entonces surgió la pregunta de si toda la Selección de Brasil sería sancionada. En ese caso, ¿quién los iba a reemplazar en la final contra Checoslovaquia? Seguramente que no iba a ser Chile, pues había sido derrotado por Brasil y, además, también había tenido un jugador expulsado en el mismo juego.

Aconsejado por Havelange, el presidente de Brasil se comunicó con el Comité Disciplinario de la FIFA y le dijo que debían reconsiderar la expulsión de Garrincha. Su desapasionada petición decía que la justicia natural se pervertiría si Garrincha no jugaba la final.

En el campo brasileño otros opinaban que la clave ante todo era el informe del árbitro peruano Arturo Yamazaki y del juez de línea Esteban Marino, que era el más cercano al lugar del incidente que provocó la expulsión de Garrincha. Si se les lograba persuadir de ser moderados, justos e imparciales, ellos virtualmente justificarían las acciones de Garrincha y el impase quedaría resuelto.

Antes de que aconteciera la reunión del Comité Disciplinario, ocurrió una serie de sucesos, una maleta llena de dinero llegó a Santiago procedente de Rio. El informe del árbitro fue blando, rayando en lo inocuo. El día de los otros descargos el juez de línea no se presentó en la sede de la FIFA en Santiago. Es preciso decir que en los años 50 Marino había pitado en el campeonato de São Paulo y era muy conocido del presidente de la Federación de Fútbol de São Paulo; y como feliz coincidencia, también por el actual entrenador de la Selección de Brasil, Paulo Machado do Carvalho. Cuando se hizo la reunión para oír los descargos, el juez de línea estaba reunido con dos delegados brasileños en un hotel de Santiago. Pero la declaración crucial no fue oída por el Comité Disciplinario.

Después de la debida deliberación el Comité Disciplinario se retractó de las sanciones disciplinarias que al comienzo había tomado. Apenas le llamaron la atención a Garrincha y le dijeron que podía jugar la final, al igual que el resto de la selección brasileña.

Brasil ganó 3-1 a Checoslovaquia, Garrincha fue la pieza clave del triunfo.

El campeonato mundial, un torneo que había sido creado para perpetuar los más altos ideales del deporte, se ganó en un torneo que deshonró estos ideales dentro y fuera de la cancha. Una irónica nota al margen ocurrió pocos años después cuando los delegados sudamericanos de la FIFA denunciaron que ésta tenía preferencias por los árbitros europeos, mientras que los árbitros sudamericanos eran rechazados. Una recomendación especial que fue propuesta por el Comité de Árbitros Sudamericanos tenía que ver con el peligro que corrían los árbitros de ser sobornados. Los delegados sugirieron que en el futuro los árbitros fueran nombrados poco antes de comenzar los partidos para evitar que ningún delegado tuviera la oportunidad de realizar ningún soborno.

Tal como el entonces secretario general de la FIFA, el Dr. Helmut Käser escribió en una carta que le envió al presidente de la FIFA, Sir Stanley Rous: "de acuerdo con la información que he recibido es costumbre en los países sudamericanos ir de peregrinación a los países donde residen los árbitros."

Con Paulo Machado do Carvalho a la cabeza, los peregrinos regresaron de nuevo con el codiciado trofeo: la Copa Jules Rimet. Una sagrada reliquia capaz de darle techo al desamparado, de dar de comer al hambriento, de hacer parecer a los políticos ineptos como hábiles en sus labores ante los ojos del populacho; en otras palabras, de aliviar todo lo que agobia a un país. Esa era la teoría. Y aún es la teoría. Este concepto recibió un golpe bajo, cuando menos de dos años después de ganar Brasil el campeonato mundial, hubo un golpe de Estado y la junta militar tomó el poder.

Antes de jugarse el campeonato mundial de Francia 98 entrevisté a Havelange en los escasos días que le quedaban como presidente de la FIFA. Le pregunté sobre las dificultades para administrar la Federación Brasileña de Deporte durante la dictadura militar.

P: ¿En la época en que usted tomó a cargo la Presidencia de la Federación Brasileña de Deportes había un gobierno elegido democráticamente, y si no me equivoco el presidente era Juscelino Kubistschek?

R: Sí

P: Durante los seis años en que la junta militar estuvo gobernando a Brasil los generales mostraron un gran interés por el deporte, especialmente por el fútbol, le quedaré muy agradecido si me da algunos ejemplos de los problemas que tuvo que superar en esa situación, tratando, como estaba obligado a hacerlo, no con un gobierno institucional sino militar, es decir con una dictadura.

R: Primero que todo, debo decirle que no me he comprometido nunca políticamente. Además, no me interesa la política. Tampoco he sido funcionario. Ni he hecho negocios con el gobierno. Si alguien está en el poder yo lo respeto, y espero que me respeten. Es algo que siempre he disfrutado ya sea que quienes manden sean militares, civiles o quien sea. Siempre está el hecho de que el fútbol es una pasión. Cuando se juega un campeonato mundial todo el mundo se reúne para mostrar el interés que ello suscita —para ayudar— y así es que funcionan las cosas. Hubo un campeonato mundial cuando mandaba el presidente Kubitschek, quien era mi amigo personal. El general Branco, que gobernaba Brasil cuando el campeonato mundial de 1966 en Inglaterra, es otro amigo mío, y en el campeonato de México en 1970 teníamos otro general en el poder, el general Médici, él era mi amigo personal. Por consiguiente, yo no tuve problemas y tampoco el fútbol.

P: ¿No interfirieron ellos?

R: No. La Federación Brasileña de Fútbol es una institución privada. No tiene nada que ver con el gobierno. Está sujeta a la ley civil, por supuesto, pero no a las decisiones gubernamentales.

P: Durante el tiempo que estuvo usted encargado del fútbol brasileño, Brasil ganó tres veces el campeonato mundial. Un logro sensacional. En la investigación que he realizado claramente se ve que varios miembros de la junta, incluyendo dictadores militares que se llaman a sí mismos presidentes, estuvieron interfiriendo y metiéndose con la estructura organizativa, nombramientos del personal, y aun con los nombramientos en la Selección. ¿Debía haber una interacción casi diaria con la CBD?

R: No. No es así. El último dictador militar fue, por ejemplo, el general Figueiredo (João Baptista de Oliveira Figueiredo). Tenemos casi la misma edad. Él asistía a la Escuela Militar y yo estudiaba Derecho y ambos jugamos al fútbol juntos y fuimos presidentes honorarios del mismo equipo (Fluminense). Como ve, esta idea de los militares no cala en todo esto. Ellos tomaban parte en la vida de Brasil, nosotros también. Pero seguimos siendo buenos amigos. Especialmente porque yo nunca me he inmiscuido en política. Ellos hacían su trabajo. Yo el mío.

La realidad de los hechos rebate esta versión totalmente inexacta e idealizada que Havelange da sobre la actitud que tuvieron los militares frente al fútbol. Lejos de no estar interesados, se metieron por doquier, no sólo en el fútbol, sino en casi todos los deportes. En 1968, la junta militar expresó gran preocupación por la participación de las mujeres en las actividades deportivas. Expidieron un decreto en el que prohibían a las mujeres jugar béisbol, rugby, polo acuático y fútbol. Como presidente de la Asociación que controlaba estos deportes, Havelange aceptó el veto sin chistar nada. Los dictadores militares que gobernaron Brasil veían el fútbol como un éxito internacional y como la única vía para obtener apoyo popular y alguna credibilidad en el exterior.

El sucesor de Havelange como presidente de la CBD, y por consiguiente de la Federación Brasileña de Fútbol, fue el almirante Helio Nunes, quien también era presidente del Arena, partido político creado por la junta militar. La dictadura continuamente buscó mantener la opresión por medio del fútbol y, ciertamente, bajo la dirección del almirante Nunes se desarrolló una clara política de construcción de estadios y de formación de clubes en las ciudades donde el Arena era despreciado o rechazado. Entre 1969 y 1975 se construyeron en Brasil trece estadios con una capacidad para 63.000 espectadores. De esta manera se distraía al pueblo y a la vez se facilitaba la corrupción.

También, como lo veremos más adelante, no contenta con las actividades anteriormente señaladas, la junta comenzó a interferir con la selección de jugadores y los entrenamientos de la Selección. Esto encabezaba la lista de lo que la junta creía que era su verdadero trabajo.

"Ellos hacían su trabajo. Yo el mío".

En mi libro anterior, *Hasta los confines de la tierra*, relato mi búsqueda por el hombre más buscado de la tierra, el venezolano Illich Ramírez Sánchez, mejor conocido como *"El Chacal"*. Durante esa búsqueda por el hombre y la verdad en torno a él, empecé a interesarme por conocer a otro brasileño, Antonio Pereira. A mediados de los años 70 acompañó al Chacal en la ejecución de muchos actos terroristas en Europa.

También busqué a Pereira. Durante la investigación, conocí no sólo la realidad de la vida de Pereira, sino también la realidad de la vida de Brasil entre 1964 y 1974, curiosamente la misma época sobre la cual pregunté a Havelange. El siguiente es un extracto de mi reciente libro:

RELATO DE LA VIDA DE ANTONIO PEREIRA
El caso histórico de un hombre que incursionó en el terrorismo.

Lo que a continuación relatamos está basado en informes obtenidos de diversas fuentes, los servicios de inteligencia brasileño y francés, Amnistía Internacional, la Asociación Internacional de Juristas Democráticos, entrevistas —la mayoría con la antigua abogada de Pereira, Annina de Carvalho—, fuentes legales belgas, francesas e italianas.

Antonio Expedito Carvalho Pereira nació en enero de 1931 en una familia de escasos recursos en la ciudad de Itagui, provincia de Rio Grande do Sul, Brasil.

Como resultado de mucha dedicación y esfuerzo, además de una gran dosis de talento, logró graduarse en Derecho e hizo estudios de postgrado y fue nombrado docente universitario, combinando este cargo con la práctica del Derecho.

Entre 1961 y 1964 Brasil vio un período muy fecundo política y socialmente. Amplios sectores sociales alcanzaron un notable progreso mejorando las instituciones, los sindicatos y haciendo muchas reformas democráticas. Se inició la reforma agraria, el sistema de salud empezó a funcionar más equitativamente; y el país empezó a no depender exclusivamente de EE.UU. Al igual que la Venezuela de Carlos, Brasil tiene una larga lista de dictadores que practicaban la represión política y la tortura; pero entre 1960 y 1964 estuvo bajo un gobierno democrático. Enseguida los militares se tomaron el poder, en abril de 1964 la democracia fue reemplazada por una dictadura. En 1968, después de cuatro años de represión brutal, hubo un golpe a los golpistas y estando aún bajo un régimen militar, el país se inclinó más a la derecha. Aparte de la ya restringida lista de derechos civiles se dieron nuevas prohibiciones. Se abolió el Habeas Corpus y se impuso una censura draconiana. Se estableció una violencia institucionalizada contra las personas que públicamente objetaban y rechazaban este estado de cosas. Se crearon escuadrones de la muerte apoyados por el mismo gobierno. Los desaparecidos eran asunto de todos los días. Surgieron movimientos guerrilleros como respuesta a la represión gubernamental y los delitos políticos eran juzgados por tribunales militares.

Esta era la realidad que vivieron Pereira y sus compatriotas. Como uno de los pocos abogados defensores de quienes serían juzgados por delitos políticos, quedó marcado. Y por partida doble, ya que también dictaba clases de derecho en la Universidad de São Paulo. Esto sirvió para catalogarlo como un "intelectual peligroso". Como abogado defendió estudiantes detenidos, trabajadores de izquierda y al líder guerrillero Carlos Lamarca.

Sólo era cuestión de tiempo para quedar detenido. Lo cual sucedió el 3 de marzo de 1969.

A las diez de la mañana quince oficiales, entre ellos sargentos y agentes de la policía, irrumpieron en su oficina, mientras otro pelotón acordonaba el edificio. Se le aplicó el mismo procedimiento de detención que se aplicaba en 1969, o sea: lo esposaron, lo golpearon y lo llevaron inconsciente hasta la Rua do Riachuelo y luego lo trasladaron al calabozo de la policía militar. Allí estuvo detenido por diecisiete días. Durante todo este tiempo fue torturado. La policía quería saber los tratos y la relación que tenía con sus clientes. Él se negó a hablar. El primer día fue colgado de los pies durante siete horas y golpeado continuamente, además de ser sometido a choques eléctricos en la boca, oídos, nuca, los órganos genitales y los tendones.

Cuando recobró la conciencia, Roberto, sargento de la P. M., le metió un alambre electrificado por la uretra y otro por el recto.

Diversas modalidades de tortura se continuaron practicando. Entre ellas una modalidad conocida como "el sillón del dragón", que consistía en sentar a la víctima en un sillón parecido a los que hay en muchas peluquerías haciendo circular la corriente por entre los brazos y piernas del sillón.

Sin embargo, Pereira seguía rehusándose a dar información alguna. Llevaron a su esposa, Nazareth Oliveira Pereira, y lo obligaron a ver cómo era torturada; luego a ella la forzaron a que presenciara la tortura de su esposo. Después trajeron a sus tres hermanos: João, José y Francisco, también torturados en su presencia. Torturaron también a su secretaria Celia Hatsumi Heto, y a su chofer Lazaro a quien amarraron y le hicieron pasar corriente. Por último, arrestaron a su hija Teresa Cristina que apenas tenía diez años. Antonio fue obligado a presenciar la tortura que le propiciaba a su hija el capitán de la P. M. Carlos Antonio Pivatto.

Tengo el nombre completo y el rango de otros trece verdugos —no puedo llamarlos hombres— que participaron en estas sesiones de tortura, al igual que los nombres de dos jueces militares que también estuvieron allí: Fernández y Simonetti. El capitán Pivatto estaba al mando de uno de los grupos de tortura, el general Luis Felipe en el otro.

El 18 de marzo de 1969, Pereira, todavía sin confesar ninguna conexión, ni implicar a los presos políticos que defendía, fue trasladado al DOPS (Departamento Estatal para el Orden Político y Social). Allí duró dos días detenido y fue torturado en más de cuatro oportunidades en el sillón del dragón.

El 20 de marzo lo trasladaron otra vez a los calabozos de la P. M., donde lo torturaron las dos semanas siguientes. Luego, lo regresaron al DOPS, en donde permaneció en aislamiento total por cuatro meses. Posteriormente lo transfirieron a la colonia penal de Tiradentes. Después de once meses de detención lo interrogó un juez militar. Aunque no fue procesado, regresó a Tiradentes. Había estado detenido cerca de dos años cuando un grupo guerrillero tomó como rehén al embajador de Suiza en Brasil, Giovanni Enrico Bucher, el 7 de diciembre de 1970, y pidió la liberación de setenta prisioneros, entre ellos la de Antonio Pereira que nunca fue acusado, procesado ni sentenciado.

A finales de enero de 1971, Pereira junto con otros sesenta y nueve prisioneros viajó a Chile, dejando a su esposa y a su hija, pues el régimen militar no permitió su salida ya que no estaban incluidas en la lista de exigencias.

Desde Chile, vía Algeria, Pereira y algunos de sus compañeros llegaron a París en marzo de 1971, en donde eventualmente el gobierno francés les dio asilo político. Entonces, empezó una nueva vida. En 1973 estuvo vinculado con una millonaria brasileña, Mohammed Boudia, y con Moukharbel, militantes del Ejercito Rojo japonés y con una exclusiva galería de arte. Ese mismo año conoció a Carlos.

"Ellos hacían su trabajo".

Lo que le aconteció a Antonio Pereira, a su esposa y a su hija, lo mismo que a sus colegas y compañeros de trabajo no fue un caso excepcional, sino por el contrario, era el pan de cada día para los que se oponían al régimen militar brasileño.

La dictadura militar continuó en Brasil hasta mediados de los años 80. Los escuadrones de la muerte, los ataques a la prensa, las torturas, los asesinatos: una panoplia completa del barbarismo consentido por hombres que eran amigos cercanos de Havelange y quien además en esa misma época fue postulado para el Premio Nobel de la Paz.

Havelange, que estuvo muy impresionado con la capacidad organizativa y el resplandor de la Alemania nazi, fue muy optimista y benevolente con la dictadura militar brasileña.

Durante el régimen militar, Havelange ensalzaba las virtudes y benevolencias del régimen y creía que su país era muy propicio para celebrar el campeonato mundial.

En 1981, por ejemplo, cuando los escuadrones de la muerte cometían cien asesinatos mensuales en promedio, cuando se asesinó a doscientas cincuenta y ocho personas en el carnaval de Rio, cuando los quioscos y los periódicos sufrieron ataques con bombas, y cuando alguien que protestara contra la dictadura era silenciado y para siempre, Havelange guardó completo mutismo.

Havelange terminó la entrevista con la siguiente observación:

"Hice mi trabajo. Ellos (la junta militar) hicieron el suyo; pero seguimos siendo amigos. Especialmente porque yo nunca me he inmiscuido en política".

Tal respuesta me estremeció. Yo repliqué: "Si usted no se inmiscuye en asuntos políticos, entonces, ¿por qué después de estudiar su vida da la impresión que es uno de los hombres que más se ha comprometido políticamente? De todas maneras dejemos de lado la pregunta. En cualquier caso los dictadores sí estuvieron comprometidos y tomaron bajo su control el deporte. Esto es inobjetable".

Havelange con cara entristecida me miró como un enorme sabueso al que han regañado.

Era uno de esos instantes cuando el hielo bajo mis pies parecía muy delgado. Yo sabía que Havelange tiene un estilo peculiar, pues cuando es entrevistado prefiere responder a las preguntas con un discurso. Cuando termina el discurso no espera preguntas adicionales sobre el mismo tema. Él no concede entrevistas, más bien facilita una audiencia.

Yo iba dispuesto, en la medida de lo posible, a asegurarme que estas entrevistas fueran conversadas, o al menos que fueran el intercambio de dos personas, y no una audiencia con el Rey Sol. Era suficientemente perspicaz para darme cuenta que Havelange reaccionaba violentamente cuando le hacían preguntas comprometedoras, digamos, sobre desfalcos, sobornos, autoestima, venalidad, malversación de fondos y simple robo. Havelange desarrollaba un mecanismo de defensa violento, explotaba y salía a toda prisa. No hay razón alguna para que el entrevistado reaccione de tal manera, cuando el entrevistador puede captar fácilmente las alteraciones del entrevistado.

Cuando estaba próximo a comenzar el campeonato mundial de 1966 la junta militar expidió más decretos draconianos e incrementó la represión para asegurarse de que su punto de vista continuara prevaleciendo. La junta militar necesitaba otro campeonato mundial para desviar la oposición contra su gobierno. En 1965, candidatos antimilitaristas ganaron las elecciones en dos estados. Entonces se le concedieron poderes excepcionales al presidente y se disolvieron todos los partidos políticos. Simultáneamente se invirtió una buena cantidad de los dineros de los programas sociales de desarrollo en la Federación Brasileña de Fútbol para que de este modo Havelange y los delegados de la Federación tuvieran los suficientes fondos para asistir al próximo campeonato mundial que se realizaría en Inglaterra.

Se dispuso de una parte del tesoro público para desarrollar un torneo internacional, una especie de minicampeonato mundial, en el que participaron Brasil, Argentina, Portugal e Inglaterra.

Havelange asistió en Brasil a la inauguración del minitorneo; aunque primero arregló la hora en que se iba a jugar el encuentro, haciendo que Brasil llegara una hora más tarde. Inglaterra tuvo que esperar durante este tiempo y acabaron perdiendo 5-1. Alf Ramsey, el recién nombrado entrenador de la Selección de Inglaterra, aprendió una gran lección: los encuentros de fútbol contra los equipos sudamericanos incluyen cotejos no sólo contra las selecciones nacionales sino contra los delegados y la organización. Cuando dejó la capital de Brasil, Ramsey confiaba que llegado 1966 ningún equipo sudamericano le anotaría un gol a Inglaterra. Ya le llegaría la hora de recordar la lección que había aprendido, pero falló al ponerla en práctica.

En ese tiempo Inglaterra por primera vez sería la sede de un campeonato mundial. Y este honor se lo debía más que a nadie a Sir Stanley Rous, que había sido presidente de la FIFA durante el campeonato mundial de 1962. Su influencia en la FIFA se había hecho notar ya que Rous utilizó las modernas técnicas de redes de radiodifusión treinta años antes de que oficialmente fueran establecidas. En cuanto al campeonato mundial de 1966 no hubo nada sutil, simplemente era cuestión de *ahora nos toca a nosotros*.

Éste fue el último campeonato Mundial que se otorgó como consecuencia de la presión convencional. Después tomaría otro viso: no sería fácil de obtener sin corrupción, dineros calientes y competencia reñida. Millones de dólares gastaron en 1964 México y Argentina cuando ambos compitieron por la sede del campeonato mundial de 1970. Dinero que Rous y otros funcionarios de la FIFA creían que se debía gastar en mejorar el entrenamiento de la juventud y en toda la infraestructura del deporte. Los regalos dados por los competidores para obtener las sedes de los campeonatos mundiales serían cada vez más grandes y escandalosos; sin duda podemos decir que buena parte del espíritu deportivo fue robado. E inevitablemente hubo más corrupción y erosión de la ética deportiva.

Irónicamente, lo que le preocupaba a Stanley Rous en 1964 sería la principal causa de su derrota diez años más tarde.

La tendencia a la paranoia, a creer que hay una conspiración europea contra los sudamericanos es una característica típica del mundo futbolístico sudamericano. Periodistas, funcionarios y jugadores alimentaron los temores e inseguridad respecto al Viejo Continente. Hace treinta años esta paranoia era aún más evidente. Y se volvió a manifestar durante el campeonato mundial celebrado en 1966 en Inglaterra. Nada resulta mejor que explicar lo ocurrido. Lo cual sirve para explicar no sólo la manera de pensar del momento, sino también algunos de los sucesos. La paranoia latinoamericana había comenzado incluso antes que el campeonato.

Inglaterra clasificó en el grupo uno, que debía jugar todos los partidos en Wembley; la única excepción fue el encuentro entre Uruguay y Francia que se jugaría en la ciudad blanca. El cuarto equipo de este grupo era México. La selección de Inglaterra parecía lista a clasificar para los octavos de final.

Un folleto de la Asociación de Fútbol, publicado antes que comenzara el torneo, indicaba que de ganar Inglaterra en este grupo, jugaría los cuartos de final en Wembley, pero la semifinal en Everton. Esto aparentemente contradecía lo que el Comité Organizador del campeonato mundial había decretado, es decir, que Inglaterra debería jugar *todos* los partidos en Wembley. Daba la impresión que la nación sede había obtenido una gran ventaja. La implicación era clara: se removían los obstáculos para que Inglaterra clasificara. O al menos esa fue la conclusión de muchos periodistas latinoamericanos azuzados por Havelange y el grupo que apoyaba a Brasil. La teoría de la conspiración floreció y fue respaldada por Argentina, Chile, México y Uruguay.

Todos estaban convencidos que la mano invisible de Stanley Rous estaba urdiendo el complot. En realidad no se había tomado ninguna decisión cuando apareció el folleto. Y poco importaba que Stanley fuera el presidente de la FIFA ya que las decisiones no dependían del presidente sino de todo el Comité. La realidad era diferente, Rous había estado a favor de que si Inglaterra clasificaba, debería jugar la semifinal en Liverpool. Pero su propuesta fue derrotada con base en argumentos económicos: si Inglaterra jugaba en Wembley se esperaba una asistencia de al menos noventa mil espectadores con una taquilla que aumentaría considerablemente los ingresos de la FIFA.

Todo ello parecía una tormenta en un vaso de agua, pero estas controversias encendían las llamas de desconfianza por parte de los delegados sudamericanos y tendrían repercusiones serias.

Brasil quería ganar consecutivamente tres campeonatos mundiales, algo que hasta ahora ninguna selección había logrado. No sólo delegados que ya no pertenecían a la Selección como Vicente Feola y el Dr. Gosling viajaron con ésta, sino también algunos integrantes de la Selección de 1962; e incluso dos veteranos de 1958: los defensas Bellini y Orlando.

También había otros sobrevivientes de 1958: Djalma Santos y Zito. Sin duda, con muy contadas excepciones, parecía que el tiempo había retrocedido. Como si se hubiera estancado peligrosamente en el pasado, Havelange era uno de ellos.

Havelange alardea de los triunfos obtenidos en 1958, 1962 y 1970. Es menos jactancioso respecto a 1966. La razón no está restringida sólo a las colecciones de las victorias que Brasil obtenía.

En realidad Havelange tuvo poco o nada que ver con las victorias obtenidas en los campeonatos mundiales de Suecia y de Chile. Aunque sí tenía que ver con las innovaciones que se hicieron, digamos, la introducción de médicos y psicólogos en la Selección. Sin duda jugó un papel primordial para que un jugador como Garrincha, a quien habían sancionado en la final de Chile, la jugara.

Y del mismo modo que la ampliación de los cuarteles generales de la FIFA —algo que Havelange se acredita— en realidad no es suya sino de Stanley Rous, los triunfos obtenidos en 1958 y 1962 son de Paulo Machado do Carvalho y no de Havelange. Éste fue uno de los temas que discutí con uno de los más destacados comentaristas deportivos de Brasil, Juca Kfouri, que me comentó: "Brasil ganó los campeonatos mundiales de 1958 y 1962 cuando Havelange era el presidente de la Federación Brasileña de Deportes, pero en ese tiempo él no sabía nada de fútbol. Sólo sabía de natación y de polo acuático".

"Alguien que sí sabía de fútbol y que además fue el responsable de los triunfos obtenidos fue Paulo Machado do Carvalho, quien organizó las dos selecciones e hizo factible lograr las dos victorias".

"Cuando en 1966 el campeonato mundial se jugó en Inglaterra, Havelange creía que Brasil ganaría por tercera vez consecutiva, y por lo tanto la copa se quedaría por siempre en nuestro país".

"Entonces ¿qué hace? Deshacerse de Machado porque quiere asegurarse de que él y no Machado obtenga el crédito de este tercer triunfo. Havelange creía que lo único que tenía que hacer era alinear al mismo equipo que ganó dos veces el campeonato mundial. Sin embargo, surgieron dos problemas: el primero, el fútbol europeo había mejorado y estaba más preparado, especialmente para jugadores ya conocidos. Y segundo, los jugadores de Brasil eran ocho años mayores. Con Pelé, éste no era ningún problema, pero con otros jugadores sí. En líneas generales, los jugadores que el público y la prensa querían ver en Inglaterra permanecieron en Brasil sin ser llamados a la selección".

En realidad los campeonatos mundiales de 1966 y de 1974 son los únicos en que Havelange viajó con la selección y corrió además el riesgo de lograr la victoria o la derrota.

Garrincha, quien más que nadie influyó para que Brasil ganara las dos copas anteriores, todavía jugaba. Pero tenía problemas de salud. Se recuperaba de algunas lesiones que había sufrido en un accidente automovilístico. Y como aconsejó el Dr. Gosling, debería jugar de suplente. Su habilidad para definir un encuentro ya no era la misma, en parte también por la adicción que tenía por el alcohol, lo cual irremisiblemente lo condujo a una muerte prematura.

Pero quizá si Pelé estaba en forma todo era posible. El asombroso jugador de Estocolmo tenía ahora veinticinco años, aun cuando no se encontraba en el pináculo de su carrera.

Portugal con Eusebio tenía su equivalente de Pelé, un delantero con un quiebre y aceleración devastadora, que controlaba muy bien la pelota y pateaba como una mula. Además, el consenso popular era que jugadores como Pelé y Eusebio serían protegidos por los árbitros para que floreciera el fútbol artístico.

La selección de Inglaterra también tenía su jugador estrella: Jimmy Greaves, un goleador extraordinario, un jugador capaz de incursionar en el campo enemigo y anotar devastando a los demás contendores. Su sentido posicional, la lectura del momento oportuno para deslizarse en el área de penalti y su capacidad de patear eran talentos que lo hacían sobresalir del resto de sus compañeros. Ramsey, que siempre estaba incómodo con las precoces actuaciones de Greaves, procuró proteger a este diminuto jugador de los jugadores más rudos y sucios. Cuando el hábil delantero quedó lesionado en el encuentro contra Francia, Ramsey no lo alineó en los otros encuentros, decisión que le acarreó problemas y descontento con los hinchas ingleses. Greeves siguió los mismos pasos de Garrincha y buscó solazarse en el alcohol. Aunque más tarde le ganó la guerra al alcohol y se convirtió en comentarista de televisión.

Mientras Inglaterra avanzaba cómodamente a los cuartos de final, al favorito Brasil no le iba bien.

Sí bien había ganado 2-0 su primer partido contra Bulgaria, gracias a los pases y disparos hermosos de Garrincha y Pelé, tuvo que pagar un precio muy caro por la victoria: Pelé quedó lesionado y no pudo jugar contra Hungría. Sin tener en cuenta el consejo del médico de la selección, Feola alineó a Garrincha. No obstante, los húngaros dieron un ejemplar derroche de juego. Al final ganó Hungría 3-1 y la multitud de pie aclamó la gran victoria húngara.

Esta derrota significaba que Brasil tenía que vencer a Inglaterra, o quedaría eliminado. La presión sobre Havelange y sus colaboradores alcanzó el clímax. El mensaje que llegó de Rio fue claro e inequívoco: "La victoria debe alcanzarse a cualquier precio".

"A cualquier precio" era una frase particularmente pertinente. El grupo de consejeros de la Federación Brasileña quiso emplear la misma estrategia usada en Chile. Si el árbitro y el juez de línea fueron persuadidos de no declarar contra Garrincha, entonces seguramente un árbitro del campeonato que se celebraba en Inglaterra también podía ser sobornado. Se intentó sobornar al árbitro inglés George McCabe para que Brasil ganara el partido. Uno de los árbitros trató de hacer el enlace. Antes de hacer la oferta consultó a un delegado de la Selección brasileña, quien expresó consternado:

"Es una locura. No importa qué miembro de la CBD aprobó este plan. No estamos en Chile y no estamos tratando con peruanos. Si esto se sabe, los ingleses no lo pasarán por alto. Por amor a Dios, tengan en cuenta que el presidente de la FIFA es inglés. Se nos arrestará. Desistan de esa idea si queremos todos volver a casa".

Después de posteriores deliberaciones se abandonó el plan del soborno. Brasil tendría que ganar con métodos convencionales.

Pelé aún lesionado fue alineado, pero el pánico en la Selección era evidente. Brasil hizo siete cambios para el partido, y después de veinte minutos estaba prácticamente fuera del campeonato. Perdían 2-0, lo cual hizo que lo que viniera fuera aún más humillante: Pelé tomó la pelota y el defensa portugués Morais lo pateó bruscamente. El defensa portugués nunca buscaba el balón. Pelé no obstante, siguió adelante. De nuevo Morais lo pateó pero esta vez cayó al piso. De nuevo, el árbitro McCabe permaneció ajeno a lo que pasaba, sin decir nada. Morais debió ser expulsado por la primera falta, pero siguió jugando. Ver el vídeo de este encuentro es ver lo peor del fútbol.

Pelé recuerda ese partido:

"Morais ha debido ser expulsado. Yo estaba tan interesado en remontar el marcador que no le puse cuidado, sólo después de ver la película me di cuenta de la magnitud de las faltas".

¿Y cómo recuerda Morais?

"En realidad no era tan malo como parecía. Lo que lo hacía ver tan mal es que Pelé ya estaba lesionado y se movía con gran dificultad".

Brasil con nueve jugadores perdió 3-1.

Lo ocurrido podía haber producido consecuencias más desastrosas. Además, aumentó la hostilidad hacia los europeos. No sólo Brasil había sido derrotado, sino además era prueba irrefutable de la conspiración que existía —apoyada por Rous y sus secuaces— para asegurarse que el campeonato lo ganara Inglaterra. El arbitraje resultó tan desastroso que hizo desatar la xenofobia en contra de los europeos. Se escucharon voces de protesta en Rio, Santiago, Asunción y Buenos Aires. Y aún estaban otros hechos que hacían pensar en una "conspiración".

Lo más triste del caso era que un jugador de la talla de Pelé quedara por fuera del campeonato. Él juró no volver a jugar en un campeonato mundial. En su concepto —compartido por muchos que aman el fútbol— el mejor jugador de fútbol no había sido vencido por un adversario superior, sino por un árbitro inepto y permisivo.

Al quedar eliminado Brasil, surgió la sensación que a partir de 1966 sería un juego de sudamericanos contra el resto del mundo, pero especialmente contra Europa.

En los cuartos de final Alemania Occidental venció 4-0 a Uruguay, después que dos uruguayos fueran expulsados. Al finalizar los cuartos de final, tanto Argentina como Uruguay estaban convencidos que había un complot. El encuentro entre Uruguay y Alemania lo pitó un árbitro inglés, Jim Finney, lo cual se consideró una prueba más del complot. El aspecto crucial de esta idea irracional es que era completamente racional y creíble a quienes lo creían. Pero, sin duda, un signo evidente de que se sufre de una perturbación mental es negar la enfermedad.

En Hillsborough un inglés pitó el partido que jugó Alemania. Y en Wembley un alemán pitó el partido de Inglaterra contra Argentina. Sin duda no era la más acertada de las decisiones tomadas por la FIFA, pero no existe ni el más mínimo rastro de evidencia que se trataba de un complot o conspiración.

En el encuentro los argentinos no pudieron contener el ataque de los ingleses. Trataban de contener el ataque con faltas cometidas cínicamente. El árbitro Kreitlein lejos de calmar los ánimos se dedicó a sacar tarjetas amarillas. Tratando de opacar al árbitro estaba el capitán argentino Rattin, que al final fue sancionado cuando cometió una falta contra Bobby Charlton.

Poco antes de terminar el primer tiempo, Rattin hizo furiosos reclamos en español por la tarjeta amarilla que le sacaron a otro integrante de la Selección de Argentina. Y aunque el árbitro no entendía ni una palabra, lo expulsó. Rattin no quería abandonar la cancha. La discusión duró unos diez minutos, en los cuales el argentino Albrecht intentó persuadir a todo el equipo de abandonar el juego. Ken Aston, que había pitado en Santiago el partido entre Chile e Italia, aparecía ahora como un fantasma. Poca confianza inspiraba el director de los árbitros a un jugador que recordara su actuación en Chile. Cualquier jugador de Inglaterra que se aventurara a meterse en la confusión creada por los argentinos se exponía a ser escupido en la cara. Cuando el entrenador inglés vio que el defensa Nobby Stiles recibió un escupitajo de lleno en su rostro, hundió la cabeza en las manos.

Después de una violenta arremetida sobre un defensa francés en la primer ronda del torneo, se ejerció mucha presión para sacar de la selección a Stiles. Esta presión venía principalmente de los delegados sudamericanos de la FIFA. Ramsey estaba convencido que la acometida de Stiles no había sido intencional; sin embargo los delegados de la Federación Inglesa de Fútbol presionados por la FIFA lo exigieron. Pero Ramsey le replicó: "Si Stiles es expulsado de la selección yo renunció". Tanto el jugador como el entrenador sabían que si se producía un ataque violento por parte de Stiles éste sería sancionado, por eso los argentinos deliberadamente provocaban al pequeño Stiles. Cuando Ramsey levantó la cabeza esperando ver a Stiles derribando en la gramilla a un argentino, fue saludado con la visión de Stiles escapando de su asaltante y enjugándose la cara con la manga de la camiseta.

Eventualmente convencieron a Rattin de abandonar la cancha. Recuerdo cómo dio una vuelta en torno al campo lanzando deliberadamente insultos e escupitajos a los espectadores para incitarlos.

Argentina por consenso popular era quien mejor había jugado. De jugar obedeciendo las reglas del juego es probable que ganara y pasara a la final en lugar de Inglaterra. Como frecuentemente sucede, Argentina con diez hombres jugó con gran valor y estuvo a punto de anotar. Pero luego de un cruce de pases entre Peters y el alero izquierdo Hurst, éste metió un cabezazo en el poste izquierdo. Inglaterra jugó cuidadosamente y no se dejó empatar. Sin embargo, en todo el continente latinoamericano se tuvo la firme convicción de que se habían hecho arreglos y se declaró públicamente "que no cabía la menor duda que el árbitro alemán había sido arreglado, y que Inglaterra quería ganar a toda costa sin importar los medios». La voz de la razón no recibió mucha ayuda del entrenador Alf Ramsey, quien en una conferencia de prensa posterior al encuentro declaró: "Lo mejor de nuestro fútbol aun está por venir. Pero será contra un equipo que juegue al fútbol y no que actúe como animales".

Ramsey no sólo se refería a las faltas continuas que cometía Argentina y los escupitajos recibidos por los jugadores ingleses después de la expulsión de Rattin, sino también a los delegados argentinos y otros integrantes de la Selección que intentaron agredir al árbitro y destruyeron su camerino, además de querer penetrar en el camerino inglés. Los sudamericanos exigieron una disculpa y amenazaron con abandonar la FIFA si no la recibían. No la recibieron, pero siguieron en la FIFA.

Las controversias que suscitaron los partidos jugados por los equipos sudamericanos fueron definitivas para la transferencia de influencia y poder del Viejo Continente al Tercer Mundo. Un cambio de poder que ha controlado al fútbol los últimos veinticuatro años y que ha buscado prevalecer en el más popular de los deportes en el mundo.

En el Congreso de la FIFA a comienzos de 1952 en Helsinki, prevalecía el control europeo. El delegado belga José Crahay recordaría más tarde: "Cada uno de los delegados sudamericanos tiene que comentar algo en los puntos de la agenda. Aunque cada uno de los puntos haya sido cuidadosamente analizado, da la impresión que los sudamericanos son nombrados sólo para sostener un único punto de vista que raramente corresponde con el del Comité Ejecutivo de la FIFA".

"Kurt Gassman, quien a la sazón era secretario general de la FIFA, trató de sostener su punto de vista y logró prorrogar los temas tratados hasta el siguiente Congreso. Pero cuando se hizo la votación, cada uno de los delegados europeos votó individualmente sin tener una política preconcebida. Esto trajo consecuencias desastrosas y daños irreparables. Pero se debe enfatizar que nuestra meta no era ni sería anular a nadie. El único objetivo de esa reunión era defender los intereses de Europa".

En el Campeonato Mundial celebrado en Inglaterra se hizo un fútbol en marcha, no sólo el que se jugaba en el campo de juego sino también fuera de la cancha: en salas atiborradas de viejos gordos y fumadores; es decir, un juego de opinión y presión.

Mientras Inglaterra jugaba la semifinal contra Portugal hubo un gran número de reuniones secretas por parte de los delegados de la CONMEBOL, Confederación Sudamericana de Fútbol. El tema central siempre el mismo: controlar la FIFA. Se discutieron varias estrategias, pero el problema principal era encontrar quién pudiera atraer los suficientes votos para ganarle a Sir Stanley Rous la presidencia. El problema permaneció insoluble por el retorno a casa de los eliminados, quienes tienen que enfrentar el rechazo que siempre espera a los perdedores cuando regresan a los países licalizados al sur de El Paso.

Si el partido que jugó Argentina contra Inglaterra fue para muchos la cara no aceptable del juego, el jugado contra Portugal fue la cara positiva del mismo. Sin duda que alguien había hablado con Morais y el juego rudo mostrado contra Brasil en general, y Pelé en particular, no se repitió. Stiles, que era el jugador más recio de Inglaterra, fue un modelo de suavidad y autocontrol y sin duda quien más influyó en la victoria obtenida contra Portugal.

Stiles, a quien le tocó marcar a Eusebio, el goleador del campeonato, jugó magnífica y limpiamente y le demostró, no sólo a Morais, sino a cualquiera, que se podía marcar a uno de los mejores jugadores sin faltas intencionales. Inglaterra ganó 2-1, y para el entrenador de Inglaterra el hecho de que se jugó limpiamente fue el aspecto más relevante del cotejo. Inglaterra, en todo caso, jugaría por primera vez la final de un campeonato mundial. Aún más: jugaría en Wembley. El otro finalista era Alemania Occidental, creando ello otro incidente porque los sudamericanos aseguraban que el campeonato entero había sido previamente arreglado.

Se ignoraron algunos hechos. Por ejemplo, que la semifinal contra Portugal se había jugado a toda marcha y estuvo desbordante de brillo y técnica. Que Bobby Charlton jugó mejor que nunca. Que Stiles estuvo soberbio. Bobby Moore, Jackie Charlton y Gordon Banks, quien a la sazón era el mejor portero del mundo, jugaron maravillosamente y defendieron con mucha maestría el arco inglés. Pero nada de esto valía para los sudamericanos. Seguían creyendo que todo estaba arreglado por los malditos ingleses. Si necesitaban más pruebas, sólo faltaba considerar lo que sucedió durante la final:

El partido final del campeonato mundial entre Inglaterra y Alemania Occidental fue para la mayoría de ingleses —quienes eran apenas adolescentes o un poco más viejos—, algo similar al asesinato del presidente Kennedy. Todo el mundo puede decir exactamente dónde estaba y qué hacía. Con una sola diferencia: el asesinato de Kennedy se dio en un sitio donde la gente hacía miles de cosas a la vez. En cambio, en la final de Wembley todo el mundo observaba una sola cosa: el juego entre Inglaterra y Alemania. Todos esperaban que Inglaterra ganara. El estadio, que en esa época tenía una capacidad para noventa o cien mil espectadores, ese sábado 30 de julio virtualmente contaba con una capacidad aproximada de diecisiete millones de espectadores. Esa era la impresión que daba.

Si la semifinal contra Portugal fue emocionante —al menos para los hinchas de los dos equipos— la final se salía de la escala de Richter. El encuentro estuvo muy movido todo el tiempo. Alemania anotó primero en el minuto trece, seis minutos más tarde Inglaterra empató. Hunt, que remplazó a Greaves, desperdició una oportunidad antes de finalizar el primer tiempo. Martin Peters anotó el segundo gol poco antes del minuto trece del segundo tiempo. Lo único que se tenía que hacer era sostener el marcador. Cuatro minutos antes de finalizar el partido Hunt tuvo clara ventaja de anotar pero la entregó mal a Bobby Charlton a quien interceptó un defensa alemán. Faltando treinta segundos para finalizar el partido se adelantó un jugador alemán, muchos creían que el defensa alemán Held había derribado a Charlton; pero Dienst, el árbitro suizo, le dio el tiro libre a Alemania, fuera del área de penalti. El tiro cobrado por Emmerich le dio en la espalda a uno de los jugadores y la pelota fue rematada por Weber, quien igualó el marcador. Por segunda vez desde 1934 había un tiempo extra en un campeonato mundial. A los diez minutos surgió la controversia: un remate de Hurst pegó en el travesaño, la bola rebotó en la línea de gol. Hunt levantó las manos dando muestras de alegría. Para él, no había duda que la pelota había cruzado la línea.

El árbitro Dienst estaba menos convencido. Rodeado por los jugadores alemanes, fue hasta donde se encontraba el juez de línea, un ruso llamado Bakhmarov, después de consultarlo dio por anotado el gol. Todo el estadio de Wembley se estremeció. Los alemanes no se dieron por vencidos y atacaron continuamente, pero eran rechazados por los ingleses. Poco antes de terminar el partido Hurst fue habilitado por Moore y anotó. Era la primera vez que un jugador anotaba tres goles en un partido de campeonato mundial. El juego había concluido. Inglaterra ganó en un encuentro limpio y reñido que en cierta medida sirvió para acabar con los rencores que suscitaron los partidos anteriores.

El cubrimiento televisivo todavía estaba en pañales. Pocas cámaras, pocas facilidades técnicas. Las grabaciones no permiten aclarar si el tercer gol anotado por Hurst en realidad cruzó la raya de gol. Si hoy en día se le pregunta a un alemán si hubo gol, firmemente responderá que no. En cambio, un inglés dirá que sí. Ambos son igual de dogmáticos. Una evidencia que se ha ignorado es la reacción de Hunt: si Hunt que estaba tan cerca del arco no hubiera creído que la pelota había entrado, entonces se habría apresurado a rematar para asegurar el tanto, en lugar de permanecer inmóvil y levantar los brazos celebrando la anotación.

La controversia fue explotada por Havelange y otros de sus colaboradores que todavía se estaban curando de las heridas sufridas por las derrotas de los equipos sudamericanos. Para ellos era la muestra clara y evidente que los europeos habían hecho de todo con tal de ganar. Lo extraño era que venía del presidente de una asociación de fútbol que había tratado de sobornar al árbitro que pitó el partido Brasil-Portugal. De una asociación que en Chile hizo uno o más sobornos para ganar el campeonato mundial celebrado en el país austral.

Inglaterra bailaba al son que le tocaban ya que la celebración abarcó por completo a toda la nación. El primer ministro Harold Wilson, que diferente a la junta militar de Brasil había sido elegido democráticamente —pero al igual que ésta sabía la importancia que tienen los deportes, sobre todo, el fútbol para desviar los problemas que había en el seno de un país— y además llevaba dos años en el poder y el partido laborista estaba pataleando, diez días antes de la final impuso una congelación de los salarios y también como buena medida una congelación de los dividendos: "Ha llegado el tiempo de detener la inflación galopante", declaró Wilson. El 30 de julio a las 5 de la tarde la congelación de los salarios ya no preocupaba a nadie. Sabiendo que sacaría ventaja invitó al equipo inglés al Número 10 de Downing Street. Como buena medida invitó a toda la selección al banquete de la victoria celebrado en el Royal Garden Hotel. Pero ahora parecía, como lo dijo Sir Stanley Rous: "que se había adueñado del Campeonato Mundial o hacerlo aparecer como un logro del gobierno... Cuando la multitud que estaba apostada afuera del hotel llamó a los jugadores, Harold Wilson tomó la copa y salió con toda la selección sosteniendo el trofeo".

Treinta y dos años más tarde, es como si el tiempo volviera atrás.

Durante el campeonato mundial de Francia, en junio de 1998, daba la impresión de haber regresado al pasado. El Primer Ministro laborista, que llevaba un año en el gobierno y todavía estaba de luna de miel con el electorado, mostró los primeros signos de debilidad, jugó la carta populista del fútbol. No una, sino dos veces. Primero João Havelange fue invitado a 10 Downing Street a tomar té y galletas. Estuvo rodeado de los delegados de la Asociación Inglesa y de muchos balones de fútbol. Tony Blair ha creado medios de distracción informativa haciendo que filmaciones de él asistiendo a eventos no políticos y pateando balones sean transmitidos en las noticias. El respaldo real que obtuvo el

Primer Ministro fue cuando el presidente de la FIFA dijo frente a las cámaras de televisión que él creía que Inglaterra debía ser la sede del campeonato mundial de 2006. Esa noticia le aseguró un gran despliegue en la primera página de los periódicos.

Pocos se atrevieron a cuestionar la declaración. Pocos eran conscientes de que Havelange —que se encontraba en la mitad de una activa campaña a favor de su ungido sucesor Sepp Blatter— le había prometido la sede a Sur África, a Alemania y cualquier país que la solicitara. Cuando se otorgue la sede del mundial de 2006 Havelange llevará mucho tiempo fuera de FIFA.

Cuando le entregó la Copa a Chirac para que se la ofreciera al capitán de la Selección de Francia, Didier Deschamps, Havelange ya no era presidente de la FIFA. Si pocos pudieron formularse estas preguntas, nadie pudo esforzarse en descubrir lo que habían hablado Havelange y el Primer Ministro británico.

La segunda carta que se jugó Tony Blair fue en el verano de 1998, justo cuarenta y ocho horas antes del primer partido de Inglaterra contra Túnez. En un patente gesto populista Geoff Hurst, el héroe de los tres goles de 1966 fue nombrado Caballero de la Corte.

Según João Havelange, la idea de convertirse en presidente de la FIFA se la debe a un periodista deportivo, el desaparecido Oduvaldo Cozzi. Havelange insiste en que él desechó la idea: "yo no la ambicionaba". Es una afirmación más bien extraña de alguien que proclama no estar interesado o comprometido políticamente. Pero que le cae en la cara por las evidencias que hay en su vida. Para ser una sugerencia que desechó, se acuerda con curiosa exactitud cuándo se la hicieron: "el 23 de octubre de 1963 en Londres, durante la celebración del Centenario de la Asociación de Fútbol".

Havelange insiste en que lo único que quería era darle un campeonato mundial a su país. Por supuesto que si se gana un campeonato mundial es una buena plataforma para lanzar la candidatura para lograr el mejor puesto en el fútbol.

De regreso a Brasil, inmediatamente después del campeonato de 1966, Havelange luchó por ganar la Copa Jules Rimet como si fuera de su propiedad. Los generales se sucedían continuamente como si se tratara de una exclusiva presentación musical, pero todos tomaron un acrecentado interés por la Selección Nacional. En el momento en que

Brasil tenía una mala imagen internacional por las críticas al régimen dictatorial, una de las pocas imágenes positivas que ofrecía era la gran técnica y talento que tenían los jugadores brasileños.

Havelange le confió la Selección a un viejo amigo suyo, Castor de Andrade, para la Copa O'Higgins celebrada en Chile en 1966 y la Copa de Rio Branco celebrada en Uruguay en 1967. Castor era una persona muy conocida en Rio, dueño del club Atlético de Bangu y promotor deportivo. Por supuesto que esto no era lo único que promovía Castor Andrade.

Durante más de dos décadas fue uno de los principales controladores de las loterías ilegales conocidas en Brasil como *bicheiro* (chance). Los delitos no se reducían a esta sola área. Los juegos de lotería producen mucho dinero en efectivo, y como tal permiten que se blanqueen grandes sumas. Castor tenía estrechos vínculos con las fraternidades delictivas de Rio y con el cartel de Cali en Colombia. Los juegos ilegales de lotería representan para los carteles sólo uno de los bienes que están bajo el control de Andrade, otro era el club de fútbol, el Atlético de Bangu, en el que se invirtió una gran cantidad de dinero. Aparte del blanqueo de dinero, la red de loterías le permitía controlar la marihuana y cocaína que se consumen en Brasil, al tiempo que activar el contrabando de electrodomésticos. También está una extensa red de corrupción formada por políticos, jueces, jefes de policías desde el más antiguo hasta el más nuevo. Andrade destinaba algunas de estas grandes sumas de dinero a los amigos influyentes y poderosos que pasaban por alto estas actividades delictivas, entre quienes se destaca João Havelange.

Havelange ocupaba un puesto preferencial en la lista de amigos de Andrade. También estaban en la lista el gobernador de Rio, los alcaldes de Rio y São Paulo, directivos y oficiales de policía. Los pagos sólo a la policía eran de $200.000 dólares mensuales. El *jogo de bichio*, que durante mucho tiempo había sido tolerado sólo como una inofensiva contravención policial, a partir de 1970 tomó un giro peligroso gracias al cual el delito y el crimen han penetrado en todos los sectores sociales. Esto se hace evidente cuando se analiza la explosión del consumo ilegal de droga en los últimos veinticinco años en Brasil.

La preparación para el campeonato mundial de México 70 fue, según palabras del periodista británico Brian Glanville: "amplia y generosamente asegurada por el presidente de la Federación de Deportes, João Havelange".

La que en realidad estaba asegurando la preparación del seleccionado brasileño era la junta militar, cuyos miembros todo el tiempo se sentían inseguros y paranoicos, y estaban resueltos a que no se repitiera el descalabro recibido en Inglaterra. Se aseguraron que algunos militares ocuparan cargos claves. El jefe de la delegación y de la selección nacional era el brigadier general Jerónimo Bastos. Tal vez por eso Havelange me dijo que ellos hacían su oficio y él el suyo. El brigadier Bastos se encargó de los preparativos.

Los preparativos incluyeron un costoso período de entrenamiento y la realización de posteriores encuentros. El nuevo entrenador João Saldanha era un hombre muy franco con un pasado colorido. Miembro del partido comunista, en aquel entonces proscrito en Brasil, ocupó el cargo de entrenador una vez Havelange lo nombró, aunque encontró una fuerte oposición por parte de los miembros de la Junta Militar.

Saldanha siempre fue franco en sus críticas contra la junta militar, una de las razones por la que era tan apreciado por el público. También era admirado por la prensa ya que le había dado inteligencia y brillo al juego cuando era entrenador del Botafogo. Con estos notables talentos más un refrescante grado de vigor y entusiasmo, era uno de los favoritos para ocupar el cargo.

Una presentación carente de lustre en un partido amistoso jugado contra Inglaterra en el Maracaná, que Brasil ganó 2-1, indicaba que faltaba mucho por hacer para lograr la cohesión y unidad de la selección. El pajarito Garrincha fue despedido. Ya no se le veía hipnotizando las defensas enemigas cuando se descolgaba por el ala cruzando un pase para que un compañero anotara ante un portero desesperado. Garrincha terminaría sus días con un pasado lleno de recuerdos y una botella de licor en la mano a los cincuenta años.

A pesar de los cambios, Pelé todavía seguía en la Selección. Él juró después de ser brutalmente sacado del campeonato mundial de Inglaterra que nunca más se expondría a defensas psicópatas ni a árbitros desalmados que nada hacían para evitar los ataques que le proferían los adversarios. Finalmente se logró persuadirlo, puesto que iba a jugar a los 29 años él podría superar cualquier lesión y, además, estaba en la cima de su carrera. Lo que en última instancia hizo que Pelé corriera el albur de jugar fue una reciente innovación hecha por la FIFA, es decir, la introducción de tarjetas rojas y amarillas. Con tal que los árbitros las usaran correctamente, Pelé y los otros destacados jugadores podrían encontrar ciertas medidas de protección.

Saldahna hizo revivir la magia de Brasil en las eliminatorias al Mundial al ganarle a Colombia, Paraguay y Venezuela. Con Tostao que anotaba regularmente no tuvieron ningún contratiempo para la clasificación del Mundial de México 1970.

De repente Saldahna, un hombre que siempre se controlaba, perdió el rumbo que había trazado en noviembre de 1969. Cuatro meses después que Brasil había jugado el último partido internacional, despidió al portero y a otros jugadores y llamó a cinco nuevos jugadores para integrar la selección. El país unido unánimemente en torno al entrenador después de las victorias alcanzadas en agosto era ultrajado. Los periódicos, la radio y la televisión iniciaron furiosos debates. No sólo el hombre común que viajaba en autobús estaba furioso.

Los militares también se veían implicados. Jamás habían confiado en este intelectual revolucionario. Ahora le tocaba a Havelange emplear sus habilidades diplomáticas para calmar la tempestad. Resulta interesante que Havelange, tal como antes se ha registrado, hiciera su oficio y los militares el suyo y que ninguno de ellos se haya mezclado.

En febrero el médico de la selección, el Dr. Toledo, atizó la hoguera de la controversia cuando con base en razones médicas sacó a dos jugadores: Toninho y Scala. Según el doctor Toledo no se encontraban habilitados para jugar. Los respectivos clubes a que pertenecían los hicieron examinar y se afirmó que los dos jugadores se hallaban en plena forma y por tanto podían jugar. Unas pocas semanas más tarde en marzo el primer equipo formado por Saldanha fue vencido por Argentina en Porto Alegre, el mismo equipo que fue eliminado por Perú. Esto no se vio como un buen augurio por la nación entera. Cuatro días más tarde cometió lo que a los ojos de la mayoría de brasileños era visto como un acto de traición cuando declaró públicamente que pensaba deshacerse de Pelé.

En este momento el general Médici, el dictador que gobernaba Brasil, entró en escena y mandó a decirle a Saldanha que quería discutir con él sobre la selección. Antes que esa delicada conversación tuviera lugar, Iustrich, entrenador del Flamengo, se unió en las voces de crítica. Saldanha también era un maestro de la lucha hablada, se apareció en el campo de entrenamiento del Flamengo y buscó a Iustrich. Claro está que no quería limitarse sólo a discutir. Cuando ingresó en el campo llevaba un revólver. Se deduce que Iustrich no estaba disponible para discutir con Saldanha.

Finalmente la conversación con el general Médici se realizó. Es quizás una forma de medir cuán en serio en ese país se toma el fútbol sin tener en cuenta la represión que asolaba el país. Se producían actos de terrorismo tanto de grupos de derecha como de izquierda. Secuestros políticos, estallidos de bombas, insurrección armada y sangrienta, desaparición forzada de personas, torturas, asesinatos, caos; y en medio de esta carnicería la mayor preocupación era el comportamiento que había tenido el entrenador de la Selección Nacional.

La reunión del general Médici y João Saldanha guarda este memorable intercambio de palabras:

Médici: "Quiero que ponga a Dario. El debe jugar en la Selección".

Saldanha: "Le digo una cosa, Señor Presidente: hagamos un trato. Yo no le digo a quién debe usted escoger para su gobierno y usted no se mete en mi Selección".

El general Médici aparentemente no se dejó impresionar. Sin embargo, le ordenó a Havelange ("Yo hacía mi trabajo, ellos el suyo") licenciar al entrenador de la selección. Instantáneamente Havelange obedeció la orden y Zagalo, mundialista en 1958 y 1962, reemplazó a Saldanha. Zagalo aún estaría allí como técnico, pero después de lo que ocurrió antes de la final de Francia 98 y durante el partido de la final en el estadio de Saint Denis, Zagalo estaba destinado a ser un ex entrenador más de la selección de Brasil poco después del regreso de Brasil en dos aviones irónicamente bautizados Zidane Uno y Zidane Dos. Ni siquiera en 1970, el nombramiento de Zagalo como técnico de Brasil fue acogido universalmente, y se dice que su permanencia en el cargo se debió sólo a la protección de Havelange. El técnico Zagalo ha soportado una aguda crítica por jugar partidos insignificantes sólo para complacer a Nike, su empresa patrocinadora. También con el paso de los años sus críticos le reclaman el hecho que frecuentemente seleccionaba a los jugadores no con base en los méritos sino para incrementar su valor de traspaso a otros clubes. En marzo de 1970 Zagalo intentó armar las piezas de una selección desmoralizada mientras la nación entera debatía los aciertos y desaciertos del asunto Saldanha.

Zagalo siempre ha tenido la buena reputación de ser una persona con mucha suerte. Sin duda que la tuvo cuando reemplazó otra vez a Saldanha. En las eliminatorias Brasil había anotado veintitrés goles en los seis partidos que le tocó jugar. Tostado anotó nueve y Pelé seis.

Antes que comenzara el campeonato, a los treinta árbitros que iban a pitar el Mundial de 1970 se les dieron estrictas instrucciones para controlar el juego sucio y violento.

Como es costumbre, el partido inaugural fue un encuentro terriblemente aburrido entre el país sede México y Rusia, que empataron 0-0. El momento más emocionante ocurrió en el preludio cuando en el desfile inaugural los integrantes de la Selección de Inglaterra fueron recibidos con una tremenda rechifla. Los anfitriones del campeonato mundial se dieron cuenta que las hostilidades con Latinoamérica continuaban.

La presentación más elegante en el juego inaugural la dio el árbitro alemán Kurt Tschenscher, pues tomó a pecho la orden dada por el Comité de Árbitros de la FIFA, al menos en cuanto a la actuación de los soviéticos. Muchas agarradas que hicieron los jugadores soviéticos fueron sancionadas con tarjetas amarillas. Curiosamente a los ojos de un observador neutral, se hizo el de la vista gorda con respecto a los jugadores mexicanos que jugaban sucio y dando patadas. Éste es un nombre que no se debe olvidar. Ciertamente João Havelange no lo ha olvidado.

Brasil estaba en el mismo grupo de Inglaterra y su llegada a Guadalajara le habría dado excelentes lecciones al entrenador de Inglaterra, Alf Ramsey, si hubiera estado pendiente. No lecciones de fútbol, sino de relaciones públicas, y si algún entrenador las necesitaba más, sin duda que el brusco y taciturno Ramsey era el primero que debía tomarlas. Le hacía falta tacto y paciencia cuando trataba a los medios de información, incluyendo la prensa inglesa que lo apoyaba.

Cuando Brasil llegó a México en lugar de perderse en un campo de entrenamiento fuera de Guadalajara, de acuerdo con las instrucciones dadas por Havelange la selección inició un encantador ataque ofensivo. Los jugadores distribuían banderines y figurines entre la muchedumbre, hacían visitas y constantemente excitaban las pasiones y declaraban su amor, afecto y respeto por todas las cosas mexicanas. Se dice con frecuencia que un equipo que juega en casa ya tiene un gol a favor debido al apoyo que le ofrecen sus hinchas. Y ninguno de los que participaban en este torneo podía permitir ese gol de ventaja a Brasil.

El año anterior al campeonato, Ramsey llevó a la selección de Inglaterra a México. La intención, de acuerdo con el técnico inglés, era: "Hacer amigos y crear un clima amistoso". Era una buena manera de pensar. Una atmósfera cálida y amistosa ampliaría las facilidades de retener el título. Después de un amistoso que Inglaterra y México empataron 0-0, Ramsey dio una breve entrevista fuera del camerino. Los camerinos en esa época eran una zona restringida, por tanto la prensa no tenía acceso. Cuando le preguntaron qué tenía que decirle a la prensa mexicana respondió así:

"Había un conjunto musical tocando afuera del hotel donde nos hospedábamos, hasta las cinco de la mañana. Se prometió escoltarnos hasta el estadio, pero nunca apareció la escolta motorizada. Cuando los jugadores entraron en la cancha los chiflaron y los insultaron. Yo creía que el público mexicano le daría una calurosa bienvenida a nuestra selección. Y tan pronto como comenzara el cotejo cada quien podría apoyar y vitorear al equipo que le simpatizara".

Cuando iba a regresar al camerino se le ocurrió decir: "Nos alegra mucho estar en México. Los mexicanos son gente maravillosa".

El último comentario no fue publicado por la prensa.

Pocos días más tarde, después que Inglaterra le ganó a México 4-0, el gobernador de Jalisco quería saludar a Ramsey, quien iba seguido por un tropel de periodistas que fueron despedidos bruscamente del camerino por el entrenador inglés.

Al año siguiente, poco antes del campeonato mundial, Inglaterra hizo una gira para jugar cuatro partidos, dos contra Colombia y dos contra Ecuador. Esta gira fue bien pensada porque los integrantes de la selección se debían adaptar a la humedad y a la altura, problemas que se presentarían en México. Circunstancias desafortunadas hicieron que surgieran más problemas en el equipo, sobre todo con el capitán de la selección, Bobby Moore.

Bobby Charlton y Bobby Moore visitaron una joyería en el Hotel Tequendama de Bogotá, donde la selección inglesa se alojó; después de dejar la joyería y sin comprar nada, al poco tiempo los dos jugadores se vieron involucrados en un juego sucio que probablemente tenga los orígenes en la edad de piedra. Una de las versiones del juego es poner a un hombre a discutir con una mujer en la habitación del hotel. Claro: no su esposa, tal vez una conocida en el hotel. Se presentarán roces y amenazas entre el supuesto esposo de la mujer, y posiblemente también con el administrador. Habrá amenazas. Se pagará dinero. Y los cómplices se marcharán en busca de la próxima víctima.

La versión del juego que les tocó vivir a Charlton y a Moore fue esta: se les demandó por la pérdida de un valioso brazalete. A Moore se le acusó del robo, fue detenido y conducido a la estación de policía, en el centro de Bogotá. Fue soltado bajo fianza, se reintegró a la selección y jugó contra Colombia. El partido lo ganó Inglaterra. Luego viajaron a Quito y ganaron el encuentro. De regreso a Bogotá, cuando la selección inglesa se disponía a viajar a México, Bobby Moore fue arrestado de nuevo cuando el equipo iba a tomar el avión hacia la Copa Mundial.

Eventualmente lo pusieron bajo arresto domiciliario en la casa del presidente de uno de los equipos locales. En vista del número de personas que declararon haber visto que Moore se había echado el brazalete en el bolsillo, el cual nunca apareció, lo curioso y notorio es que le permitieran a Charlton y a Moore sentarse en la sala de recepción del hotel tras salir de la joyería sin haber llamado previamente a la policía. A Moore se le permitió salir del país para ir a jugar a México después de que el consulado británico firmara una fianza de garantía.

La compostura del capitán de la Selección Inglesa había sido muy notable. En medio de las denuncias histéricas conservó la calma y se declaró inocente. Todo el enredo no era sino un intento de extorsión para sacarle dinero a Moore y a los delegados de la Selección Inglesa, pues de otra manera no se retiraría la demanda por robo ni se retirarían los cargos. Dos años más tarde quienes estaban detrás de este negocio turbio fueron arrestados y acusados de conspiración.

A muchos asistentes al mundial de México les hubiera gustado que el capitán de la Selección de Inglaterra, que dicho sea de paso tuvo una excelente actuación en el campeonato mundial de Inglaterra, no tuviera un desempeño similar esta vez. Se esperaba que este impase lo desconcertara y lo afectara, con las acusaciones que sobre él pesaban. Sin embargo, Moore jugó brillantemente el campeonato mundial de 1970.

Cuando la Selección Inglesa llegó a México, el delantero Jeff Astle, un jugador que sufre de aerofobia, estaba extenuado. Ello dio pie para que en los titulares de la prensa mexicana se dijera que Inglaterra tenía una selección compuesta sólo de borrachos y ladrones.

Estos incidentes con el paso del tiempo se podrían ver como incidentes menores. En Brasil en 1998, mientras hacía las investigaciones para escribir este libro, tuve la oportunidad de escucharlos varias veces, narrados con mucha seriedad. Fueron importantes en la creación de una atmósfera antieuropea en general —y de manera particular contra Inglaterra— por parte de figuras relevantes del fútbol sudamericano que querían de una vez por todas disminuir la influencia europea en el fútbol mundial.

Para muchos sudamericanos el hecho de que Bobby Moore fuera completamente exonerado de los cargos era parte del complot. Y, además, el hecho que el entrenador de Inglaterra había sido no sólo arrogante sino que había asumido una actitud racista, que según ellos era subrepticiamente mantenida también por Sir Stanley Rous y otros colegas europeos de la FIFA, era una evidencia apropiada (si ésta se necesitaba después del descalabro del fútbol sudamericano en el mundial de 1966) que el torneo era controlado por y para un club que aunque no se especificaba era sólo para europeos.

Inglaterra, que había ganado 1-0 a Rumania en su primer partido, estaba preparada para enfrentar a Brasil, que tenía una selección formada por Saldanha —el experto pistolero verbal— y refinada por Zagalo. Brasil empezó barriendo a Checoslovaquia 4-0. Parecía que la suerte legendaria de Zagalo se estaba cumpliendo. Él recibió una selección con muchos problemas. Incluyendo los problemas ocasionados por Rivelino, Tostao, Carlos Alberto, Jairzinho y Pelé.

La víspera del encuentro Inglaterra-Brasil puso a prueba la decisión de Ramsey de permanecer alojados en el corazón de Guadalajara en el Hilton. Las chucherías y el encanto que Brasil demostró le dieron una valiosa ventaja.

La invasión comenzó durante la cena. Un puñado de brasileños con cientos de mexicanos arribaron al Hilton. Llegaron a pie, en carro y en motocicleta. Alrededor de las ocho de la noche comenzaron a gritar y a pitar: ¡Brasil, Brasil! A medida que anochecía, la multitud crecía y se hacía más fastidiosa. No hubo descanso. Duró toda la noche. Muchos de los jugadores no durmieron. Si se les mencionara a los directivos del fútbol sudamericano de un complot en esta ocasión, simplemente dirán bien en español o en portugués: "Los jóvenes son siempre jóvenes".

Para muchos observadores ésta era la verdadera final, poco importaba que hasta ahora estuvieran buscando la clasificación para los octavos de final. Antes del partido a Inglaterra le dieron una buena noticia que compensó la noche pasada en vigilia: Gerson se había desgarrado el muslo y no jugaría.

Contra los checos al comienzo del segundo tiempo Gerson le tiró desde el medio campo una pelota a Pelé, que poco antes de ser enfrentado por los defensas la paró con el pecho, se dio la vuelta y la pateó al fondo de la red. Fue un gol tan bien preparado que Clodoaldo se arrodilló y lloró emocionado. Pero esta vez Gerson que se fumaba cuarenta cigarrillos al día no jugaría con Pelé quien, según muchos críticos, ya había dado lo que tenía que dar. De esta manera hizo callar a los críticos, tanto que Clodoaldo lloró de alegría agradecido por estar jugando en la misma cancha que Pelé.

Ahora el fuego y la pasión de Brasil iban a enfrentar el frío y el control de Inglaterra con dos planteamientos diferentes del juego y diametralmente opuestos.

En el minuto diez Jairzinho dejó rezagado a Cooper, el lateral izquierdo, y le centró la pelota a Pelé quien de un cabezazo la lanzó contra el poste izquierdo.

Recordando este momento Pelé me comentó: "Yo ya cantaba el gol cuando Banks se apareció de no sé dónde. De pronto estaba en el poste derecho y yo cabeceé rasero. Enseguida, él se colocó en el poste izquierdo y sacó la pelota por encima del travesaño".

La tapada que hizo Gordon fue televisada en todo el mundo, y fue aclamada, entre otros por Pelé, como la mejor tapada de todos los tiempos. El periodista John Moynihan que estaba parado detrás de la portería de Banks describe: "Pelé saltó peligrosamente por encima de Mullery, y todos ya iban a cantar el gol y listos para aclamar al "rey", de pronto Banks con un movimiento intempestivo, en confusión de brazos y piernas, se tiró al poste derecho levantando la pierna izquierda dejando la derecha doblada, y con la mano levantada sacó por encima del travesaño la pelota. Banks hizo una pose digna de una mantis religiosa que salta a otra ramita y no permitió que entrara la pelota. El balón pasó por encima y rodó hasta el otro lado de la red como una ola se estrella contra las rocas. Y en medio de esta gritería y conmoción uno se preguntaba si no se había quebrado un brazo o sufrido una seria lesión, mientras sus compañeros de equipo permanecían a su alrededor. Esta atajada se convirtió en una leyenda, en una pieza única de folclor, en una imposibilidad gimnástica. «¿Viste eso?» exclamó Harry, dándose vuelta, «Cielos, ¡vio usted eso!»".

La temperatura alcanzó los 23°C, los jugadores ingleses rebajaron al menos diez libras durante este encuentro. El equipo médico inglés indicó que en un manual del ejercito norteamericano se prohíbe hacer entrenamientos a temperaturas superiores a los veinte grados centígrados. Citando a Brian Glanville: "el comité mundial prostituyó el torneo y sacrificó a los jugadores a las exigencias de la televisión europea".

A los catorce minutos del segundo tiempo, Tostao sacó a tres defensas, e hizo una falta contra Moore que no se sancionó, cruzó la pelota a Pelé que se la entregó a Jairzinho y éste anotó. Este gol fue el ejemplo contundente de lo que Pelé quiso decir unos años más tarde cuando hablaba del "juego hermoso".

Inglaterra tuvo sus buenos momentos. Pero al final del partido Jeff Astle, quien reemplazó a Hurst, perdió la oportunidad de anotar a pocos metros del arco brasileño.

Brasil con mucho alivio terminó convencido que habían jugado contra el equipo que debían enfrentar en la final. Si el partido de Inglaterra contra Brasil fue presenciado por una audiencia global y considerado como uno de los mejores en el fútbol, otros encuentros mostraron el revés de la moneda, es decir, la cara del árbitro.

El gol anotado por el anfitrión México contra El Salvador es una de las peores decisiones arbitrales de todos los tiempos. El árbitro Hussain Kandil, de Egipto, concedió un tiro libre para El Salvador que cobró no un jugador salvadoreño, sino el mexicano Pérez quien le pasó la pelota a otro compañero y éste se la centró a Valdivia que en el contraataque se encontraba prácticamente solo y anotó. El gol fue validado a pesar de las protestas de los jugadores de El Salvador que no entendían por qué el árbitro validó el gol; mientras los espectadores mexicanos lo festejaban.

Los hinchas locales festejaron aún más en el juego contra Bélgica, cuando Valdivia, regresando de un contraataque, se tropezó y cayó solo. Sin embargo, el árbitro argentino Coerezza pitó penalti. Gracias a este gol, México clasificó para los cuartos de final. De existir más árbitros con este talante, los mexicanos no habrían tenido dificultad alguna en llegar a la final. Afortunadamente les tocó enfrentar a Italia y perdieron 4-1.

Si se creó un mito en torno a Banks por el partido que jugó contra Brasil, Bonetti no se le queda atrás en el partido que jugó contra Alemania. Se especulaba que el mejor portero del mundo había recibido la "venganza de Moctezuma" cuando ingirió cerveza adulterada y no pudo jugar contra Alemania. Bonetti lo reemplazó. De cualquier modo, esto no ha alterado el mito.

A los cuarenta minutos del primer tiempo Inglaterra ganaba 2-0. En tiempo extra perdió 3-2. De esta manera Alemania se desquitó de la derrota sufrida en Wembley cuatro años atrás. Ramsey trazó la táctica, esta vez no puso a jugar a los aleros, algo de lo cual se jactaba tanto que a la Selección Inglesa se la llamaba "La maravilla sin alas". Muchos de los jugadores estaban descontentos y preocupados por la táctica empleada. Esta misma táctica se empleó contra los brasileños, pero Inglaterra perdió.

Los cambios en el equipo alemán produjeron muy buenos resultados. En cambio, Ramsey hizo dos cambios fallidos (Bell y Hunter, por Charlton y Peters). El primer gol inobjetablemente fue una falla de Bonetti que se demoró en atajar un remate de Beckenbauer.

El segundo gol alemán lo anotó Seeler al encontrarse completamente desmarcado, igual que el gol que anotó Mueller en el tiempo extra dándole la victoria a Alemania.

Bonetti sirvió de chivo expiatorio, pues Ramsey, que comenzó el partido cometiendo errores tácticos, terminó haciendo dos cambios fallidos y echándole la culpa de la derrota al portero inglés. Peter Bonetti nunca más jugó con Inglaterra.

En la semifinal Brasil se enfrentó a Uruguay, que con justa razón se quejó de que el encuentro no debería jugarse en Guadalajara, donde Brasil se encontraba como si jugara de local, sino en ciudad de México. Las protestas no se tuvieron en cuenta. Entonces los uruguayos deliberadamente llegaron tarde al partido y tampoco asistieron a la recepción ofrecida por el gobernador de Guadalajara. Cuando entraron a la cancha su comportamiento se derrumbó. Al enfrentarse con uno de los mejores equipos no sólo de este torneo sino de todo los demás, Uruguay creyó que la única manera de ganar el encuentro era pateando y jugando sucio hasta el pitazo final. De jugar al máximo seguramente también habrían sido derrotados, pero igual se habrían robado el partido. Si el equipo brasileño tenía una delantera y un medio campo incomparables el arquero y la defensa eran muy vulnerables. Para subrayar este hecho debemos decir que Uruguay anotó el primer gol debido a que Félix se encontraba mal ubicado. Y la pelota paso rozando el fondo de la red tras el disparo de Cubilla.

Gerson se ponía las manos en la cabeza como si no quisiera oír los gritos de júbilo de los jugadores uruguayos que celebraban el gol. Carlos Alberto perdió sus fuerzas por un momento. No obstante, Pelé corría por toda la cancha elevando la moral de sus compañeros de equipo. Ahora ya no era el joven adolescente de diecisiete años que había jugado en Suecia, sino la figura paterna y un jugador para todos los tiempos. Él se volvía, increpaba a sus compañeros: "Bueno, veamos quién será el primero de nosotros en anotar contra estos bastardos." Los brasileños pusieron a prueba la defensa uruguaya y, además, trataron de escapar de la brutal marcación hombre a hombre que impuesta por Uruguay. Cortés perseguía a Gerson por todas partes.

Castillo acosaba y sofocaba a Pelé. Gerson, uno de los más inteligentes del equipo brasileño, comenzó a analizar el problema como si fuera un gran maestro de ajedrez.

"Primero jugué en el ala izquierda, luego en la derecha. Luego subí a la zona de penalti y siempre tenía a Cortés detrás de mí. Entonces me di cuenta que había un lugar al que debía llevarlo, puesto que estaban sólo interesados en defenderse, y me puse a jugar en nuestra propia zona de penalti. Esto significaba quedarnos sin un atacante. Le dije a Clodoaldo que tomara mi puesto y que yo jugaría rezagado. Clodoaldo igualó el marcador. Y todo el juego cambió y no perdimos."

En el segundo tiempo no hubo cambios, excepto que Zagalo ordenó a Rivelino que jugara un poco más adelantado en el lado derecho del medio campo, para que Pelé y Tostao ganaran más espacio. Este pequeño ajuste fue crucial. Tostao, aprovechando el espacio ganado, le dio un pase a Jairzinho que forcejeando con el marcador logró sacarlo y disparó un pelotazo venciendo al portero uruguayo.

En el minuto final Uruguay buscaba desesperado el empate en el contraataque, pero Pelé cogió la pelota, sacó a los defensas y se la pasó a Rivelino que anotó el 3-1.

Brasil llegó a la final en tanto que João Havelange se enorgullecía de ello y, además, pretendía sacarle ventaja ya que México al ser eliminado apoyaría a Brasil. En efecto Brasil casi automáticamente se convirtió en el equipo local, equipo que ha ganado cinco campeonatos mundiales. Ramsey y los directivos ingleses no son los únicos que pueden aprender las lecciones de Brasil fuera de la cancha. Mantener un aislamiento mental y tener mínimo contacto con la nación anfitriona no permite ganar muchos amigos.

Alemania enfrentó a Italia en la otra semifinal. E Italia que vivía obsesionada con defenderse esta vez dejó la obsesión y se lanzó al ataque. En tiempo extra ganó 4-3. El capitán Beckenbauer cojeaba por las faltas que le cometieran fuera del área los defensa italianos.

Que un equipo como Italia, que mostró un fútbol estéril y negativo, con la única excepción del partido que había jugado contra Alemania, llegara a la final, no agradó a nadie, excepto los hinchas italianos.

Esta final fue vista como un choque entre las Fuerzas de la Luz y las Fuerzas de las Tinieblas.

Ambas naciones ya habían ganado dos campeonatos mundiales, por tanto el ganador se quedaría con la Copa Jules Rimet, y se crearía una nueva Copa. Los italianos tenían excelentes goleadores, Riva, Boninsegna, Mazzola y Rivera, todos podían darle la vuelta al ruedo, pero primero los italianos tenían que liberarse de la camisa de fuerza que los mantenía inmovilizados, es decir, del juego encadenado y defensivo. Su defensa *catenaccio* era estéril, negativa. No creaba, destruía. El *catenaccio* (encadenamiento) utiliza una cadena de jugadores que sólo obstaculizan al adversario. Los tres defensas deben hacer una marcación hombre a hombre. Detrás de los defensas queda el líbero o jugador libre que no marca a nadie; su función es patrullar el área central y estar listo a cubrir cualquier deficiencia o error de la defensa. Así no se gana ningún partido, su meta es no perder por un amplio margen. Durante décadas, cincuenta años para ser más precisos, esta filosofía había carcomido el fútbol, sobre todo, el fútbol italiano. La prueba crucial tendría lugar en el verano de 1970. ¿Podría dominar y ahogar la imaginación desplegada por Brasil? ¿Podría apagar el genio de Pelé? ¿La visión de Gerson? ¿La sutileza de Tostao? ¿Sería factible que la selección de Italia que tenía tantos jugadores talentosos abandonara el juego defensivo e hiciera un juego más creativo y ofensivo? Una cosa era segura: si se replegaban en la defensa y dejaban que los brasileños los atacaran, se buscarían muchos problemas.

Y en realidad los tuvieron. Gerson dominaba el medio campo. Jairzinho tomando una hoja del libro que había escrito Gerson sobre cómo superar la marcación hombre a hombre, se llevaba a Fachetti al medio campo, lo cual permitía que Carlos Alberto, que jugaba de defensa y se sentía feliz cuando jugaba adelante, se la pasara todo el partido haciendo este juego, y luego avanzaba por el ala derecha. Los italianos por culpa del *catenaccio* carecían de un alero izquierdo. Antes de los primeros veinte minutos los brasileños se pusieron en ventaja. Una pared formada por Tostao y Rivelino hizo que éste pateara una pelota levantada hacia el arco italiano. Pelé, que había saltado por encima de los defensas italianos, se dobló como un clavadista en medio del salto, cabeceó la pelota y la metió en la red. Mazzola y Bonisegna jugaban como dos endemoniados, pero el resto de equipo apenas se contentaba con patrullar en el medio campo italiano. Se necesitaba algo espectacular para que Italia entrara en el juego.

Cuando sucedió, fue por un error garrafal que cometió Brasil. Clodoaldo tuvo un repentino acaloramiento e inexplicablemente devolvió la pelota al arco brasileño y Boninsegna, que aprovechó la confusión que había creado el pase de Clodoaldo, cogió la pelota, burló a Félix y anotó.

En este momento, tal como recientemente me confirmó Pelé, los italianos tenían el partido en el bolsillo. Brasil estaba desmoralizado, alicaído. De seguir atacando Italia, la defensa brasileña difícilmente podía repeler al ataque, y los italianos habrían ganado el cotejo.

Los hinchas locales no eran la única ventaja que tenían los brasileños. También en el *catenaccio* tenían un aliado. Los italianos no pudieron contener el ataque de los brasileños, a pesar de que le cerraron el paso.

Brasil se reagrupó, sacó ventajas y aliento del poco espacio que se ganaba y confió en el juego de equipo.

En el minuto sesenta y cuatro, cuando se había jugado buena parte del segundo tiempo, Gerson, que controlaba el medio campo, recibió un pase a unas cuarenta yardas del arco italiano, cogió la pelota, le dio dos toques, pasó a un defensa y desde las veinticinco yardas disparó un zurdazo que entró en la red.

En el minuto sesenta y nueve Gerson cobró un tiró libre que recibió Pelé, que parecía no mirar a quién estaba a su lado, pero automáticamente entregó la pelota a Jairzinho que sin pararla la pateó y anotó el tercer gol.

Cuando faltaban tres minutos para terminar, ocurrió algo sublime: Tostao ganó la pelota a unos ocho metros de la zona de candela e hizo el primero de nueve pases espectaculares que realizaron los brasileños, pases con tan exquisitos repertorios que parecía un baile de samba.

Clodoaldo hizo quiebres, sacó a cuatro defensas en muy pocas yardas y le pasó la pelota a Rivelino. Éste se la entregó a Jairzinho que recortó, cambió de dirección engañando a dos defensas italianos y se la cruzó a Pelé. Pelé la tomó calmado, le dio cuatro toques permitiendo que Carlos Alberto, que venía corriendo por el lado derecha, la pateara y así anotara el último gol de Brasil y del partido. Carlos Alberto apunta con una sonrisa: "Yo nunca he tenido un disparo potente, pero Pelé me la pasó, y como venía corriendo a toda prisa por eso la rematé y dejé sin chance al arquero italiano. Tuve suerte". Como el resto de equipo.

Así Brasil ganó 4-1. El marcador es sólo una parte del relato. La luz en verdad venció a las tinieblas. La celebración de los jugadores titulares, la banca y los hinchas conmovió a todos los corazones. Ellos ganaron la copa y celebraban la victoria con mucha pompa. Además, le habían recordado a quienes tuvieron el privilegio de presenciar el cotejo, o de verlo televisado, que por encima de todo el fútbol era un juego glorioso que valía la pena ser disfrutado y degustado.

Este partido es una obra maestra del fútbol.

Brasil regresó a casa con el trofeo, la copa Jules Rimet, y un bono de veinte mil dólares para cada jugador por cortesía de João Havelange. En 1970 esa cifra era muy importante. Hoy en día hay jugadores que se ganan mucho más en una sola semana de trabajo.

Los italianos regresaron a Italia y recibieron el insulto tradicional de los derrotados, ofensas y tomatazos en la cara.

Pelé declaró después de ser brutalmente lesionado en el campeonato de Inglaterra, que nunca más volvería a jugar un campeonato mundial. Se hicieron esfuerzos para persuadirlo a que jugara, especialmente por parte de João Havelange. Todavía en ese tiempo ellos mantenían muy buenas relaciones, como las que hay entre un padre y un hijo. A Havelange hay que reconocerle la labor desempeñada en este campeonato, pero también se le puede reprochar su comportamiento. Aunque es inobjetable que él fue quien logró persuadir a Pelé, que para millones de hinchas ha sido el mejor jugador de todos los tiempos, para que jugara en el campeonato mundial de México de 1970. Ésta es una deuda que le deben todos los hinchas del fútbol a Havelange. Sólo un puñado de encuentros, los seis encuentros que jugó Pelé, el amable, gentil, moderado y modesto jugador que hizo que su talento para jugar al fútbol fuera imperdurable. *Esto sí era fútbol.*

Y en ello radica la suprema ironía. La más amarga paradoja de que después de haber embellecido el fútbol al haber persuadido a Pelé de volver a jugar, João Havelange se embarcó en una campaña por controlar el fútbol para posteriormente robarse el juego y corromperlo.

Y en el fondo de esta campaña participó el mismo actor.

Havelange me comento cómo él se "había ganado la primera copa en el campeonato mundial de Suecia". También dijo que: "Pelé me debe mucho y su deuda comenzó en los años 50 cuando le di la oportunidad para que asistiera al Mundial de Suecia".

Ya sea una deuda real o imaginaria la de Pelé con Havelange, se la ha pagado miles de veces por el gran aporte que le hizo al fútbol. Así de simple. Si existe una persona que haya tenido mucho que ver en que Havelange se haya apoderado de la máxima institución de fútbol mundial, esa persona es Edson Arantes do Nascimento, "Pelé".

SEGUNDA PARTE

"Todavía no tenía ninguna ambición en ser el presidente de la FIFA".

"Pero, Dr. Havelange, dentro de los doce meses siguientes a la victoria de Brasil en México, usted hacía campaña activa para alcanzar el cargo".

"Todo lo que quería era que Brasil ganara el campeonato para mi país, y tuve mucho éxito. De cinco finales jugadas ganamos tres".

De nuevo me controlaba para no decir lo obvio respecto a quienes en realidad ganaron los trofeos, y permitir, además, que Havelange me dijera cómo él sin ambición alguna había hecho campaña para alcanzar el máximo cargo del fútbol mundial. El recuento total parece haber caído en un agujero negro. Ya había ocurrido un intento abortado para lograr las aspiraciones de Havelange a la presidencia de la CONMEBOL (Confederación Suramericana de Fútbol), en la reunión que tuvo lugar en octubre de ese mismo año en Guadalajara en 1968; se hicieron vehementes declaraciones exaltando las virtudes que traería la Presidencia de la FIFA con Havelange. Tres años más tarde se produjo otro intento para nombrarlo en la FIFA y Havelange lo recuerda:

"Los presidentes de las federaciones de Argentina y Uruguay vinieron a Rio en 1971 para pedir permiso de postular mi nombre a la presidencia".

"¿Querían ellos postularlo como candidato oficial de la CONMEBOL?"

"Correcto, la presidencia siempre era ocupada por europeos. Ellos creyeron que era tiempo que un sudamericano ocupara el cargo".

"¿Comparte usted este punto de vista?"

"Por supuesto. Al comienzo estaba inseguro sobre si podía aspirar, entonces hablé sobre el asunto con Silvio Pacheco y Abilio de Almeida. Luego decidí aceptar".

Tres meses más tarde, en una escena que encajaría muy bien en una película como *El padrino*, los otros ocho presidentes de la Federación Sudamericana de Fútbol se reunieron con Havelange y los partidarios brasileños de su candidatura en un banquete en Tijuca, Rio. En medio de muchos besos y abrazos todos apoyaron públicamente a Havelange.

Fue un comienzo impresionante, pero la constitución de la FIFA no respeta el tamaño de un país. Todos los votos valen lo mismo, un voto por país. Sudamérica con diez países contaba con diez votos. Havelange necesitaba hasta sesenta votos para ganar si quería arrebatarle la corona a Sir Stanley Rous. Havelange era desconocido fuera de Latinoamérica: no tenía ninguna posición en la FIFA y ni siquiera era delegado de su país ante esta organización; Sir Stanley era presidente desde 1961, y a pesar de cualquier falta —real o imaginaria— que Havelange y sus partidarios pudieran encontrar en el presidente de la FIFA, era de todos modos reconocido y respetado internacionalmente. Teniendo a Sudamérica en el bolsillo, Havelange comenzó a desarrollar la siguiente estrategia: "En ese tiempo los vínculos de los británicos con su antiguo imperio se estaban debilitando. Cuando un empleado deja una compañía y forma su propia compañía, la administra y es normal que esté contra su ex patrón".

Empezó visitando las antiguas colonias británicas en Asia y África.

Es renuente a mencionarlo hoy en día, pero en la mayoría de los viajes iba acompañado. Casi nadie conocía a Havelange, en cambio la persona que lo acompañaba era una de las más conocidas en todo el mundo: Pelé.

Fue un plan astuto. En 1967 durante la guerra civil entre Nigeria y el Estado separacionista de Biafra, la carnicería se detuvo por 24 horas para que las personas de ambos bandos pudieran ver a Pelé en un partido de exhibición del Santos de São Paulo, que estaba haciendo una gira en África. Cual estrellas de rock and roll, hacían presentaciones diarias. Un día en Kinshasa, otro en Brazaville, Libreville, Abidjan, Cotonou, Lagos, etc. Dondequiera que jugó, Pelé fue tratado como un dios. Como él mismo reconoce: "Yo representaba para los negros en esos países lo que un negro podía lograr en un país en el que existen pocos prejuicios raciales, lo mismo que daba evidencia real que un negro podía hacerse rico, aun en un país de blancos". Cada encuentro era jugado enfrente de un estadio abarrotado. Y los aeropuertos eran bloqueados por miles de personas que esperaban captar una mirada de este jugador negro, que en alguna manera representaba para ellos un rayo de esperanza, una puerta de escape.

Entre 1971 y 1972 Havelange se movía con Pelé por todos los países africanos, buscando votos. Prometiendo mucho a cambio de estos votos.

Una de las promesas era agrandar el campeonato mundial con el compromiso de darles mayor cupo a los países africanos; y asegurarse que Sur África quedaría permanentemente aislada hasta que se aboliera el *apartheid*. De tal suerte supo mezclar el idealismo con las aspiraciones políticas. Otras promesas complacían deseos más básicos en otros beneficiarios.

Muchas de las asociaciones del Tercer Mundo raramente o nunca asistían al congreso de la FIFA, pues sencillamente no tenían dinero para hacer los viajes o financiarse el costo de los hoteles. El Congreso de 1974 se celebraría como es costumbre en el país sede del campeonato, en este caso Alemania. Francfort era la ciudad escogida, y podría muy bien quedar en la luna para quienes no tenían con que subsistir y se ganaban la vida en Malta, ni que decir de Etiopía y otras asociaciones del fútbol africanas. Es tal vez difícil entender por qué en los años 70 la FIFA veía el mundo, por lo menos en algunos aspectos, como un lugar en el que los deportistas y las asociaciones deportivas seguían tradiciones no profesionales, pagándoles grandes sumas de dinero a los funcionarios para que se desplazaran a países extranjeros. Esto no cabía en la mente de Sir Stanley Rous.

Havelange tenía una visión diferente del mundo. Fue sin duda socio fundador de esa rama de la filosofía que ha buscado desmitificar el concepto de almuerzo gratis. Para Havelange cada quien incuestionablemente obtiene lo que merece. Pagar de su propio bolsillo los atractivos viáticos y subvenciones resultaba una oferta atractiva para quienes nunca habían salido de su país. Nadie podía objetar la generosidad de Havelange cuando se trataba de gastos; Tessima, de Etiopía, por ejemplo, recibió más de 300 mil francos suizos (aproximadamente 225.000 mil dólares), más los pasajes de ida y vuelta a Europa.

Desde África llegaron treinta y siete delegados de la FIFA, virtualmente todos por generosidad de Havelange.

Como campaña, nunca careció de versatilidad. Havelange en 1972 organizó en Brasil, con todos los gastos pagados, un campeonato mundial alternativo, la Minicopa. Veinte equipos jugaron en el torneo que significativamente fue boicoteado por los países más importantes del fútbol europeo: Alemania, Italia e Inglaterra. Cada delegado obtuvo pasajes y vacaciones gratuitas y al caer de la tarde la mayoría de los delegados oyeron lo que Havelange prometía si resultaba elegido. Para persuadir a Venezuela de participar en la Minicopa le pagó US$ 25 mil dólares a la Asociación Venezolana de Fútbol, lo que garantizó el voto de ese país a su favor en el próximo congreso de la FIFA. El torneo tuvo una pérdida para la CBD de más de US$ 10 millones de dólares. Tuvo un costo total de US$ 21 millones. Ningún miembro de la junta militar vio en ello una buena inversión, pero tampoco ningún funcionario del gobierno pensó que sería buena idea que Havelange resultara elegido presidente de la FIFA. En junio de 1973 se hicieron llamadas al Parlamento brasileño para que una comisión investigara las pérdidas financieras de la CBD, pérdidas que estaban relacionadas con la campaña que hizo Havelange para obtener la presidencia de la FIFA. La otra nube que aparecía en este evento era Pelé que rehusaba jugar en el torneo. Para entonces, él me contó cuán consciente era de la corrupción que había dentro de la junta militar, de cómo estaban usando su talento futbolístico para ofrecer una imagen respetable del país al resto del mundo. Sin embargo, no tomaría parte en esto.

Pelé continuó jugando pero nunca más con el seleccionado nacional. Los militares habían tomado ahora control de la Selección Nacional.

El campo de entrenamiento del equipo brasileño se parecía en muchos aspectos a un campo de concentración. Ningún jugador podría dejar el campo de entrenamiento sin el respectivo permiso. Toda la infraestructura era manejada por los militares o por la gente conectada con ellos. Tal como Juca Kfouri, el comentarista deportivo brasileño e incansable crítico de Havelange explicó:

"Ellos eran muy competentes y eficientes. Se hicieron a la idea de que el fútbol era muy importante para dejarlo en manos de los jugadores. Decidieron militarizarlo. La gente sintió una gran desilusión cuando Brasil no ganó el campeonato de Inglaterra en 1966. Aunque, por supuesto, que en ese tiempo regía una dictadura militar. Todo se volvió más duro después de 1968. La gente recapacitaba y volvía la vista atrás creyendo que los buenos tiempos eran cuando se había ganado el campeonato mundial. Los buenos tiempos eran los otros gobiernos. Esto resultaba muy peligroso para la junta militar. Por eso la victoria alcanzada en México 70 revestía un gran interés para la dictadura. Del mismo modo el torneo organizado por Havelange en 1972 era tan importante para la junta militar como para las ambiciones de ser presidente de la FIFA.

Havelange mostró la misma clase de plan cuando trabajó en Viação Cometa. La misma atención detallada que lo había llevado a la Federación Brasileña de Deportes la usó para derrotar a Sir Stanley.

En cualquier sitio que se reunía con el presidente de una federación o con los delegados, siempre insistía en ser fotografiado con ellos. Él me contó que: "entonces yo memorizaba las fotografías, porque si me encontrara con alguno de ellos en el aeropuerto Fumicino, en Orly o en Heathrow, y me topara con ellos y no los saludara, entonces perdería un voto, porque la gente es muy sensible, y por eso tomo interés en no olvidar a esas personas. Además, tengo muy buena memoria."

Así de sencillo. Así de efectivo.

Havelange también utilizó en su campaña la obsesión que ha sido una característica de su vida: el análisis detallado, la investigación exhaustiva y un dinamismo inagotable. Trabajaba sin descansar. Si un delegado de la FIFA quería conocer a Pelé, no había problema: Pelé enseguida le era presentado. Si el delegado quería conocer a toda la selección o quería que jugara en su país, podía estar tranquilo que lo lograría. La FIFA tendría por primera vez en su historia la mejor elección que el dinero podía comprar.

Para los delegados no europeos, Havelange atacó el dominio europeo de la FIFA. Era, Havelange argumentó, el tiempo del cambio y él era el cambio que se ofrecía.

A los delegados africanos les prometió agrandar la lista de participantes en el Campeonato Mundial. Como paso preliminar prometió agrandarlo de dieciséis a veinticuatro participantes.

A todas las naciones en desarrollo les prometió dinero a montones, nuevos estadios, cursos para árbitros, médicos, entrenadores. En otras palabras: habría competiciones más lucrativas en el Tercer Mundo.

A los países que querían que China fuera readmitida en la FIFA, les prometió que así sería.

Para los que querían asistir a un coctel fantástico dado por un embajador, Havelange arregló eventos en todas las embajadas brasileñas del mundo. En una de las fiestas, en el Cairo en 1974, Havelange prometió a los delegados que representaban a cada país afiliado a la FIFA en el continente africano con excepción de Sudáfrica blanca, que en caso de resultar elegido, los sudafricanos quedarían permanentemente excluidos de la FIFA hasta que no desapareciera el *apartheid* de ese país.

De esta manera Havelange se pronunciaba deliberadamente para exponer el talón de Aquiles de su rival, el inamovible Sir Stanley.

Durante tres años Havelange planeó y esquematizó todos los medios inimaginables para aumentar los diez votos originales a un total de más de sesenta.

"En el curso de dos meses y medio, unas diez semanas, visité ochenta y seis países y los tiquetes aéreos pesaban kilos. Al final de mi campaña estuve en sólo cinco días en seis países centroamericanos y México, desde allí viajé a Londres en donde alquilé un *charter* en un jet Falcon y volé hasta Estrasburgo en donde el equipo brasileño jugaba esa noche un partido antes del campeonato mundial de 1974. Cuando terminó el partido regresé al aeropuerto y el jet me estaba esperando para regresar a Londres. Allí bebí una taza de café, tomé un baño, cerré la puerta de la habitación, desconecté el teléfono y dormí veinticuatro horas seguidas. Al día siguiente volé a Francfort, para participar en la elección".

La literatura publicitaria de su campaña era muy típica. Ninguno de los que iban a votar en la elección del presidente de la FIFA se podría quejar que después de haber leído el material no sabrían de dónde venía Havelange y lo que hasta ahora había hecho en la vida. Era selectivo, altamente selectivo, como lo es toda publicidad que deja muchas preguntas sin responder y muchas brechas en la vida de Havelange.

Había docenas de afiches con las fotografías de Havelange. La mayoría de ellas habían sido retocadas. En cinco fotografías de quien más tarde resultaría electo, aparecía en traje de baño y con el equipo de polo acuático, lo cual podría bien confundir a los delegados de la FIFA menos informados en el momento que recibieran los afiches. Aun es un misterio qué estaba haciendo el equipo cuando les tomaron una fotografía en la puerta de la oficina de la CBD en Rio. La lista de los diferentes títulos que Havelange había recibido: cincuenta; y las dieciséis condecoraciones que le han otorgado daban una clara idea que él no era el único que pensaba que era un gran tipo. Lo que hayan hecho los delegados de la FIFA con los datos que Havelange —aun sin pertenecer a la Federación Sudamericana de Fútbol— era ciudadano honorario de Teresópolis y pertenecía a la Orden Santos Dumont (de aeronáutica) es incierto.

En la elección se dirigió a los delegados haciendo hincapié en el hecho que hasta ahora Suramérica sólo había realizado tres de los nueve campeonatos mundiales. También se leían en varios párrafos los elogios sobre las cualidades de Havelange, entre las que destacaba la comparación fatua con la figura patriarcal de la FIFA, Jules Rimet. Tal vez al final de la elección fueron los sobres llenos de dólares que recibieron los delegados, más que los premios y condecoraciones que había recibido, lo que influyó en su elección. Ciertamente no representaba el cuadro ideal de la vida cotidiana brasileña lo que contenía este documento. El discurso que dirigió el Dr. Havelange a los delegados en Brasil en el año 1974, estaba lleno no de los gritos de los torturados, las balas y las bombas arrojadas por los militantes izquierdistas y derechistas, ni los lamentos de los familiares de las víctimas, sino del ruido del fútbol en los estadios colmados de espectadores con un cupo total en todo el país de cuatro millones y medio de puestos.

En toda la campaña de Havelange, no sólo manejó el escrutinio de muchos de los ciento treinta delegados, sino también fue muy activo en su propio país. Un instante asegurándose que la compañía de transporte Viação Cometa estaba funcionando tranquilamente, al otro vigilando ansiosamente las actividades de Atlántica Boavista o inspeccionando las oficinas de Orwec.

Entonces sólo quedaba por administrar la Federación Brasileña de Deportes. Veintitrés disciplinas para controlar y todavía un campeonato mundial por venir. Esta vez la elección precedería a la realización del campeonato mundial en Alemania.

Una pregunta más que cualquier otra salta a la mente: ¿Quiénes pagaron para financiar una elección que aun utilizando cifras bastante conservadoras tuvo un costo de entre dos y tres millones de dólares? ¿De dónde salió el dinero para costear las diez semanas que anduvo de gira Havelange por ochenta y seis países?

En 1986 la revista *Playboy* entrevistó a Havelange:

"Visitar ochenta y seis países cuesta mucho, ¿quién pagó los viajes?"

"Yo mismo los pagué, después de trabajar por casi cincuenta años me puedo permitir ciertos lujos. Fue en ese momento cuando decidí ser presidente de la FIFA".

"¿Y cuánto gastó usted?"

"No tengo la más mínima idea".

Que esta respuesta la dé una persona que recuerda con minuciosidad cifras y hechos, los gastos de dinero, la distancia recorrida, las escalas que hizo, las reuniones sostenidas como si su misma existencia dependiera de lo que dice, deja mucho que dudar. Él puede contar hasta en centavos lo que ganaba antes de la Segunda Guerra Mundial, el valor actual de las propiedades de la FIFA hasta con cuatro cifras decimales. También lo que había en efectivo cuando él atacó y le arrebató el cargo a Sir Stanley Rous y por último decir cuánto ha dejado como legado en los últimos diez años en la FIFA. Sin embargo, no tiene ni la más mínima idea de cuánto gastó para lograr el cargo.

En la misma entrevista se muestra la renuencia de Havelange a hablar de sus ingresos personales. Le preguntaron, cuánto ganaba el personal de la sede de la de la FIFA en Zurich. Él respondió:

"Mucho. El secretario general devenga alrededor de unos diez mil dólares mensuales y mi secretario privado seis mil dólares mensuales. El salario más bajo es de tres mil dólares mensuales".

"¿Y usted cuánto gana?"

"Oh, por favor no me haga esa clase de preguntas. Yo recibo ingresos de Cometa de la que soy accionista. A la FIFA le ofrezco mis servicios gratuitos, y a cambio recibo apenas para cubrir gastos de alojamiento, viajes, diversión y viáticos diarios".

En el tiempo en que se realizó esta entrevista Havelange era dueño de un suntuoso apartamento en el barrio más respetable de Rio y de una magnífica casa en Angro Dos Reis en la costa fluminense.

Havelange sin excepción alguna saca como excusa la compañía de transporte Viação Cometa cuando se le pregunta de dónde obtiene el dinero. Se dice que es fabulosamente rico. Aunque sin duda es muy generoso, pero su generosidad mantiene atadas a las personas. Y permite además comprar votos, demorar una investigación sobre evasión de impuestos y obtener un favor. Havelange ha vivido la mayor parte de su vida en un mundo en el que una mano lava lo que hace la otra.

En cuanto a la compañía de transporte terrestre, de la que dice ser el mayor accionista y la fuente de sus ingresos, existe comprobada evidencia que contradice esa declaración. En 1993, por ejemplo, la contabilidad publicada por Viação Cometa mostraba que Havelange no es el mayor accionista, que en efecto él ocupaba un cargo honorario en la junta directiva y que le pagaron por sus molestias la misma suma que le dijo a un periodista que le pagaba al secretario de la FIFA en Zurich: seis mil dólares. Que si se comparan con la suma que le daba a los delegados de la FIFA en 1974, seis mil dólares no representan siquiera el 10% de lo que Havelange supuestamente pagó por el voto de Etiopía.

Si los fondos para hacer la campaña de la FIFA no procedían de Cometa, entonces, ¿de dónde procedía el dinero? Ésta fue la pregunta que le hice al Dr. Lobo, antiguo socio de Havelange cuando éste hacía la campaña en 1971 y Lobo era socio director y copropietario de Orwec. Por esa época le habían decretado suspender la quema de basuras por ser un peligro para la salud pública. Sólo quedaban dos elementos en los que la compañía podía trabajar: el sector químico y el metalúrgico —siendo la actividad más rentable la galvanización del acero—, y la venta de explosivos y minas.

"Dr. Lobo, ¿sabe usted cómo se financió João Havelange la campaña para la presidencia de la FIFA?"

"Una parte de los fondos procedían del desfalco hecho a la Federación Brasileña de Deportes, la otra parte procedía de Orwec".

"¿Pero eso era legal?"

"Él era socio, entonces podía sacar dinero de los fondos de la compañía y ponerlo en su cuenta personal".

"¿Pero eso estaba permitido?"

"Si los socios lo permiten, sí".

"¿Usted como socio lo denunció?"

"No, pero como era socio minoritario y, además, en ese tiempo éramos amigos...", Haddock Lobo enseguida encogió los hombros. "Era una deuda que él le debía a Orwec, una deuda administrativa. Le debía a la compañía más de 1.2 millón de cruceiros (en 1972 aproximadamente 200.000 dólares, equivalentes hoy día unos 850.000 dólares). Con este dinero, más el que le robó a la CBD se financió la campaña".

El Havelange que el Dr. Lobo me describió es un marcado y aplastante contraste de la imagen que él mismo proyecta. Un hombre que se hizo rico consintiendo un capricho para buscar la posición de mayor importancia en el mundo del fútbol, que usa sus propios recursos financieros para manejar una campaña electoral de tres años o una persona venal que se apropia de los fondos de una compañía sin informarle al socio director, y que además aumenta ese dinero con fondos robados a la Federación de Deportes de su país, ¿cómo puede ser honesto?

También cita el otro renglón comercial que Orwec explotaba, la fabricación de bombas y explosivos. Todo comenzó de una manera muy inocente, como explica Lobo:

"Orwec también estaba involucrada en el negocio de explosivos. En esos años había mucho desarrollo en Brasil, había una gran expansión. Se construían estadios, carreteras, ciudades, era necesario dinamitar las vías y terrenos impenetrables".

Llegan los portugueses.

A comienzos de los años 70 muchos funcionarios del desaparecido régimen de Antonio Salazar, confrontados con una deteriorada situación desde la muerte del dictador vieron —como otros antes de ellos— a Brasil como un puerto seguro. Entre ellos se encontraba el antiguo ministro de Economía de Portugal Luis María Texeira Pinto, al igual que otros antes de ellos, sabían que instalarse en un país extranjero era un negocio costoso. Brasil les ofrecía la misma lengua. También existía un próspero negocio de armas.

Apenas puedo decir del ministro de Economía de Portugal que nada le resultó mejor en la vida que dejar el cargo. Él se robó una suma que, según diferentes estimaciones, oscilaba entre quinientos y mil millones de dólares.

En primera instancia este dinero fue desviado a Nueva York y luego depositado en diferentes cuentas bancarias. Mucho de ese dinero todavía se encuentra allí. Otras sumas se utilizaron en negocios corrientes, una empresa en particular, llamada rimbombantemente Emprecendimentos Portugueses do Brasil Participacoes, con un capital de más de US$ 300 millones de dólares tenía como mayor ambición acaparar la mayoría de las compañías fabricantes de explosivos y armas de Brasil.

La Orwec de Havelange fue vista como una perfecta lavandería. Una vez controlada esta compañía, grandes capitales procedentes de las cuentas bancarias de Nueva York podrían filtrarse en Brasil para posteriores adquisiciones burlando así los controles fuertes a los movimientos de divisas extranjeras en el país.

En la época en que los portugueses llegaron, Orwec estaba, hablando en términos financieros, de rodillas. Había salido dos veces de la bancarrota por fuertes dosis de dinero inyectado que se había prestado de unas deudas contraídas por el Dr. Lobo y que aparecían en los libros de contabilidad. Los portugueses hicieron un préstamo a los tres directores de Orwec para asegurarse que cuando compraran la compañía estaría solvente y no presentaría ninguna deuda significativa. La cantidad que fue transferida por Pinto y sus socios era de cinco millones de cruceiros (un millón de dólares en 1972, US$ 8 millones en 1998). Con la compañía presentando un balance limpio y saludable a los portugueses, compraron el cincuenta y uno por ciento de las acciones.

Después de haberse apoderado de Orwec, compraron otras compañías, incluyendo una especializada en la fabricación de bombas y cohetes. Con Havelange todavía en la junta directiva y conservando el cuarenta y nueve por ciento de las acciones, la historia se repite y Havelange, al igual que su padre antes que él, estaba involucrado en el tráfico de armas.

Cuando los portugueses giraron los cinco millones de cruceiros a los tres socios directivos, Havelange intentó defraudar a Lobo de sus derechos de acciones. El intercambio de correspondencia entre ellos y el posterior arreglo hecho por Havelange, abrumadoramente lo confirma.

"En el tiempo que se produjo este suceso, la campaña de elección de Havelange era muy activa. Yo quise que Havelange arreglara conmigo. Sólo quería lo que legalmente me pertenecía. El estaba prevaricando. Entonces su abogado me llamó y me dijo: «Se va para Europa... va a estar muy ocupado para encargarse de este asunto». Yo le dije al abogado de Havelange: «O me paga ahora o lo llevaré al juzgado»".

"Por supuesto que al amenazarlo en esa época, si lo hubiera procesado y este asunto se hubiera ventilado a la luz pública, habría significado el fin de sus ambiciones por la presidencia de la FIFA".

"Naturalmente. Su abogado me pagó todo el dinero en el término de una semana".

No se habían acabado los problemas de Lobo con Havelange. Ambos todavía tienen acciones en Orwec. Lobo intentó a lo largo de veinte años disolver legalmente a Orwec, siendo su mayor queja alegatos sobre serios fraudes. En vista de las actividades que ejercía Orwec después de su ruptura con Havelange en 1973, la disolución de relaciones de la compañía era una excelente idea.

Estaba, por ejemplo, el negocio que los portugueses y Havelange hicieron con el dictador boliviano Hugo Bánzer y otros miembros de la unta militar boliviana.

João Havelange ha sido notablemente consciente durante toda la vida de la clase de personas que prefiere: Hitler y el tercer Reich. Los generales brasileños y los colegas de Salazar, Bánzer y otros miembros de la junta militar de Bolivia.

El negocio que hicieron Havelange y los portugueses con los bolivianos es un fraude criminal, contabilidad fraudulenta, robo y conspiración para no decir más. Por lo demás, fue un modelo de transacción comercial.

Al igual que sus hermanos espirituales de Sicilia, las personas que controlaban Orwec sabían cómo llevar una cuenta paralela, cuya única intención era evadir impuestos —por lo menos durante los primeros seis años de la presidencia de Havelange en la FIFA—. Orwec manejaba dinero a pesar de las constantes pérdidas sufridas desde su fundación.

Orwec logró persuadir a un buen número de bancos brasileños para que le prestaran millones de dólares —préstamos que más tarde se pagaron gracias al uso de transacciones dudosas con las que se transfirieron millones de dólares desde Nassau en las Bahamas a Orwec—. Esto representa la evidencia en *prima facie* del lavado de activos que hizo durante muchos años. El objeto de esta actividad, como el crimen organizado ha demostrado en innumerables ocasiones, es hacerlo pasar como no delito para simultáneamente beneficiarse de él.

Orwec, es decir, Havelange y los socios portugueses, compraron la Industria Química Mantiqueira, una compañía fabricante de armas que controlaba a otra compañía, Valparaiba, que sostenía negocios con el régimen boliviano e incluía venderle ochenta mil granadas de mano. El pedido se hizo por escrito con una condición insólita, que el negocio dependiera de la compañía de Havelange que pediría prestado el dinero al Banco de Brasil por las granadas que estaban en oferta. El costo máximo de las ochenta mil granadas era de 1.2 millones de dólares. La factura de pago especificaba un pago por 5.3 millones, o el equivalente hoy en día a 21 millones de dólares. El "préstamo" que tan amablemente Havelange y sus socios arreglaron para los bolivianos para que así pudieran pagar cinco veces lo que los implicados en el préstamo sabían cuál era el verdadero valor, lo pagó directamente del Banco de Brasil a la compañía de Havelange. Si el lector todavía está un poco confuso es preciso recordarle que la intención de las partes era crear dos cosas: el máximo de confusión y el mayor beneficio.

Una vez concluido este negocio, João Havelange volvió a la tarea de convencer a los delegados de la FIFA dispersos en todo el mundo que él era el hombre ideal para administrar y gerenciar el fútbol y las finanzas. Su manera de coleccionar votos fue bastante rápida y además siempre mostró entusiasmo. Yugoslavia tenía un buen número de jugadores internacionales con tarjetas amarillas que fueron sancionados durante un partido internacional antes que pudieran volver a jugar por su país. Havelange tenía la respuesta: hizo un arreglo con el Atlético Club del estado brasileño de Minas do Gerais para que fuera a jugar a Europa, como representante internacional de Brasil contra Yugoslavia, haciendo de esta manera que los Yugoslavos ya no quedaran sancionados para el próximo juego internacional. Contra Túnez, Havelange muy amablemente redujo la cantidad que Brasil recibiría por derechos de jugar de US$ 50.000 dólares, a US$ 30.000.

Ahora tenía los votos de los delegados de Yugoslavia y Túnez en el bolsillo para la próxima elección.

El hombre al que él esperaba derrotar —su oponente Sir Stanley Rous— tenía una formación diferente.

Stanley Rous era hijo de un bodeguero y había nacido a finales de la época victoriana, era la quintaesencia del hombre de su época. Nació en un pueblo de Suffolk y pudo más tarde recordar vívidamente algunos de los jugadores más grandes de comienzos del siglo XX:

"Yo andaba 15 millas en bicicleta desde Nutford para ver jugar al Norwich. Harold Fleming era gran favorito. C. B. Fry era otro jugador muy rápido, un buen atacante, recuerdo que empleaba mucho el hombro; por supuesto que J. U. Smith también. Él era el famoso corintio".

Rous permaneció toda su vida fiel a los primeros valores que había en el fútbol y en cierto modo llegó a ser también un corintio. En la época de la elección presidencial de 1974 en Francfort había muy poco del espíritu corintio en el fútbol y ciertamente poco de los hermosos ideales corintios.

Rous, por supuesto, que no era un rico aficionado que jugaba el juego por el placer de jugar. Nació en la clase equivocada que es capaz de entregarse a tan elegantes actividades. No se trataba de que el fútbol corintio desdeñara el dinero. En 1880 se pedía la principesca suma de 150 libras esterlinas por semana. Rous siempre era —o por lo menos así parecía a los ojos del observador— el aficionado entusiasta. Retomó sus estudios superiores después de la Primera Guerra Mundial y en 1921 recibió su maestría en la Watford Grammar School. Por esta época ya demostraba un interés muy activo por ser árbitro y en 1927, el mismo año en que fue elegido árbitro, Havelange con apenas diez años organizaba comités de natación en Brasil.

En 1934 Stanley obtuvo lo que se supone es el máximo honor para un árbitro inglés: se encargó de pitar la final entre el Manchester y el Portsmouth.

"Recuerdo que el Graf Zeppelin voló sobre el estadio... Había un joven alero que medio jugaba. Logré conocerlo años más tarde. Busby, Matt Busby. Brooks estaba en el ala izquierda en posición adelantada y lo marcaba en defensa lateral un jugador irlandés. De pronto oí cómo amenazaba a Brooks que era muy hábil y sacó varias veces al jugador irlandés; finalmente el irlandés le dijo lo que le iba a hacer: «te romperé las piernas si lo intentas de nuevo». Yo le dije: «Si lo hace lo expulsaré del campo de juego». Y él replicó: «Usted nunca haría eso. No me sacaría de la final». «Bueno —le respondí— si lo vuelve a hacer se ira a descansar al camerino», el partido continuó suave y tranquilo".

Era otro mundo, años luz lejos de las repeticiones instantáneas, de los comentarios entumecidos por condición banal y la incansable búsqueda del dinero. En aquellos días anteriores a la Segunda Guerra Mundial, la comercialización de un producto apenas era un cartel con el nombre del producto. Era una época en la que el fútbol en su amplia mayoría no revestía mucha importancia y era administrado y controlado por los futbolistas o personas con el mismo conocimiento del juego real.

En la final de 1934, Rous incluyó una atrevida innovación, el arbitraje en diagonal, y aún hoy se espera otra de sus propuestas: la de que los jueces de línea deben ser profesionales de tiempo completo con una edad máxima de cuarenta años.

En agosto de 1934 Stanley Rous fue entrevistado para ocupar el puesto vacante de secretario de la Asociación de Fútbol. Sucedió casi al anochecer en un día muy caluroso. Rous fue el último de seis entrevistados. El director era Sir Charles Clegg; otro directivo era Mr. Pickford. Tan pronto él entró a la sala, Pickford le dijo: "no le hable al director, ya que es sordo y no le va a oír; y no me grite porque acabo de tener un infarto". No era un buen augurio, unos diez minutos más tarde el director de repente le dijo a Stanley Rous con voz muy entonada:

"¿Tiene alguna pregunta?"

Rous recuerda: "Bueno, cuando era docente en Watford fui voluntariamente a un colegio de sordomudos, un muy buen colegio, y aprendí a leer los labios, así que miré en toda la frente a Sir Charles y le dije. "Sí, señor. ¿Es el puesto pensionable?". Y para sorpresa de todos me entendió y me respondió: "No se preocupe joven, su antecesor ha sido bien tratado por nosotros". Yo repuse: «¿mi antecesor, señor?, ¿luego, he sido nombrado?". "No", me dijo: era un desliz de lengua. Pero yo conseguí el empleo".

"Dos años más tarde una señora se me acercó cuando salía de Northolt. Se presentó como la hermana de Charles Clegg y me dijo : «Recuerdo que él vino a cenar una noche en mi casa en Londres y me contó: ¡Hemos nombrado a un simpático joven para que suceda a Sir Frederick Wall! ¡Es el único con el que he sostenido una conversación!»".

Stanley Rous permaneció como secretario de la Asociación de Fútbol durante 27 años. Como evidencia de la creciente popularidad del fútbol, cuando comenzó había un máximo de cincuenta cartas por día para Rous y el personal de la Asociación de Fútbol era de apenas cinco. En 1961 cuando dejó el cargo para ser presidente de la FIFA, los treinta empleados tenían que leer tres bultos de cartas al día.

Durante los años siguientes, aparte de administrar el fútbol al más alto nivel del país, Stanley Rous tenía ya una considerable lista de logros.

Ayudó desde el Consejo Central para la Recreación Física, convirtiéndose en su presidente. Desempeñó un rol más importante cuando organizó los Juegos Olímpicos de 1948, por lo que fue nombrado Caballero de la Corte. Ayudó a que el plan de premiación proyectado por el duque de Edimburgo tuviera un gran éxito, gracias al cual se recolectaron tres millones de libras para la Cruz Roja. Además, permitió que Inglaterra regresara a la FIFA después de un largo desacuerdo sobre los pagos de contrato a los jugadores aficionados; y fue uno de los fundadores de los campeonatos de fútbol europeo. Su contribución más importante fue la corrección de las reglas del fútbol y junto con Walter Winterbottom introdujo un manual y cursos de entrenamiento, los primeros en su género.

Sir Stanley Rous quizás se formó en la Inglaterra victoriana, pero sin duda la visión que tuvo sobre el viraje que el fútbol dio en la segunda mitad del siglo XX fue profética.

El legendario Stanley Matthews recuerda una de estas visiones:

"Él podía predecir el futuro. No olvidemos que esto ocurrió poco después de la Segunda Guerra Mundial. En 1946, él dijo que el futuro del fútbol iba a estar en Europa y que iba a formarse una liga europea de fútbol y que los clubes ingleses iban a jugar en toda Europa ya que los vuelos aéreos lo harían posible".

Rous también previó los estadios con graderías en una época en que los espectadores permanecían de pie y lo más sorprendente: predijo que un país africano ganaría el campeonato hacia el año 2000. La última predicción no ocurrió, pero muchas naciones están en la contienda y pueden ganarlo a comienzos del siglo veintiuno.

Fue elegido Presidente de la FIFA a la edad de 66 años. Más viejo que la Federación al momento de asumir el cargo.

Rous sabía tan bien como Havelange cómo manejar comités. Harry Cavan, vicepresidente de la FIFA, recuerda uno de sus consejos:

"No, muchacho, ni usted ni yo podemos hablar como un francés o como un español. Lo que hay que hacer es los deberes. Cuando vaya a una reunión o a una conferencia, tiene que estar seguro que sabe más del tema que las otras personas que están en la sala, ellos son los que deben escuchar".

También acerca de cuando se manipula un comité :

"Cuando veo una propuesta en la agenda, siempre selecciono el hombre preciso para que se oponga al comité, o recluto un hombre que hable hasta por los codos y por mucho tiempo, y aburra al comité o haga que aprueben la propuesta en medio del desorden. Por otra parte, si quiero que aprueben una propuesta, acostumbro a buscar una persona que hable concisa pero enfáticamente y logre el objetivo. Uno tiene que ser un líder, por eso es que yo me llamo a mi mismo líder pero no dictador".

Da la impresión de que vivía para la FIFA y el fútbol.

Era una persona bastante curiosa e interesante, un visionario que podía predecir con extraordinaria claridad el futuro; aunque en muchos aspectos continuaba sosteniendo puntos de vista más de acuerdo con la época colonial y la era del Imperio británico que se hallaba en la cumbre cuando él apenas era un niño.

Era un firme defensor de la eliminación de las fronteras del fútbol. También que el juego podía florecer y expandirse a todos los países, pero que debía básicamente quedar bajo los auspicios de los europeos. Un inglés había ejercido el control de la FIFA después que nombraron a Arthur Drewry como predecesor de Sir Stanley, y no había razón alguna para que este feliz estado de cosas no continuara así en un futuro predecible.

Estaba profundamente preocupado por las cábalas que se hacían, especialmente en África y Suramérica. Conservó los ideales originales de los fundadores de la FIFA, que buscaban que el fútbol fuera una gran familia, pero cada familia a los ojos de Rous necesita una cabeza, preferiblemente masculina e idealmente inglesa. Después de todo, los ingleses inventaron la versión moderna del fútbol.

La CONMEBOL, Confederación Sudamericana de Fútbol, era vista por muchos delegados de la FIFA, en las décadas que presidieron la elección de 1974, en el mejor de los casos como inepta y en el peor como corrupta. Luego en esa época se sentía un marcado paternalismo implícito en la manera como pensaba Rous; el caso de Sudáfrica era un buen ejemplo de ello.

Rous creía que el deporte no debía ser utilizado como arma para obligar a que la minoría blanca de Sudáfrica cambiara su política deportiva interna, especialmente el *apartheid*. En su opinión, a finales de los años sesenta en Sudáfrica existía ciertamente la oportunidad para que todos los deportistas participaran. También le seguía la corriente a la política oficial británica sin importar el matiz que tuviera.

Cuando Mawad Wade, entonces secretario de la Asociación Senegalesa de Fútbol, le preguntó a Rous en la elección de 1974 si "¿en caso de resultar elegido podría hacer que Sudáfrica quedara por fuera de la FIFA hasta que no desaparezca el apartheid?". Sir Stanley Rous contestó:

"No lo puedo prometer porque yo sigo la política de mi gobierno, el Reino Unido".

Este intercambio sirvió para que lo único que Havelange tuviera que hacer fuera aparecer con la justa cantidad de dinero y los votos africanos que tenía a su favor.

Havelange era una persona que aducía que nunca se había involucrado en política y la verdad no era así. Venir de un país multirracial y de un medio familiar en el que se hablaba sólo francés le permitía entender el caso del *apartheid*. Una de las primeras acciones de Havelange en 1971, después que decidió postularse para la presidencia de la FIFA fue, según él, viajar a Inglaterra para almorzar con Sir Stanley Rous. Durante el almuerzo, el doctor Havelange informó a Rous de sus intenciones de disputarle la candidatura. Dijo que el mejor debía ganar. Rous, que ya está muerto, no hizo mención a este almuerzo ni en las memorias que escribió ni tampoco en las entrevistas que le concedió a Bryon Butler de la BBC en 1980, y en las cuales se basan algunas de las acotaciones aquí reproducidas. De hecho, Rous más tarde dijo que Havelange le había prometido que él no le disputaría la candidatura.

Lo que llama la atención de este curioso incidente es lo que Havelange opinó sobre él mismo:

"Yo dije que quería decírselo personalmente. Como antiguo nadador yo le comenté que solo había una medalla, o la obtiene usted, o lo haré yo. Terminamos de almorzar y nos despedimos. Esto es lo que yo llamo lealtad. Y éste es el comportamiento que yo mismo esperaría".

Aun con los votos africanos sumados a los de los delegados sudamericanos todavía le faltaban veintidós votos para alcanzar la victoria. La mayoría de los delegados europeos votaría por Rous.

La CONCACAF, la Confederación Centroamericana de Fútbol, Canadá, el Caribe y Estados Unidos votarían por Rous. El delegado de Estados Unidos —antiguo jugador del Celtic—, Jimmy McGuire, primer vicepresidente de la FIFA, controlaba los votos de todos estos países y haría que a su debido tiempo votaran por Sir Stanley.

Cuando el campeonato mundial de 1974 estaba cercano, las actividades de Havelange se volvieron más frenéticas. Le mordía las fronteras lejanas a Rous: India, Indonesia. También estaba ocupado buscando un gran número de delegados de diferentes países africanos, quienes eran informados en las embajadas que serían nombrados delegados de la FIFA, algunos fueron nombrados de la noche a la mañana.

Havelange tenía otro as en la manga, uno que me relató con deleitable gusto: "Yo conduje la campaña completamente por mi cuenta, y nunca necesité a nadie".

En seguida me habló con buen lujo de detalle sobre la única "simpatía y cortesía que había recibido", una frase que en el mundo de Havelange quiere decir darle dinero o ayudarlo en el camino. La simpatía provenía de un viejo amigo suyo conocido en Berlín y posterior director de Lufthansa. Cuando lo trasladaron a Brasil le ofrecieron un cargo como promotor en Australia, pero no le llamó la atención e intentó abandonar la compañía; sin embargo, Havelange lo persuadió para que se fuera a Australia recalcándole las virtudes de ese país. Años más tarde, después de los Juegos Olímpicos de Japón en 1972, Havelange viajó a Sydney y visitó a su viejo amigo que estaba viviendo contento y feliz en su nuevo país adoptivo.

"Me gustaría agradecerle por el consejo que me dio. Para la elección en Francfort creo que iré y además le ofrezco seis vuelos gratuitos a Francfort. Llevaré seis delegados que me prometieron que votarán por usted".

Havelange me habló de otra ayuda que recibió pero que en esta ocasión declinó.

"En 1973 Horst Dassler, de Adidas, envío uno de sus directores a Brasil para que la CBD suscribiera un contrato para el suministro de implementos deportivos con Adidas. Aparentemente algunos de mis colegas de la CBD estaban negociando secretamente con Adidas. Sería un negocio exclusivo. La selección nacional de fútbol, los nadadores, atletas, corredores, basquetbolistas, en fin, cualquier disciplina deportiva. Se nos pagaría una gran cantidad de dinero y los deportistas usarían sólo atuendos Adidas —zapatos, sudaderas, pantalonetas, en fin, todo el renglón deportivo— estos implementos formaban parte del negocio y, además, se suministrarían gratuitamente. A mí me trajeron el contrato, que era el primero en el que participaba pero no lo firmé. Lo que no le he dicho es que este contrato lo utilizaría Dassler con la gran influencia que tenía para que a mí me nombraran en la FIFA".

"¿Por qué rechazó este negocio?"

"Yo tenía compañías brasileñas que colaboraban con la CBD, luego no había razón que suscribiera contrato con Adidas".

"¿Y cómo reaccionó Dassler?"

"Él cambió rápidamente e hizo campaña por Sir Stanley Rous".
"¿De veras?"
"Claro que sí".

Horst Dassler estaba destinado a tener mayor participación después de la elección de Francfort en el mundo del fútbol. Y ciertamente que en el resto del mundo deportivo. Dassler sabe el precio de todo, pero desconoce su valor. Dassler pertenece al selecto grupo de personas que le cambiaron la cara al juego. Es como Havelange me lo dijo: "un hombre con una gran influencia". Además con mucho dinero, con montones de dinero. En la medida en que alguien ocupara una alta posición en el mundo deportivo en los años 70 y 80, Dassler sabía cómo comprarlo.

Havelange raramente se perdía un juego sucio en la campaña. Uno de los vicepresidentes de la FIFA era Harry Cavan, un antiguo directivo del fútbol irlandés. Sintiendo como Dassler los vientos de cambio que soplaban en Zurich, astutamente comenzó a reconsiderar su antigua lealtad a Sir Stanley Rous. La versatilidad de algunos de los más grandes jugadores de este siglo no es nada comparada con la habilidad que tienen muchos delegados de la FIFA para reencaucharse y asumir nuevas posiciones y quedarse en el bando ganador.

Cavan astutamente se las arregló para que ciertas iniciativas se hicieran pasar como si no fueran suyas, pues después de todo Rous podría ganar, sino más bien de sus amigos del sur de Dublín.

Según João Havelange: "Antes del campeonato mundial de 1974, desde Dublín me pidieron que como presidente de la CBD programara un encuentro entre un equipo brasileño y el seleccionado de Irlanda. Yo dije, claro, no hay problema. Sólo con una condición: que seis de los jugadores sean de Irlanda del Sur y cinco de Irlanda del Norte. De otra manera no jugaremos. Y ellos estuvieron de acuerdo. Todo resultó un gran éxito".

Ciertamente lo fue, con los beneficios del encuentro a favor de una buena causa. Esta empresa no tiene nada que ver con Havelange, algo difícil de aprender de su discurso de elección en el que Havelange preguntó: "¿Quién ha puesto el fútbol brasileño al servicio de las más grandes causas de la humanidad sin provecho o beneficio personal como recientemente ha acontecido cuando la selección de Brasil jugó en Dublín a beneficio de los niños desamparados del mundo de la UNICEF?". La respuesta se la dijo Havelange a los potenciales votantes: Él mismo.

Un congreso de la FIFA es un curioso evento al que asiste una gran reunión compuesta generalmente por hombres maduros o viejos muy obesos, la mayoría de ellos fumando a la más ligera ocasión y muchos de ellos comiendo y bebiendo y discutiendo los pormenores del deporte más popular del mundo. Un deporte en el que los más corrientes exponentes internacionales podrían bien ser, por su edad, los nietos de quienes administran el fútbol.

La única diferencia significante en la conferencia de 1974 era el gran número de gente que ni Stanley Rous ni ningún miembro del Comité Ejecutivo de la FIFA habían visto antes; si bien es cierto no todos los presentes tenían derecho a votar. Antes del voto, Havelange todavía tenía otra carta que jugar.

Havelange francamente admitió: "Yo no tenía los medios para pagar las promesas".

Pero en el salón de conferencias tuvo la oportunidad poco antes de la elección de influir en toda la asamblea, incluyendo a aquellos que fueron a Alemania sin la ayuda de Havelange o de sus amigos ejecutivos de Lufthansa.

"El día del congreso uno de los puntos en la agenda era la cuestión de China. ¿Debería ser admitida en la FIFA? El gobierno brasileño me había enviado un telegrama a través del Ministerio de Relaciones Exteriores: no hablar de este caso. En ese entonces Brasil no tenía relaciones con China continental. Ignoré el telegrama y, cuando llegó el punto, intervine. Hablé fuertemente a favor de la readmisión de China. Cuando regresé a mi puesto otro de los delegados, que era un ministro de Brasil, me dijo: Escuché la salva de aplausos que ha recibido. Usted va a ganar la elección".

Muchos otros delegados también lo creyeron. Algunos de ellos predijeron públicamente que en caso de que Havelange le arrebatara la corona a Rous habría un cisma en el fútbol. Veían la contienda como si fuera Europa contra el resto del mundo y creyeron que si Sudamérica ganaba, entonces podría ocurrir un reparto del fútbol en los dos hemisferios cada uno haciendo campeonatos por separado. Ésta era la opinión del periódico británico *The Times*, que veía a Havelange como "un contestatario activista que había propagado una generosa liberalidad en muchas filiales en un esfuerzo por tumbar el establecimiento".

Para ganar en la primera vuelta los candidatos necesitaban los dos tercios de la mayoría, es decir, setenta y nueve votos. En la primera vuelta Havelange obtuvo 62 votos, Rous 56. Treinta minutos más tarde el primer vicepresidente de la FIFA anunció que una era había terminado, Havelange, necesitando apenas una simple mayoría en la segunda vuelta, obtuvo 68 votos, mientras que Sir Stanley Rous 52. Havelange era el nuevo presidente de la FIFA, el amo del deporte más popular del mundo. Cargo que continuó ejerciendo hasta junio de 1998.

Sus primeras palabras tras la segunda vuelta fueron:

"Es un gran día para el fútbol sudamericano. Ha sido un gran triunfo para Sudamérica".

Esta creencia continuó dominando la administración del fútbol desde que se profirió. Los comités de la FIFA se pusieron de parte de los sudamericanos. Algunos bajo el imperio de la ley, otros delincuentes venales.

Havelange subió orgullosamente a la tarima a ocupar el sitio. Infortunadamente, los organizadores no habían previsto el resultado y no tenían un asiento para el nuevo presidente. Era el amargo eco de un evento ocurrido la noche anterior. Cuando Havelange me lo recordó apenas unos pocos días antes de la elección de París 98, que decidiría a su sucesor, la amargura, el rencor y el dolor eran evidentes. Esto sucedió veinticuatro horas antes del incidente. Podría haber pasado justo una hora antes que habláramos.

"En la noche anterior al congreso de la FIFA, antes de la elección, Adidas ofreció un suntuoso banquete en honor de Sir Stanley Rous. Yo fui invitado y cuando llegué a la puerta pasé la invitación. El recepcionista la leyó y dijo: «Usted no tiene nada que hacer aquí». «Bueno —repliqué—. Yo vine porque tenía esta invitación y pienso aprovecharla». Esa era la forma como me trataban. Es muy diferente de como se ha informado. Era porque venía de un país del otro lado del charco. Lo único que me faltaba era tener la piel de indio".

Los años siguientes el Dr. Havelange cobró una larga y duradera venganza por todos los insultos y desaires —bien hayan sido reales o imaginarios— que se le hicieron.

"Siempre nos habían echo a un lado. Pero hoy tienen que reconocernos por todo lo que hicimos. Yo trabajé sin parar. Por lo menos pude mostrarle al mundo que aunque mi país ha cometido muchas faltas también tenemos gente que es muy útil y creo que yo he sido muy útil".

Los delegados, que en muchos casos apenas votaron por los dólares que recibieron, se pusieron de pie y le dieron una calurosa ovación a Rous en el momento en que él y otros tres delegados de la FIFA recibieron ramos de flores. Rous tenía dificultad en ocultar su amargura. Consideró que la elección había sido un acto de traición por aquellos que ahora de pie vigorosamente lo ovacionaban. Que Dios proteja a cualquier persona que reciba un voto de agradecimientos. Cuando recibió los ramos de flores Rous sonrió y dijo:

"Mis colegas reciben ramos de flores. Yo una corona".

Horst Dassler, de Adidas, en silencio observó los acontecimientos y antes de que se terminara el congreso invitó a Havelange a cenar. Otra vez Dassler había cambiado rápidamente de bando.

Sir Stanley no sería útil por más tiempo. Después de votar en su contra, los delegados votaron por nombrarlo presidente honorario. Esto significaba que él podía asistir a cualquier reunión pero sin tener derecho al voto.

Posteriormente Havelange intentó persuadir a Rous para que aceptara una pensión de la FIFA, de unos 600 francos suizos mensuales. Éste es el primer ejemplo registrado sobre la generosidad legendaria de Havelange, con el dinero de otros. El equivalente en libras esterlinas del dinero que le ofreció en 1974 era de 2.500 libras mensuales —hoy en día equivalen a 5.100 libras mensuales—, Rous no aceptó la oferta argumentando que era incorrecto dejar el cargo no remunerado de presidente para luego aceptar un sueldo por un cargo que no ejercía. Havelange intentó de nuevo. A través de la Federación Brasileña de fútbol se quiso llamar la nueva Copa Mundial Sir Stanley Rous. De nuevo Rous no aceptó el gesto, simplemente era su estilo.

La primera fue muy crucial para mostrar de qué lado se inclinó la votación cuando Havelange ganó por seis votos. Havelange quería que entendiera el significado de esa cifra. Quien ganara en la primera vuelta era casi cierto que iba a aprovechar el impulso y ganar en la segunda.

"Mi amigo de Lufthansa mantuvo la promesa. Trajo seis delegados de varios países. Seis que habían prometido votar por mí. Gané por seis votos".

También el día de la elección estaba Pelé en Francfort. No para ponerse la camiseta y jugar con el número 10. A pesar que Adidas le ofreció un patrocinio de 200.000 libras para que jugara el campeonato mundial de 1974 y fuera la máxima atracción del torneo, ya había tomado la determinación de retirarse del fútbol, a pesar de estar en la cumbre. Él no necesitaba el dinero. En la anterior temporada había donado su salario de 6 mil libras mensuales para obras de caridad y los derechos por partidos nacionales que jugara, unas 3.500 libras por partido, para sus amigos. También había otra razón por la que no jugaba con Brasil:

"En 1971 yo estaba conociendo la verdad de lo que ocurría en mi país. Las torturas, los asesinatos, los desaparecidos. Yo no quería jugar con la número 10 mientras los militares gobernaran el país".

Su último partido internacional fue en el estadio Maracaná de Rio. Brasil *vs*. Yugoslavia. Al final del partido Pelé le dio la vuelta a la cancha saludando a la multitud de más de ciento ochenta mil espectadores que gritaban continuamente como lo hizo durante todo el partido *¡Fica! ¡Fica!* (¡quédate!, ¡quédate!).

Aparte de la realidad cotidiana de Brasil otros motivos también influyeron en la determinación que tomó Pelé.

"Yo quería dejar la selección nacional mientras estaba en forma y en buenas condiciones para continuar jugando si quisiera. Si yo hubiera continuado solamente tendría treinta y tres años en 1974, el próximo Mundial. Los dos Santos, Djalma y Nilton, jugaron campeonatos mundiales cuando tenían treinta y ocho años. Aparte de eso, al dejar vacante mi puesto di la oportunidad para que un jugador joven obtuviera la experiencia que necesitaba para jugar el Mundial de 1974".

Pelé continuó jugando con el Santos y haciendo planes para el futuro cuando ya no jugara. Sus aportes al fútbol fueron inmensos, mayores de lo que él mismo creería. El mismo año, en 1971, tuvo la oportunidad de dar aún más de una manera insólita. La Pepsi Cola hizo contactos con Pelé. Querían que les enseñara a los niños a jugar al fútbol por todo el mundo e hiciera una serie de seminarios adaptados a todas las giras que hiciera el Santos. Parte de la enfermedad que ha atacado al fútbol brasileño durante décadas es la incansable búsqueda de dinero por todos los que participan en el juego.

"Santos era un equipo que tenía que pagar mucho por los jugadores, por eso jugó muchos partidos antes de los compromisos futbolísticos brasileños, enero y febrero en Latinoamérica, junio y julio en Europa. Todos los años salía de gira, en ese tiempo no existía el concepto de vender los derechos de televisión por grandes sumas de dinero".

"¿Cuántos partidos al año jugó usted en ese entonces?"

"Alrededor de cien partidos. Sí, unos cien partidos. Permítame decirle algo curioso, David: en todas estas giras, en cada país europeo donde jugábamos nos gustaba comprar de todo, jeans, camisas, cualquier cosa concebible para la familia. Eso era algo que valía la pena en aquellos días, uno venía cargado de cosas como Papá Noel. Hoy día hay de todo eso aquí en São Paulo. Uno no tiene que salir de la ciudad para nada, son tiempos diferentes. Lo que me hace sentir triste como ser humano es que hoy en día el mundo es más comercial de lo que solía ser. La gente se vende ahora más fácil que antes".

Pelé, el supremo artista del fútbol, era otra cosa aun cuando tuvo sus detractores y sus críticos. Apareciendo en el campeonato mundial de 1974 como comentarista de una cadena de televisión brasileña y haciendo publicidad comercial para la Pepsi, era obvio que iba a recibir comentarios desfavorables. Algunos no pudieron soportar que el más famoso futbolista intentara dar los primeros pasos en otra carrera. Preferían que el día que colgó los guayos intentara tal vez desaparecer sin dejar rastro. Algo inteligente. Pero imposible.

Décadas después que Pelé anotara su último gol en un partido profesional, MasterCard Internacional realizó una investigación exhaustiva en ciento cincuenta y dos países. El tema era íconos del deporte. En febrero de 1998 el primer vicepresidente de la compañía reveló: Pelé no sólo sobresale como la estrella de fútbol más popular sino también como el más popular de los deportistas.

Por tanto la cortesía de Pepsi y de Bandeirantes Televisión permitió que Pelé lanzara una mirada critica de manera general al Mundial de 1974 y de manera particular a Brasil.

Lo cual fue altamente apropiado, aunque deprimente, ya que el fútbol romántico de 1970 había dado paso a un fútbol negativo. Apropiado porque la era de Stanley Rous con todas sus faltas, bien como presidente de la FIFA, bien en el mundo del fútbol en general, conservaba mucho de la inocencia que era un rasgo distintivo del fútbol de la posguerra, o sea, de los años 1945 a 1970. Eran las décadas de Matthews, Mannion, Carter, Lawton y Finney, y del brillante equipo de Turín que tenía ocho jugadores de la selección de Italia que murieron en un accidente aéreo. También la década de Puskas, Kocsis, Hidegkuti, Bozsik, jugadores de la selección de Hungría que fue el primer equipo en ganarle en una tarde gris de invierno en territorio inglés a la selección de Inglaterra; no sólo era una derrota, era el entierro de las ilusiones de un equipo de fútbol. El marcador fue Hungría 6 Inglaterra 3.

Estas décadas nos dieron a los Busby's Babes. El equipo de Manchester United con una alta calidad de juego que, como con el Turín, murieron en un accidente aéreo. Roger Byrne, Duncan Edwards y Tommy Taylor habrían jugado en el Mundial de Suecia de no morir cuatro meses antes. También murieron Jack Jones, Geoff Bent, Eddie Colman, David Pegg, Bill Whelan. Y entre los reporteros que murieron ese día se encontraba el antiguo portero de Inglaterra Frank Swift. Todos murieron muy rápido, antes de tiempo.

Hay un hilo dorado de mucha magia artística en lo que va de 1945 a 1970. Mucho de ello con el jolgorio y amagos que tiene un ritmo de samba, pero por supuesto que esto no era todo. Nadie alcanzaba a sospechar que la final Brasil-Italia de 1970 sería vista como el paradigma de cualquier campeonato mundial.

Ahora con un nuevo timonel en la presidencia de la FIFA, una persona motivada casi exclusivamente, en términos de compromisos futbolísticos, por el dinero, los porcentajes y la línea de quiebra, era lógico que la selección de Brasil por cortesía de su entrenador Zagalo reflejaría la misma estrecha visión en la cancha. Cuando viajaron a Alemania para jugar el Mundial de 1974 lo hicieron con una visión defensiva, jugaron un fútbol mediocre. No tomaron ningún riesgo. Defendieron en profundidad.

En cuanto a la preocupación por el dinero, Paulo Cesar, uno de los jugadores que había quedado en la selección después del Mundial del 70, en gran medida refleja esta preocupación.

Pelé visitó al equipo la primera noche de su estadía en Francfort deseándole suerte y también para ver cómo andaba la moral antes de que enfrentara al día siguiente a Yugoslavia.

"Cuando fui a saludar a Paulo Cesar, pensé que quizás él quería hablar sobre las posibles tácticas para el encuentro. O cómo era el entrenamiento de los contendores. Él me preguntó por algo que ciertamente era muy importante para él. «Pelé —me dijo— me han hecho una fantástica oferta de transferencia a un equipo francés una vez se termine el campeonato mundial. Me pagarán mucho más de lo que gano ahora. Voy a aceptar, pero no se si debo pedir más. Es un verdadero problema ¿Qué piensa usted?»".

Pelé quedó pasmado. "No podía creer lo que oía. Faltaban pocas horas para el partido. Yo le respondí que se trataba de un partido del campeonato mundial y se lo recordé: "lo único en lo que piensas es la oferta de empleo. Olvida la oferta y concéntrate en el partido que tienes que jugar mañana contra Yugoslavia. Cuando ganes el campeonato, entonces sí puedes pensar sobre la oferta, pero si eso es lo único que tienes en mente no creo que llegues a la final".

El resultado de ese encuentro después que Zagalo le ordenó a Brasil que jugara a la defensiva, fue un empate a 0 goles, el segundo encuentro contra Escocia también terminó empatado 0-0. De nuevo Zagalo había ordenado que Brasil jugara sin un reconocido centro delantero y éste era el torneo que todos los entendidos habían descrito como *el campeonato del fútbol total*. El fútbol total suponía que todos los jugadores tenían todas las habilidades para jugar bien, que todo se podía modificar, que los defensores dramáticamente jugaran como delanteros y los atacantes con igual rapidez como defensas. Para algunos parecía ser lo que Brasil hizo brillantemente por muchos años. Pero ya no era así.

La selección de Brasil, sin embargo, no era la única que tenía una visión mercenaria del fútbol en el campeonato mundial de Alemania. Holanda gastó mucha más energía arguyendo sobre términos, condiciones, bonos, que discutiendo las tácticas que utilizaría. Existía más dinero en el paso a la final. Finalmente, después de cavilar ampliamente sobre un inflado mejoramiento sobre ingresos, el entrenador Rinus Michels le dijo al equipo:

"Cualquiera que no esté satisfecho con el dinero que se ha ofrecido, puede dejar la selección ahora mismo".

Desprevenidos, los jugadores holandeses marcharon de acuerdo con lo que se volvió el lenguaje universal del fútbol: dinero, dinero y sólo dinero. El innegable talento del equipo estuvo más marcado por la avaricia y cuando se recuerda que esta selección estaba formada por jugadores como Cruyff, Van Hanegem, Neeskens, Suurbjer y Krol, nos da apenas una indicación de cómo eran de ambiciosos los holandeses en 1974. Un buen número de jugadores de Ajax dejaron de hablarle por mucho tiempo a los jugadores del Feyenjoord, presumiblemente se comunicaban por medio de sus inversionistas.

Los escoceses también contrajeron este virus, el de las manos estiradas de los sufridos pidiendo más dinero. La selección de Escocia nom bró a Billy Bremner para que negociara todos los aspectos comerciales para el equipo. El resultado fue una serie de peleas y riñas, ninguno de los jugadores parecía poder concentrarse en el asunto que importaba: jugar al fútbol.

La selección de Haití fue sacudida por un test positivo que se le hizo a un mediocampista. Los argentinos sufrieron por uno de los integrantes acusado de violar a una camarera. Cuando Alemania Occidental y Alemania Oriental se enfrentaron por primera vez en el terreno de juego, parecía haber tantas pistolas como espectadores. Los helicópteros constantemente volaban por encima del estadio. Se lanzaron amenazas de ataques con misiles guiados. No se aclaró si las posibles víctimas eran de Alemania Oriental o de Alemania Occidental. En el encuentro no se presentaron ataques y Alemania Oriental —contra todas las predicciones— ganó 1-0. Los germano-occidentales como cualquier otro de los finalistas, era uno de los equipos que desperdiciaron mucho tiempo y energía discutiendo sobre dinero, contratos, bonos y honorarios.

Para añadirle más a la atmósfera escuálida ya presente se produjeron los inevitables brotes de violencia en la cancha, olvidándose con el deslumbrante juego del campeonato mundial de 1970 la promesa de proteger a los jugadores. En el papel había sido una brillante ocasión, una vitrina para el juego.

Decir que el equipo brasileño inició la violencia en su encuentro contra Holanda era regresar el reloj, volver a los tempranos años cincuenta, a un tiempo en que no se había descubierto la alegría de ganar gracias al maravilloso fútbol de libre fluir. La notoria Batalla de Berna se recordó otra vez, como también la de Viena en 1956.

En Dortmund, contra Holanda, los brasileños cortaron, picaron y patearon a los holandeses. Éstos se desquitaron con creces. Así, uno de los equipos, Brasil, cuyos generales gastaron hasta cinco millones de dólares para la preparación de este campeonato, hizo lo mejor para estropear al otro equipo, los holandeses, quienes aseguraron un pago de US$ 24.000 por jugador, más el setenta por ciento de las ganancias que la AF Holandesa obtuviera por este campeonato. Los jugadores competían cada uno por infringirle una lesión permanente al adversario. La pobreza del espectáculo que se ofrecía era obvia en todo el planeta cuando se miraron los partidos en la televisión. Era apenas la más propicia de las ocasiones para el recién elegido presidente de la FIFA, Su sensibilidad recibió un golpe aun antes de que el juego comenzara:

"Kissinger llegó al estadio de Dortmund con treinta y ocho guardias de seguridad. Eventualmente cada invitado en la zona VIP debía trasladarse. No sólo por la llegada de Kissinger sino para que así estos testarudos se pudieran sentar con él".

En el primer tiempo Neeskens quedó inconsciente por el golpe que le dio Mario Marinho. En el segundo tiempo fue derribado al suelo por Luis Pereira y el brasileño fue expulsado por el árbitro que tan ocupado estaba con la libreta y la pluma cuatro años antes en México: Kurt Tschenscher. Después de eso, la victoria para Holanda era inevitable. Los holandeses anotaron dos veces. Cuando Cruyff le lanzó soberbiamente la pelota al alero izquierdo para que éste anotara el segundo gol, Kissinger se levantó del puesto para aclamar el genio del futbolista holandés. Havelange, que estaba sentado a su lado, lo cogió por el hombro y lo haló hasta su puesto. Los holandeses clasificaron para la final y los brasileños ya no eran más el mejor equipo del mundo.

Yo le hablé a Pelé sobre este partido y él me contó: "La prensa en su país, y ciertamente en toda Europa, le echó la culpa a Brasil por la violencia que hubo en el juego. Lo que no vi en los periódicos fue que los holandeses jugaron tan violento como los brasileños. Sólo que fueron más sutiles, sabían cómo cometer faltas y cómo lesionar al adversario sin dejarse coger. Después del partido fui al camerino de Brasil que parecía un hospital. No había ni un solo jugador que no estuviera lesionado, tenían cortaduras, morados, Marinho tenía una incisión en una pierna que iba de la rodilla hasta el tobillo".

Respecto a esta derrota, la respuesta del recién elegido presidente de la FIFA cuando se le pidió una explicación fue clara. Si esta opinión la da un aficionado de las graderías sería la que se esperaría en vista de la miopía terminal que muchos aficionados de todos los países sufren. Pero como es la de una persona que mantiene el más alto cargo del fútbol, un cargo en el que el directivo aparece encima de la acción, por encima de cualquier partidismo, ofrece una introspección reveladora no sólo de la manera de pensar de Havelange sino de los valores que tiene.

"Ellos querían vengarse porque fui elegido presidente de la FIFA y le gané la elección a Sir Stanley Rous, por eso nombraron a un árbitro alemán, Kurt Tschenischer, para asegurarse que Brasil no fuera el campeón mundial por cuarta vez. La expulsión de Luis Pereira fue completamente injusta. No había manera que pudiéramos ganar después de eso".

Havelange continuó dando otras explicaciones más racionales por la derrota. Jairzinho ya no disfrutaba de su mejor momento, Paulo Cesar estaba lesionado, pero la idea de que Rous y sus colaboradores habían conspirado eligiendo el árbitro para asegurarse que Brasil no ganara, dice mucho sobre Havelange.

La derrota fue recibida en Brasil con una intensa incredulidad. La nación estaba acostumbrada a que su equipo ganara mundiales, la junta militar comenzó a manifestar un profundo desaliento pues no esperaba que la inversión de más de cinco millones de dólares en la preparación del equipo diera este resultado. Los generales comenzaron a lanzarle una larga y dura mirada a la manera como Havelange estaba administrando la CBD, ellos creían que no recibían lo que habían pagado. Como Havelange todavía se encontraba en Europa, preocupado con los resultados de su selección, el presidente Geisel discutió el problema detenidamente con el general Adalberto Nunes. Para Havelange, que todavía saboreaba su reciente poder cuando observaba la clausura del campeonato mundial en Alemania, éste era un desarrollo potencialmente peligroso. Él y el general Nunes eran enemigos acérrimos. Luego, no se esperaban favores de esa persona.

En Munich, Havelange miraba a Brasil reducida ahora a un espectáculo secundario, jugar por el tercer puesto contra Polonia. El encuentro estuvo tan abierto que la multitud continuamente chiflaba a los dos equipos. Polonia ganó 1-0 y a nadie le importó.

La final entre Alemania Occidental y Holanda quedó reducida por los medios de comunicación a un enfrentamiento entre los dos mejores jugadores del campeonato, Beckenbauer contra Cruyff.

Holanda había por lo menos temporalmente tomado el manto de Brasil —ataque brillante, defensa vigilante— la sabiduría popular decía que si Holanda ganaba debería anotar tres goles porque su defensa dejaría pasar dos. Por primera vez la sabiduría popular tenía la razón.

Los holandeses tuvieron un mal comienzo pues comenzaron a tocar la pelota como si jugaran un partido de exhibición. Cuando Cruyff emprendió una hermosa carrera, lo persiguió el marcador Vogts y cuando se metió en el área chica Hoeness le puso una zancadilla y el árbitro pitó penalti. Apenas habían transcurrido los dos primeros minutos del partido, Neeskens anotó enseguida y los hinchas holandeses sabían precisamente cómo sus contrapartes ingleses se sintieron en Wembley en 1966. Holanda hizo dieciséis pases sin que ningún jugador alemán tocara el balón y ahora estaba en la red de la portería alemana, detrás del portero Maier.

Arriba en la exclusiva sección VIP del estadio de Munich, todo estaba lejos de andar bien. El nuevo presidente de la FIFA estaba furioso. La iniciación del partido se había demorado por varias razones.

Hubo un espectáculo vocal compuesto por un coro de aproximadamente dos mil personas que entonaban *Los tulipanes de Amsterdam*, mientras los alemanes occidentales cantaban *El himno a la alegría*, de Beethoven.

El comienzo se demoró por la llegada del secretario de Estado Henry Kissinger, y esto fue lo que realmente molestó a João Havelange. Lo que ocurría no era más que una repetición de lo acaecido durante el encuentro de Brasil contra Holanda.

Tal como anteriormente se apuntó, cuando alguien lo insulta u ofende, el Dr. Havelange lo recuerda íntegramente. Y estará atento a vengarse más adelante.

Con Kissinger y todo el dispositivo de seguridad a su alrededor, el encuentro iba a comenzar, cuando se dieron cuenta que faltaban las banderas de línea. A la luz de lo ocurrido en los dos primeros minutos del partido, los alemanes hubieran preferido que las banderas jamás hubieran aparecido. Los siguientes veinticinco minutos Holanda hizo todo lo que quiso con la pelota, excepto que sospechosamente fallaban a meterla dentro de la red.

Treinta minutos más tarde el marcador se igualó como consecuencia de un penalti que Müller anotó poco antes de terminar el primer tiempo. A pesar de los repetidos ataques en el segundo tiempo, el marcador quedó 2-1. Alemania Occidental ganaba así el campeonato mundial de 1974. Había mucha verdad en la amarga observación hecha por Cruyff: "Alemania no ganó el campeonato, nosotros lo perdimos".

Se especuló mucho antes de que Havelange resultara elegido presidente de la FIFA sobre el hecho que al subir al trono de la FIFA se produciría una división con Europa y esta tomaría su propio camino creando una organización rival. Eso se pensó antes de la elección. Después del voto cualquier conversación sobre la guerra entre Europa y Latinoamérica desapareció de la agenda. Algunos delegados sintieron que Havelange se estrellaría rápidamente cuando tratara de gestionar una larga lista de eventos. Otros sintieron que él la pasaría mal cuando intentara mantener sus compromisos de elección. Estas promesas electorales implicaban grandes cantidades de dinero y si las aseveraciones que hizo Havelange son ciertas, las arcas de la FIFA estaban vacías cuando él se posesionó en 1974.

El anterior "la FIFA no tenía dinero, ni un centavo" ha cambiado cuando dice ahora que "escasamente había treinta dólares en la registradora".

El Dr. Havelange no es una persona creíble, en la medida que análisis cercanos a los hechos reales que rodean la versión de los acontecimientos revelan una y otra vez la imagen de una persona que a lo largo de los años ha reinventado continuamente la verdad. El evangelio según san Havelange indica que él transformó una organización al borde de la bancarrota cuando se posesionó. Que él casi con una sola mano ha hecho a la FIFA y del fútbol un éxito multimillonario.

El campeonato mundial de 1974 fue en términos financieros el evento más exitoso en toda la historia del fútbol, para citar del propio informe de la FIFA de 1974:

"Los resultados financieros de todos los anteriores torneos fueron ampliamente superados en todas las esferas. 36,3 millones de marcos alemanes de ingreso bruto por la venta de las entradas, estableciéndose un nuevo récord. Los ingresos de otras fuentes (televisión, cine, avisos comerciales en los estadios, etc.) nunca han alcanzado, ni siquiera cercanamente, lo alcanzado en la época del campeonato mundial de 1974".

El informe, el último vigilado por Sir Stanley Rous, modelo de claridad y pulcritud, muestra que el fútbol en términos comerciales crecía exitosamente. Que el dinero que producía y se hacía del fútbol aumentaba constantemente y estaba hasta ahora alcanzando niveles insospechados.

El informe de 1974, por ejemplo, reporta el hecho que en la época del campeonato mundial de México en 1970, el ingreso por la sola venta de entradas alcanzó lo que en ese entonces era un tambaleante veinte por ciento de los ingresos totales. La ganancia en el campeonato mundial de 1974 fue del 64%, superando los 50 millones de marcos alemanes (aproximadamente 19 millones de dólares de la época, lo que serían unos 60 millones de hoy).

Es un hecho indiscutible que las ganancias de campeonato mundial de 1998 sobrepasaron enormemente esas cifras. Ese no es el caso. Lo que hay que tener en cuenta es que en su deseo por tomar todo el crédito por cada rayo solar que brilla en el deporte más popular del mundo, el hombre de Rio está en considerable peligro de huir de la realidad al insinuar que había un saldo en rojo en las cuentas de la FIFA cuando él se posesionó. Quizás Havelange sólo esté confundido. Tal vez mezcló las cuentas de la FIFA de Zurich con las cuentas de la Federación Brasileña de Deportes.

Si no había recortes de fondos en la FIFA ciertamente existía un gran hoyo en la oficina principal de la CBD.

El general Nunes emprendió la cacería a través de la puerta principal de la CBD, la misma que figuraba con tanta prominencia en la literatura de la campaña de Havelange. El general no encontró grandes cantidades de dinero, al contrario: se dio cuenta que faltaba mucho dinero.

Durante los dieciséis años del reinado de Havelange, la Federación Brasileña de Deportes fue regular y sistemáticamente robada. Montones de dinero se extraviaron, entre 1958 y 1974, 6.6 millones desaparecieron sin dejar rastro. Al cambio de hoy representan unos 20 millones de dólares. Esta pérdida era oficial, y era sólo el hueco revelado por la contabilidad oficial de la Federación de Deportes. Pero la realidad era indudablemente peor. Las cifras oficiales estaban adulteradas. Las pérdidas ciertamente eran más elevadas. En 1974, el año en que se consideró a Havelange no sólo como una persona apta y capacitada para ser presidente de la FIFA, sino presumiblemente el mejor candidato para ocupar el cargo, él fue el responsable directo de haber entregado una cuenta falsa al tesoro brasileño y también de ocultar el hecho de que lejos de obtener un superávit en 1974, se sufría un déficit de 1.2 millones de dólares, que al cambio de hoy son más de cinco millones de dólares.

La investigación de la CBD continuó hasta el año siguiente. Fue a comienzos de 1975 cuando el informe secreto y confidencial llegó al despacho del presidente Geisel.

Muchos en la junta militar, especialmente el general Adalberto Nunes, querían establecer cargos e iniciar un proceso contra Havelange por corrupción. Geisel estaba igualmente ofendido por la clara evidencia del desfalco sistemático y sostenido en la CBD, pero el presidente no alcanzó a ver la ironía del asunto. Havelange, como el resto de ellos, había cabalgado en la cresta de la popularidad en Brasil sobre las espaldas de los equipos brasileños. Esos triunfos deportivos no sólo dieron a la junta sino también a Havelange un aura de respetabilidad. A partir de 1958 Brasil y las sucesivas selecciones de fútbol le ofrecieron una y otra vez al mundo la cara positiva del país. Ellas eran sus más grandes embajadores. Entonces Havelange quería cabalgar más alto en estas olas e ir más lejos. Él quería como el general Geisel ser presidente, no de su país, sino del fútbol mundial, un cargo potencialmente más poderoso. El dinero sustraído de Orwec, sin comunicárselo al Dr. Lobo, ciertamente que no era bastante para financiar lo que Havelange tenía en mente, comprar la mayoría de votos de la FIFA —lo cual no resultaba barato— como tampoco los continuos viajes, los hoteles, el misterioso jet ejecutivo que alquiló y tuvo a su disposición como si fuera un taxi, utilizando a Pelé —el más famoso ícono de los deportes— como talismán. De esta manera Havelange comenzó a acumular votos. El campeonato mundial alternativo también costó mucho dinero, pero le trajo más votos. Entonces —y esto le hubiera dado una pausa al presidente Geisel para pensar— se cumplieron todas las funciones de las embajadas brasileñas pagadas por el país para la mayor gloria de Havelange. Ahora se le elogiaba oficialmente. Gracias a la junta se creó el monstruo sudamericano que ahora andaba fuera de control. También era en la medida en que concernía al presidente Geisel, intocable.

Llevarlo a los tribunales brasileños, procesarlo, encontrarlo culpable y condenarlo, era demostrarle al mundo que un estafador estaba sentado en el trono de la FIFA en Zurich. Ello no sólo destrozaría a João Havelange sino que ocasionaría una gran vergüenza internacional a Brasil.

En un informe del gobierno fechado el 7 de marzo de 1975, se daban instrucciones para ofrecer un "apoyo técnico" a la CBD. Éste tomó la forma de un banco estatal poniendo la cantidad faltante del año 1974 en las cuentas de la CBD. Así se pagaron hasta más de US$ 5 millones de dólares al cambio de hoy. El Banco Caixa Económica Federal, más tarde cargó la deuda al Fondo de Ayuda Social. Lo hecho en 1974 no era diferente a lo ocurrido el año anterior. Tapar los huecos creados por Havelange y sus colaboradores en la CBD era una práctica corriente.

João Havelange, desplegando extraordinaria sagacidad, inicialmente resistió todos los intentos para retirarlo de la presidencia de la Federación Brasileña de Deportes. Pensaba que podía continuar. El general Geisel pensó de otra manera. Havelange fue remplazado por el hermano del general Nunes, su rival, el almirante Heleno Nunes.

Al ser Havelange relevado de su cargo del deporte brasileño en general y del fútbol en particular quedó libre para concentrarse en las promesas ofrecidas. Promesas muy costosas.

Havelange prometió aumentar el número de países que podían competir en el campeonato mundial. Se comprometió a aumentar el número de participantes a veinticuatro. Pero hacerlo imponía un esfuerzo financiero no sólo a los equipos competidores cuando jugaban los partidos de eliminatorias, sino también al país sede. Se requeriría mucho dinero. Realizar en la primera etapa lo que había prometido, aumentar el número de participantes del campeonato mundial de Argentina de dieciséis a veinticuatro como se esperaba para el Mundial de 1978 era bastante improbable. Crear el campeonato mundial juvenil FIFA para jugadores menores de veinte años también costaba mucho dinero. Además también prometió un programa de desarrollo para llevar a los jugadores más destacados a Europa y Latinoamérica a jugar en los países del Tercer Mundo, a los países emergentes de África y Asia. Otra vez se necesitaba tener una gran cantidad de dinero. Havelange dijo: "Yo soy un hombre de negocios y tengo mucho más dinero por hacer, sobre todo del fútbol". Fue una declaración hecha poco tiempo después que se descubrió el hueco multimillonario en dólares dejado en la contabilidad de la CBD. Ciertamente, cuando se paseaba alrededor de las oficinas principales de la FIFA con el secretario general, el Dr. Helmut Käser, el nuevo presidente de la FIFA necesitaba de algún benefactor bastante rico.

Es entonces cuando aparecen Horst Dassler y su colega de negocios Patrick Nally. A pesar que Havelange no se sintió particularmente bienvenido en la comida de Adidas la noche de su elección, Dassler ciertamente compensó esa omisión después de la votación.

Dassler quería conseguir las diferentes federaciones nacionales de fútbol en todo el mundo para ligarlas exclusivamente a la firma Adidas. Guayos, medias, camisetas, todo. Él tenía un sueño. Un mundo vestido sólo con productos de Adidas. Aunque él no tenía la cantidad de dinero que necesitaba Havelange, era posible que Nally tuviera la llave de esa puerta.

Patrick Nally afirma ser fundador del patrocinio deportivo moderno. La próxima vez que usted no pueda conseguir una entrada para ver un partido del campeonato mundial porque un gran porcentaje de las entradas ha sido dado a Coca-Cola o Gillete, o a cualquier otro de los doscientos patrocinadores, usted sabrá a quien maldecir.

Nally es un hombre de relaciones públicas y mercadeo que a finales de los años 60 hizo equipo con el comentarista de fútbol Peter West. Por la época en que se conocieron, la carrera de West como el decano de los comentaristas iba en descenso, pero debido a la constante exposición que disfrutaba en televisión, se había convertido en la más amorfa de todas las cosas: una celebridad de televisión.

Con perspicacia, viendo un potencial, formaron una compañía con el principal objetivo de explotar el deporte comercialmente. Hicieron charlas de mercadeo, formando una sociedad entre una compañía y los que controlaban un evento deportivo que le darían al producto de la compañía disponibilidad, propaganda, relaciones promocionales y presencia de marca de fábrica. Puesto en el lenguaje diario, Nally y West convencieron a compañías para patrocinar varios eventos.

Una de sus primeras funciones fue persuadir a Green Shield Stamps para que patrocinara un ejercicio de entrenamiento de tenis para romper el clásico prejuicio que todavía perjudicaba el crecimiento del tenis de campo en su país.

De tales comienzos modestos a finales de los 60, el patrocinio deportivo y el mercadeo de los eventos ha explotado en menos de cuarenta años para crear una industria hoy con un volumen de ventas de $16 mil millones de dólares.

En este país se necesita mucha memoria para recordar que inicialmente hubo una encarnizada oposición por parte de una amplia gama de intereses personales. Los periódicos y la televisión comercial vieron los potenciales beneficios de la publicidad muy lejos de ellos, e inicialmente censuraron cualquier referencia a los patrocinadores. Otros, tales como la BBC, estaban petrificados de ver que se violaban sus estatutos de difusión, también se aterrorizaron de cuál sería la reacción de la Asociación de Fútbol si, por ejemplo, ellos mostraban una competencia Ford Fives —un torneo de equipos de cinco participantes patrocinados por la Ford Motor Company que presentaba a viejas glorias del fútbol.

El entonces secretario de la Asociación de Fútbol, Alan Hardaker, pertenecía a la escuela de administración que decía «el fútbol en directo por televisión sólo sucederá sobre mi cadáver». Hoy, en contraste, la Asociación de Fútbol, utilizando cada truco, lidera una campaña para ganar los derechos para realizar el campeonato mundial en el 2006, la sola campaña costará por lo menos 10 millones de libras. Por supuesto que todos los partidos serían vistos por televisión. Esta revolución ha ocurrido durante el ejercicio de la presidencia de João Havelange en la FIFA, algo de lo cual él siente constante pánico al recordarlo a sus oyentes. Él es menos abierto sobre Dassler. De Patrick Nally no hace ninguna mención:

Horst Dassler y Patrick Nally fueron hechos el uno para el otro. Ellos compartían una misma visión del futuro, en el cual invertían cantidades cada vez más grandes de dinero en cada deporte concebible. El dinero de las arcas de una lista siempre creciente de patrocinadores. Los derechos de televisión para los eventos deportivos que en 1970 fueron vendidos por pequeñas cantidades. Cuando Canon fue persuadido primero por la consultoría de eventos de mercado CSS para que patrocinara los partidos de la Liga de la Asociación de Fútbol, la cantidad anual era inferior a 100.000 libras, una cifra hoy superada cinco veces por el contrato de un escolar de 13 años en un club de primera división.

Dassler creía que entre más dinero fuera inyectado en el deporte —atletismo, fútbol, rugby, toda la gama— lo más recomendable sería controlar las diferentes federaciones que manejaban estas diferentes disciplinas deportivas. Mucho antes que Nally uniera fuerzas con él, Dassler estaba comprando estrellas deportivas para asegurarse de que hubiera un par de botas de rugby Adidas que la audiencia pudiera ver en las pantallas de televisión cuando se cobrara el tiro penalti. Era un par de zapatos deportivos Adidas en los que correría el ganador olímpico. Cuando el campeón masculino en sencillos pasara adelante a la Corte Central a recibir el trofeo sería el logo de Adidas de las tres líneas onduladas lo que vería el observador en casa.

Ahora con el potencial de montones de dinero llegando al puerto, Dassler dio el salto. El patrocinio deportivo por grandes compañías haría más importante controlar la federación de deportes a la que pertenecía ese deportista.

Dassler llevó a niveles casi científicos la tarea de intentar la corrupción de todas las federaciones deportivas.

El creó lo que grandiosamente llamó su "equipo político" —un grupo responsable del control e infiltración global—. Federaciones, políticos involucrados en el deporte, periodistas. Si usted tenía influencia en el mundo del deporte en los 70 y 80, era muy probable que tarde o temprano Dassler o uno de sus hombres apareciera en su vida haciéndole una oferta que afortunadamente usted encontraría irresistible.

Dassler personalmente persiguió Centro y Sudamérica. La palabra de acuerdo con Adidas empezó a extenderse a lo largo y a lo ancho del continente. Realmente era extraordinario qué favores concedían los funcionarios por un equipo ofrecido gratuitamente por Adidas.

Havelange, si Dassler y Nally podían atraerlo, sería la caza más grande que pudieran hacer. Como presidente de la FIFA tenía la llave de una mina de oro potencial. Como miembro del Comité Olímpico Internacional ofrecía a Dassler acceso a una segunda fortuna potencial. Los dos tenían mucho que hablar en la cena de 1974.

Al final de la comida Dassler tenía una mano casi sobre la mina de oro. Si él iba a asegurar los enormes beneficios de tratos exclusivos con la FIFA y, a través de la organización internacional, tratos exclusivos con las federaciones nacionales en todo el mundo, entonces todo lo que tenían que hacer era encontrar el precio para hacer realidad las extravagantes promesas de Havelange para su electorado.

Muy previsiblemente, cuando Dassler con la ayuda crucial de Patrick Nally hizo una realidad las fantasías con que João Havelange impresionara tanto a las diferentes federaciones de fútbol, fue el presidente de la FIFA el que se aseguró todo el crédito. En su cumpleaños 80, cuando un grupo de dignatarios del fútbol se reunió a otros para colmar de alabanzas al presidente, había una cuenta total de los años agitados bajo el hombre de Rio incluyendo sus preocupaciones inmediatamente después de ser elegido.

Incluían, como les prometió, un comprensivo programa de desarrollo para todo el mundo. El recuento sigue así:

"Como la FIFA no tenía los medios financieros necesarios, el presidente de la FIFA implementó su vasta experiencia y fantasía como hombre de negocios para materializar sus ambiciosos planes".

Esto no significaba que él regresaría a las técnicas de contabilidad que fueron un rasgo de sus años manejando la Federación Brasileña de Deportes. Significaba que Nally consiguió oro sólido de 22 quilates. Más adecuadamente, condujo un incansable ejercicio de minero durante dieciocho meses antes de depositar frente a Dassler la pepita de mayor valor del lugar, Coca-Cola.

Coca-Cola, después de que Nally recordara una "junta increíblemente tormentosa en Atlanta", estuvo de acuerdo en comprometerse en un programa de patrocinio mundial.

Esto significaba que Dassler haría su tratado de exclusividad con la FIFA. Significaba que Havelange tenía la vena financiera para hacer realidad lo que eran sólo castillos en el aire. Durante mis conversaciones con Havelange hablamos de ese momento.

"Hay un punto que tengo que decir a favor del señor Dassler. Cuando yo quería realizar programas de desarrollo, él vino a la FIFA y dijo: "Tengo la posibilidad de ponerlo en contacto con la gente de Coca-Cola". Antes de firmar el contrato con Coca-Cola fui en 1975 a Nueva York a la Warner Brothers; ellos controlaban a Pepsi Cola. Yo les presenté los diferentes proyectos de la FIFA que necesitaba financiar. Les pregunté sobre el patrocinio de estos proyectos. Ellos dijeron "Le responderemos pronto". He esperado 24 años, mientras tanto firmé con Coca-Cola".

Le pedí a João Havelange que me especificara el trato con Coca-Cola. Yo había escuchado acerca de algunas cláusulas inusuales agregadas al contrato. La cuestión obviamente tocó varias cuerdas muy específicas de la memoria.

"El día que firmé con Coca-Cola... El contrato en Londres lo hice con el presidente de Coca-Cola, el señor Al Killeen. Después de la firma dimos una conferencia de prensa. Un periodista británico preguntó: '¿Cuál es su interés en este contrato?' Es decir, cómo me beneficiaba personalmente. Yo dejé que pasara un minuto antes de responderle. 'Oh, más o menos una vez al año me tomo un vaso de Coca-Cola'. Todos empezaron a reír y el hombre se levantó y se fue".

Durante los dos días que pasé con él, Havelange tomaba una gran cantidad de Coca-Cola. Yo no tenía forma de saber que su relación con el gigante de las bebidas gaseosas es un elemento particularmente sensitivo en un hombre con tantas áreas de sensibilidad. Yo iba a averiguarlo pronto, pero antes que Havelange respondiera a mi pregunta sobre los detalles del contrato.

"Cuando firmamos el contrato había dos requisitos particulares impuestos por Coca-Cola, los cuales objeté. Tenía que firmarse en dólares y eso para mí era inaceptable. Mis banqueros suizos me habían recomendado que el trato debería hacerse o en francos suizos o en marcos alemanes. Estas dos monedas son factores económicos y son razonablemente estables, mientras que el dólar es una moneda política de modo que un día usted puede ganar cincuenta millones de dólares en su inversión y el siguiente puede perder cien millones. Ellos firmaron el contrato en francos suizos".

¿Y el segundo requisito?

"Si se presentara algún problema legal subsiguiente a la firma, en algún momento, con el contrato —su interpretación, incumplimiento— ellos querían que el lugar de jurisdicción fuera Atlanta, la ciudad donde están sus oficinas. Yo dije que no, que debía ser en Zurich. Ellos no estaban contentos con ello. ¿Por qué no acepta nuestras oficinas? preguntaron. Yo les dije: 'Miren, yo no soy suizo. Éste es un cuerpo internacional y el respeto por un cuerpo internacional y su integridad debe mantenerse".

Un poco más tarde llevé la conversación a Coca-Cola. Intenté por muchos meses establecer en forma precisa cuánto valían estos tratos con los patrocinadores. No sólo el de Coca-Cola, sino la amplia gama que la FIFA llama *patrocinadores de primera categoría*. Ya conocía la mayor dificultad. Por comparación, se establecían las figuras votantes en un cónclave de cardenales que elegían un nuevo papa, una tarea relativamente simple, y en teoría hay un secreto permanente y cuidadosamente guardado.

A Coca-Cola, como a las otras corporaciones que entran en un trato con la ISL de Horst Dassler y por lo tanto con la FIFA, contractualmente se le restringe hacer pública la cantidad de dinero involucrada. En vista del hecho que la mayoría de estas organizaciones se hacen públicamente con acciones compartidas en los intercambios mundiales, esta estipulación parecía contravenir un derecho básico del accionista: saber cómo la compañía en que él o ella está invirtiendo, y que el accionista posee en parte, está gastando esa inversión.

La analogía sacada antes de una compañía secreta comparable con un cónclave del Vaticano le puede parecer a algunos algo dramática. Si es así, deberían tal vez aproximarse a Coca-Cola, Canon y los otros conglomerados como lo he hecho yo. Algunos ignoran una solicitud cortés de información. Otros emplean la presión de trabajo, particularmente en un año de campeonato mundial. Otros como Coca-Cola y McDonalds dan la información que pueden bajo las restricciones de sus contratos.

La experiencia me recordó los esfuerzos que hice hace algunos años cuando intenté, al final con éxito, establecer cuánto dinero controlaba el Vaticano. Se supo que la renuencia a revelar cuántos miles de millones recibían se debía en parte al hecho de que una actividad criminal de naturaleza arrolladora estaba implicada en la administración financiera del Vaticano.

Me empecé a preguntar si la misma razón enmascaraba una reticencia a revelar la verdad en esta ocasión. No sólo renuencia de parte de las corporaciones, sino de la ISL, la compañía creada por Horst Dassler que desde 1982 ha tenido un dominio completo sobre los derechos de mercadeo y medios, no sólo para las sucesivas copas mundo, sino para un grupo completo de otros eventos deportivos. El poder de Dassler y Nally en el campeonato mundial se remonta años atrás cuando se creó la ISL, hasta el día mágico en que Coca-Cola dijo 'sí'.

"¿Pondría una cifra global a lo que ha valido el contrato con Coca-Cola? No quiero decir por año. Quiero decir históricamente. Desde cuando ustedes firmaron por primera vez ese contrato en 1975 hasta el día de hoy. Una cantidad neta?".

"Primero que todo, usted nunca escuchará de un contrato que se haya firmado por 25 años como el que hemos firmado con Coca-Cola. Es un matrimonio perfecto. Segundo, el dinero de Coca-Cola no viene a la FIFA. Coca-Cola paga todos los cursos de desarrollo del juego que la FIFA organiza a lo largo del mundo, de modo que usted tiene muchos cursos por año y mucha gente inscrita en estos cursos, están los instructores, la infraestructura total paga por ello. Así que ellos no necesitan darme dinero. Tenemos el campeonato mundial sub-20 que se realiza cada dos años. Antes participaban 16 equipos, ahora hay 24. Coca-Cola paga por todo".

Havelange, por supuesto, no ha mencionado ninguna cifra. Hubo otras omisiones.

"Sí, pero además de esas sumas que invierte Coca-Cola. Ellas también pagan las cuotas de mercado al ISL. Por ejemplo, el derecho a ser uno de sus diez primeros patrocinadores de primera categoría. El derecho a ser la bebida exclusiva de los encuentros del campeonato mundial. Por estos y otros privilegios la FIFA, a través de su asociado y virtual casero el ISL, recibe muchos millones de dólares. Yo no quiero que usted necesariamente lo desglose. Una cifra global será suficiente. Una que incluya todo, aun los ejercicios de entrenamiento".

Havelange explotó física y verbalmente. Estaba parado detrás de su escritorio. A sus 82 años parecía estar en una forma extraordinaria y una condición saludable. Aparte de un poco de peso extra alrededor del estómago, podría representar una magnífica propaganda sobre ejercicio, particularmente con la natación diaria. Él es en cualquier caso una figura impresionante. También es robusto. La investigación ha demostrado una y otra vez que él no sólo se basa en la fuerza de sus argumento. Ni asume que su carisma le arreglará el día, aunque éstas son poderosas herramientas que él usa cabalmente.

Guido Tognoni, el director de Comunicaciones de la FIFA hasta que Blatter y Havelange necesitaron un chivo expiatorio en 1994, me comentó en Zurich sólo unas semanas antes de mi encuentro con el presidente de la FIFA sobre las habilidades persuasivas de Havelange.

"Usted puede ir a verlo sabiendo que el cielo es azul. Él lo convencerá que el cielo de hecho es rojo o negro. Cuando deje su oficina, usted mirará hacia arriba y verá que el cielo es azul y dirá, Dios lo hizo mal otra vez".

Si ese era un ejemplo de su poder de argumentación, también me habían dado otros ejemplos de la conducta de Havelange que daban luz sobre la personalidad de ese hombre. Su sentido de su propia importancia es casi inusual, pero entonces si un individuo considera que es el hombre más poderoso del planeta presumiblemente eso afecta su visión del mundo y del resto de la gente.

Keith Cooper, el actual director de Comunicaciones de la FIFA, me habló de la obsesión del presidente con la puntualidad. La puntualidad de los otros.

"Recuerdo que una vez en Madrid por la época en que tanto Francia como Marruecos competían por el privilegio de ser anfitriones del campeonato mundial de 1998, el rey Hassan II de Marruecos dejó a Havelange esperando durante dos horas porque estaba ocupado en una reunión con el rey Juan Carlos de España. Havelange se enfureció. En pocas semanas se decidió que el campeonato mundial 1998 sería en Francia, no en Marruecos".

El rey de Marruecos de hecho era una de las personas más incumplidas del planeta. En una ocasión dejó a Su Majestad la Reina esperando más de lo que esperó Havelange. Havelange ciertamente sería capaz de dar a Su Majestad unos pocos consejos sobre cómo tratar con grandes egos. Mark McCormack expresó su deseo de encontrarse con Havelange en Rio o en Zurich. En vista que el todopoderoso hombre de negocios estaba en medio de un viaje alrededor del mundo y parte de su itinerario lo llevaría a Buenos Aires, sugirió que un encuentro en Rio, sería muy conveniente para él. El error que cometió McCormack fue decírselo a Havelange, quien pronto rehusó verlo en Rio. "Yo no voy a ser sólo una escala conveniente de su viaje. Usted desea hablar de negocios, entonces venga a Zurich. No voy a verlo en Rio porque casualmente esté pasando por ahí".

Esto me lo contó el mismo Havelange. También me contó casi con un toque personal de dolor cómo el magnate Rupert Murdoch le había mostrado menos que respeto.

"En la Final de la Copa de Oro CONCACAF en Los Ángeles entre Brasil y México, un hombre llegó al área VIP y se me presentó. Me dijo que el señor Murdoch quería hablar conmigo. Yo ya iba a decir que sí cuando ese hombre agregó que Murdoch sólo me concedería quince minutos. Yo le dije que estaba allí sólo para ver un partido de fútbol, no para hablar de negocios. Si el señor Murdoch quería hablar conmigo, debería hacer una cita en mi oficina de Zurich. Me complacería hablar con él allí. Yo me considero importante, y soy importante, pero la FIFA también es importante y la gente debería respetar a la FIFA. Y como su presidente a mi propia manera haré que el señor Murdoch respete a la FIFA".

Ahora este mismo individuo estaba explotando frente a mí.

"Usted siempre quiere ver dinero, siempre es la misma cosa. No, yo no estoy consiguiendo un penique de todo esto".

Fue una respuesta tan extraordinaria como pueden dar fe las preguntas registradas literalmente de la transcripción en casetes. Mi preocupación en esta etapa era descubrir la salud de la FIFA, no la de Havelange. Sin duda mi intérprete, un hombre con el que yo había trabajado durante quince años, lo había traducido correctamente.

De hecho, Andreas Herren, el director de Información de la FIFA, que estuvo presente a lo largo de la entrevista de dos días, intentó bajo mi sugerencia tranquilizar a Havelange, de calmar al toro bravo que había tomado la oficina del presidente de la FIFA. En vano los dos hombres trataron por varios minutos. Eventualmente se empezó a filtrar a través de Havelange que de hecho él había agarrado el lado equivocado del palo. Me ofreció lo más próximo a una disculpa que sospecho que él nunca ha ofrecido a nadie que lo ha entrevistado.

"No es personal. Es sólo la impresión que la gente siempre tiene, que yo estoy consiguiendo dinero".

Otra vez estaba calmado. Se sentó cuando yo de nuevo obstinadamente le pregunté algunos detalles reales sobre los contratos.

"Mire el contrato de Adidas por diez años. Cien millones de dólares. Por él les di los dos elementos más importantes del fútbol. Por cien millones de dólares consiguieron la pelota y la insignia de la vestimenta del árbitro. Cuando usted vaya a un partido de fútbol, deténgase un momento y considere lo que hace. Deténgase un momento y considere. Usted está mirando la pelota y al árbitro. Esto es lo que le damos a Adidas a cambio de cien millones de dólares".

Si hay una vida después de ésta, entonces Dassler debe estar riéndose. Nada ha cambiado desde que él pagó al cobrador de penaltis de Escocia más que al resto del equipo junto, simplemente por los acercamientos en televisión de los guayos del jugador en el momento antes de patear.

De hecho, mi investigación indica que Coca-Cola pagó considerablemente más de US$ 100 millones de dólares en diez años. Ellos pagaron esa cantidad por el privilegio de ser la única bebida gaseosa que patrocina el campeonato mundial 2002 y el 2006. Su compromiso para los programas de entrenamiento, para el amplio rango de otros torneos que patrocinaron en compañía, sería algo más del doble de esa cifra. El promedio pagado por los patrocinadores de primera categoría para la exclusividad de la rama del campeonato mundial es por lo menos de US$40 millones por patrocinador. Estas cifras celosamente guardadas no sólo se le han negado al público, sino que también se le han negado a la FIFA misma. Dassler obviamente no era un hombre con el que se podía jugar póquer.

Desde el comienzo de la implicación de Dassler con Havelange en la FIFA, hasta el tiempo presente, todos los contratos entre la ISL y la

FIFA contienen algunas cláusulas inusuales. Havelange y muchos otros en la FIFA no ven el fútbol como un deporte. Es un producto, algo que debe ser comercializado. Algo de lo que el cuerpo de control puede conseguir hasta el último gramo de ganancia. Siendo así, su actitud colectiva hacia su socio de mercadeo, la ISL, parece inexplicable. Contrato tras contrato han sido negociados —y esa palabra se usa aquí con una considerable duda porque lo que ha sucedido aquí desafía una definición— sin escaleras, sin compartir ganancias, sin ganancias de derechos auxiliares. Ha sido una compra directa del fútbol por una cifra acordada. Si la ISL y sus socios vendieran luego los derechos por lo menos al doble, o al triple, o cien veces más, ni siquiera un centavo adicional de ese dinero volvería a los cofres de la FIFA.

¿En beneficio del juego?

Desde su comienzo la ISL tenía como socio mayor a Dentsu, el conglomerado japonés de publicidad. Dentsu tenía el 49 por ciento de las acciones de la ISL y Dassler o sus candidatos el 51 por ciento. Por años hubo repetidos intentos de descubrir en forma precisa cuánta comisión se le pagaba a la ISL. De vez en cuando, un portavoz de la ISL diría a la ligera que su compañía recibía los porcentajes normales de comisión. Todo depende de cómo se define *normal*. Dentsu me ha confirmado por escrito que el porcentaje de comisión que ellos reciben de todos los tratos con la ISL es del 50%.

Como consecuencia, cuando nueve compañías multinacionales —Visa, Brother, Federal Express, 3M, Time-Life, National Panasonic, Kodak, Philips y, por supuesto, Coca-Cola— firmaron para los Olímpicos de 1988 y cedieron un exceso de $100 millones de dólares, basados en lo que Dentsu había confirmado, $50 millones de dólares pasaron a las cuentas bancarias de la ISL en Suiza.

En cuanto a lo que al fútbol se refiere, Horst Dassler y Patrick Nally redefinieron su contexto histórico. Ahora es ACC y DCC. Antes de Coca-Cola y después de Coca-Cola.

Habiendo conseguido lo que en términos de mercado era un acto de clase mundial en el lugar y en la forma del gigante de las bebidas gaseosas, persuadir a otras grandes corporaciones para que se unieran se hacía progresivamente más fácil.

Haddock Lobo me recalcó durante la conversación que sostuve con él en su casa de Rio que "João Havelange saludará con el sombrero de otro hombre. Su generosidad siempre viene de otro bolsillo, nunca del suyo o de su propio sombrero. Después de que llegó a la FIFA fue mucho más fácil. En cuanto a la próxima elección (esta entrevista se realizó en febrero de 1998), Havelange se ofrecerá de nuevo como un candidato comprometido o trabajará día y noche para conseguir que elijan a Sepp Blatter. Blatter es su heredero espiritual. Una creación de Havelange".

Los comentarios sobre la elección que ocurriría en París el lunes 8 de junio de 1998 serían proféticos. Su observación sobre Havelange siempre saludando con el sombrero de otro hombre es, basado en mi propia investigación, igualmente apropiada.

Los programas de desarrollo de la FIFA en los que los mejores talentos de Europa y Suramérica llevaron sus destrezas colectivas a África y Asia, se transformaron de promesas vagas de elección en realidad gracias a Dassler y Nally, y el fallecido Klaus Willing. Los conceptos, administración y aun el cuidado médico, todos los engranajes de estos planes innovadores venían de Dassler y su compañía. El torneo juvenil patrocinado por Coca-Cola, el programa de destrezas futbolísticas, éstas también fueron creadas no por el nuevo presidente de la FIFA sino por el hombre de Adidas.

Dassler consentía en que João Havelange se llevara el crédito; después de todo, en términos de incremento de volumen de negocios y las ganancias explosivas en Adidas, Dassler estaba recibiendo el dinero.

El primer Mundial en que Coca-Cola estaba orgullosa de ser socia de la FIFA fue el torneo que sigue siendo uno de los capítulos más vergonzosos de la historia de la FIFA. El campeonato mundial 78 en Argentina. João Havelange no puede ser culpado por la decisión de dejar que el país fuera la sede del evento. El honor había sido concedido por su predecesor Sir Stanley Rous. Pero eso fue en 1966, en la época en que el equipo nacional argentino estaba cometiendo faltas, pateando y buscando la forma de derrotar a Inglaterra. La anarquía por la que estaba pasando Argentina, le daba una mala reputación a este país.

Perón estaba enfermo; su esposa María Estela (Isabel), que lo reemplazó como presidenta, fue derrocada del poder en marzo de 1976 después de un golpe militar dado por el comandante del ejército, general Jorge Videla. Los generales mantenían el control. En vista del hecho que Havelange ya había contado entre algunos de sus más cercanos amigos a los sucesivos dictadores que manejaban su propio país y vendido armas a la dictadura boliviana, tal vez no era una sorpresa que despreciara una creciente protesta en todo el mundo sobre realizar las finales del campeonato mundial en Argentina.

La guerra civil estaba arreciando. Toda la actividad política y los derechos de los sindicatos fueron suspendidos. Se impuso la censura de prensa que prohibía la información sobre violencia política. Los grupos paramilitares de la extrema derecha se embarcaban en su propia versión de limpieza étnica, que incluía asesinar sacerdotes, refugiados de extrema izquierda de Chile y Uruguay y judíos. En esa época Argentina contaba con la cuarta comunidad de judíos más grande del mundo, unos 60 mil miembros.

Los bombardeos a "blancos estratégicos" fueron otro rasgo regular de la vida diaria, tal como los secuestros, particularmente de empleados antiguos de compañías extranjeras. Algunos tuvieron suerte y sobrevivieron a la liberación después de haber pagado enormes rescates. Otros, incluyendo ejecutivos de la Fiat, Cemento Monofort y la Compañía Suramericana Petroquímica fueron asesinados. Los apagones continuaron por varios días después de repetidos bombardeos a los generadores eléctricos. Y en medio de toda esta carnicería la junta militar empezó a prepararse para el Campeonato Mundial.

Los generales, como sus colegas brasileños del norte, como sus hermanos espirituales en muchos otros países suramericanos, conocían muy bien el poder, la potencia del fútbol. Ellos sabían que en la época en que su imagen internacional era horrible, un campeonato mundial podría ser su salvación, y si por algún milagro Argentina lo ganara, entonces los militares serían perdonados por su gente.

Así, Videla y sus colegas establecieron por todas partes los diferentes comités militares, cuyo trabajo era de naturaleza básica, un comité organizador para el campeonato mundial 1978, el Ente Autárquico Mundial (EAM). A su cabeza como director, el general Carlos Ómar Actis, un ingeniero altamente respetado. Videla lo había escogido con perspicacia. Actis no llevaba una historia oscura, ninguna implicación con los excesos de la junta. Era honesto e incorruptible. En la época en que los fondos del Estado estaban ya muy estrechos, era vital que tal hombre tuviera el control supremo de su empresa. El vicepresidente del comité organizador era de una opinión diferente. Como un solo capitán naval, Lacoste estaba ampliamente recompensado por Actis, pero era un hombre de una desmedida ambición.

Después de ser nombrado en julio de 1976 a la cabeza del comité, casi la primera acción que realizó Actis fue asegurarse que Lacoste no tuviera acceso al conocimiento de cómo se iba a gastar el presupuesto del Campeonato Mundial. Lacoste estaba obsesionado por construir nuevos estadios, por la instalación de un sistema nacional de transmisión de televisión en color. Actis lo restringía. El país no podía darse tales lujos. El asunto se volvió importante. Programó una conferencia de prensa internacional para el 19 de agosto, de modo que él pudiera explicar a los medios mundiales lo que estaba planeando. De hecho, intentaba asegurar que las transmisiones de ultramar para la televisión extranjera se hicieran en color, era sólo la audiencia doméstica la que se viera restringida a ver en blanco y negro. Pero no era consciente que la presión por transmitir en color se originaba en un ambicioso capitán naval.

El ímpetu por lo que significaría para el país anfitrión una innovación muy costosa vino de la FIFA, de Havelange y de Dassler. El hombre de Adidas estaba horrorizado que un evento deportivo que ellos habían vendido a Coca-Cola como el evento de la década podría terminar siendo visto en las pantallas de la televisión del mundo en blanco y negro. Ese era el estado de las cosas a fines de los 70.

En su camino a esa conferencia de prensa del 19 de agosto el general Actis, cabeza del comité organizador del campeonato mundial, fue asesinado. Del ataque fueron acusadas las guerrillas de izquierda —los Montoneros—. El día siguiente, los cuerpos mutilados de treinta personas fueron encontrados en un campo cerca de Buenos Aires. Los asesinatos fueron una represalia por los escuadrones de la muerte de la extrema derecha por el asesinato de Actis. Muchos tenían dudas de que los Montoneros fueran responsables, entre ellos el escritor argentino Eugenio Benjamín Méndez, quien empezó a investigar.

Lacoste fue promovido y colocado en el cargo del comité organizador. En Zurich, Havelange continuó ignorando, con lo que al secretario general de la FIFA, Dr. Helmut Käser, parecía una indiferencia glacial, las demandas de relocalizar el torneo. En la Plaza de Mayo, en el corazón de Buenos Aires, un creciente número de mujeres extremadamente valientes y con mucho coraje habían empezado a hacer protestas regulares. Se convirtieron en las Madres de la Plaza de Mayo. También eran las madres de muchos desaparecidos. Entre 1976 y 1983 se hizo desaparecer a más de 30 mil hombres, mujeres y niños. La mayoría de ellos para siempre.

Los Montoneros emitieron un comunicado. Ellos negaron tener parte en el asesinato de Actis. Declararon que nunca fue parte de su campaña interrumpir el campeonato mundial. *"Estamos hombres y mujeres del pueblo"*.

Méndez continuó muy delicadamente su prueba. Evidentemente ésta era una investigación que tomaría mucho tiempo. Una palabra indiscreta, tal vez a un informador policiaco, y Méndez se uniría a los grupos de desaparecidos.

Lacoste empezaba a expandirse, a cumplir el papel que heredó. Empezó a emitir grandiosos comunicados. Inevitablemente todos ellos contenían azuzadores mensajes de apoyo al general Videla; después de todo era el primo de Videla el que le había dado el trabajo.

Lanzando una agria queja a los que le precedieron y a sus fallos a lo largo de los años para organizarse para el campeonato mundial que se acercaba, Lacoste castigó a los peronistas:

"Entre 1973 y 1976 ellos hablaron mucho pero no hicieron nada para prepararse para este gran torneo. Nosotros estamos remplazando su charla, sus pedazos de papel, con la realidad. Con edificios, con estadios. Bajo los peronistas, ustedes tenían tres días de trabajo y 362 días de huelgas. Hoy no hay huelgas. Las hemos prohibido".

Aun en una dictadura donde no sólo las huelgas son prohibidas sino también, para muchos, el derecho a la vida, una junta militar sólo puede hacer algo estirando los recursos. Patrick Nally y Horst Dassler persuadieron a Coca-Cola para que patrocinara el campeonato mundial por la cantidad de $8 millones de dólares. Pero era muy poco, y demasiado tarde para que la junta militar le diera la oportunidad a Havelange de llevar la carga adicional de un campeonato mundial agrandado. Los planes de incrementar el número de equipos de 16 a 20 fueron pospuestos. Esto hacía una potencial locura del campeonato mundial 1982, subir el número de finalistas en un tercio, es decir, a 24.

La junta proclamó que estaba gastando más de $200 millones de dólares en el mejoramiento de las calles, las vías férreas, los aeropuertos y los sistemas de comunicación.

Se construyeron tres nuevos estadios y se renovaron otros tres. Por la época del inicio del primer partido en el verano de 1978, pocos parecían recordar al general Carlos Ómar Actis.

Se introdujo la televisión en color para el campeonato mundial en Argentina, pero restringida a los centros de prensa para el deleite de los casi cinco mil periodistas y reporteros que cubrían el evento.

Los fotógrafos de prensa trabajaban en condiciones que sólo veinte años después parecen victorianas. Revelaban su película y hacían las impresiones en pequeños y apiñados cuartos oscuros dentro de cada estadio. Estas impresiones en blanco y negro eran entonces escaneadas línea por línea por medio de un tambor giratorio conectado a una costosa y muy errática línea telefónica internacional. Las fotografías se enviaban por las líneas telefónicas a los periódicos, que esperaban a menudo a muchos miles de kilómetros, para que las vieran los lectores durante el café del día siguiente. En esa época, era una maravilla.

Durante el campeonato mundial 1998, los fotógrafos cargaban imágenes tomadas en cámaras digitales directamente en sus computadores portátiles y las enviaban por teléfono celular para ser colocadas en la Internet a los pocos minutos del final del juego.

En las semanas anteriores a la apertura del juego, la presión para encontrar un lugar alternativo creció. Amnistía Internacional estaba particularmente activa liderando la campaña. Lejos de dar a la junta militar lo que esperaba, tenían un desastre de relaciones públicas en sus manos. Un evento que se esperaba dejaría al país con una pérdida de $750 millones de dólares era la causa directa de mucho de lo que el mundo conocía por primera vez sobre qué tan bestial se había vuelto la vida en Argentina para la mayoría de la población.

Johann Cruyff ya estaba retirado, no por razones políticas, sino por razones personales, o como el tabloide alemán *Bild* decía delicadamente: "La champaña de Cruyff y las mujeres desnudas". Aparecieron rumores de que todo el equipo holandés se había retirado. El siguiente rumor caliente era que el torneo sería relocalizado en Holanda o Bélgica. Sin importar lo que las guerrillas de extrema izquierda hubieran declarado, otros elementos habrían aprovechado cualquier oportunidad durante el torneo para hacer estragos.

Si Alemania Occidental en 1974 fue considerado un problema de seguridad por su potencial vulnerabilidad a un ataque terrorista, entonces Argentina cuatro años más tarde era un desastre por ocurrir. Y quedaba además el problema de los hinchas argentinos y sus jugadores. Una reputación internacional de violencia dentro y fuera del campo de juego no se había adquirido sólo por los eventos de Wembley en 1966. Era verdad que el nuevo técnico argentino evitaba el avance violento. El fumador compulsivo César Luis Menotti, un hombre que podría alquilar su cuerpo como extra para las escenas de morgue de la televisión, tardíamente compartió sus pensamientos internos sobre el asunto.

"Si un equipo pudiera todavía abrirse el camino a patadas hacia un campeonato mundial, entonces yo escogería ese camino, pero ya no es posible. Tales métodos son obsoletos. El énfasis debe estar en la habilidad".

Justo un año antes el campeonato mundial, tanto Inglaterra como Escocia jugaron contra Argentina y tuvieron una muy buena oportunidad de observar esta recién fundada confianza argentina en la habilidad.

El jugador inglés Trevor Cherry fue golpeado en la boca por el argentino Daniel Bertoni. El árbitro uruguayo los expulsó a ambos. A la semana siguiente, el escocés Willie Johnston fue puesto fuera de combate con un puño en el riñón por parte del jugador Pernía, de Argentina. Otra vez el árbitro los expulsó a ambos.

Aparte de la violencia implícita que parecía respirarse en el mismo aire, la preocupación por el materialismo, el dinero, siempre más dinero, que fuera un rasgo del campeonato mundial 1974 no se superó durante los años siguientes. Inglaterra sufrió realmente el cambio del técnico Don Revie quien antes de ser correctamente despedido se fue con un lucrativo contrato para el Medio Oriente. Antes era tan incompetente que el hecho que Inglaterra no calificara era totalmente predecible. El técnico de Escocia, Ally MacLeod, habló de un gran juego de fútbol por una gratificación. La cantidad precisa que se ganó en la carrera de 12 meses a las finales no es clara. Él no estaba sólo. De hecho, el tema constante entre la escuadra escocesa de jugadores era el mismo de hacía cuatro años, el dinero.

Justo un año antes de las finales, con su nación confiadamente esperando que los llevara a la gloria otra vez, Franz Beckenbauer ejemplificó la nueva raza de futbolistas y fue por el camino al que apuntaba el dólar —en este caso $2.5 millones de dólares— uniéndose al Cosmos de Nueva York.

El tonto dinero no estaba confinado a tratos que involucraban empresarios americanos y alemanes con hondos bolsillos.

En Italia sólo unos meses antes del campeonato mundial, el presidente de la Liga Italiana renunció en protesta porque Lanerossi Vicenzi puso un valor de 3 millones de dólares a Paolo Rossi. A precios de 1998, Rossi era una ganga.

Lacoste alardeaba que este campeonato mundial en particular sería un asunto llevado muy calmadamente desde el principio hasta el final. Estaba tentando a la suerte al desconocer todos los problemas inherentes al evento, los cuales nunca habían estado ausentes en toda la historia.

Un poco antes del juego inaugural se encontró una bomba, a pesar de las medidas de seguridad, en el Centro de Prensa en Buenos Aires. Explotó cuando se la movió, matando a un policía.

La junta, o mejor los contratistas de la construcción que había escogido Lacoste, reconstruyeron el estadio de River Plate. Ellos podían ser constructores de primera clase, pero el que estuviera a cargo del campo de juego sabía muy poco sobre mantenimiento. Era regado regularmente con agua de mar. La sal secó el césped. Justo antes del primer juego tuvieron que colocar un nuevo campo apresuradamente, y se veía bien. Pero el rebote del balón era otra cosa. En un segundo estadio en Mar del Plata la constante lluvia pesada no drenó adecuadamente, levantando la superficie, que parecía un campo arado. Por todos estos problemas los generales en Rio siguieron repitiendo su oferta de cambiar de ciudad el campeonato mundial. Los generales de Buenos Aires no querían nada de eso y agradecieron con intervalos regulares a grandes voces a sus hermanos funcionarios.

A pesar de todo lo que quisieran hacer los militares, Havelange no cambiaría el evento de ninguna manera. Con un rival de la talla del almirante Nunes, la posibilidad para Brasil de realizar el torneo no era simplemente un asunto de discusión para el presidente de la FIFA.

Después de otro juego de apertura todavía más espantoso, una vez más un empate a 0-0, esta vez entre los que tenían la Copa, Alemania Occidental y Polonia, el torneo crujió al empezar.

Un poco antes de que los húngaros jugaran contra los anfitriones, su técnico cuando estaba en Inglaterra había expresado sus temores por lo que venía, no sólo por su equipo sino por todos ellos: "Todo, aun el aire, favorecerá a Argentina. Todos lo favorecerán. Estoy seguro que el árbitro les obsequiará un par de penaltis".

Su frase final a la luz de lo que ocurrió resuena macabramente a través de los años: "El éxito del equipo argentino es finalmente muy importante para el torneo".

El partido de Hungría contra Argentina tuvo una amplia gama de elementos. Infortunadamente, incluía un arbitraje terrible que produjo dos expulsiones de Hungría. Marcador: Hungría 1 Argentina 2, árbitro 2.

El siguiente juego de los anfitriones fue contra Francia. Ellos perdieron su primer partido contra Italia, debido en gran parte a la preocupación del equipo antes del juego por el dinero. El equipo francés estaba bien enfocado, pero no en el fútbol, sólo en los zapatos de fútbol. Ellos estaban enfrascados en una agria discusión con Dassler...

El entrenamiento se había abandonado en un gran número de ocasiones para facilitar las negociaciones con Adidas. Michel Platini y sus compañeros de equipo que habían fallado en los términos de acuerdo para su satisfacción tomaron el campo contrario a Italia con las tres franjas de Adidas borradas de sus zapatillas.

El hecho de que Francia también perdiera su segundo partido no tenía nada que ver con sus preocupaciones financieras. Ellos jugaron mejor que Argentina la mayor parte del partido, pero encontraron más difícil jugar mejor que el árbitro.

Durante el tiempo de reposición al final del primer tiempo, cuando el defensa francés Tresor cayó mientras se enfrentaba al argentino Luque; Tresor cayó sobre la pelota con su mano. El árbitro, el señor Jean Dubach de Suiza, estaba detrás de la jugada. Para el asombro de los observadores, corrió hacia el juez de línea canadiense que estaba lejos todavía del incidente.

Después de consultar, señaló el punto penalti. El capitán argentino aceptó la dádiva con gracia y convirtió. Estaba tan claro que no era un penalti que aún en ese momento algunos miembros de la prensa de los países neutrales estaban convencidos que el árbitro había sido comprado. Es un punto de vista al que se le debería dar una consideración seria a la luz de la revelación posterior del juez de línea:

"El árbitro me habló en alemán. "¿Dentro o fuera?", era lo que quería saber Dubach". Una indicación no sólo de la distancia a la que él estaba del incidente sino también de fallo de visión.

En el segundo tiempo, Francia luchó valientemente, empatando por medio de Platini. Completamente contra el avance del juego, Argentina se fue arriba de nuevo, luego a los once minutos del final el francés Didier Six fue arrojado en el área de penalti argentina. El árbitro en esta ocasión estaba muy cerca del incidente. Siguió mirando a Six cuando caía en el piso, luego se volteó y se fue. Marcador: Francia 1 Argentina 2, árbitro 2.

En su partido final del grupo uno, Argentina jugó contra Italia. Ambos equipos estaban listos para la siguiente fase. El árbitro era Abraham Klein, un oficial israelí bien conocido por un temperamento que no era susceptible al soborno, amenaza o intimidación. Italia 1, Argentina 0.

La junta brasileña, ansiosa por la imagen positiva que surge invariablemente cuando se gana el campeonato mundial, ordenó al hombre que reemplazó a Havelange en el CBD que acompañara al equipo. Así, entre muchos miembros de la milicia en la base brasileña, estaban el almirante Nunes y el técnico del equipo, el capitán Claudio Coutinho, que venía a dirigir el equipo nacional de Brasil por medio de entrenamientos físicos, podía bien haber sido una de las autoridades dirigentes del mundo de la gimnasia. Los hechos siguientes indicaron que su conocimiento del fútbol y la táctica del juego dejaban mucho que desear. Su filosofía llevó una nueva palabra al juego. Él quería que su equipo abrazara el concepto de *polivalencia*. No hay evidencia que indique si alguna de las entonces estrellas brasileñas del fútbol tenía algún grado en química. Podía ser entonces que Rivelino, Oscar, Roberto y el resto del equipo experimentaran algunas dificultades iniciales en seguir órdenes. Sucedía que de lo que estaba hablando Coutinho cuando se refería a átomos que pueden combinarse con un elemento, luego parcialmente con otro, era el *fútbol total*. A los zagueros se les animó a convertirse en delanteros, a los delanteros a ir a la retaguardia y defender. Sobre todo, la oposición tenía que detenerse de una forma u otra. Parecía una lástima que Couthinho no atendiera ninguna de las clases del maestro Menotti sobre la destreza. Con el almirante Nunes socavando al técnico en cada turno; con el técnico y Zico, uno de sus más talentosos jugadores, hablando difícilmente a cada uno de los otros; con Reinaldo bajo una nube de charla pública sobre los miles de prisioneros políticos, es sorprendente que Brasil tuviera algún progreso en la competencia. De alguna manera, a duras penas pasaron en los partidos de su grupo en la primera ronda. Los aficionados brasileños que viajaron para ver los partidos estaban por esa época tan encolerizados que quemaron un retrato de Coutinho en las calles de Mar del Plata. El almirante Nunes públicamente humilló al técnico anunciando que había sido retirado de todos sus cargos y luego se le permitió quedarse cuando Brasil avanzó hacia la segunda ronda.

Argentina de nuevo se benefició en un partido de la segunda ronda por la contribución de su duodécimo jugador. Con la nación anfitriona derrotando a Polonia 1-0, Kempes los salvó de un gol que los igualaría puñeteando la pelota fuera de la línea. El árbitro no vio nada extraño y el juego continuó. Resultado: Argentina 2, Polonia 0, árbitro 1.

En el siguiente juego, la nación sede jugó contra Brasil. Se le iba a demostrar el concepto de polivalencia a Argentina. Los brasileños por su parte tendrían un acercamiento del énfasis en la destreza del técnico argentino César Menotti. En los primeros diez segundos, el zaguero central Batista fue arrojado al piso por parte de Luque. Palotai, el árbitro húngaro, no hizo nada. En el segundo tiempo, Batista fue pateado de nuevo con rabia y arrojado al piso, esta vez por el argentino Villa. De nuevo el árbitro no hizo nada. Resultado: Argentina 0, Brasil 0, árbitro 2.

En el siguiente partido, los argentinos no usaron al árbitro para obtener ayuda. Pusieron su fe en el EAM —su propio Comité Organizador del campeonato mundial encabezado por el capitán Lacoste—. Brasil con goles a favor sobre Argentina tenía que jugar contra Polonia. Argentina con Perú. Sólo un equipo podría pasar. El comité de Lacoste pronto programó a Brasil para que jugara en la tarde y a Argentina para jugar en la noche. Esto aseguraba que cuando empezaran el partido contra Perú, los argentinos supieran exactamente lo que necesitaban para asegurarse que ellos y no Brasil entraran a la final.

El almirante Nunes y Coutinho, por primera vez unidos, protestaron al comité. La protesta fue denegada. Nunes ya se había colmado por la humillación sobre su desgraciado técnico en otra larga denuncia pública. Describió a Coutinho como "un hombre con escasas habilidades técnicas. Que Brasil haya llegado hasta aquí no tiene nada que ver con Coutinho. Esto se debe a los jugadores y a los atinados funcionarios".

Por primera vez Brasil era igual no sólo a sus oponentes sino también al arbitraje abismal. Esta vez perpetrado por un chileno, Juan

Silvagno. Derrotaron a Polonia 3-1. Esto significaba que en la noche Argentina tenía que derrotar a Perú por al menos cuatro goles. En los partidos de su grupo de la primera ronda Perú terminó primero en su sección, derrotando a Escocia 3-1, a Irán 4-1 y empatando 0-0 con Holanda. El hecho de que Escocia derrotara a Holanda 3-2 y que Holanda fuera eventualmente uno de los finalistas indicaba un libro de fórmulas que daría a Perú toda la oportunidad de derrotar a Argentina.

Ahora en el grupo de la segunda ronda, ellos no tendrían oportunidad de pasar a la Final. Todos tendrían que jugar por su propia autoestima y por su país. En el hecho que perdieran el primero haciendo obligatorio el segundo.

Después de ocho años la verdad se hizo pública, pero inmediatamente después del partido hubo quejas de que el resultado había sido arreglado. El técnico brasileño Coutinho era uno de los que estaban convencidos que el partido Argentina-Perú no tenía nada que ver con el fútbol. Coutinho declaró que los jugadores del Perú no sentirían orgullo cuando escucharan tocar su himno nacional en la siguiente campeonato mundial. Otros fueron más directos. Ellos querían saber cuánto se les pagó a los peruanos para que perdieran el partido.

Los argentinos eran rápidos con el contragolpe. Sus periódicos estaban llenos de historias de representantes de Brasil, incluyendo hombres de la CBD, que llegaron al hotel donde se alojaba el equipo peruano. Esto fue supuestamente antes del juego. Los hombres de Rio llevaban maletas llenas de dinero para los jugadores peruanos. También había promesas de grandes extensiones de tierra por el partido. Todo lo que tenían que hacer era ganar o empatar para evitar la derrota por cuatro claros goles. Debe ser el único intento en la historia del juego donde supuestamente se haya hecho un intento de sobornar a un equipo para que gane.

Los brasileños atacaron de nuevo. Era un hecho indiscutible que el guardameta peruano Ramón Quiroga había nacido en Argentina. ¿Le gustaría ser recordado en su país de origen como el hombre que no dejaría llegar a Argentina a la final?

Por ese tiempo, el portero peruano emitió una negativa vehemente de que él había tomado parte en alguna conspiración para arreglar el partido. Cuatro años más tarde, se le citó supuestamente diciendo: "La verdad es que me siento estafado. Si se han pagado tantos dólares, no me incluyeron. Creo que tengo el derecho a participar en eso".

Ninguno de ellos escarbó en la superficie de lo que realmente ocurrió antes del partido Argentina-Perú.

En junio de 1986, la periodista María Laura Avignolo, una argentina, fue la primera escritora que reveló exactamente lo que había ocurrido. A principios de 1998, cuando me encontraba en Suramérica pude obtener una corroboración independiente de muchos de los hechos esenciales. Además, entrevisté por largo tiempo a dos testigos claves del asunto.

La orden de arreglar el resultado vino directamente del hombre que dirigía la junta militar, el general Jorge Videla. El hombre al que dio las órdenes fue el capitán Lacoste. Luego, si usted quería arreglar un partido de fútbol, ¿qué mejor que ir con el jefe del comité organizador del campeonato mundial?

Lacoste realizó una serie de negociaciones detalladas con tres antiguos oficiales que viajaban con el equipo de Perú. Los sobornos tomaron una variedad de formas. Treinta y cinco mil toneladas de grano que se iban a embarcar de Argentina a Perú. El descongelamiento de una línea de crédito de $50 millones de dólares a Perú. También se pagaron sustanciales sobornos directamente a funcionarios de Perú de cuentas manejadas por la Armada argentina. Los contactos de Lacoste fueron particularmente útiles en esa área, trabajo que sería reconocido pronto después del campeonato mundial por una serie de promociones rápidas a la posición de vicealmirante. Una parte sustancial del crédito de los $50 millones de dólares que estaría disponible fue distribuida entre los miembros de la junta militar del Perú. Ninguno de ellos sería efectivo sin cuidar del último vínculo vital en la cadena del soborno y la corrupción. Se contactó con miembros selectos del equipo los días anteriores al partido. He hablado largamente con tres integrantes del equipo, los cuales independientemente confirmaron que les habían ofrecido dinero para asegurar el resultado correcto. Fueron contactados por un antiguo miembro de la junta en forma separada. No pudieron confirmar si alguno de los otros miembros del equipo fue sobornado. En vista de lo que estaba en juego, la cantidad recibida por estos tres jugadores era lastimosamente pequeña: $20.000 dólares por hombre. Todos hablaron, como lo hicieron todos los demás involucrados en este asunto, con el conocimiento estricto que se preservaría su anonimato. Como uno de ellos puntualizó:

"Si se conoce mi identidad, ciertamente habrá represalias, no sólo contra mí sino también contra mi familia".

Carlos Ares, un periodista argentino que en la época del campeonato mundial trabajaba para un periódico pro-junta, tuvo acceso al equipo argentino en su base. Escribía una biografía oficial del equipo. Estaba seguro por lo que vio y escuchó que el juego contra Perú fue arreglado. Después del juego, comentó sus sospechas a Lacoste.

"Él me amenazó con matarme. Tuve que dejar el país e ir como exiliado a España".

Y lo que Ares vio que sucedió dentro del equipo argentino un poco antes del partido fue extraño hasta el punto de convertirse en grotesco. El guardameta fue excluido de la charla táctica previa al partido realizada por César Luis Menotti. También fueron excluidos todos los miembros del equipo que no jugaban. Ésta fue la única ocasión durante el largo reinado de Menotti como técnico en que se tomaron estas medidas.

El hecho de que hay también una fuerte evidencia que muchos de los del equipo argentino usaban droga, no solamente durante este partido sino durante el torneo de el campeonato mundial, parece ser casi un comentario irrelevante. De acuerdo con un oficial argentino, los usuarios de la droga evitaban la detección de ésta en las muestras de orina mediante un recurso simple. Las muestras de orina de todo el equipo argentino se le entregaban a los doctores por medio del aguatero del equipo, Ocampo.

En cuanto al partido, Perú abrió el juego como si realmente intentaran jugar. En los primeros quince minutos estaban sobre el campo argentino, pero de alguna manera fallaban al anotar, no una vez sino muchas. Sir Walter Winterbottom, el anterior técnico inglés, miraba el partido. Más tarde recordó en una entrevista cómo un jugador peruano "perdió la mejor oportunidad de marcar un gol que yo haya visto en mi vida. El tipo erró la patada y estaba sólo a cuatro yardas de la meta y tenía despejado el camino hacia al gol".

Se desperdiciaron varias oportunidades por parte de algunos jugadores peruanos. Entonces todo acabó. Argentina marcó, otra vez, y otra vez, y otra vez. Eventualmente ellos marcaron no los cuatro goles requeridos, sino como si fuera poco dos más. Sólo para asegurarse sin duda que el juego terminara con el resultado que todos —excepto el esperanzado equipo brasileño— deseaban. El técnico peruano usó cuatro sustitutos sin experiencia. Por añadidura, también cambió uno de sus defensas a la línea delantera. Antes del juego, el técnico peruano pidió a su equipo que se abstuviera de jugar en sus colores nacionales oficiales y en cambio ir a ese circo usando camisetas blancas. Qué apropiado.

Argentina, que había comprado su camino a la final del campeonato mundial, ahora tenía que jugar contra Holanda. Brasil ganó el premio de consolación del tercer lugar después de derrotar a Italia 2-1. La última palabra de Coutinho sobre el sórdido asunto fue, "nosotros somos los campeones morales". Entonces regresó a Rio y fue instantáneamente despedido por el almirante Nunes.

Para entonces el estado de ánimo a lo largo del país anfitrión era de continua alta tensión. A medida que Argentina llegaba más y más cerca del Santo Grial, la cínica despedida de las oportunidades del equipo daba pie al fervor nacionalista. La junta finalmente tenía, al menos domésticamente, lo que soñaba. El ánimo del país en la final se acercaba al de un continuo frenesí. Sólo podría haber un resultado. Sólo tenía que haber un resultado.

Eran las sombras de Brasil cuando jugó contra Inglaterra en Rio en 1964. Los visitantes holandeses entraron al campo diez minutos antes del inicio y esperaron. Los argentinos llegaron cinco minutos tarde. La osadía diseñada para terminar la oposición. Entonces, para completar, se quejaron de un yeso de peso liviano usado por el extremo holandés Rene Van de Kerkhof, vendaje que había usado en juegos anteriores en Holanda y sin tener queja alguna.

La táctica no estaba sólo dirigida al holandés. Los argentinos se dieron cuenta rápidamente con qué clase de árbitro estaban tratando. Sergio Gonella de Italia no se quejó cuando los argentinos llegaron tarde, luego defendió sus protestas sobre el vendaje médico. Los anfitriones se sentían satisfechos por tener un árbitro tolerante, débil, algo sobre lo que se trabajaría en el curso del juego.

Después del juego, el capitán argentino Passarella intentó justificar las quejas histéricas y frenéticas que él y sus compañeros de equipo hicieron sobre el yeso: "No nos podemos permitir conceder ninguna ventaja. Luque (otro jugador argentino) vio el peligro del vendaje y yo como capitán tenía la obligación de protestar".

Veinte años más tarde casi el mismo día, 30 de junio de 1998, esas mismas tácticas, esa misma ruindad de espíritu, estaban todavía vivas en la manera de abordar el fútbol los argentinos. Inglaterra-Argentina, jugando por una clasificación en los cuartos de final en el campeonato mundial Francia 98. En un juego que tenía un excelente fútbol y la sorprendente aparición en una etapa mundial de un joven de 18 años, Michael Owen, también se mostraba el lado callejero del fútbol argentino. No la mano que les perdonaron, ni el gol de Campbell que fue anulado, ni siquiera el capitán argentino Simeone actuando desagradablemente frente al árbitro —acto que indudablemente influyó en una decisión para sacar una tarjeta amarilla a Beckham y persuadir un cambio de decisión a roja—. Ninguno de ellos se encolerizó tanto, como dos sucesos no comentados:

A Owen, el muchacho maravilla, se le cometió una falta al final del juego. Para completar la falta, el jugador argentino pateó a Owen en la cara y luego en la cabeza. Owen claramente estaba sólo medio consciente cuando cayó al piso. El árbitro danés Neilsen llamó a los entrenadores, para pedir asistencia médica. Cuando los médicos corrieron hacia Owen e intentaron evaluar sus heridas, apareció Balbo de Argentina, quien gesticuló al árbitro para que sacaran a Owen inmediatamente del campo en una camilla. Quería aprovecharse de la falta reduciendo a Inglaterra a nueve hombres. El árbitro muy claramente habló a Balbo quien, en un momento de bravata, levantó los hombros en ese típico gesto latino de inocencia.

Cuando el período de tiempo extra avanzaba por la mitad y los dos equipos se movieron para cambiar de campo, los hombres de la banca de ambos equipos corrieron hasta el campo para darles agua, consejo, ánimo. Passarella, el entonces técnico argentino —un hombre que si fuera obligado a jugar su fútbol bajo las reglas actuales de la FIFA no duraría diez minutos en el campo— no había aprendido nada sobre la moralidad del fútbol desde 1978. Se quejó duramente al árbitro que el técnico de Inglaterra Hoddle y sus colegas estaban hablando a los jugadores, dándoles de beber agua. Passarella ignoró el hecho que su propio equipo estaba haciendo precisamente lo mismo. Todo formaba parte de la misma táctica. Atacar al árbitro, minar su autoconfianza, intimidarlo. El 30 de junio de 1998, el árbitro danés tenía intención de echar a Pasarella como a una irritante avispa. Su contraparte italiana de hace veinte años desafortunadamente carecía de esa misma capacidad.

Gonella dejó que el juego se le saliera de las manos. Gallego, el mediocampista argentino, deliberadamente tocó la pelota con la mano dos veces sin ser amonestado. En todo momento si existía una situación de igualdad que requiriera una decisión del árbitro, se le daba ventaja al equipo anfitrión. Prediciblemente los holandeses, rabiando sobre los sucesos previos al juego, empezaron a perder la calma. Al final de un partido perfectamente olvidable —a menos que usted sea argentino— la nación anfitriona ganó 3-1 y el país explotaba de alegría cuando su victorioso equipo subió a recibir el trofeo sobre el cual tanto tiempo, esfuerzo y dinero fueran gastados por la junta militar.

Lacoste prometió un período libre de problemas durante el campeonato mundial. Los Montoneros, rompiendo su palabra a la gente común de Argentina, realizaron quince ataques durante el período del campeonato mundial; cuatro miembros del Partido Comunista argentino desaparecieron; explotaron bombas en una amplia variedad de lugares a lo largo del país y la policía lanzó gases lacrimógenos a los católicos romanos que salían de la iglesia después de celebrar misa por el cuarto aniversario de la muerte de Perón.

Lacoste tomó fuerza en los años siguientes. Fue Presidente de Argentina durante el período de entrega de poder, once días. Tuvo una distinguida carrera en la FIFA como vicepresidente, segundo en el mando después de Havelange. Ellos eran los mejores amigos. Lacoste sería una figura clave en la planeación del próximo campeonato mundial que se llevaría a cabo en España en 1982.

La noche después de la final del campeonato mundial de 1978 hubo un lujoso banquete de celebración en Buenos Aires. A él asistieron todos los antiguos miembros de la junta militar. El general Videla y sus colegas dieron la bienvenida a Havelange y sus compañeros ejecutivos de la FIFA con gran cantidad de abrazos y besos. Con el propósito de dar las gracias a la junta y en particular a Carlos Alberto Lacoste, Havelange elogió el torneo y observó: "ahora el mundo ha visto la cara real de Argentina".

Unos días antes su colega, el vicepresidente de la FIFA Herman Neuberger, había rehusado aceptar de Amnistía Internacional un informe documentado y completo que detallaba las torturas, secuestros y asesinatos cometidos bajo las órdenes de la junta militar.

En 1984, Eugenio Méndez publicó la conclusión de su investigación en un libro titulado *"Almirante Lacoste, ¿quién asesinó al general Actis?"*, la demora y la coordinación de la publicación fueron significativas. La demora fue por instinto de conservación. Si Méndez hubiera intentado publicarlo durante el tiempo de los generales, ningún editor en Argentina se habría atrevido a mandar el libro a la imprenta y el autor indudablemente habría sido asesinado. En diciembre de 1983, finalmente se restableció la democracia en el país y se posesionó Raúl Alfonsín, el primer presidente civil en ocho años. Finalmente, la verdad que Méndez había establecido con tanta valentía podía ser compartida con la nación.

En vista de las quejas contenidas en el libro, Alfonsín ordenó una investigación inmediata para establecer la respuesta a la pregunta que el título del libro había propuesto.

Al final de esa investigación al almirante Lacoste se le acusó de una amplia variedad de crímenes. Algunos fueron fiscales y argüían que había robado los fondos de las cuentas del Comité Organizador del campeonato mundial. Otro de los cargos fue su responsabilidad en el asesinato del general Actis.

El presidente Havelange, confrontado con esta situación, respondió en una manera no muy diferente a su reacción cuando se encontró un gran vacío en el Fondo de la Federación Brasileña del Deporte. Entonces Havelange había querido conservar su puesto como presidente de la CBD. Ahora consideraba que a su querido amigo Lacoste se le debería permitir seguir como vicepresidente de la FIFA. Sus esfuerzos a favor de Lacoste fueron tan intensos que los observadores tanto dentro como fuera de la FIFA creyeron que tenía que haber una agenda secreta entre los dos hombres. El nuevo presidente electo de Argentina insistió en que Lacoste fuera despedido de su posición en la FIFA y en 1984 el almirante renunció contra su voluntad.

Luego, Lacoste fue interrogado por el fiscal del Estado para que justificara su declaración juramentada de que un gran terreno que había comprado en Punta del Este en Uruguay fue adquirido con un préstamo bancario. No había evidencia de tal préstamo. Eso, explicó Lacoste, fue porque el préstamo venía realmente de su amigo cercano João Havelange, quien confirmó la transacción. La suma involucrada era medio millón de dólares.

El proceso legal contra Lacoste fue suspendido en un gran número de ocasiones y finalmente el antiguo almirante evitó la cárcel después de que declararon perdón y amnistía general en 1989. No ha surgido ninguna evidencia que indique que Lacoste devolvió el préstamo del medio millón de dólares de su buen amigo João Havelange.

Lacoste se benefició en una gran variedad de formas del campeonato mundial 1978, como lo hizo Havelange. El análisis financiero oficial de la FIFA del torneo revela que por todas las entradas financieras de Coca-Cola y otras organizaciones, la ganancia neta fue ligeramente inferior que en el evento organizado por Stanley Rous en 1974. Una de las razones fue la mayor cantidad gastada en seguros. En vista de la inestabilidad en Argentina por esa época, los altos costos eran poco sorprendentes. Lo que es sorprendente es que una compañía de seguros llamada Atlántica Boavista recibió un 25% de la ganancia del seguro. El antiguo director de la compañía era João Havelange. Cuando le preguntó sobre este asunto un reportero británico, Havelange inicialmente usó su táctica familiar de salirse de la entrevista. Luego culpó al secretario general de la FIFA, Dr. Helmut Käser. Nunca se explicó por qué el secretario general de la FIFA canalizaría negocios lucrativos a una compañía controlada por Havelange sin discutir el asunto con Havelange. El negocio de los seguros para el torneo fue de FS 2.3 millones.

Entre los que más se beneficiaron con el campeonato mundial 1978 están Patrick Nally y Horst Dassler. Naturalmente, ellos deseaban más de lo mismo.

Al regreso de una cita en Rio con Havelange, el hombre de Adidas habló a su socio de mercadeo. Le contó a Nally de los progresos hechos en sus intentos de persuadir a Havelange para que les diera los derechos del mercadeo para el campeonato mundial 82 en España. El juego iba muy rápido. Las estafas aumentaron. Para Argentina, Nally había contratado a seis importantes patrocinadores. Para España, necesitaría más. Mucho más.

Antes del viaje a Rio, Nally y Dassler concluyeron que la cantidad que necesitarían subir de las corporaciones para mantener al gobierno español y las golosinas de su Comité del campeonato mundial era de $4 millones. Ellos no permitieron por las presiones que João Havelange estuviera en eso. Éste no entregó un mayor torneo en 1978 a Argentina, cuando el número de finalistas que había prometido debería aumentar de dieciséis a veinte. Se compró más tiempo con su electorado, pero en España 1982 el tiempo tenía que ser pagado o esto podía significar que el reino de Havelange terminaría.

Cuando Dassler le contó sus conversaciones con Havelange a su socio de negocios, Nally estaba aterrado. No sólo aumentaba la cuota, sino que se iba al cielo. Havelange quería persuadir a España de tener 24 finalistas. La carga financiera sería masiva. El soborno o estímulo financiero que tenía que ser mostrada delante del comité organizador tenía que ser igualmente grande. No FS 4 millones, sino FS 36 millones —al valor de 1998, $42 millones de dólares—. También tendrían que encontrar un millón de dólares adicionales. Ese era para Havelange. A cada uno tenía que dársele un aliciente.

El autor Andrew Jennings[4] me contó que cuando Nally y Dassler tuvieron esta conversación estaban en los baños de hombres en el Palacio del Congreso en Madrid. Teniendo en cuenta la conmoción al sistema de Nally, ésa era una sabia precaución.

Respirando profundamente, Nally cerró sus pantalones, salió al mercado de la corporación y empezó a apuntar a las compañías de primera categoría. Dassler también subió el preció que Coca-Cola, Canon y las otras organización que ya estaban a bordo para el campeonato mundial 82 habían acordado pagar. Las cifras oficiales muestran que Nally y Dassler lograron su objetivo y se consiguió la demanda de FS 36 millones. Adidas consiguió el control exclusivo de todos los derechos de mercadeo más los derechos de la televisión norteamericana, pero Nally y Dassler no pudieron vivir felices después de eso. Rompieron la sociedad en 1982, cuando un Nally bastante confundido no estaba seguro de si su papel principal era ayudar a sus clientes o a Dassler y Adidas. Dassler no sufrió tales conflictos. Sabía que todas sus acciones, todas sus estrategias, no tenían sino un solo objetivo: enriquecer a Adidas y así enriquecer a Dassler.

Las riquezas que fueron a España en conexión con el campeonato mundial de 1982 no estaban confinadas a los FS 36 millones. Los españoles negociaron algo muchísimo más valioso con Havelange. En una reunión entre el rey Juan Carlos de España y el comité español organizador del campeonato mundial 1982 y el presidente Havelange, también se acordó que si España aceptaba la expansión de 16 a 24 equipos, los países del Tercer Mundo que claramente se iban a beneficiar de un

---
[4] *El Señor de los anillos*, Andrew Jennings y Viv Simson.

torneo más largo votarían por Juan Antonio Samaranch como el próximo presidente del Comité Olímpico Internacional y que Havelange usaría sus excelentes contactos en muchos otros países para asegurar que Samaranch de España estuviera en la silla olímpica directiva.

Samaranch fue elegido presidente del COI en la primera votación el 16 de julio de 1980. Uno de los muchos beneficios que tendría España con esta elección era, por su puesto, la adjudicación a Barcelona de los Juegos Olímpicos de 1992.

En la preparación del campeonato mundial 82, habiéndole prometido a Coca-Cola la exclusividad, como de hecho todos los patrocinadores de primera categoría lo exigen, Dassler encontró que en el estadio de fútbol Bernabeu en Madrid el rival Pepsi Cola ya tenía la franquicia. Ellos tenían que ir. Y lo hicieron. Todos los estadios tenían que estar limpios —es decir, libres de toda la propaganda diferente a la que se consigue por medio de los patrocinadores de Nally y Dassler.

Al principio de 1980 Havelange, que a lo largo de toda su presidencia ha recalcado como virtud en las entrevistas el hecho que a él no se le pagó un centavo, tuvo gastos de un cuarto de millón de dólares al año. Esto subiría inexorablemente con el correr de los años hasta que la cantidad de gastos que se le pagaba a Havelange excedía el millón de dólares por año.

El presidente no estaba sólo disfrutando los frutos de la reserva de dinero de mercadeo y televisión que empezaba a fluir. La cantidad para llevar a los funcionarios de la FIFA a España para el campeonato mundial 1982 era de más de US $3 millones —más de lo que costó transportar y acomodar a los 24 equipos—. En los dos años de 1982 a 1984 la FIFA gastó más de 1.5 millones de dólares en gastos y dotaciones de viaje, excluyendo los gastos del presidente.

Los gastos en compras en que Havelange se embarcó poco después de su elección en 1974 son otro ejemplo de la costumbre del presidente de saludar con el sombrero de otro. Los cuarenta o más huéspedes especiales que volaron a Buenos Aires para su experiencia en el campeonato mundial 1978 con todos sus gastos pagados estarían por siempre en deuda con su generoso anfitrión, João Havelange. Es extraordinario cuántos hombres poderosos e influyentes cobrarían unas pocos entradas para algunos partidos del campeonato mundial. Y si las entradas y los pasajes aéreos y las cuentas de hoteles podían dárselos al secretario general de la FIFA para que los pagara, mucho mejor. Los problemas sólo podrían surgir si el secretario general empezara a averiguar tal generosidad. Entonces surgieron los problemas.

El Secretario General que Havelange heredó de Sir Stanley Rous funcionó muy efectivamente en esa posición por muchos años. De hecho, el mismo Rous había heredado al Dr. Helmut Käser del anterior presidente de la FIFA, Arthur Drewry.

Käser tenía una gran visión de la propiedad fiscal. Antes que Rous fuera elegido presidente en 1961, Käser había hecho circular un memorando a todos los delegados acerca de que Rous con toda probabilidad estaba excluido de la consideración porque como funcionario pagado no sería elegible. Esta era una referencia al trabajo de Rous como secretario de la Asociación Inglesa de Fútbol. De hecho, Sir Stanley había renunciado a ese puesto para evitar precisamente la inhabilidad. Después de un período relativamente corto, Rous y Käser empezaron a crear una excelente relación de trabajo.

Confrontado con Havelange, sólo era cuestión de tiempo antes que el secretario general y el presidente tuvieran sus problemas.

En realidad sus problemas empezaron antes de empezar a trabajar juntos. Como muchos otros, el secretario general Helmut Käser leyó el manifiesto de la elección de Havelange y su hoja de vida con gran interés. Como Havelange nunca había sido miembro de la Asociación Suramericana de Fútbol y por lo tanto no había sido un delegado de la FIFA, Käser hizo investigaciones para saber más sobre este hombre de Rio que quería asumir el poder de la FIFA. Lo que supo lo confundió. Havelange declaró poseer Viação Cometa. Las investigaciones confirmaron que había trabajado para ellos, pero que nunca fue dueño o aún era parte en la posesión de la compañía. Luego llegó información a Käser sobre Atlántica Boavista, la compañía de seguros que —a diferencia de la compañía de buses— era en parte posesión de Havelange. De esto Käser se enteró que la relación entre la compañía de seguros y la Federación Brasileña de Deportes era inusualmente estrecha, con la Atlantica Boavista recibiendo casi todos los negocios de los seguros de la Federación. Entonces hubo rumores sobre cómo se manejaban las cuentas dentro de la CBD.

Por la época de la elección de Frankfort en 1974, el Dr. Käser no tenía que recurrir a la información de terceras personas. Muchos de los delegados africanos, el delegado maltés, otros del lejano Este, todos le dijeron a Käser: "Si el Dr. Havelange no hubiera sido lo suficientemente amable como para pagar mis pasajes aéreos, mis cuentas de hotel y mis gastos de bolsillo yo no hubiera podido venir a votar por él".

Helmut Käser vigilaba pacientemente cómo Havelange continuaba presionando para ganar la votación. Estaba impresionado por un curioso fenómeno: después de involucrar a Havelange por un momento en una profunda conversación, un gran número de delegados se retiró y cada uno apareció con un sobre blanco.

Después de la elección, las sospechas del secretario general aumentaron rápidamente cuando Dassler y Nally se volvieron visitantes frecuentes de la Casa FIFA. Dassler era bien conocido de Käser como un hombre con la determinación de engrandecer la corporación Adidas por cualquier medio posible. Dassler había intentado frecuentemente persuadir a Käser de usar su influencia con Rous con miras a poner negocios en el camino de Dassler. Rous también tenía experiencia directa en las técnicas de presión de Dassler y no las usó durante la elección.

Cuando Havelange hizo trato tras trato con Dassler y Nally y los gastos del presidente empezaron a dispararse, Käser puso en duda un gran número de supuestos gastos que se hicieron. Rous nunca había creído necesario tener encuentros extraordinariamente costosos en el hotel Savoy en Zurich, ni invitar cuarenta huéspedes a unas vacaciones de campeonato mundial con todos los gastos pagados. También estaban las cuentas adicionales: doce mil francos suizos para entradas adicionales suministradas por Havelange; relojes suizos Longines que costaban más de cien mil francos suizos para unos cien huéspedes de una cena en Zurich; cuentas de hotel para cien huéspedes —estos dos últimos asuntos relacionados con la necesidad de Havelange de celebrar el aniversario 75 de la FIFA que él juzgaba debía ser en una forma apropiada—. Éste fue el período en que el Rey Sol surgió del hombre de Rio, cuyos negocios en el pasado reciente se balancearon en el filo de la bancarrota dejando una federación deportiva con un agujero multimillonario en sus cuentas. Ahora João Havelange se convertía en el presidente Havelange, un hombre que declara que: "si no hay un sitio de primera clase en el avión o una reservación de primera clase en un hotel, entonces yo no subo a ese avión ni voy a ese hotel".

El Dr. Käser y Stanley Rous manejaron la FIFA con media docena de hombres. Rous intentó trasladar la FIFA a una instalación más espaciosa y aumentar el personal. El éxito del campeonato mundial de 1974 confirmó para Rous una tendencia que él ya había identificado. El fútbol era una historia creciente de éxito. Con la televisión empezando a jugar un papel aún más importante, Rous vio que en un futuro muy cercano el juego generaría muchos más millones. Lamentaba el hecho que en el fútbol la conversación, el asunto, la preocupación siempre estaban relacionados con dinero y se dio cuenta que su propia falta personal de preocupación por el lado material del juego podría parecer a otros pasado de moda. A pesar de sus dudas, estaba preparado para construir el futuro. Havelange, con la ayuda de Nally y Dassler —tres individuos que, lejos de lamentarse por la frecuente preocupación por el dinero, disfrutaban positivamente de la cambiante situación— solamente cogieron la batuta y salieron corriendo con ella. Esto incluía construir el actual edificio para ese éxito de mercado, la nueva casa de la FIFA. Tenía que ser un gran edificio que contuviera el gigantesco cuadro al óleo y las igualmente enormes fotos de Havelange que parecían estar en cada pared, muy reminiscentes a las visitas a Assad de Siria o Saddam Hussein.

El secretario general Käser vio y escuchó muchas cosas que le causaron preocupación. Él pertenecía a la vieja escuela: le gustaba regirse por las reglas, si existía un procedimiento oficial, debía seguirse. Era claro para Käser que Nally y Dassler estaban por la época del campeonato mundial 1978 en Argentina realizando una estrategia de evasión de impuestos implicando compañías de correo. Vinieron investigadores franceses que examinaron los asuntos de Dassler a las puertas de la FIFA buscando respuestas. Todo era muy diferente cuando Rous dirigía el espectáculo.

Käser se sintió ultrajado cuando Havelange intentó culparlo cuando los medios británicos obtuvieron evidencia irrefutable de corrupción relacionada con el negocio lucrativo de los seguros.

Havelange advirtió a la compañía de seguros Albignia con sede en Munich, controlada por el agente de seguros Erwin Himmelseher: "Si quieren el negocio de los seguros para el campeonato mundial 82 en España, el 20% debe ser canalizado a Atlántica Boavista". Ésa podría ser una buena práctica de negocios en Rio. Bajo la ley suiza era una seria ofensa.

Parecía que a cualquier parte que mirara Helmut Käser había evidencia de los manejos dudosos de Havelange con los negocios. Un asunto simple, como negociar un contrato para producir monedas conmemorativas para el campeonato mundial 82 se convertía, después de involucrarse Havelange, en un nido de avispas. Éste personalmente negoció un contrato con un hombre de negocios español, Ricardo Cistare. Cuando Käser finalmente puso sus manos en el contrato que había sido firmado en Roma el 1º de diciembre de 1980, se horrorizó. Havelange no sólo había olvidado incluir a Käser en las negociaciones, sino que también había dejado fuera a todos los miembros del Comité Ejecutivo de la FIFA. El contrato violó un acuerdo de exclusividad existente para las monedas conmemorativas con una compañía llamada Sport-Billy.

El soborno de un millón de dólares que Dassler había discutido con Nally —dinero que abriría las puertas a los lucrativos contratos de España 82— se convertió a principios de 1980 en un secreto a voces en la FIFA y también en los pasillos de la Asociación Europea de Fútbol. Artemo Franchi, el presidente de la UEFA, discutió el problema con Käser y se hizo palpable que la evidencia era sobrecogedora.

La reacción de Käser era ir a la primera oportunidad con Havelange y contarle que, de acuerdo con rumores, el presidente había tomado un soborno de un millón de dólares de Horst Dassler. Era al menos un movimiento imprudente después de los diferentes eventos registrados arriba que ocurrieron durante los seis años anteriores. Käser está ahora muerto y muy lejos para explicar sus motivos. Claramente, a pesar de todo lo que sucedió ante el Secretario General, éste no podía creer que estaba trabajando con un hombre que podía comprarse.

La reacción de Havelange fue, de acuerdo con Helmut Käser, venenosa —lo que recuerda sus respuestas a lo largo de los años a tales alegatos—. Esta vez la furia contenía una amenaza: "Llevaré a esa gente a la corte. Conseguiré un abogado y entablaré acción judicial. Dassler no me dio un millón de dólares".

Havelange nunca contrató a un abogado ni fue a la corte. Para un hombre de su posición, su inacción era desconcertante. Tal vez el hecho de que los registros financieros en Adidas mostraran que se le hizo a Havelange un pago de un millón de dólares tenía algo que ver con la falta de instigación de procedimientos legales. A la luz de estos registros financieros, a Horst Dassler no le habría gustado una acción legal; y lo que Dassler deseaba casi siempre lo lograba.

Un número de funcionarios de la FIFA que, durante los primeros diez años del reinado de Havelange, eran cuidadosos observadores de los procedimientos dentro de la sede de la FIFA me habían hablado de la relación Havelange-Dassler. Muy independientemente uno del otro, apareció una palabra particular en cada una de estas entrevistas. *Drahtzieher*: titiritero, maquinador —y para cada una de estas personas el hombre que manejaba las cuerdas era Dassler—. Cada uno estaba seguro que él controlaba a Havelange. La idea de que alguien controlara al Rey Sol en toda esa pompa es difícil de aceptar, pero luego la idea que una pequeña compañía de propiedad de Dassler ejerciera control no sólo del fútbol sino también de los Olímpicos es aún más absurda; y sucedió.

La idea que Dassler pudiera, por ejemplo, adquirir a Havelange los derechos de mercadeo para el campeonato mundial de México 1986 por FS 45 millones y luego venderlos en más de FS 200 millones a doce multinacionales es por supuesto increíble; y sucedió. Opel, Coca-Cola y otras se convirtieron en patrocinadores oficiales. Horst Dassler se hizo aún más rico.

Las cuentas bancarias de Dassler estaban muy lejos de ser las únicas que mostraban aumento de actividad. Aun el personal ordinario de la FIFA empezó a sentir los beneficios. Aumento de salarios, una deleitante evasión de impuestos —que todavía está funcionando hoy— les aseguraba que un 40% del salario venía de la cuenta del Campeonato Mundial y estaba libre de impuestos. En el peldaño superior de la escala el presidente sin salario estaba pasando a una década con todos los gastos pagados. Havelange manejó un desconcertante número de cuentas bancarias durante su reinado en la FIFA. Estaba una cuenta en Pictat, un banco privado en Ginebra; otra en un segundo banco privado, Bank für Handel & Effekten en Zurich; otra en el Chase Manhattan en Nueva York. Esta última particularmente activa como un recurso para engañar a los ojos fisgones de Brasil. Era una cuenta en dólares en la cual cientos de miles de dólares que cubrían la oficina de alquiler y los costos de oficina de Rio encontrarían su camino. Havelange también pasó dinero de Rio a Zurich; nunca a través de bancos, sino físicamente en maletas —una operación que era totalmente ilegal—. En una ocasión, le pidió a su secretario general que llevara treinta mil dólares en efectivo de Rio, de regreso a Suiza. Käser se rehusó a actuar como un vulgar contrabandista.

La relación entre los dos hombres se deterioró tanto a finales de 1980 que Havelange excluyó a Käser una y otra vez de los negocios oficiales de la FIFA y realizó reuniones y negociaciones inapropiadamente sin involucrar a su secretario general. Una de sus batallas corrientes estaba relacionada con el despilfarro de Havelange. Una y otra vez, Käser discutiría con él. "El dinero de Coca-Cola se está esfumando. Usted debería dejar de tratarlo como si fuera suyo".

Para evitar las conversaciones, Havelange realizó una acción evasiva y, contrario al procedimiento oficial, empezó a pasar sus costosas demandas a Armen Rauber, el contador.

En noviembre de 1980 se convirtió en guerra declarada. Havelange dio el primer golpe. En su carta a Käser fechada "Roma, 30 de noviembre de 1980" definía su papel principal. "El presidente representa a la Federación. Él también la representa ante la ley, tanto como demandante como demandado". Habiendo citado extractos de los artículos 19 y 20 de los estatutos de la FIFA a Käser para demostrar que como Rey Sol él tenía poder y autoridad absolutos; Havelange continuaba con tres páginas para definir el papel del secretario general.

Sería tonto asumir que Käser, quien trabajó con tres presidentes de la FIFA por un período de veinte años, no entendía, a finales de 1980, el trabajo. Como ejercicio de humillación era de primera clase. Käser se dio cuenta cuando estudió la carta que podría haber sido traducida por un miembro de su personal y que quienes trabajaban bajo sus órdenes podrían conocer muy bien el contenido de la carta antes que él. Ésta incluía instrucciones tales como:

1. Todos los departamentos del Secretariado General deben trabajar en estrecha colaboración para el éxito de las obligaciones de la FIFA.
2. Cada vez que el presidente esté trabajando en los cuarteles de la FIFA, el secretario general debe preparar una reunión con los directivos de los departamentos.
3. Cada vez que el presidente de la FIFA llegue a Zurich con propósitos de negocios, el jefe de Protocolo (Käser) debe estar presente cuando llegue.
4. Un inventario de todos los materiales de relaciones públicas (banderines, corbatas, gemelos, bufandas, relojes, lápices, etc.) debe so-

meterse al presidente de la Comisión de Finanzas el 15 de enero de 1981 con copia al presidente.

Lo que hacía de este documento algo extraordinario era que gráficamente demostraba el estado de los asuntos en el corazón de la FIFA cuando empezaba una nueva y crucial década. Que la cabeza suprema del fútbol se preocupara por el número de gemelos que la FIFA usaba era totalmente absurdo. Havelange, por su puesto, no estaba preocupado de tales trivialidades. Para un hombre que sólo un poco antes había gastado más de FS 100.000 del dinero de la FIFA en costosos relojes suizos para sus amigos y pagado las cuentas de sus hoteles, unos gemelos producidos en masa no ponían ni quitaban nada.

El objetivo del ejercicio, ingeniado por Dassler, era hacerle la vida imposible al secretario general, acosarlo hasta sacarlo de la sede de FIFA. Dassler ya preparaba a su sucesor, un hombre que previamente estuvo trabajando para Longines —la misma compañía donde Havelange disfrutó tanto comprando sus relojes—: Sepp Blatter.

Blatter de hecho fue originalmente empleado de la FIFA por Käser en 1975. Mirando al futuro, Käser pensó que eventualmente Blatter podría sustituirlo en el poder. "Eventualmente" llegó mucho más rápido de lo que Käser esperaba. (A menudo sucede en esta vida).

Cuando se hizo evidente tanto para Dassler como para Havelange que Käser no iba a ceder y permitirles manejar la FIFA y el fútbol como a ellos les conviniera, Horst Dassler concluyó que Blatter debería ser promovido para Adidas. Éste absorbió la filosofía de Dassler con tal entusiasmo que en 1977 fue promovido a director técnico en la FIFA. Ahora todo lo que se necesitaba antes de tomar posesión de la silla del secretario general era arrojar al actual empleado por la ventana.

Tan estrecha era la relación de Blatter-Dassler, que el salario de Blatter se lo pagaba Adidas aunque él estuviera trabajando para la FIFA —una actitud tan cuestionable como el negocio de seguros que canalizaba Havelange a su propia compañía—. Pero si de hecho Dassler era el titiritero, entonces entre más títeres manejara en la sede de la FIFA, mucho mejor.

Habiendo considerado las implicaciones de lo que Havelange había escrito, Helmut Käser se vengó en enero de 1981, fue público en este caso, compartiendo no sólo sus pensamientos sino también una selección de la correspondencia que habían tenido los dos hombres con todo el Comité Ejecutivo de la FIFA.

Esa competencia desigual siempre iba a tener un único resultado. En julio de 1981, Havelange anunció que el Dr. Helmut Käser no se sentaría más en la silla del secretario general. Su contrato había terminado. Anunciando su retiro, Havelange dijo que era un arreglo amigable. De hecho las negociaciones habían sido largas e implacables e incluían un pago de FS 1.5 millones, más una generosa pensión.

El golpe de gracia fue dado por Havelange en la reunión de la FIFA el 7 de mayo. Käser era forzado a sentarse afuera de la sala mientras Havelange actuaba el asesinato de un personaje. Éste se quejaba al Comité Ejecutivo de que Käser se rehusaba a realizar sus obligaciones y que su actitud mostraba una falta de disciplina y respeto. Irónicamente, el primer tema en la agenda del día funestamente recalcaba el asunto real entre los dos hombres. Existía un déficit en la FIFA. Salía más dinero del que entraba.

Sepp Blatter se convirtió en secretario general pocos meses después, en noviembre. Dos años más tarde se casó con Bárbara, la hija de Käser. El Dr. Käser no fue invitado a la boda. Cuando escuchó sobre el hecho, se derrumbó y lloró.

Con la colaboración de Dassler ahora trabajando al lado de Havelange no existiría ningún pesado argumento sobre los gastos del presidente ni habría ningún desacuerdo en su dieta —su gasto diario de dinero—. Con el correr de los años ésta estuvo sujeta a aumentos regulares hasta que alcanzó los 2.000 francos suizos diarios. En ratas corrientes de intercambio, unas 800 libras o más de $1.300 dólares diarios. Hace un tiempo, refiriéndose a su dieta pero sin revelar cuán grande era, João Havelange dijo: "Escasamente cubre mi diario vivir". Claramente sus gustos extravagantes no lo abandonaron en su edad madura.

Después de la muerte del Dr. Helmut Käser el 11 de mayo de 1994, la FIFA pagó tributo a un secretario general que fuera un modelo de competencia e integridad.

En 1981, con el problema del secretario general finalmente resuelto para satisfacción de Dassler y Havelange, era tiempo para mirar hacia el futuro, hacia el campeonato mundial España 82 y más allá. Dassler, que no era hombre que se contentara con sus logros actuales, ya planeaba el futuro. Habló a un gran número de personas de deshacerse de

Patrick Nally. Para ser un hombre tan maquiavélico y paranoico, como indudablemente lo era, Dassler podría parecer particularmente indiscreto, pero era una indiscreción selectiva. Nunca hablaba ni siquiera a puertas cerradas sobre qué deportistas recibieron pagos ilegales a través de los años. Hacer eso por supuesto significaría cortar su propio cuello y Dassler estaba muy ocupado cortando el de otros.

Cuando rompieron sociedad en 1982, Nally descubrió cuán maquiavélico era su anterior socio de negocios. Dassler tomó los derechos de mercadeo del fútbol internacional, con él permanecieron desde entonces y permanecerán por lo menos hasta el 2010. El hecho que Havelange y Blatter hayan prescindido de su más valioso activo por tan largo tiempo no parece perturbar la tranquilidad de la mayoría de los miembros de la FIFA. Sería una forma curiosa de manejar una confitería, dejando sola una empresa de mil millones de dólares, que fue en lo que se convirtió el fútbol.

Dassler necesitaba una compañía. Rápidamente fundó la ISL. Para asombro de Nally, descubrió que Dassler ya había formado una sociedad antes de terminar su relación. Éste cambió a Nally por una de las más grandes, si no la más grande, agencias de publicidad del mundo, el gigante japonés Dentsu que era dueño de la mayoría de los negocios comerciales del país, prensa, publicidad y televisión.

Nally preparó involuntariamente su propio reemplazo. Durante los años en que llevó las compañías más grandes del mundo a Dassler, uno de los patrocinadores de la primera categoría que él consiguió para el campeonato mundial era el fabricante electrónico japonés JVC. En gran medida, Nally también obtuvo un contrato a largo plazo con Fuji Film. Mientras negociaban con las dos compañías, Nally ocupaba un cargo en la agencia de publicidad Hukuhodo, la segunda agencia japonesa y la más grande rival de Dentsu.

Dassler se mantenía lejos de su querido amigo Nally, el hombre que le llevara a Coca-Cola y a todos los otros patrocinadores de primera categoría, hecho por el cual Dentsu estaba desesperada por reemplazar a Hukuhodo. Ellos querían comprar la compañía de Dassler. Así, se estableció la ISL y la compraron por varios millones de dólares.

De ahí en adelante el dinero que los patrocinadores asociados deberían pagar, no sólo por el fútbol sino también por los Juegos Olímpicos, se aumentaría cada vez más al comienzo y al final de la década del

80. El dinero que la ISL extraería de los patrocinadores asociados pasó de millones a cientos y aun a miles de millones. Y todo quedó controlado por una compañía privada secreta que se negó a contarle a la FIFA en cuánto se iba a vender el fútbol. De hecho era un robo.

Antes de eso, por cortesía de Nally, Dassler y Havelange, estaba España 1982, "el mayor y mejor campeonato mundial de todos los tiempos". Bueno, era el mayor. Havelange, ocho años después que sus promesas y su dinero lo eligieran para el empleo más importante del fútbol, finalmente cumplió su promesa de un torneo con más equipos en la final.

Con un ojo puesto en las futuras elecciones presidenciales, África consiguió dos puestos en vez de uno, como lo hicieron Asia/Oceanía y CONCACAF —la región del norte y centro del Caribe—. Suramérica ahora tenía cuatro equipos en vez de tres. El mayor ganador era Europa. La UEFA se había opuesto duramente a lo que muchos consideraban una grotesca ampliación del torneo. La oposición se desvaneció en una noche cuando Havelange decretó que Europa tendría cuatro lugares adicionales.

Era un cinismo que Inglaterra y otros países europeos se mostraran de nuevo en 1998 cuando votaron por un candidato para remplazar a Havelange, no por convicción sino por querer influir en la localización del campeonato mundial en el 2006.

Havelange elogió a España por aceptar el reto de una competencia enormemente aumentada en el espíritu de Don Quijote. A él se le olvidó observar que el comité organizador español mostró mucho más realismo que el Caballero de la Triste Figura. Los miembros del comité insistieron en un ingreso de publicidad garantizado de 36 millones de francos suizos, y, gracias a los esfuerzos de Patrick Nally, se consiguió el dinero.

Si se creara un premio para el campeonato mundial peor organizado en la historia del torneo, México sería uno de los favoritos, como lo sería Francia después de una sucesión de desastres durante el verano de 1998. Un investigador podría, sin embargo, hacer discretas preguntas relacionadas con las rarezas de España 82. En términos de extravagancias tenía mucho que mostrar.

Confrontados por primera vez con 24 equipos, los organizadores de éste, el supremo evento del deporte más popular del mundo, trabajaron mucho y duro para asegurar que se diera la mayor cantidad de molestias al mayor número de gente.

El torneo estaba extendido a lo largo y ancho de España. Cincuenta y dos partidos tendrían que jugarse en catorce diferentes ciudades. Con el sorteo hecho en enero en Madrid, existía un indicio de lo que traería el verano para el que se aventurara ya fuera a participar o a mirar el fútbol.

Uno de los tambores giratorios entre los que se escogerían las balotas dejó de girar. Una balota se rompió en pedazos. Neuberger, el vicepresidente de la FIFA que consideraba a toda la junta militar argentina sin tacha, no sintió lo mismo sobre los procedimientos en Madrid. Las balotas eran seleccionadas por un grupo de huérfanos. Uno de ellos estuvo sujeto a un ataque verbal por parte de Neuberger, momento que fue observado por una enorme audiencia en televisión. Las balotas que representaban a Escocia y Bélgica se lanzaron muy temprano, fracasando así el objetivo de esa completa farsa, que era dejar a los equipos suramericanos muy lejos de los juegos de apertura.

En junio, la locura total de este escenario creado por Havelange se hizo evidente al público en general. Habría seis grupos de equipos, con cuatro equipos por grupo. Los primeros dos de cada grupo calificarían para la segunda ronda. Ésta se jugaría exclusivamente en Madrid y Barcelona entre cuatro grupos, cada uno de tres equipos. Los puntos decidirían; si los puntos eran iguales, decidiría el gol diferencia. Si eso no resolvía quién podría pasar, entonces Havelange y su Comité del Campeonato Mundial decretaron que el promedio de gol de la ronda anterior sería tomado en cuenta para comparación. El único técnico que podría seguir estas reglas era Coutinho de Brasil —después de todo él había demostrado en el pasado un conocimiento profundo de la polivalencia— pero había sido despedido hacía mucho tiempo y luego decayó. Su lugar en el timón brasileño fue tomado por Tele Santana.

Consiguiendo, con los partidos de la segunda ronda, cuatro semifinalistas, el Comité del campeonato mundial efectuó uno de los mejores trucos. Era lógico asumir que, teniendo los cuatro equipos ya fuera en Madrid o en Barcelona, entonces las dos semifinales tendrían lugar en esas dos ciudades. La lógica no tenía nada que ver con este campeonato mundial. Barcelona tendría uno de los juegos, los otros se jugarían en Sevilla. Esto naturalmente le daba una gran ventaja a los dos equipos de Barcelona. El que ganara ese juego iría a la final sin probar las delicias de un viaje a Sevilla y luego un viaje a Madrid.

En el caso que ninguno de los involucrados en todo esto todavía se sintiera orgulloso de su experiencia de organizar su itinerario del campeonato mundial, la Federación Española de Fútbol daría su golpe maestro. Ellos manejaban todo, bloqueaban las reservas y entradas, la organización de los hoteles y las entradas para la organización Mundiespaña. Este grupo estaba destinado a hacer de la incompetencia un arte.

Algunas veces la vida está bien escrita; ocurre un incidente que uno devotamente deseó que sucediera o que le hizo sentir feliz cuando sucedió.

Durante el campeonato mundial España 1982, Havelange recibió del organizador del torneo las cuatrocientas entradas que había pedido. Ésta, por pedido de Havelange, era una cuota promedio de entradas para un juego. En este caso las entradas eran para el juego de apertura de la competencia de Brasil contra Rusia. Cuando examinó la localización de los asientos, Havelange se enfureció al descubrir que sus amigos, cronistas y delegados a los que les habían prometido tratamiento especial no estaban localizados en la tribuna VIP sino detrás de los arcos, rodeados de gente común. Los políticos brasileños, los jueces, los abogados, los propietarios de periódicos, los dueños de varios equipos de fútbol, los amigos que trabajaban en las oficinas de impuestos, todos ellos, como el presidente que había organizado la excursión, no se consideraban gente común.

Al otro día a las ocho y media apareció Havelange en la oficina del organizador de entradas Raimundo Saporta. La oficina se encontraba vacía. El presidente de la FIFA se sentó y esperó. Treinta minutos más tarde apareció Saporta confiado. Havelange puso las cuatrocientas entradas sobre la mesa diciendo: "Usted puede guardarse estas entradas, no son para la FIFA. Yo vengo por las cuatrocientas entradas prometidas".

En la pared de la oficina colgaba un plano que mostraba las localizaciones de los puestos para el estadio. Havelange estaba de pie, su figura resaltaba sobre el pequeño español. Le mostró la sección VIP del plano. "Allí es donde quiero que se sienten mis cuatrocientos amigos".

Saporta lo miró. "No tengo esos tiquetes".

Havelange asintió. Era una respuesta que él esperaba. Cruzando la puerta, la cerró, puso el seguro y regresó al centro del cuarto. Estudió la oficina paseándose, cerró todas las ventanas. Satisfecho, regresó al centro del cuarto y se dirigió al asustado Saporta.

"Yo puedo permanecer aquí setenta y dos horas sin ir al baño, comer o dormir. Usted por el contrario podría morirse, porque no le voy a permitir salir hasta que tenga las entradas en mis manos".

Saporta empezó a respirar fuerte ante esa perspectiva. Trató de hablar. Como la mayoría de la gente involucrada en el fútbol al más alto nivel, Saporta tenía un gran sobrepeso y estaba en muy mala condición física. Havelange con sesenta y seis años, en buena forma, parecía estar en los cincuenta, fijó sus siniestros ojos en Saporta. "Ahora, es su problema no el mío". Entonces Havelange muy calmadamente se sentó. El señor Saporta tuvo una inspiración genial. "Por qué no llama...". "No, yo no trabajo para usted —dijo Havelange—. Llame usted".

El calor del día comenzó a subir. El sudor rodaba por la cara de Saporta mientras Havelange se sentó mirando tan fríamente como una brisa de otoño. Era un hombre totalmente a gusto en un pesado traje en medio de una ola de calor. Una habilidad que había demostrado en los partidos de fútbol en incontables ocasiones.

Raimundo Saporta empezó a marcar. Hizo una llamada, luego otra, luego otra, cada una más urgente que la anterior. Veinte minutos después, el presidente de la FIFA dejó la oficina de Saporta. Tenía en sus manos cuatrocientas entradas para el juego Brasil *vs*. Rusia. La localización era para sillas en la sección VIP del estadio.

El compromiso que la FIFA había hecho antes del campeonato mundial de 1970 en México —que el arte debería protegerse, que las habilidades de jugar al fútbol no deberían ser penalizadas por las defensas que sólo tenían una solución a todos los problemas: patear y mutilar— se había olvidado en los años siguientes.

La promesa surgió debido al tratamiento que Pelé había sufrido en Inglaterra durante el campeonato mundial de 1966. Se consideraba que en España 82 se daría el juego limpio.

El primero en sufrir fue Diego Maradona. Veintiún años de edad. Muslos poderosos que producían una extraordinaria aceleración. Una mente futbolística tan rápida como su cuerpo. Tácticamente astuto y un toque final letal. Después de que la paloma de la paz fue liberada antes de la apertura del juego entre los poseedores de la copa Argentina y Bélgica, Maradona fue pateado y tumbado al piso repetidamente. Se le sometió a violentas agarradas por detrás, se le quitaba la pelota. El árbitro Vojtech Christov no veía nada que perturbara su tranquilidad. Parecía vagar por el partido en su nube privada. Por primera vez en veinte años el partido de apertura produjo un gol, infortunadamente no fue del lado que trataba de jugar fútbol sino del lado de los que se refugiaban en la defensa y raramente salían al ataque. Bélgica ganó el partido 1-0. Aunque no ganaron amigos entre los observadores neutrales.

Si el arbitraje de ese primer partido era malo, lo que iba a seguir durante el torneo en un gran número de ocasiones era bastante abismal. Todavía la FIFA persiste en el mito que los hombres de edad media pueden controlar efectivamente a los atletas profesionales jóvenes de clase superior. En España 82 había 41 árbitros de las cuatro esquinas de la tierra. Hombres de Australia en teoría estudiando el juego exactamente en la misma forma que sus colegas de Libia, de Hong Kong, de Bolivia.

En el segundo juego del torneo, Italia contra Perú, Claudio Gentile, la típica versión italiana de la criatura del lago negro, perpetró una espantosa falta sobre el alero peruano Oblitas. Estaba dentro del área de penalti. El árbitro Eschweiler ignoró la falta y se concentró en su propio problema personal, pues había sido golpeado en el estómago por la pelota un poco antes de la falta. Cualquier árbitro competente inmediatamente habría pitado y parado el juego hasta recuperarse. También habría consultado a su juez de línea sobre la falta sobre Oblitas. Eschweiler levantó un brazo de su estómago e hizo señas para que continuara el juego. Los italianos tenían suficientes problemas, además de Gentile. El equipo de nuevo rehusaba hablar a la prensa, de nuevo objetaban a la justificable crítica sobre el monto de los bonos que estaban recibiendo.

El partido que el presidente Havelange estaba tan resuelto a ver, pero sólo desde el asiento VIP, produjo luego la evidencia de la existencia de algo podrido en la FIFA y que ese algo tenía un nombre: el Comité de Árbitros.

Brasil derrotó a la URSS 2-1. Brasil llegó con un rico talento en el medio campo: Zico, Sócrates, Cerezo y Falcao, pero la línea delantera todavía probaba, si se necesitaban más pruebas, que Pelé, Garrincha y las otras joyas de los tiempos pasados eran irremplazables. Cada observador independiente creía que a los soviéticos se les debería haber dado dos penaltis. Algunos también creían que a los brasileños también se les debería haber concedido uno. El árbitro español Lamo Castillo no quiso dar ninguno.

En el primer partido España estaba perdiendo 1-0 con Honduras —los más desconocidos del torneo—, que habían marcado en el minuto 7. De ahí en adelante parecía que el plan táctico de España era tratar de meter la pelota en el área de penalti de Honduras y luego rápidamente caerse mientras gritaban para pedir la falta. No pudieron impresionar al árbitro hasta bien adelante en el segundo tiempo, cuando sucumbió y le dio al equipo anfitrión uno de los tradicionales alicientes del campeonato mundial que se le dan normalmente a los equipos anfitriones: un tiro libre de gol. España no estaba de humor para más aventura y con agradecimiento aceptó el empate.

En el segundo juego, su oponente, Yugoslavia, también se dio cuenta que estaba obligado a jugar contra doce jugadores. Como Honduras antes de ellos, iban en ventaja de un gol, siempre algo peligroso contra un equipo español jugando de anfitrión. A España se le dio un penalti después de una falta fuera del área. El problema era que —y esto es confirmado por las constantes repeticiones de la televisión— era obviamente una falta que había ocurrido fuera del área de penalti.

El jugador español Ufarte disparó fuera. El árbitro danés, Lund, era más que un competidor para eso. Ordenó que se volviera a patear. Esta vez fue Juanito quien marcó. Después, España tuvo un segundo penalti para la que iba a ser su única victoria en el torneo.

A dondequiera que uno mirara, el espectador veía no sólo momentos de gran fútbol sino con deprimente frecuencia un malo e inaceptable arbitraje.

Francia-Kuwait. Una hermosa pelota de Platini hizo a su compañero de equipo Giresse danzar hacia la defensa kuwaití mientras algunos de los defensas parecían petrificados. Giresse marcó. El árbitro ruso Miroslav Stupar señaló al centro. Era el cuarto gol francés. Los kuwaitíes protestaban violentamente. La razón que miraran inmóviles mientras Giresse continuaba feliz su camino era porque el árbitro había pitado un fuera de lugar. El árbitro era inflexible. No había pitado y era gol. Los kuwaitíes se agitaron más. Se volvieron más vehementes en sus protestas. Si el árbitro no había pitado, entonces alguien en las graderías lo había hecho.

Arriba en la tribuna en la zona VIP, libre de transeúntes, estaba sentado el presidente de la Federación de Fútbol Kuwaití, el príncipe Fahed. Empezó a hacer señas a su equipo, avisándoles que deberían dejar el campo. Los kuwaitíes empezaron a retirarse del campo, luego el príncipe apareció por la línea de banda. Ahora parecía que les iba a decir que se quedaran. En este momento el árbitro ruso decidió agregar más a la excitación. Anunció que anulaba el gol, y los franceses empezaron a protestar. El orden en el partido se restableció y, con el gol anulado, continuaron con el juego. Un momento antes de terminar la farsa, Francia marcó otro gol.

El juego entre Alemania y Austria no era asunto de risa. A su propia manera, fue un asunto tan desagradable como el juego Argentina-Perú lo fue en 1978. Era el juego final de su grupo. Ejemplificó todo lo que estaba podrido no sólo en el comité de arbitraje de la sede de la FIFA en Zurich, sino en todo el Comité Ejecutivo desde Havelange hacia abajo.

Tanto Alemania como Austria eran conscientes antes del inicio que un 1-0 a favor de Alemania aseguraría que tanto Alemania como Austria pasarían a la próxima ronda a expensas de Argelia. Si Alemania ganaba por más de un gol o el partido se empataba, o Austria ganaba, entonces Argelia, y no Alemania, pasaría. Después de diez minutos marcó Alemania. Hay que ver los siguientes ochenta minutos para poder creerlo. Ningún equipo hizo ningún intento para marcar o jugar al fútbol. Un arreglo amistoso.

Argelia protestó y exigió que tanto Alemania como Austria fueran expulsados de la competencia por violación del espíritu del juego. Havelange guardó silencio. Su amigo cercano, el alemán Neuberger, el anterior vicepresidente de la FIFA, también permaneció en silencio. La FIFA rechazó la protesta de Argelia y fueron los argelinos los que se fueron. Una vez más al fútbol lo redujeron los corruptos y venales al nivel de la lucha profesional.

Hidalgo, el técnico francés, cuyo equipo se vio obligado a enfrentar a Austria en la siguiente ronda, fue a ver a los próximos oponentes de Francia y a tomar notas, pero no las tomó, sino que sugirió públicamente que debería otorgarse el premio Nobel de la paz a ambos equipos.

El segundo tiempo vio un arbitraje estándar que carecía de credulidad. Si colectivamente los árbitros de los partidos del grupo uno tocaron fondo, en algunos de los partidos de la segunda ronda iban a perforarlo. Diego Maradona debió creer después del juego de apertura contra Bélgica que las cosas sólo podían mejorar. Estaba equivocado.

Gentile nunca debió jugar en este partido de la segunda ronda. Su conducta durante los partidos del grupo uno deberían haberle asegurado al menos una suspensión de dos partidos, pero ahí estaba vivito y pateando —en este caso a Maradona—, desde el principio hasta el final. Era imposible soportarlo. El reloj había andado hacia atrás. Era Portugal-Brasil 1966 otra vez con un maravilloso talento precoz, que fue pateado, golpeado, puñeteado, sacado del juego. El árbitro rumano Nicolae Rainea no vio nada malo en Gentile y le permitió reinar libremente para ceder en una gama de violencia que ameritaba cargos criminales. Finalmente, después de que Maradona fue otra vez lanzado al piso por Gentile, el árbitro se movió para mostrar una tarjeta amarilla. Era para Maradona. En la mente del árbitro, el argentino estaba protestando indebidamente. A seis minutos del final, el árbitro sacó una tarjeta roja. Esta iba para el argentino Américo Gallego. Los italianos ganaron 2-1.

Argentina ahora tenía que derrotar a Brasil, el tercer miembro de su miniliga, para tener una oportunidad de pasar. Después de su experiencia en las manos de Italia, su técnico Menotti dijo a la prensa:

"Yo creo que hay una regla que dice que un jugador que cometa faltas repetidamente debe ser expulsado, ¿no?".

En el caso de Gentile, de hecho no lo fue.

Ahora contra Brasil, Menotti finalmente vio una tarjeta roja después de un incidente que involucraba a Maradona, pero fue éste el expulsado, a cinco minutos del final del juego que merecidamente ganó Brasil 3-1.

Todas las frustraciones y lesiones finalmente fueron para el joven argentino. Su falta sobre Batista era inexcusable y con muchas promesas incumplidas salió del campeonato mundial de 1982.

El juego final de este grupo entre Italia y Brasil decidiría quién pasaría. Brasil necesitaba sólo empatar, Italia tenía que ganar.

Si se pudiera ignorar la contribución de Gentile al juego, era un partido que parecía pertenecer a la final. Sin embargo, ni los espectadores ni Zico, que tenía la mala fortuna de tener a Gentile marcándolo en todo sentido de la palabra, pudieron ignorar al psicópata italiano. Esta vez, se ganó una tarjeta amarilla, pero sin dejarse intimidar siguió pateando, golpeando y empujando a Zico, hasta tal punto que la camisa de Zico estaba rasgada. Los brasileños llamaron la atención del árbitro sobre su pecho desnudo, pero Klein de Israel tenía, por sus anteriores estándares, un mal día. Expulsó a Zico. Era el lado oscuro del fútbol italiano lo que se mostraba durante el partido. También estaba el deleitante talento de Paolo Rossi para disfrutar, el cual no había mostrado en los anteriores juegos de Italia, pero en este juego crucial empezaron a aparecer las piezas de su juego delicado. Rossi sacó un memorable y brillante truco de sombrero contra una defensa brasileña que, como muchos antes y muchos después, estaba allí para ser tomada. Los goles de Sócrates y Falcao parecían suficientes para Brasil, pero al final un regreso de Rossi a su mejor forma fue demasiado para ellos.

Si el arbitraje de Klein de este partido fue malo, Charles Corver, el árbitro holandés a cargo de la semifinal Francia-Alemania, fácilmente sobrepasaría la ineptitud de aquél. El partido estaba finamente balanceado a 1-1 a los diez minutos del comienzo del segundo tiempo cuando el francés Patrick Battiston, que había estado en el campo sólo por unos pocos minutos, se movió a través del defensa alemán cazando una pelota larga. Golpeó al guardameta alemán Schumacher. Éste, sin intentar jugar la pelota, le asestó a Battiston un golpe en la cara con el antebrazo.

Battiston cayó como una piedra. Su cuerpo no se movía. Schumacher completó su ataque apabullante ignorando insensiblemente al jugador inconsciente. Fue una falta tan brutal como ninguna otra vista en todo el torneo.

La policía de Sevilla, manteniendo el nivel general de escuálida incompetencia que empeoraba este campeonato mundial, prohibió a la Cruz Roja pasar a este lado del campo. Pasaron más de tres minutos antes que llegara asistencia médica a Battiston, que muchos temían que estuviera muerto. Afortunadamente sus heridas se restringían a una severa contusión y a la pérdida de dos dientes. Schumacher debió ser expulsado y se les debió conceder un penalti a los franceses. Ninguna de las dos cosas sucedió. El árbitro consideró que nada malo había sucedido, no vio el incidente. Sus jueces de línea no intentaron decirle lo que ocurrió.

El árbitro Corver aportó todavía otra contribución este juego. Con el marcador 3-1 a favor de Francia, Rummenigge de Alemania marcó un segundo gol para su país. El hecho de que había dos evidentes faltas sobre los jugadores franceses por parte de Rummenigge antes de marcar, también fue ignorado por el árbitro. Después del tiempo extra el marcador era 3-3, así, por primera vez un juego de campeonato mundial iba a ser decidido por la última farsa que ha reducido el bello juego a una lotería: tiros libres desde el punto penalti. Alemania Occidental ganó la lotería porque su guardameta Schumacher, que merecía ser expulsado en el minuto 57 del segundo tiempo, salvó dos penaltis.

Italia derrotó a Polonia 2-0 en la otra semifinal, y la final por lo tanto sería entre Italia completa con el *signor* Gentile y Alemania Occidental con *Herr* Schumacher entre los postes. Era tiempo para que el organizador español lanzara otra carta a la mesa. El equipo francés intentó coger un avión de Sevilla a Barcelona. En medio del caos, los jugadores totalmente exhaustos se sentaron sobre sus maletas mientras avión tras avión llegaban y partían. Esa fue otra maniobra inolvidable de Mundiespaña que inevitablemente era responsable de contratar los vuelos. También se aseguraron que el equipo alemán igualmente exhausto, después del traumático juego con tiempo extra y una sesión de tiros penalti, pasara la mitad de la noche en Sevilla antes de volar a Madrid para enfrentar al grupo italiano fresco en la final del campeonato mundial.

El primer tiempo de la final en gran medida consistió en dos equipos determinados a evitar que el otro jugara fútbol. Mirar secarse la pintura era una alternativa atrayente. Los italianos botaron un penalti en el minuto 25 pero la vista más atrayente durante los primeros cuarenta y cinco minutos fue el árbitro brasileño Coelho, pitando el final del primer tiempo con el marcador 0-0. Stielike, el defensa alemán, debió ser expulsado por una falta sobre Oriali cuatro minutos antes del intervalo, pero aparentemente el árbitro Coelho decidió que se debían mantener los pésimos estándares de arbitraje establecidos durante los juegos anteriores del torneo hasta el implacable final.

Su falta y el hecho de salir impune obviamente prepararon a Stielike para el intervalo. El camerino de Alemania Occidental fue escenario de mayor actividad que el campo de juego en el primer tiempo. Stielike proclamaba a gritos incontrolablemente que Rummenigge, que tenía una herida muscular, no debió jugar. Cansado por la histeria, Rummenigge le pidió a un compañero de equipo que golpeara a Stielike por él.

Si el fútbol es un juego para los que gustan de la ironía, entonces unos diez minutos del segundo tiempo serían particularmente dulces para ellos. El hombre sobre el cual Stielike cometió esa horrible falta en el primer tiempo era el italiano Oriali. Ahora al mismo jugador italiano se le cometió otra falta. Esta vez por el lesionado Rummenigge. Un rápido tiro libre encontró a Gentile en el ala derecha. Su tiro volaba a través de la meta alemana, para encontrarse con Rossi que la cabeceó venciendo a Schumacher.

Tardelli consiguió un segundo gol y Altobelli un tercero. Cerca del final, Breitner obtuvo uno para Alemania Occidental, pero el partido y la Copa eran de Italia, 3-1. Se unieron a Brasil, la otra nación que ganó la Copa tres veces. El torneo fue una poderosa demostración del viejo dicho que reza "si se gasta mucho dinero en un problema, el problema desaparecerá". Era, como todos los viejos dichos, un montón de pelotas, no de la variedad de Adidas.

La FIFA, ampliamente ayudada por el Comité del campeonato mundial y Mundiespaña, dio al público el peor torneo en la historia de la competencia. Era totalmente apropiado que las imágenes de cierre de la final incluyeran una deliciosa viñeta. Havelange de pie dándose importancia al lado del rey Juan Carlos, mientras que Zoff, el capitán italiano, orgullosamente movía el trofeo y debajo del pórtico la policía de Madrid golpeando a los fotógrafos con sus bolillos. En 1982, la fuerza policíaca española todavía se aferraba a muchas de sus tradiciones fascistas. La idea que a la prensa se le permitiera fotografiar al rey mientras sostenía la Copa era obviamente absurda.

Antes de empezar el campeonato mundial 1982 en España, la FIFA pidió a todos los países participantes que firmaran un compromiso, una promesa pública, por el bienestar del juego.

"La violencia deforma y deshonra el deporte... Nosotros somos conscientes de nuestras responsabilidades y nos comprometemos a jugar con respeto por las reglas, los árbitros y nuestros oponentes".

Si la FIFA hubiera además legalizado este compromiso, y si hubiera establecido que si se contravenía, automáticamente seguiría la descalificación del torneo, entonces la declaración pudo tener algún efecto e influencia en lo que pasó en un torneo de fútbol durante el verano de 1982. No lo hicieron y la declaración siguió siendo una hipérbole. Al odiado Gentile se le permitió jugar la final y como consecuencia recibir una medalla de ganador. El igualmente odioso Schumacher también jugó en el mismo partido. Un actor de primera clase de la talla de Diego Maradona, como Pelé antes que él, fue brutalmente expulsado del torneo. Austria y Alemania conspiraron con éxito para hacer trampa a los de Argelia. La calidad del arbitraje alcanzó frecuentemente niveles que podían deshonrar cualquier partido dominical en una cancha de cualquier villa inglesa. Los anfitriones eran totalmente conscientes de su mediocridad, de su carencia de talento, originalidad y capacidad básica; calificaron para el premio a los actores, con jugadores que caían como moscas españolas en el área de penalti.

Un hombre, sin embargo, estaba emocionado y deleitado con todo lo visto. El hombre que soñó la declaración del juego limpio.

Havelange, el hombre que era en gran medida responsable del lío, que forzó a España y a la amplia audiencia internacional al indecible tedio de una competencia de 52 partidos que seguían y seguían y seguían proclamando el campeonato mundial de 1982. Un éxito espléndido, una brillante ocasión.

Él les dijo a los reporteros que esperaba con ansia el campeonato mundial de 1986 en Colombia. Dando sus adioses, Havelange partió para el Aeropuerto Internacional de Madrid. Allí, acompañado por Guillermo Cañedo, anterior presidente de la Federación Mexicana de Fútbol, abordó el jet privado de Emilio Azcárraga, jefe de Televisa Mexicana. El avión se dirigió a ciudad de México y el plan secreto de reemplazar a Colombia con México como el próximo anfitrión del campeonato mundial dio otro paso hacia su cumplimiento.

Por la época en que Havelange se convirtió en presidente de la FIFA en junio 1974, el otorgamiento a Colombia para el campeonato mundial de 1986 era un hecho establecido. El recién elegido presidente tenía otras ideas, pero aun un hombre tan arrogante como Havelange hubiera desistido de intentar cambiar una decisión tomada tan recientemente, particularmente cuando planeaba dar la organización de una copa a una nación que fuera sede de la anterior. Era una cuestión de esperar y planificar. La mayor parte de la planeación tuvo lugar entre Havelange y Dassler, quienes excluyeron a Nally. Las reuniones precedían la partida de Nally, pero aún entonces, a principios de 1980, el hombre de Adidas se preparaba para deshacerse del hombre al que le debía tanto.

México, en las mentes de Havelange y Dassler, tenía mucho que elogiar. La mayor parte de su infraestructura en 1970 estaba en su lugar. Sólo se necesitaría como mucho un estadio. Colombia era capaz de alojar un torneo de 16 equipos, pero Havelange ya se había ocupado de eso. Eran 24 equipos y si se iba a cambiar sería para subir.

Luego estaba la violencia endémica, los problemas de corrupción y drogas que azotaban a Colombia. No eran buenas relaciones públicas para inducir miles de visitantes extranjeros al torneo. Por supuesto, los mismos problemas aquejaban a México, pero al menos no había allí una incesante guerra civil a gran escala.

Los Estados Unidos y Brasil indudablemente querían ser considerados como alternativas en la línea de tradición de la FIFA que el torneo siempre se alternaría entre Europa y Latinoamérica. Ambos eran candidatos lógicos, pero Havelange nunca ha sido un hombre que se impresiona mucho con la lógica. Aparte de cualquier otro factor, México tenía una maravilla por la que había que ir. Tenía a Emilio Azcárraga. Entre otros aciertos tenía su propia cadena de televisión privada, Televisa Mexicana; también poseía la Red Española Internacional en los Estados Unidos; luego estaban las estaciones de radio, los periódicos, los canales de cable, compañías de cine, compañías de música; Televisa Mexicana emitía unas 18.000 horas de programas al año —más que la ABC, CBS y la NBC combinadas—. Él era el Rupert Murdoch mexicano antes que alguien escuchara hablar de Rupert Murdoch.

Havelange secretamente cerró un trato con Azcárraga, quien debido a su inmensa riqueza era capaz de garantizar personalmente y suscribir el torneo entero. Inicialmente el trato era sólo en principios. Ambos hombres sabían que tocaba hacer mucho antes que el campeonato mundial 86 se convirtiera en realidad. Dassler, aún siendo el Maquiavelo moderno, no pudo resistirse a plantear en octubre de 1980 en el periódico *Sport Intern* lo siguiente:

"El campeonato mundial de Fútbol 1986 probablemente se le dará a México si Colombia retorna el mandato, una posibilidad que, entretanto, se está estudiando en la Federación Internacional de Fútbol (FIFA). Aun Brasil es considerado en los círculos directivos de la FIFA sólo como 'segunda opción', así el presidente de la FIFA, Dr. João Havelange, usara todo el prestigio de su posición para dar peso a la candidatura de su país natal. Estos círculos ven como 'totalmente absurdas y casi ridículas' las sugerencias... de realizar el campeonato en Estados Unidos. Esto, puesto que el interés en el fútbol en Estados Unidos está decayendo notablemente. Algunos observadores aún ven la existencia de la Liga Norteamericana de Fútbol como interesada en la cuestión".

La cita minimizando un campo de juego potencial en los Estados Unidos vino directamente de Havelange. El lector debe recordar el incidente durante el campeonato mundial en Alemania en 1974 cuando Kissinger y sus guardaespaldas descendían de la tribuna VIP. Ciertamente Havelange lo recordó. Como quedó claro, Havelange se preocupaba mucho de quién debería y quién no debería usar las tribunas VIP en los estadios de fútbol. Él sabía que Kissinger estaría delante de cualquier campo de juego hecho por los Estados Unidos. Esto hizo su plan propuesto muy delicioso.

En cuanto a la referencia a la presión de Havelange para buscar la candidatura de Brasil, es un ejemplo completamente maquiavélico de Dassler. No era un hombre que admitía la derrota cuando llega a un mercado lucrativo, él codiciaba a Brasil y el enorme mercado que significaba para Adidas.

Havelange me contó durante las entrevistas que sostuve con él cómo Dassler pidió y ofreció enviar a Sir Stanley Rous río abajo y ayudar a Havelange a llegar a la silla presidencial a cambio de un trato que unía a todos los deportes en general, pero lo más importante de todo, al fútbol brasileño en particular, a su compañía. Havelange declaró haber despreciado la oferta y dar el negocio a una compañía rival. Después que él y Dassler empezaron a trabajar estrechamente, éste trataba en cualquier oportunidad de influir para que se retractara en Rio y tomara el contrato de ropa y equipo para Adidas. Claramente tuvo éxito. Por la época en que Giulite Soutinho se convirtió en presidente de la Federación Brasileña de Fútbol en 1980, Adidas tenía el contrato; el fútbol ya no estaba bajo la amplia sombrilla de todos los deportes brasileños, sino que era controlada separadamente y conocida como CBF. Durante mi entrevista en Rio en febrero de 1998 con Giulite Soutinho, él me contó lo que pasaba.

"Cuando tomé el puesto de presidente de la CBF, había contratos, los últimos contratos eran con Adidas. Lo que hice fue proponer una oferta para un nuevo contrato. Cuatro compañías se postularon para el contrato. Abrimos los sobres y Topper hacía la mejor oferta. Ellos ganaron".

Los seis años de Soutinho como presidente de la CBF son un brillante ejemplo de cómo trabajan tales organizaciones: publicaba las cuentas anuales y los registros de asistencia, racionalizaba al menos parte de la locura del fútbol brasileño heredada del almirante Nunes y de Havelange. Sus contratos de negocios en nombre de la CBF siempre eran conducidos con el máximo de transparencia. Era todo lo que Havelange no fue para la administración del fútbol. No se puede decir que los dos hombres disfrutaran de una cálida amistad.

Dassler estaba afligido por la pérdida del negocio lucrativo que podría haber seguido engrosando a Adidas si continuaba siendo el distribuidor exclusivo para el país futbolero más famoso del mundo. Pero este resentimiento no era nada comparado con la ira del presidente Havelange. Soutinho tenía que irse y Havelange consiguió quien lo remplazara. Ricardo Texeira.

Teixeira era un abogado, con una carrera no muy clara, pero tenía un enorme acierto a su favor. Estaba casado con la hija de Havelange. Esto significaba que a pesar de su total ignorancia de la administración y las finanzas del fútbol, era el material ideal para la más importante posición del fútbol brasileño. Todo se empezó a fermentar mucho antes que Havelange abordara el avión a ciudad de México.

Havelange pudo ser un formidable general y de hecho su vida no es diferente a la de un conquistador del siglo dieciséis: si podía prevalecer con engaño y astucia, lo hacía; si era necesaria la coacción, la ejercía. Después de una brillante campaña se había tomado el trono y se convirtió en un rey guerrero de primera clase. Primera clase al menos cuando venían los gastos.

Por la época del campeonato mundial en España, el recién electo presidente de Colombia, Belisario Betancur, le avisó a la FIFA que se encontraba totalmente preparado para reafirmar todas las garantías hechas por su predecesor el Dr. Misael Pastrana, sin saber que su causa estaba perdida antes de empezar a pelear por ella. Havelange despachó una comisión de la FIFA a Colombia. Su misión era revisar la infraestructura necesaria para un torneo de campeonato mundial, calles, trenes, aerolíneas, estadios, hoteles, el completo paquete multimillonario en dólares que la FIFA consideraba esencial para preparar la competencia. El hecho de que España clasificara al campeonato mundial sin muchos de estos puntos esenciales no estaba sujeto a discusión, no entre los delegados de la FIFA que enviaron a Colombia. Havelange los había instruido antes de salir, y los entendidos estaban convencidos que sus colegas iban a decir en una forma horriblemente larga algo que ellos ya sabían antes de salir de Zurich: no había intención de darle a Colombia una clara patente de sanidad.

En enero de 1983, el gobierno colombiano admitió la derrota. Súbitamente, para gran sorpresa de nadie en el piso ejecutivo de la sede de la FIFA, el campeonato mundial de 1986 buscaba una nueva casa.

Cuatro contendores se declararon a sí mismos. Canadá, Estados Unidos, Brasil y México.

Giulite Soutinho dio su mejor tiro.

"De hecho, luché una larga y dura batalla para llevar el campeonato mundial a Brasil cuando Colombia desistió. En realidad era la guerra. Yo tenía el apoyo de toda la prensa brasileña, de la gente, del Congreso, pero, al final, la decisión se tomó en contra de Brasil".

Se tomó en contra de Brasil porque el presidente brasileño de la FIFA estaba muy ocupado trabajando para su buen amigo el presidente de Brasil, João Batista de Figueiredo —«mi João», como lo llamaba Havelange— y, en gran medida, para el hijo del presidente. "Brasil tiene un balance tan pesado de pago de deudas, que sería imprudente agregarle tan enorme desembolso. Los estadios que tú conoces, mi João, tendrían que ser renovados. El comité me dijo que el costo total para el Brasil sería de $400 millones de dólares. Mi mayor preocupación, sin embargo, es la administración local. La CBF. Ellos no están preparados para esto. Cuando haya un cambio de liderazgo, un nuevo hombre a la cabeza, entonces será una historia diferente".

Havelange lo dejó suficientemente claro no sólo para «mi João», su amigo por décadas, sino también para un gran número de otras figuras líderes en Brasil. Mientras que Soutinho fuera el presidente de la CBF el campeonato mundial no iría a Brasil.

Tal economía es impresionante. Matar dos pájaros de un sólo tiro es siempre un truco ingenioso. Havelange simultáneamente había disparado los tiros de apertura en una campaña para hacer elegir a Ricardo Teixeira, su yerno, como presidente de la CBF y también había eliminado a uno de los principales contendores para el campeonato mundial 86. Quedaban Estados Unidos, Canadá y México. Lo que significaba que quedaba México.

El 20 de mayo de 1983 el Comité Ejecutivo de la FIFA se reunió en un hotel de Estocolmo. Su propósito era dar una debida consideración a las tres solicitudes para el campeonato mundial 86. El primero en turno era Canadá, luego estaba México. Ellos hicieron una vaga y poco metódica declaración que duró siete minutos. Al salir, bajaron al vestíbulo y ordenaron champaña. Cantidades.

En el siguiente turno estaba el anterior secretario de Estado Dr. Henry Kissinger.

Aparte de Havelange, entre los que estaban sentados allí mientras Kissinger y su grupo se dedicaban alegremente a su tarea, estaba el hombre que pronto sería acusado de una amplia variedad de crímenes inclusive el asesinato, el argentino Carlos Alberto Lacoste y el caballero que había compartido el viaje en avión de Madrid a México con Havelange, Guillermo Cañedo, quien, aparte de ser el vicepresidente de la FIFA, también era un antiguo ejecutivo de Televisa Mexicana, el conglomerado de medios que pertenecía a Azcárraga. Aun así, no era el fin de la vida profesional de Cañedo. Él también, después de una dura lucha, trataba de hacerse elegir como el presidente del Comité Organizador de el campeonato mundial de México.

Kissinger es en un gran número de aspectos un hombre muy similar a Havelange. Ambos parecen estar totalmente libres de modestia, falsa ni de ninguna otra clase; ambos habían ido por la vida haciendo su propia voluntad. Lo que Kissinger deseaba esa mañana era el galardón del campeonato mundial 1986.

Su presentación duró una hora. Elogió el creciente interés en el fútbol en Estados Unidos, le recordó al Comité que el gigante conglomerado Warner Communication invertía mucho dinero en la Liga Norteamericana de Fútbol (NASL), pagó tributo a los talentos que fueron a los Estados Unidos para ayudar al crecimiento del juego. Hombres como Pelé, Beckenbauer y Carlos Alberto compartieron el verano indio de sus carreras en el Cosmos de Nueva York.

Kissinger movía los engranajes de su segunda hora cuando vino un auxiliar y susurró en su oído. Los mexicanos abajo estaban aparentemente muy ocupados organizando una victoriosa celebración.

Nadie había tratado a Kissinger de esa manera. Vociferó humillado. Hubo una conversación entre Kissinger y los otros de la delegación de Estados Unidos para demandar a la FIFA, particularmente cuando supieron que la decisión fue tomada antes del desayuno por el Comité Ejecutivo y que toda la mañana fue un ritual vacío.

Más devastador que la pérdida de prestigio sufrida por Kissinger era el efecto que tenía esta decisión sobre el fútbol en los Estados Unidos.

La popularidad del fútbol en los Estados Unidos crecía constantemente. Se podría producir un largo y duro recorrido antes que pudieran esperar competir para ganar la atención pública en cualquier parte cerca al nivel de apoyo que el fútbol americano, el basketball y el baseball tenían. La gran esperanza entre los implicados en la NASL era que Estados Unidos fuera seleccionados como la sede del campeonato mundial 1986. Como eso no sucedió, la Warner Communication rompió la comunicación. Ellos no podían aceptar que México tuviera más que ofrecer que los Estados Unidos. Sin apoyo corporativo, la Liga Americana de Fútbol se derrumbaría.

La necesidad de Havelange de poner a Kissinger en su lugar se vio satisfecha a un enorme costo para el juego dentro de los Estados Unidos. La decisión de Havelange produjo un retroceso de muchos años. Cuando finalmente llegaron al campeonato mundial 1994, era demasiado tarde para capitalizar el impulso inicial creado por el fútbol en los 70 y a principios de los 80. Se perdió interés y se fue en busca de otras diversiones.

En la misma forma Havelange vendió el campeonato mundial a México. El país que había preferido a la superpotencia mundial era para cualquier criterio económico el estuche de una canasta.

Por la época de la reunión en Estocolmo, México tenía un déficit de más de 80 mil millones de dólares. La inflación era de un ciento por ciento. El peso fue devaluado en dos tercios durante los anteriores doce meses.

Colombia fue rechazada por un gran número de razones, incluyendo una deuda externa que se mantenía en 7,2 mil millones de dólares. Ahora era remplazado por un país al que se le pedía que se presentara en vestido de noche formal cuando no tenía ni una camisa.

Así que México empezó sus preparativos para el campeonato mundial de 1986. Empezó a construir un Centro Internacional para la Prensa y a entrevistar mujeres atractivas para trabajar como anfitrionas para los periodistas visitantes. Todas las escogidas para trabajar en el Centro para la Prensa eran blancas —éste es un país en donde el noventa por ciento de la población es de sangre mezclada y la mayoría de los que quedan son indígenas.

Empezaron a construir muros que se pintarían de blanco y se subirían a más de dos metros de altura para esconder las casuchas escuálidas infestadas de ratas que se escondían detrás de ellos.

Se expidió la orden de que antes de el campeonato mundial todos los vendedores ambulantes, mendigos y niños que lavaban las ventanas de los carros se retiraran de las calles durante el torneo. El comercio de drogas era más difícil de esconder. Un tercio de la heroína y marihuana consumidas en Estados Unidos pasa a través de México, un comercio que ya a mediados de los 80 alcanzaba los miles de millones de dólares. Se necesitaría más que un muro para esconderlo.

Un poco después de las siete de la mañana del 19 de septiembre de 1985, uno de los más poderosos terremotos jamás registrados golpeó el centro de ciudad de México. El terremoto registró 8.1 grados en la escala de Richter. Los muertos fueron más de siete mil. Treinta mil personas quedaron sin hogar.

En una pasmosa demostración de insensibilidad, Havelange anunció que volaría inmediatamente a México para examinar los estadios. De la muerte y derramamiento de sangre no hizo mención.

Sucedió que ninguno de los estadios sufrió ningún daño, ¿pero le preocuparía a la gente el hacer un torneo de fútbol en ese momento? La respuesta fue que ellos lo deseaban más que nunca, al menos esas eran las palabras en los canales de televisión de Azcárraga, en sus periódicos, revistas y radio.

El 30 de diciembre, de manera similar al Papa, el presidente de los Estados Unidos y su Majestad la Reina, João Havelange dio un mensaje de fin de año a la comunidad futbolera del mundo.

Inicialmente habló del desastre del estadio de Heysel ocurrido en mayo anterior en el que treinta y nueve personas murieron, y dijo que no debía permitirse que sucedieran de nuevo tales hechos. Luego habló del final de año en un ánimo más positivo. Porque "los preparativos de México estaban llenos de promesas... Si tomamos las nuevas instalaciones de los medios como un ejemplo de la eficiencia normal de los organizadores mexicanos, podemos de hecho esperar un brillante campeonato mundial... México era la mejor opción posible. Las finales en México serán más que un evento de medios. Por lo tanto, urgentemente apelo a todos los representantes de los medios para que nos apoyen en nuestra lucha para conseguir los ideales de un juego limpio... El hecho de que una gran parte del deporte se haya convertido en el pasado de pura recreación en una industria del entretenimiento manejada profesionalmente con grandes consecuencias financieras no debe de ninguna manera tomarse como un motivo para desatender la deportividad y el juego limpio".

Había ecos perturbadores a ese compromiso que los equipos competidores fijaron antes de España 82. Durante la década del 80, con su mentalidad y compasión de las fuerzas de mercado como un juramento, hablar de deportividad y juego limpio a los futbolistas profesionales promedio que participaban en las finales de Copa en México era un riesgo, una camisa de fuerza, un codo en las costillas y otro en la cara.

Ésta era la década en que hacer trampa en el comercio, la política o el deporte era legítimo; el único crimen era dejarse coger. El fútbol no es algo que esté separado de la sociedad, forma parte de ella, es una parte integral de nuestras vidas. Lo que sucede en el campo de juego se ha convertido muy a menudo en las trampas que se hacen en el ejercicio físico. México 86 daría muchos ejemplos de esto, incluyendo uno que debe haber enviado a alguien que todavía tiene restos de los ideales de los corintios en busca de una bolsa para mareos.

Cualquier cosa que México 86 ofreciera, le daba a la compañía de seguros de Havelange otra inyección saludable de fondos. El costo de los seguros para el torneo era de más de seis y medio millones de francos suizos.

Un jugador en las buenas y en las malas debería dominar el torneo y en un juego en particular tendría un espacio de cinco minutos primero para hacer trampa y luego encantar para seguir su camino por los titulares del mundo entero.

La FIFA concluyó después del torneo previo en España que existía todavía una posibilidad de arruinar el juego aún más de lo que ya se había hecho. En esa ocasión decidió una vez más hacer un lío con la organización de los partidos.

Dándose cuenta que el evento entero era, como Havelange lo anotó desde su balcón al final del año anterior, una industria de entretenimiento manejada profesionalmente, la FIFA se ocupó de algunos conceptos del negocio del espectáculo.

El nombre del juego era girar el botón del drama. Esta vez, 16 equipos avanzarían para la primera ronda, el primero y el segundo de cada grupo de la primera ronda más los cuatro mejores que terminaran en el tercer lugar.

Algún día, pero no en este siglo XX, el concepto de juego de apertura se cambiará a favor de un gran número de juegos que se jugarían en el primer día del torneo.

Éste era Italia-Bulgaria, la respuesta de la FIFA al insomnio. Hubo un vivo festival de danzas mexicanas y música de mariachis, además un discurso del presidente Miguel de la Madrid que fue chiflado y silbado por los espectadores mexicanos quienes sabían que el abundante dinero llegado a México después del terremoto para aliviar el trabajo y la caridad se lo robó el gobierno. Después de los cantos y danzas, las chifladas y silbadas, todo entró en declive.

El árbitro pitó y empezó el juego. Terminó en un empate a 1-1. Era un partido que recordaba uno de una ocasión en particular en Wembley cuando la Reina fue obligada a presenciar una final de copa particularmente aburrida. Después del juego cuando Sir Stanley Rous escoltó a Su Majestad hasta el carro que la esperaba, él preguntó, "¿cree usted que alguien estuvo bien hoy, Señora?". La Reina lo pensó por un momento y luego replicó: "Sí, la banda".

Al final de la primera vuelta, a la prensa se le avisó en el suntuoso y blanco Centro Internacional de Medios que Bulgaria pasaría a la próxima ronda. Bulgaria terminó en el último lugar de su grupo. Había empatado dos partidos y perdido uno. Su gol promedio era 2-4. También excitante fue el caso de Uruguay. Empataron dos, perdieron uno y aún tenían un peor gol promedio de 2-7.

Uruguay se embarcó en un intento totalmente comprometedor: entrar en los libros de récords como el equipo más indisciplinado en la historia del campeonato mundial de Fútbol. Considerando algunos de los juegos ya registrados en este libro, tenían una formidable tarea frente a ellos, pero obviamente iban a hacer su mejor esfuerzo.

Las llamadas de atención en su primer juego contra Alemania Occidental estuvieron acompañadas por la conducta extraordinaria de su banca con su técnico Borrás, que hizo frecuentes incursiones al campo. Después del juego cometieron estragos durante las pruebas de control de drogas con los jugadores uruguayos seleccionados gritando y amenazando a los médicos que los examinaban. La FIFA hizo a los uruguayos una advertencia relacionada con su conducta futura. Ellos no estaban impresionados. Cuando jugaron contra Dinamarca, dos tarjetas amarillas y una roja estaban entremezcladas con la derrota 6-1. Cuando jugaron su tercer juego crucial por un lugar en la segunda vuelta, los uruguayos, temiendo que ésta sería su última oportunidad para agregar algo a su mancillado récord, buscaron una oportunidad. El nombre de José Batista es ahora recordado por pocos, aunque esté en los libros de récords. El que fue expulsado más rápido en la historia del campeonato mundial —53 segundos—. El mismo partido también tuvo un gran número de tiros libres uruguayos que tuvieron lugar cada minuto.

Después del juego, un empate que les dejaba pasar a la siguiente ronda, su técnico Omar Borrás comentó: "Hemos sobrevivido al llamado grupo de la muerte. Eso fue lo que pasó hoy, había un asesino en el campo. El árbitro".

La FIFA convocó a una conferencia disciplinaria que produjo la amonestación de la Federación Uruguaya, una fianza de 25 mil francos suizos, amenaza de expulsión si su conducta desenfrenada continuaba y el retiro de su técnico Borrás de la banca durante el próximo juego por llamar al árbitro asesino.

Al final de esta primera ronda de partidos, más de un cuarto de los jugadores que jugaron estaban amonestados (82) o expulsados (6). Havelange aseguró a la prensa:

"Esto prueba que los árbitros están haciendo su trabajo. No tengo queja de los jugadores, no se están saliendo de las manos".

Algunos de la prensa criticaron a Havelange. Tenían muchos argumentos y por una vez algunos de ellos decidieron olvidar la primera ley del reportaje periodístico que es que la acreditación está por encima de la información, es decir, si usted quiere seguir teniendo acceso al evento no ofenda a los que lo controlan.

"¿Qué hay de los portugueses...?", era una pregunta, una referencia al hecho que la escuadra de Portugal, como la mayoría de las otras escuadras, estaba enfocada hacia el dinero, particularmente en el tamaño de los premios. La relación del equipo con su propia federación se había deteriorado tanto que los funcionarios portugueses pidieron permiso a la FIFA para viajar con un equipo alternativo de 22, una idea interesante. La FIFA declinó el pedido temiendo quizás que podrían sentar un peligroso precedente. Portugal fue eliminado al final de la primera ronda.

"¿Qué hay del arbitraje?", era otra pregunta que giraba en torno al Centro de Medios. "¿El rampante gasto de tiempo; los cuatro equipos derrotados que eran capaces de calificar para la segunda ronda; los incompetentes supervisores de los partidos; una invitación a un criminal político?", y, Dr. Havelange, "¿qué hay de su implicación financiera y las quejas sobre usted relacionadas con un soborno de un millón de dólares de Dassler de Adidas?".

Estas últimas preguntas aparecieron en la edición corriente de *Der Spiegel*. En un largo y muy detallado examen del imperio de Adidas, la revista alemana dio detalles de la conversación Nally-Dassler relacionada con sus intentos de ganar control sobre los derechos de mercadeo para el campeonato mundial 78 en Argentina y el comentario de Dassler: "Si los brasileños hubieran sido sobornados con un millón de dólares, los derechos serían nuestros".

Havelange respondió: "Yo sólo me reiré. La gente puede escribir lo que quiera". Para un hombre con un sentido altamente desarrollado de su propia importancia y el respeto que siempre debería mostrársele, era una respuesta extraordinaria. Igualmente curiosa era su reacción a la acusación de que él estaba financieramente ligado a Emilio Azcárraga y Televisa Mexicana. Negó cualquier vínculo, pero dijo: "Si yo quisiera unirme financieramente, sería totalmente legítimo". Muchos de los reporteros presentes estaban convencidos que el vínculo que ligaba a Havelange con Azcárraga estaba forjado desde hacía mucho tiempo, y que de hecho era financiero. Otras preguntas que exploraban su relación fueron ignoradas. João Havelange es un experto en responder una pregunta que no se ha formulado.

El hecho que sentado junto a él estaba su compañero de avión Guillermo Cañedo, sonriendo enigmáticamente a lo largo de los debates, agregaba una cierta ironía a la situación. Una ironía que se profundizaba cuando su conglomerado maestro de televisión entró para hacer alguna crítica.

Era éste un torneo de campeonato mundial completamente manejado por una compañía de televisión, Televisa, que estaba haciendo el más grande desastre imaginable y delante de miles de millones de observadores. En Holanda, tuvieron un extraordinario vídeo pero sin sonido. En Brasil, recibieron los comentarios italianos. En Colombia, recibieron los comentarios portugueses. En Francia, no tuvieron vídeo ni sonido. La mayoría de los países se vio forzada a recurrir a los comentarios por la red ordinaria telefónica.

Los de la Unión de Difusión Europea, que había pagado una fortuna por los derechos, estaban a un lado, furiosos. Lo hicieron público al decir lo que sucedía —o lo que no sucedía— fuera de México: "El peor desastre en la historia de la difusión". Se acusó a los mexicanos de incompetencia. Luego fueron más lejos: "Es difícil no creer que lo que ha sucedido no es el resultado directo de un sabotaje deliberado. Los miembros de la EBU han pagado más de US 30 millones por los derechos de difusión del campeonato mundial 86. Arréglenlo ahora. O demandaremos para que se nos devuelvan nuestros 30 millones de dólares".

Por la época de esta conferencia de prensa, el fiasco en las comunicaciones ya estaba resuelto. Havelange fue cuestionado sobre lo sucedido, y se desvió, describiéndolo como un problema menor de televisión.

La pregunta sobre una invitación a un criminal político era una referencia a lo que había ocurrido en el Centro de la Prensa dos días antes. Charlando alegremente y caminando hombro a hombro, llegaron Guillermo Cañedo y el vicealmirante Carlos Alberto Lacoste. El Centro de Prensa, siempre ruidoso, súbitamente se quedó en silencio en una sección particular. La sección argentina. Los reporteros que estaban a la mitad de las historias de los expedientes en su equipo y particularmente en el de Maradona, quedaron congelados. Las líneas para Buenos Aires súbitamente terminaron mientras el grupo argentino que estuvo presente en esa época, entre unos 10 a 12 se levantaron y dejaron el salón.

Cañedo, anonadado, despidió a los reporteros como "simples ratas".

Ahora, enfrentados con esa hostil pregunta de esos mismos reporteros, los otros miembros de la FIFA le pasaron la pelota a Cañedo.

"Carlos Lacoste es un buen amigo. Un viejo amigo mío. Yo personalmente lo invité aquí. Su visita me da una verdadera satisfacción. Lo que él haya hecho políticamente no me interesa. Yo soy un miembro apolítico de la FIFA".

Herman Neuberger, Havelange y Blatter estuvieron de acuerdo.

Una de las muchas actividades que los buenos amigos Havelange y Lacoste tenían en común era un interés en el transporte. Es de esperarse que Viação Cometa se confinara a llevar pasajeros. El negocio de Lacoste de alquiler de carros en Cali le daba un beneficio más lucrativo, la cocaína. Castor de Andrade y el almirante Lacoste, dos de los más cercanos amigos de Havelange, tenían intereses compartidos: lavado de dólares, fútbol y estupefacientes.

Aparte de Uruguay y Bulgaria, estaba, gracias a Dios, un número de equipos que sabían realmente jugar fútbol y que avanzaron a la segunda ronda.

Un torneo de campeonato mundial sin Alemania Occidental en las finales era por ahora inconcebible. Desde su readmisión en el torneo del campeonato mundial de 1954 en Suiza, habían aparecido en todas las etapas finales de la competencia y ganado el trofeo dos veces. Ahora en México, tenían como técnico de su equipo a un verdadero talismán: Franz Beckenbauer. Su escuadra era una mezcla entre lo viejo y lo nuevo —una combinación que falla tan frecuentemente como tiene éxito—. Schumacher, que era culpable del apabullante ataque al francés Patrick Battiston, estaba todavía allí. La experiencia en España no había cambiado su carácter. Cuando escuchó que su rival, el más joven guardameta Stein, lo reemplazó en uno de los primeros partidos del torneo, pronto lesionó a otro jugador alemán durante el entrenamiento. Con Battiston todavía jugando para Francia, se esperaba sinceramente que los dos equipos no estuvieran destinados a encontrarse en el campo de juego.

Brasil era el favorito de los corredores de apuestas, aunque con muchos de sus mediocampistas —Zico, Falcao, Cerezo, Sócrates— lesionados, y la cantidad de partidos que iban a jugar en las alturas aztecas no presagiaban un buen juego. Entre los otros que todavía estaban allí cuando empezó la segunda ronda, se encontraba Inglaterra, su indecisión en el campo reflejaba muy apropiadamente el estado mental corriente de su técnico Bobby Robson. Todavía estaba a tiempo para mejorar después de haber completado sus partidos de la primera ronda. Una solitaria victoria contra Polonia, un afortunado empate contra Marruecos y una derrota en las manos de Portugal... no era la escencia de los campeones mundiales.

También en la segunda ronda estaba el Jekyll y Hyde del torneo: Argentina, ahora bajo la dirección técnica del estudioso Dr. Carlos

Bilardo. Hubo momentos en que Bilardo fue en el pasado menos académico. Jugó para el notorio equipo Estudiantes de la Plata a finales de los 60 —un equipo que hizo que el Wild Bunch pareciera como niñas exploradoras—. Nobby Stiles, cuya agresividad había preocupado tanto no sólo a sus oponentes sino también a la FIFA en 1966, llevaría las marcas de su encuentro con Bilardo hasta el final de sus días: un cabezazo sobre el ojo. El asistente de Bilardo era otra persona encantadora: Carlos Pachamé, que le partió el mentón a Bobby Charlton en el mismo partido.

El técnico Bilardo también usó tácticas que dejaban mucho que desear —un zaguero, dos marcadores, cinco hombres a través del mediocampo y sólo un delantero—. Recordatorio de muchos clubes ingleses jugando un partido de liga. Pero el delantero era Diego Maradona. Si algún jugador podía imponerse en este torneo, era Maradona.

La respuesta de Maradona en el primer juego de Argentina, contra Corea del Sur, a las patadas, arrastradas y maltrato que recibió fue la mejor de todas las formas posibles de retaliación: marcó los tres goles de Argentina. Corría la voz que el pequeño hombre estaba atrasado y aturdido.

Francia también lo hizo en la primera ronda, su elegante mediocampista Platini hizo su último hurra cuando todavía buscaba esa evasiva medalla de ganador.

Uno de los aspectos más positivos de los partidos de la segunda ronda fue la eliminación de Uruguay —en manos de Argentina 1 por 0— y Bulgaria —derrotada por el país anfitrión México—. La presencia de Bulgaria y Uruguay en estas finales fue un poderoso argumento para reducir el número de finalistas.

Francia, con un Platini medio en forma, también pasó, derrotando a Italia 2-0. Brasil dio a Polonia una lección de comprensión al controlar el medio campo en su victoria de 4-0, e Inglaterra, a pesar de una defensa paraguaya que recurrió al karate marcando a Gary Lineker, en un momento mostró un mejoramiento reanimante al completar una victoria de 3-0.

Alemania Occidental, mientras tanto, no exactamente poniendo el torneo al rojo vivo, estaba haciendo un progreso continuo. Derrotó a Marruecos 1-0 para pasar a los cuartos de final.

Tres de los cuartos de final podrían resolverse sólo después de recurrir a los tiros libres desde el punto penalti. Así, Francia, Alemania y Bélgica pasaron a las semifinales gracias a la lotería.

Un partido particular de cuartos de final permanece indeleble en la memoria. Era la primera vez que los dos países, Inglaterra-Argentina, se habían encontrado desde que sus naciones habían librado la Guerra de las Malvinas.

La prensa de ambos países estaba bordeando la histeria. Ese día había una masiva presencia del ejército dentro y fuera del estadio Azteca donde se iba a jugar el partido. Se pusieron tanques en las calles y el número de militares mexicanos presentes fácilmente superaba a los aficionados de ambos equipos.

El segundo tiempo se abrió con un juego sin goles. A los cinco minutos, Maradona perdió el balón en el área de Inglaterra. Fue hacia el defensa inglés Hodge quien la enganchó sobre su cabeza, siempre una gambeta peligrosa, pero ésta iba dirigida al mejor guardameta del torneo, Peter Shilton. Cuando el inglés se elevó para puñetear el balón otra figura lo retó: Maradona. No era ningún reto. Shilton medía más de un metro ochenta con los pies descalzos, Maradona escasamente uno sesenta y cinco. En el aire no había forma de que Maradona alcanzara la mano extendida de Shilton. Ninguna, excepto una. Empujó el balón sobre Shilton y dentro de la red con el puño cerrado. El juez de línea tenía una visión perfecta y, como el defensor inglés Terry Fenwick recalcó recientemente, se lo calló. El árbitro, un tunecino, Alí Ben Naceur, señaló al punto central. Debe recordarse que fue en los 80. Hacer trampa estaba perfectamente bien si uno no se dejaba coger. El juez de línea y el árbitro habían optado por no castigar a Maradona. A pesar de las protestas de los jugadores ingleses, se validó el gol.

En el horno que se había convertido el estadio azteca algunas cabezas inglesas se agacharon. Otras se movieron por la cancha como sobrevivientes aturdidos de algún accidente horripilante. No era un accidente. Las cabezas necesitaban sostenerse, reagruparse, confiar una en la otra. Maradona, habiéndole mostrado a los que miraban la parte oscura y maligna de su personalidad, tomó un momento para mostrar la pura, no mancillada creatividad que simultáneamente vivía dentro de él.

La defensa argentina estaba tomando posesión del balón en su propio campo. Maradona pidió el balón. Cuando se le lanzó el balón, estaba de frente a su propio arco. Tres jugadores ingleses —Reid, Hodge y Beardsley— lo rodeaban. Él no tenía a dónde ir. Girando como un trompo cuando Beardsley se acercó para atajarlo, Maradona giró sobre sí mismo. Adelantó el balón ligeramente y lo retiró de su propio campo hacia el arco de Inglaterra. Reid se fue tras él, mientras que Terry Butcher intentó atajarlo. Maradona corrió, dejándolos a ambos exhaustos trás él. Se movió hacia el defensa inglés Fenwick como si no estuviera allí, mientras Butcher lo perseguía intentando desesperadamente atajarlo. Maradona lanzó la pelota por detrás de Shilton y la metió dentro de la red. En espacio de pocos minutos el pequeño hombre había personificado tanto a la Bella como a la Bestia.

Confiando profundamente en sus propias creencias internas, en sí mismos, los jugadores de Inglaterra lucharon intensamente para regresar al encuentro. Después de sesenta y cinco minutos el técnico Bobby Robson empezó a anunciar los cambios. Trevor Steven y Steve Hodge estaban logrando poco en los extremos. Peter Reid luchaba con un dolor en el tobillo; lo sacaron y lo remplazaron por Chris Waddle: rápido, con buen manejo de sus dos pies y errático —si burlaba a los guardametas con su dirección a veces también se burlaba a sí mismo—. Su impacto inicial en el juego fue mínimo. Después de setenta y cuatro minutos John Barnes entró por Trevor Steven y las cosas finalmente empezaron a resultar. Barnes, quien a través de su carrera a menudo producía escenas frustrantes y sin brillo —frustrantes porque uno había visto también en otras ocasiones habilidad de clase mundial— este día en el estadio Azteca mostró la gama total de sus talentos. Empezó a correr hacia la defensa argentina. A ninguna defensa le gusta tener un alero de clase mundial corriéndolos. Ésta no era la excepción. Su marcador Giusti lo molestaba por el lado izquierda y lo desorientaba continuamente. Cinco minutos después Barnes había llegado sobre él otra vez por detrás de Giusti y la centró para Lineker para cabecearla. 2-1. A tres minutos del final, Barnes lo hizo de nuevo. Gary Lineker apareció. Parecía que iba a anotar, luego, súbitamente, Lineker estaba en la red pero el balón no. Había fallado al conectarla.

Argentina ganó. Pasarían ahora a las semifinales e Inglaterra se iría a casa.

Después del juego, Maradona respondió repetidas preguntas sobre lo que había pasado, con una respuesta blasfema: "Si hubo mano, esa fue la mano de Dios".

A todos en Buenos Aires les fascinó. Se sintieron menos contentos cuando supieron que ese mismo día una de sus mujeres había revelado en el *Sunday Times* la verdad relacionada con que no sólo un argentino, sino el gobierno entero, había sobornado a Perú, asegurando que Argentina siguiera hacia la final del campeonato mundial de 1978 y, eventualmente, hacia la Copa misma.

Recientemente, durante el campeonato mundial 98, Maradona públicamente se disculpó por lo que había hecho contra Inglaterra en el juego en el estadio Azteca. Aparentemente le gustaría venir a Inglaterra a dirigir uno de nuestros clubes de las primeras ligas.

El defensa inglés Terry Fenwick era uno de los jugadores a los que Maradona sacó en el camino hacia su otro gol. Su gran gol.

"Me alegra que un maravilloso gol estuviera entre los dos equipos al final. Sería infame pensar que ese pequeño bastardo nos hizo trampa y nos sacó".

Pero lo hizo. Como observó un periodista italiano en ese tiempo a su colega británico Brian Glanville cuando discutieron ese otro gol:

"Inglaterra estaba todavía en estado de shock, como el hombre al que le han robado su maletín".

Era, como observó Glanville, una descripción apta porque el primer gol de Maradona fue un robo.

Después del juego, la escuadra inglesa reprodujo el vídeo del partido como lo hacen todos los equipos perdedores. Shilton puntualizó a los otros que Inglaterra había tenido una excelente oportunidad negada cuando se le frenó un tiro libre a John Barnes quien lanzó lo que parecía un tiro de gol cuando golpeó al árbitro que estaba parado al final de la barrera argentina. El árbitro tunecino corrió entre los jugadores ingleses diciendo: "Lo siento, lo siento". Uno puede sólo preguntarse cómo se sintió en el verano de 1998 cuando le dijeron que Maradona finalmente se había disculpado por haber hecho trampa contra Inglaterra en el campeonato mundial del 86.

En las semifinales, Argentina enfrentó a los menos favoritos del torneo, Bélgica, que habían pasado con dificultad en la segunda vuelta como uno de los beneficiarios dudosos de la regla del mejor tercer equipo. Aprovechando ese hálito de vida, ellos tuvieron una gran oportunidad contra Rusia saliendo como ganadores, 4-3. En los cuartos de final habían ganado su particular lotería de tiros desde el punto penalti contra España y ahora permanecían esperando a Maradona y sus hombres.

La otra semifinal produjo un encuentro que muchos temían desde el principio: Francia *vs.* Alemania Occidental o Shumacher-Battiston. ¿Podrían Platini de Francia o Rummenigge de Alemania Occidental, ambos en las etapas finales de sus ilustres carreras internacionales, moverse más hacia el trofeo?

Schumacher, por instigación de Beckenbauer, se estrechó las manos con Battiston antes del saque de centro. A los diez minutos, fue el guardameta francés quien se hizo su propio nombre, y en Francia no uno particularmente bueno. Desconcentrado ante un tiro libre de Brehme, luchó por el balón, que rodó por su pecho, pasó bajo su cuerpo y entró en la red. El resto del juego fue una historia de Francia perdiendo excelentes oportunidades para nivelar el marcador. En el último minuto, y contra las expectativas, Alemania Occidental consiguió un segundo gol y otra vez pasó a la final de un campeonato mundial.

Si la Guerra de las Malvinas había motivado a Argentina contra Inglaterra, la memoria de cómo Bélgica había pateado a Maradona por todo el campo de fútbol en España durante el campeonato mundial 82 cumplió ese papel en la semifinal.

En el primer tiempo, Argentina finalmente metió el balón en la red. A pesar de la masiva defensa belga, Valdano, siguiendo el ejemplo de Maradona, puñeteó el balón. Diferente árbitro, diferente resultado. El gol fue anulado.

En el segundo tiempo, con la afición clamando por un destello de brillo para estimular un aburrido espectáculo, el hombrecillo respondió al llamado. Deslizándose al área de penalti a los seis minutos del comienzo del segundo tiempo, Maradona pasó a través de dos defensas y con la punta externa de su pie izquierdo golpeó el balón detrás de Pfaff en el arco belga. Doce minutos más tarde —acorralado justo como en el pasado Pelé, Garrincha, Matthews, di Stefano y otros jugadores geniales habían estado acorralados— Maradona repitió lo que tales jugadores hicieron. Justo al borde del área de penalti belga, desvió, sobrepasó otro, amagó, osciló y dejó a cuatro defensas rezagados cuando pasó la pelota por segunda vez por detrás de Pfaff. Argentina 2, Bélgica 0. Sin el uso de sus manos, Maradona, hábilmente ayudado por sus colegas, puso a su país por tercera vez en una final del campeonato mundial.

A la pregunta en la víspera de la final si iría a mirar, Michel Platini respondió:

"No, yo no iría. No hay nada que aprender de este partido".

Alemania Occidental a lo largo de todo el torneo no pudo animar a los neutrales. Las acciones de resistencia tenaz y retaguardia porfiada son admirables pero no debe dejarse la defensa intensa con el ataque ocasional. Para juzgar por la alineación, sería razonable concluir que el técnico alemán Franz Beckenbauer estaba jugando para llegar hasta los tiros libres desde el punto de penalti. Su más versátil mediocampista, Matthäus, fue encargado para marcar a Maradona. Un triunfo de la negatividad sobre la creatividad. Hubo una justa respuesta cuando a los veintidós minutos del primer tiempo Matthäus tumbó a Maradona al piso. El tiro libre resultante por Burruchaga encontró a José Luis Brown escondido detrás del poste más lejano y Argentina estaba uno arriba. Por un error de guardameta cometido por Schumacher.

A los diez minutos del segundo tiempo Schumacher dudó cuando Valdano corrió hacia él. Tal vez ese desagradable choque con Battiston cuatro años antes dejó su marca en el que lo perpetró también. Valdano lo golpeó con suavidad y Argentina estaba dos arriba. A los veintiocho minutos del segundo tiempo, Rummenigge anotó uno. Faltando ocho minutos, empataron. Un cabezazo de Voeller. Esto recalcó lo que se había vuelto un hecho en el campeonato mundial. Alemania no está vencida hasta que suena el último pitazo.

A Maradona lo habían doblegado a lo largo del juego. Ahora, faltando sólo cinco minutos, se despertó. Una carrera, un rodeo, un delicado y exquisito pase a Jorge Burruchaga y el juego y el campeonato mundial eran de Argentina.

Encima del estadio Azteca en la final entre Argentina y Alemania flotaba un enorme globo amarillo con la propaganda de cigarrillos Camel. Muchos criticaron este anuncio comercial, pues era un mal ejemplo para la juventud

Cuando se le preguntó sobre las contradicciones implícitas en el fútbol pues era utilizado para vender cigarrillos, João Havelange pareció confundido. Él nunca ha fumado, lo cual es ya un problema, aparte de que dijo: "Yo tengo que administrar un torneo de 24 equipos. Necesito todo el dinero que pueda recibir de cualquier patrocinador".

Dassler debió disfrutar esa frase, sabiendo como él sabía el partido que obtuvo.

El ingreso bruto de México 86 estuvo por encima de 144 millones de francos suizos (96 millones de dólares). Prácticamente, un tercio de este ingreso era recibido de la publicidad y mercadeo, ésta fue la cifra que Dassler pagó por el control de esos derechos. Después se los vendió a los patrocinadores de primera categoría, principalmente a Coca-Cola, Fuji Film, Gillette, Canon, Opel y el resto de los doce patrocinadores. El beneficio de este negocio fue de 200 millones de francos suizos (128 millones de dólares), la ganancia de Dassler fue mayor que un tercio del ingreso total del torneo. Fue un dinero que el fútbol perdió para siempre, 128 millones de dólares.

Esta situación se repetiría a intervalos regulares. Horst Dassler murió de cáncer el 10 de abril de 1987 pero la ISL, la compañía privada que él había creado continuaba viva y pujante. Sigue beneficiándose de su íntima relación tanto con Havelange como con Sepp Blatter. A la competencia vigilante no se le considera seriamente. ¿Quién saca partido de esta situación? Ciertamente no el fútbol.

Cuando la FIFA fue fundada en París en 1904, se hizo para el fútbol y nada más. Así permaneció en sus ideales, comportamiento y creencias bajo los sucesivos presidentes: dos franceses, un belga y tres ingleses, hasta que un brasileño ocupó el trono en 1974. En los siguientes años su filosofía empezó a cambiar. En la década posterior se transformó totalmente. Ya no fue más sólo para el fútbol, estaba para los patrocinadores, la publicidad y el mercadeo.

Es el dinero lo único que cuenta. ¿Y el juego? Había sido robado. Como ladrones profesionales de arte que se roban una obra maestra, el original fue reemplazado con una copia falsa, así hicieron con el fútbol. La copia falsa engañó a mucha gente. Hay que creer que Abraham Lincoln estaba en lo cierto cuando expresaba sus puntos de vista sobre "cómo engañar a la gente".

TERCERA PARTE

En México se contaban aún las recaudaciones en noviembre de 1986 cuando tuvo lugar la primera conferencia para Italia 90. El Rey Sol estaba presente, por lo cual se aseguraba que el tema no era el fútbol sino la comercialización del producto. Hubo charlas interminables respecto de los contratos de promoción, de los patrocinadores de primera categoría, y quién iba a suministrar qué. El presidente de Italia, Francesco Cossiga, al igual que todos los políticos, sabía muy bien el valor de ser el anfitrión de la Copa del Mundo. ¿Qué importancia podía tener que las calles de Roma, Florencia, Milán y las de otras grandes ciudades estuvieran inundadas con narcóticos? Había que ignorar la mafia. Olvidar el P2. Desentenderse de la inflación lo mismo que de la pobreza y el desempleo. Roberto Baggio y Gianlucca Vialli ganarán la Copa del Mundo para nosotros.

Cossiga demostró que Havelange no era el único presidente que podía hacer negociaciones telefónicas. Anunció que las doce ciudades en donde los partidos se jugaran recibirían una partida de 5 mil millones. Lo hizo para modernizar los estadios al igual que toda la infraestructura de comunicaciones. Fue una suma fantástica que existió solamente en la mente del gobierno italiano pero hizo feliz a gran cantidad de gente, por lo menos hasta cuando Italia recibió el golpe de su salida del torneo.

Tocaba que destinar dinero para tratar un problema recurrente: el de aquellos que vendrían a Italia buscando desatar violencia, los *Hooligans*.

En un torneo con base en Europa, el problema de los violentos criminales causando caos a través de la Copa del Mundo era mayor que en México 86, en donde una amenaza mínima ocasionó que el gobierno sacara los tanques cuando Inglaterra jugó contra Argentina. Esta vez la FIFA y los italianos decidieron que la respuesta a los criminales ingleses era ponerlos en cuarentena en la ronda de apertura.

Cerdeña sería anfitriona de Inglaterra. Eso dejaba a los holandeses, alemanes, italianos y a los lunáticos de los otros países organizarse en otro lado.

Se obtuvo evidencia posterior que, durante los partidos de clasificación, ese comportamiento ilegal no estuvo limitado sólo a las actividades fuera del campo. Parecía que nada había cambiado en algunos países, puesto que Rous y sus oficiales de la FIFA fueron sospechosos de actividades dudosas en América Latina.

El primer partido de clasificación entre Brasil y Chile se convirtió en dos competiciones, una que comprometía a dos equipos de once jugadores cada uno, y la otra a dos directores técnicos. Los dos equipos jugaron en Santiago y empataron 1-1. La disputa entre los dos directores terminó con el retiro por parte de la policía del técnico chileno Orlando Aravena y con el director brasileño Sebastiao Lazaroni gravemente desequilibrado.

Antes del segundo tiempo en el estadio Maracaná de Brasil, Rojas, el golero y capitán del equipo chileno, advirtió: "A la primera señal de problemas, abandonaremos el campo de juego".

A los veinte minutos, Brasil ganaba 1-0. Repentinamente de entre los 150.000 espectadores, se elevó una bengala que cayó frente al marco chileno. Un momento más tarde a Rojas tuvieron que sacarlo del campo de juego. Estaba cogiéndose la cabeza y bañado en sangre. El resto de integrantes del equipo salió con él y rehusó regresar. Abandonaron el partido.

De alguna manera se rompió el equilibrio para las finales de la Copa Mundial. La FIFA inició una investigación urgente. La conclusión era que Chile había intentado hacer trampa en su camino hacia la final y Rojas se infringió la herida por sí mismo. La FIFA inhabilitó al capitán chileno de por vida, llegando a la conclusión de que lo ocurrido no era un hecho aislado del jugador, la FIFA también inhabilitó de por vida al presidente de la Federación Chilena de Fútbol, Sergio Stoppel. El médico del equipo, lo mismo que el director técnico, el medio campista, el aguatero y el fisioterapeuta, todos recibieron sanciones por períodos de tiempo diferentes. La Federación Chilena también fue multada con 60.000 dólares y expulsada del torneo de la Copa del Mundo 1994. La FIFA describió el incidente completo como el más ignominioso intento de fraude en la historia de la FIFA. Tal conclusión debió estar influida por otros incidentes innobles registrados anteriormente.

Los mexicanos también se encontraron inesperadamente excluidos de Italia 90 cuando su equipo juvenil fue sorprendido usando pasaportes falsos durante una ronda de clasificación al campeonato mundial juvenil de 1989. Al parecer, unos miembros del equipo resultaron no ser lo suficientemente jóvenes.

El temido juego de apertura de la Copa del Mundo 90 produjo un resultado sensacional. Casi 30 años atrás Sir Stanley Rous profetizó que una nación africana ganaría la copa mundial hacia el año 2000. Al concluir el primer partido del torneo esa predicción comenzó a parecer bastante posible. Camerún le ganó 1-0 a los campeones argentinos con Maradona.

Los jugadores de Camerún tenían una habilidad considerable pero pesaba más su capacidad para la violencia. Tres tarjetas amarillas y luego desafortunadamente dos rojas. Era asombroso que los nueve hombres mantuvieran el marcador, después de anotar, durante más de la mitad del segundo tiempo, habiendo entrado por Camerún el extraordinario Roger Milla a sólo seis minutos de la finalización del cotejo. Su actuación asombró mucho respecto a lo que podrían progresar si sus defensas pudieran contener su tendencia colectiva a asaltar al oponente que vagamente parecía tener un interés, el balón. En Omam Biyik, el anotador del único gol, tuvieron un delantero muy capaz, pero sin duda el actor principal del equipo fue Milla, quien en ese momento él tenía por lo menos 38 años de edad, aunque según informes fidedignos tenía más de los cuarenta. Milla se convertiría en el definitivo superjugador de la competencia.

Maradona captó una fatal sensación, tanto de la defensa de Camerún como de las tribunas. Jugando para el Nápoles, contribuyó a que su equipo ganara el campeonato Italiano con la consiguiente consternación de muchos en Italia, particularmente los del norte. Su vida sexual, el consumo de drogas, su falta de disciplina, todo lo cual se aceptaba en Nápoles sin comentario, confirmaron a los milaneses en particular lo que ellos pensaban de los napolitanos. Cuando poco antes de la Copa del Mundo le pidió a la gente de Nápoles aclamar a la Argentina y no a Italia, encendió una llama de resentimiento y odio que incluía una cantidad significativa de racismo, que se prolongaría hasta el final del torneo.

Esta controversia particular amenazó varias veces con ejercer dominio sobre la Copa Mundial 1990. Antonio Mataresse, presidente de la Federación Italiana de Fútbol, se presentó en televisión para hacer públicamente a los ciudadanos de Nápoles el ruego de confirmar que su equipo era el *azzuri* (celeste), el equipo nacional. En varias estaciones de radio y en algunos periódicos se llevaron a cabo encuestas para establecer cuán patriotas eran los habitantes de Nápoles.

Maradona fue desafiante al responder directamente a los comentarios de Mataresse. Dirigió las siguientes observaciones a la gente de Nápoles: "Durante trescientos sesenta y cuatro días del año el resto del país los considera a ustedes como extranjeros, dentro de su propio país. Hoy ustedes deben hacer lo que ellos quieren y deben apoyar al equipo italiano. De otra parte, yo soy un napolitano durante trescientos sesenta y cinco días del año".

Parecía que los problemas iban a seguir a este pequeño argentino dondequiera que fuera. En el siguiente partido de su país contra Rusia, al golero argentino Pumpido lo sacaron en camilla a los diez minutos de empezado el partido. Los soviéticos ansiosamente promovieron bajo presión que pusieran a su reemplazo, Sergio Goycochea. En un tiro de esquina el balón se elevó y Oleg Kuznetsov se levantó majestuosamente y cabeceó la pelota. La pelota se dirigía apresuradamente hacia la red cuando Maradona apareció y con su mano derecha golpeó el balón hacia sus pies. El árbitro Erik Fredricksson estaba perfectamente situado apenas a unos metros de él, pero continuó estático y observó cómo Maradona despejaba el balón. Argentina continuó y ganó 2-0.

Después del partido, Lazaroni, el director técnico brasileño, quien observaba el juego, dijo: "Qué jugador tan versátil es Maradona. Puede anotar goles con su mano izquierda y detenerlos con su derecha".

Al empatar su partido final de la primera ronda contra Rumania 1-1, los campeones del mundo avanzaron a la segunda vuelta.

El hecho de que Lazaroni pudiera ver todavía el lado simpático de la vida era extraordinario en vista del estado de ánimo que prevalecía dentro del campo de entrenamiento de Brasil en Asti.

El gusanillo del dinero atrapó a los brasileños, quienes estaban descontentos con todos incluyéndose ellos mismos. Dunga, el pequeño defensor, duro como la roca, pensaba que él debía estar participando en el juego. Careca, un delantero, pensaba que era la persona obvia para ser capitán del equipo. El gerente del hotel estaba desilusionado con el equipo completo y habló a los medios de comunicación sobre cuentas de bar que no se habían cancelado. El patrocinador de la escuadra, Asti 90, estaba igualmente molesto con todos sus miembros, a quienes se les pagó generosamente por servicios que no estaban proporcionando. Lazaroni fue a los partidos de clasificación jugando con un líbero, Mauro Calvao, quien era considerado el Franz Beckenbauer de 1990. Había un concepto europeo generalizado que al equipo se oponían muchos factores internos y externos. El director técnico persistió en sus apreciaciones y sus críticos continuaron con sus objeciones.

Nueve de los titulares del primer equipo se ganaban la vida jugando en Europa. Ésta era una de las causas de un profundo conflicto entre los nueve y los medios de comunicación brasileños, que consideraban a los nueve como prácticamente extranjeros. La prensa tomó una posición chovinista en relación con los exiliados. "¿Cómo pueden estos hombres entender al Brasil? Ellos olvidaron lo que es ser brasileño. Ellos no nos entienden y tampoco nuestro juego. Nosotros jugamos el partido al ritmo de samba, y no al de alguna marcha teutónica".

Cuando los brasileños ganaron su primer juego contra Suecia 2-1, los críticos no se impresionaron mucho. Cuando Brasil pudo ganarle a la pequeña Costa Rica sólo por 1-0, se abrió de nuevo el debate para los reporteros brasileños. A juzgar por los comentarios se habría pensado que su equipo había perdido con Costa Rica. Ellos deseaban ver un *jogo bonito* —juego bonito—. Entonces Dunga fue desafiante: "No habrá más juego bonito. Éste es el Brasil del sudor y el sacrificio".

El comentario de Pelé fue una línea lacónica: "Tan pronto enfrentemos un buen equipo, perderemos".

Escocia, el siguiente oponente del Brasil, fracasó en su intento de llegar a tal categoría y fue despachada 1-0, haciendo además una triste salida en la primera ronda de la Copa del Mundo, pues su única victoria contra Suecia fue anulada por una derrota a manos de Costa Rica.

Inglaterra, los modernos Napoleones, habiendo sido exiliada a Cerdeña, mostró durante los partidos de la primera ronda que estaba mal preparada. Manejando una sóla victoria y por un sólo gol, contra un equipo como Egipto, con escasas posibilidades de triunfo, después con un empate con Holanda y otro contra Irlanda, Inglaterra pudo pasar junto a Irlanda a la segunda ronda. Ningún equipo logró muchos amigos entre los neutrales. Una reseña italiana del empate Inglaterra-Irlanda 1-1, fue titulada: NINGÚN FÚTBOL, NOSOTROS SOMOS BRITÁNICOS, POR FAVOR.

Efectivamente, el juego de pelota larga que el director técnico de Irlanda, Jack Charlton implementó, mostró un total descontento por parte de los aficionados. Se oyó a Charlton hacer esta observación: "Nosotros podríamos ganar la Copa del Mundo en un juego abierto sin anotar un gol".

Camerún era el nombre que se pronunciaba en más labios cuando se terminaron los partidos de la primera ronda. En su segunda confrontación contra Rumania, Roger Milla hizo lo que era su aparición tardía, esta vez a los 58 minutos de iniciado el juego. A los veinte minutos de entrar se convertiría en el jugador más viejo en anotar un gol en un juego de la Copa del Mundo. Tres minutos antes de la finalización del cotejo, Milla anotó un segundo gol. Aunque Rumania ingresó un defensa, fue demasiado poco, demasiado tarde. Una victoria famosa para Camerún 2-1.

Ésta fue la indicación para que los expertos nos contaran el secreto de Milla. Era su dieta. Era su estilo de vida. Era el hecho de que provenía de una planicie interior del occidente de África. Era porque él tenía músculos vigorosos logrados con su forma de vida en la costa occidental africana. Obviamente, si él podía desplazarse con esa clase de velocidad cuando era un bebé, no era sorprendente que desarrollara músculos potentes.

Los *hooligans* no estuvieron inactivos durante los partidos de la primera ronda. Los matones alemanes iniciaron sus actos, pero la acción principal era muy predecible en el partido entre los ingleses y los holandeses. Los italianos pusieron cuatro mil policías en el estadio y otros dos mil en las calles de Cagliari. La policía fracturó cabezas y esparció odio y rabia en ciertas secciones de la prensa, que nunca pierden la oportunidad de condenar a todos los partidarios de los ingleses. Los ministros conservadores, que no conocían el juego y tampoco les interesaba, se retorcían fuertemente sus manos. Es una paradoja curiosa que tantos de esos dementes fueran chicos de la Thatcher. Ellos adoraban a una primera ministra que solamente sentía desprecio por el deporte del fútbol.

Los italianos, después del último juego contra Checoslovaquia en la primera ronda, finalmente tenían algo para emocionarse. Una lesión a Gianlucca Vialli obligó al director técnico italiano a alinear juntos por primera vez a Roberto Baggio y a Schillaci. El resultado fue una exhibición activa de ambos hombres convocados, y el país estaba encendido.

En la segunda ronda los italianos ganaron a Uruguay 2-0. De nuevo Schillaci anotó, esta vez acompañado por Serena. Esa presión intolerable que es factor constante para un equipo italiano en la Copa del Mundo comenzaba a reafirmarse por sí sola. Ellos eran la nación anfitriona. Éste sería su año. Sin embargo, todo tenía un toque familiar de mal agüero.

Irlanda continuó hacia los cuartos de final sin anotar un gol en juego abierto. Le ganó a Rumania 5-4 con tiros desde el punto penal. Pelé alguna vez, antes que se introdujera este obsceno sistema para definir, hizo el comentario célebre que anotar un gol desde el punto penalti era una cobardía.

Camerún no tuvo necesidad de tan dudoso medio para resolver su confrontación contra Colombia en su segunda ronda. Sin embargo, brilló de nuevo ese hombre, Milla, quien ingresó temprano en el segundo tiempo de un juego de libre rotación de un extremo al otro del campo. Hubo un gran número de tiros fallidos, pero ningún gol en los noventa minutos. En el tiempo extra el hombre más viejo de la cancha de nuevo demostró un extraordinario cambio de velocidad. Tomando desde el ángulo un pase inteligente del delantero Biyik, sobrepasó a Perea como si no estuviera allí, saltó por encima de Escobar y golpeó el balón a larga distancia con su pie izquierdo para vencer al arquero Higuita.

El portero colombiano era bien conocido por sus incursiones fuera de su área. Buscando igualar las acciones, salió de su arco y a los 40 metros tuvo la mala fortuna de encontrarse con Milla. Intentó derribarlo y perdió el balón. Milla partió y momentos después el balón yacía en el fondo de la red. Valderrama, el veloz mediocampista de cabellos rubios rizados, pasó el balón a Redín para un gol, pero era demasiado tarde para conseguirlo. Los menos poderosos estaban en los cuartos de final.

Higuita, el arquero colombiano, apareció en la conferencia de prensa después del partido: "Les he pedido a mis compañeros de equipo que me perdonen. Esto no me había ocurrido antes, pero fue un error que mucha gente estaba esperando. Bien, todos ustedes lo vieron, fue tan grande como una casa".

Pelé predijo: "Tan pronto juguemos con un buen equipo, perderemos".

Argentina era un buen equipo. Lo suficientemente bueno para dar pelea a un equipo brasileño entrenado para jugar en la Copa del Mundo de una extraña forma europea.

Era la primera vez en cuatro partidos que triunfaban sus vecinos del sur. La derrota llegó después de un destello de brillantez de —¿quién más?— Maradona.

Maradona combatió en dos frentes durante esta Copa del Mundo. La primera batalla, contra Italia, continuó fuera del campo de juego. La segunda, contra una variedad de jugadores cuya única intención era lesionarlo. Fue increíble que después del tratamiento recibido, especialmente por parte de los jugadores de Camerún, Maradona estuviera todavía en pie. En el momento en que Argentina jugó con Brasil, las piernas y los muslos de Maradona estaban cubiertos de magulladuras y su tobillo izquierdo fue pateado tantas veces que estaba crónicamente inflamado. Ahora bien, su director técnico, Carlos Bilardo, insistió en poner a Maradona como marcador central. Ocho años atrás Menotti usó esta estrategia con su estrella en la Copa del Mundo en España. El resultado fue que Gentile pateara al pequeño argentino una y otra vez hasta que definitivamente sacarlo de la Copa del Mundo. A Maradona le faltaba mucho de ética y honestidad, pero nunca le faltó valentía; aceptaba el papel de alto riesgo que lo dejaba terriblemente expuesto. Es un misterio por qué el sentido común no prevaleció y ordenó que Maradona jugara más penetrante con algo de protección a su alrededor, y jugar en una posición en donde pudiera hacer uso de su brillante rapidez para escapar de los defensas.

Contra Brasil, Maradona se encontraba disminuido por sus lesiones y tuvo que jugar mucho del partido a un ritmo apenas más rápido que el paso de caminata. Ocho minutos antes de terminar el tiempo complementario y con la amenaza de definición desde el punto penal, Maradona atacó para batir un récord. Su adrenalina se le subió ocultándole el dolor, aceleró su velocidad y se adentró en el corazón de la defensa brasileña y la sobrepasó. Casi hipnotizados por su asombrosa carrera, cuatro defensores lo rodearon dejando inevitablemente hombres sin marca. Con un ritmo acompasado, Maradona deslizó el balón atravesando la defensa hacia el desmarcado Caniggia quien, pasando lentamente al frente de la portería, dio media vuelta y pasó el balón por el lado de Taffarel, el golero brasileño.

Los jugadores de Brasil estaban descontentos por esta derrota con un gol producto de un juego impecable. Para tratar de disculpar su compromiso con el gol, Branco, el defensa izquierdo brasileño, acusó al banco argentino de haberle arrojado una botella de agua con narcóticos. Una excusa patética para un patético Brasil. Una pancarta entre los aficionados resumió adecuadamente los desaciertos y quién era el responsable.

«SI LAZARONI ES ENTRENADOR, YO SOY EL PAPA».

Ésa fue una opinión ampliamente compartida tanto dentro como fuera del Brasil. Cuando la escuadra regresó a casa, Lazaroni fue destituido.

Poco antes de la Copa del Mundo 90, yo hacía una compra de último momento en Heathrow antes de abordar un vuelo, cuando entró en el almacén Bobby Robson, el director técnico de Inglaterra. El hombre comenzó a examinar una amplia selección de corbatas y cuando escogió una se dirigió al mostrador. A mitad de camino, cambió de idea y regresó a la percha de las corbatas. Yo observaba con fascinación creciente cómo se angustiaba este hombre, quien más que ninguno otro tenía en sus manos las oportunidades de Inglaterra en la Copa del Mundo 1990. Fue y volvió dos, tres veces. Me pilló observándolo y sonrió tímidamente, "me es difícil escoger las corbatas", dijo, evidenciando lo que yo había visto. Tenía igual dificultad cuando de escoger un equipo se trataba.

Tuvo problemas seleccionando a Glenn Hoddle para la Copa del Mundo; igualmente, un problema permitiendo continuar con una evidente incapacidad a Bryan Robson y le mintió a la prensa acerca de la magnitud de la lesión en el hombro de su tocayo; tuvo problemas con una sublevación del equipo estando en la mitad de México 1986. Gary Lineker terminó el torneo como máximo artillero con seis goles, pero había muy poco más que celebrar, aparte de una cadena de sobresalientes acciones del golero Peter Shilton. Durante muchas temporadas la habilidad maravillosa de Shilton ocultó los defectos fatales de algunos que lo dirigían. Peter Beardsley quien, cuando Robson lo seleccionó, brillaba como un faro en la noche, fue otro que sufrió la indecisión de su director técnico. John Barnes era también otro del momento. Muchos creían que si Barnes hubiera iniciado el juego contra Argentina en México 86, Inglaterra habría ganado, no obstante la mano de Dios.

Llegar a Italia 90 fue para Inglaterra, otra vez, en gran parte debido al hecho de que teníamos el mejor portero del mundo. El partido final de clasificación fue virtualmente Polonia contra Shilton. El equipo inglés no la pasó bien en Italia. La vida privada de Bobby Robson había sido blanco de los periódicos sensacionalistas. Una actitud deslumbradora acerca de asuntos extramaritales trascendió en las oficinas de la Asociación de Fútbol. A Robson ya le habían advertido que aunque él regresara con la Copa del Mundo, su contrato no se le renovaría. En vista del hecho que él era el director técnico del equipo de fútbol de Inglaterra, la conexión entre su vida privada y sus deberes públicos no era muy evidente, pero en ese entonces, en la Asociación de Fútbol estaban más preocupados por el sexo que ocupados en él.

Así que la escuadra inglesa, con un director técnico disgustado a la cabeza y una cierta actitud problemática, se estableció en su exilio de Cagliari. Siguiendo las indicaciones de Robson, los jugadores trataron a los reporteros de la prensa como el enemigo. En medio de ellos se encontraba, sin embargo, otro jugador que como muchos otros antes de él, inspiraron en su director técnico una indecisión crónica: Paul Gascoigne-Gazza. Como todos los jugadores de talento que han surgido en Inglaterra desde la Segunda Guerra Mundial, Gazza preocupaba a su director técnico. Preocupaba a Robson tanto como Greaves había preocupado a Ramsey; tal como Matthews preocupó a Winterbottom; igual que Michael Owen preocupó a Hoddle e, irónicamente, Hoddle preocupó a Bobby Robson.

Gazza logró su puesto en la escuadra de Robson después de una impresionante actuación contra Checoslovaquia cuando hizo tres goles y facilitó el cuarto. Un hombre difícil de ignorar después de aquello.

Los oponentes de Inglaterra en la segunda ronda fueron los belgas, generalmente severos, difíciles de vencer y con una defensa persistente y recia. Barnes tenía lo que parecía un buen neutralizador de goles cuando Lineker estaba cerca. En tiempo suplementario, con un tiro libre magníficamente cobrado con pie derecho por Gascoigne, fue recogido por el alero David Platt, quien lanzó la bola dentro de la red para el único gol del encuentro. Inglaterra pasó a los cuartos de final y esperándola estaba Camerún, la sorpresa del torneo.

Italia ganó su partido de cuartos de final contra Irlanda con un nuevo gol del imparable Schillaci, un sencillo taponazo al arquero Bonner, quien falló en atrapar la bola.

Con Alemania Occidental arañando su paso hacia los cuartos de final con un gol anotado desde el punto penalti contra Checoslovaquia, y Argentina en las mismas condiciones, en su caso ganando con los lanzamientos desde el punto penalti, había una escasez crónica de goles en los cuartos de final. El juego Inglaterra-Camerún remediaría ese problema.

Camerún se vio forzado a reorganizar drásticamente su defensa porque cuatro jugadores fueron suspendidos en partidos anteriores. Inevitablemente, de nuevo empezaron sin la presencia de Roger Milla. Platt abrió el marcador con un cabezazo a una bola recibida de un cruce del alero izquierdo Stuart Pearce. En el segundo tiempo, ya con Milla dentro del partido, Inglaterra debió lograr el segundo gol cuando Platt fue descaradamente derribado en el área de penalti. El árbitro mexicano pensó de otra manera y ordenó que el juego continuara. Cuando dos minutos más tarde Gascoigne tumbó a Milla en el área chica inglesa, el árbitro no vaciló en concederle un penalti. Kunde, entonces, estrechamente venció a Shilton. Tres minutos más tarde Camerún se fue adelante cuando Milla hizo un pase a su mediocampista Ekeke, quien convirtió. Una victoria famosa, o a la inversa, una derrota notable, según la forma como se mire.

El director técnico Robson sacó a Terry Butcher y puso a Trevor Steven. Faltando ocho minutos, Inglaterra consiguió el empate. Esta vez las solicitudes por un penalti cuando Lineker fue derribado en el área fueron escuchadas. El mismo Lineker cobró y anotó. El defensa Mark Wright emergió del choque con Milla escurriéndole sangre por su cara, de una herida profunda encima del ojo derecho. Inglaterra pasó al tiempo extra con 10 hombres. A los quince minutos de tiempo extra y con una defensa compacta, Gascoigne pasó la bola, encontró a Lineker quien, al volverse para patear, fue derribado otra vez en el área. De nuevo convirtió desde el punto penalti. La esperada derrota fue evitada. Inglaterra pasó a las semifinales. Allí los ingleses se encontraron con Alemania Occidental.

A medida que avanzaban en este torneo, Inglaterra jugaba mejor pero en forma irregular. Parecía que el director técnico Robson vacilaba al escoger los jugadores para la confrontación, lo cual afectaba al equipo completo. Los mejores once raramente jugaban juntos. Era obvio que esta situación trastornaba sicológicamente a los jugadores. Para la segunda vuelta de la Copa del Mundo el director técnico enfrentó en los vestuarios una rebelión al estilo inglés, porque los jugadores de mayor categoría, muy tranquila pero firmemente, cuestionaban sus tácticas.

El día después de vencer a Camerún, el director técnico Robson comentó: "Una defensa horizontal de cuatro nos salvó". Habría significado finalmente lo que sería otro cambio de táctica para la semifinal. Refiriéndose al siguiente encuentro, el director técnico inglés dijo:

"Llegamos hasta aquí pero no sé cómo".

El otro partido de semifinal prometía un drama extraordinario entre Italia, los anfitriones, y Argentina, los campeones. Incluir a Maradona y esperar que no estalle un conflicto.

¿Lugar de reunión? Nápoles.

De nuevo hubo ruegos de Maradona a la ciudad para que apoyara a la Argentina y de nuevo fue reprobado. El único que se mantuvo ajeno a este acto fue un antiguo guardapalos residente en ese entonces en el Vaticano.

Vicini, el director técnico italiano, demostró que la inseguridad no estaba limitada al director técnico inglés. Excluyó a Baggio y volvió a incluir a Vialli. A los diecisiete minutos un taponazo de Vialli venció al guardapalos argentino Goycochea. Schillaci, como todos los goleadores furtivos, se encontraba al acecho. Italia 1, Argentina 0.

Los italianos ya tenían 120.000 dólares por jugador por llegar a las semifinales y otros 40.000 dólares serían de ellos si ganaban esa vuelta. A mitad del camino en el segundo tiempo Maradona abrió juego al flanco izquierdo y envió a Olarticoechea un magnífico pase rasante. El cruce fue recogido por Caniggia y el marcador se igualó. No se presentaron más goles en el juego ni aun en el tiempo extra, significando que el partido de fútbol terminaba y el azar comenzaba. Los tiros desde el punto penalti los ganó Argentina y una nación antes enlutada cambió su dolor en ira. Cualquier equipo ganador de la otra semifinal tendría a toda la nación italiana animándolo en contra de Argentina.

Inglaterra dominó la primera mitad de su juego contra Alemania Occidental, destacando la actuación de Paul Gascoigne, quien mantuvo fuera de acción a su oponente Lothar Matthäus. Después de sesenta minutos y en contra de como iban las acciones en el partido, Alemania Occidental se fue adelante con un gol fenomenal —un tiro libre alemán golpeó el pie del defensa inglés Paul Parker—, el balón se levantó por encima de la cabeza de Shilton y se depositó dentro de la red. Faltando diez minutos, Lineker tomó ventaja de la confusión en las filas alemanas y se movió sigilosamente para igualar las acciones. En el tiempo suplementario Gascoigne y Thomas Berthold perseguían un balón que salía del campo. Se enredaron y el árbitro le dio tarjeta amarilla a Gascoigne. Gascoigne se sintió fuertemente golpeado al darse cuenta de que no podría estar en la final si Inglaterra ganaba este partido, porque ya tenía otra tarjeta amarilla de un partido anterior. Dos tarjetas amarillas y el jugador automáticamente quedaba por fuera del siguiente partido. El partido. De los ojos del afligido jugador brotaron lágrimas que rodaron por sus mejillas. Lineker vio lo que estaba ocurriendo e invitó a la banca a sumarse a la tristeza de Gascoigne. Estos momentos captados en televisión se mostraron en todo el mundo. Ellos ilustraban la pasión que tanto jugadores como espectadores sienten por este juego. Sus lágrimas emocionaron a millones, lo mismo que su talento antes y desde el incidente han seguido emocionando a muchos.

El tiempo suplementario terminó sin más anotaciones. De nuevo el circo regresaba a la ciudad. Otra vez prevalecía el edicto de la FIFA en el sentido que el producto debía tener un fin en el mundo del espectáculo. Stuart Pearce y Chris Waddle fallaron los tiros y Alemania Occidental se metió en la Final para enfrentar a Argentina.

La Final fue un asunto negativo, espantoso, debido a que faltaba mucho que hacer respecto al fútbol y los tiros desde el punto penalti. Argentina tenía cuatro jugadores que no podían tomar parte en el cotejo debido a suspensiones. Dos jugadores más fueron expulsados durante el juego. Maradona fue abucheado continuamente por la mayoría de los espectadores. El único gol provino de un tiro penalti altamente dudoso otorgado a Alemania Occidental. Al final del partido Maradona, con la cara marcada por las lágrimas, apareció en las grandes pantallas alrededor del campo y los espectadores gritaron con placer. En cuanto a Maradona, rehusó estrechar la mano de Havelange cuando recibió su medalla de perdedor.

"Este es un complot de la FIFA. Nos han castigado por ganarle a Italia, que era el equipo que la FIFA deseaba que ganara esta Copa del Mundo. Hay una mafia en el mundo del fútbol. Ese penalti no existió. Se otorgó para permitir que los alemanes ganaran".

Algunas veces, Diego, lo que va de ida, viene de vuelta.

En general, éste se consideró el peor juego final en la historia del torneo, pero era lo apropiado para un torneo verdaderamente atroz. La calidad del juego fue baja todo el tiempo. El número de goles también, con un promedio de dos por juego. El público amante del fútbol pagaba en todo el sentido de la palabra un alto precio por las promesas de Havelange, que buscaba la reelección. El torneo exageradamente inflado simplemente no arrojó el resultado previsto. En demasiados partidos se produjeron pocos goles y muchas lesiones. Pero los patrocinadores corporativos estaban naturalmente complacidos: a mayor cantidad de partidos más espacios comerciales. Más inercia y aburrimiento. ¿Qué demonios? La porción bruta fue en todo el tiempo alta, SF 226,250,000. Havelange e ISL y Blatter debían estar haciendo algo correcto, seguramente. ¿Seguramente?

El antiguo secretario de estado Henry Kissinger nunca ha sido un hombre que pueda ser disuadido fácilmente de un objetivo. Se nos ha dicho constantemente que una semana en política es un plazo largo, entonces el rechazo imperioso de una solicitud de los Estados Unidos en mayo 1983 fue un largo viaje antes de México 86. Se llevaron a cabo reuniones sin actas registradas entre oficiales de la Federación de los Estados Unidos y miembros del Comité Ejecutivo de la FIFA. Todos estuvieron de acuerdo en que no debían someter a los Estados Unidos a la vergüenza de otro rechazo público. Esa fue la etapa uno. La etapa dos —también fuera de archivos— fue la confirmación a la Asociación Americana de Fútbol que si se postulaban para la Copa del Mundo 94, ellos conseguirían la sede.

En abril 15 de l987 la Federación de los Estados Unidos confirmó su candidatura a la FIFA, expresando su deseo de ser el país anfitrión de la Copa del Mundo 1994. Otros candidatos que declararon su deseo de ser países sede del torneo mundial fueron Brasil, Chile y Marruecos. Chile fue excluido desde el principio. Marruecos tenía un rey que era impuntual. Brasil todavía no tenía la elección de Havelange como presidente del CBF. El 4 de julio de 1988 FIFA anunció a los Estados Unidos como país anfitrión de la Copa del Mundo 94.

La costumbre de la FIFA que cada cuatro años inmediatamente antes del torneo vigente de la Copa del Mundo João Havelange era reelegido sin oposición, fue seriamente cuestionada por primera vez después de un acontecimiento que ocurrió en diciembre de 1993. Pelé fue excluido del estrado durante el sorteo de las sedes para la Copa del Mundo 1994. Excluido por João Havelange.

Esta acción y los antecedentes que condujeron a ella, convencieron a muchos delegados de la FIFA que era tiempo de retirar a un hombre que cada vez más era descrito por los miembros de la FIFA como "el dictador".

Durante una entrevista a principios de 1993, Pelé denunció que un miembro del CBF le pidió un soborno de un millón de dólares para que los derechos de transmisión para el campeonato brasileño 1994 se otorgaran a su compañía. Él rehusó pagar y el contrato se le otorgó a un competidor.

Ricardo Teixeira, yerno de Havelange, decidió que como él era el presidente del CBF, el alegato se refería a él. Razonamiento muy curioso en sí mismo porque Pelé no había dado nombres. Teixeira levantó una acción contra Pelé alegando difamación. Éste fue el origen de que el presidente de la FIFA excluyera del sorteo a Pelé, no sólo el más famoso jugador de fútbol en el mundo, sino de uno de los futbolistas que millones de norteamericanos conocían.

Cuando la carrera de Pelé en el Santos terminó en 1974, se unió al Cosmos en Nueva York. Le pagaban bien por jugar para ellos, pero la clave de este movimiento era el hecho de que los norteamericanos lo persuadieron que si él y otros jugadores de talla internacional venían a los Estados Unidos, entonces el fútbol podría conquistar finalmente el corazón de la mayor nación en el mundo.

Entre 1974 y su segundo y último retiro en octubre de 1977, Pelé con su talento, humildad y encanto, hizo lo mejor y más positivo por el fútbol dentro de los Estados Unidos que lo que nadie haya hecho antes o desde entonces. Un índice del profundo afecto que se le tributaba al Rey del fútbol en EE.UU. puede ser medido con los sucesos que rodearon ese juego final para el Cosmos de Nueva York en 1977.

Setenta y ocho mil setecientos aficionados, muchos de los cuales compraron las boletas de entrada con seis meses de anticipación, vieron su partido final. Este hombre perteneció sólo a dos clubes durante su carrera deportiva: Santos y Cosmos. Para este partido final los dos equipos se enfrentaron; Pelé jugó el primer tiempo para el Cosmos y el segundo tiempo para el Santos.

Un antiguo director técnico brasileño, João Saldanha, a quien Pelé no consideraba precisamente uno de sus mejores amigos, dijo esa noche:

"Pelé es para el fútbol brasileño lo que Shakespeare es para la literatura inglesa".

En los vestidores, después del juego, Muhamed Alí con treinta y cinco años, un año más joven que Pelé y aún activo en el boxeo, se levantó, gritando con emoción. Abrazó a Pelé y le dijo: "Mi amigo, mi amigo. Ahora hay dos de los grandes".

Las columnas deportivas de esa semana estuvieron llenas de elogios para Pelé, describiéndolo como "un misionero del fútbol y un gentil cortesano del deporte". También escribieron: "Este hombre le ha dado crédito al fútbol en nuestro país".

El lenguaje que Havelange utilizó cuando defendía su acción sirvió únicamente para agravar su arrogancia dictatorial.

"Yo le he brindado toda mi atención y amabilidad a este muchacho. Pero jugar fútbol es una cosa y ser un hombre de negocios es otra. Este muchacho no debió hacer lo que hizo. Ricardo está casado con mi única hija. Él es el padre de mis nietos. Cualquier cosa que él necesite, la haré por él".

"Cuando yo era un niño mi padre acostumbraba a darme de bofetadas si yo era irrespetuoso. Eso es lo que yo he hecho metafóricamente a Pelé. Él debe aprender a mostrar respeto. Yo llevé a Pelé al equipo nacional cuando tenía solamente diecisiete años".

Al preguntarle por su reacción, Pelé dijo:

"Havelange ha sido mi ídolo desde la Copa del Mundo de 1958, y porque él es el jefe de la FIFA, puede decidir quién ingresa y quién sale. Pero su yerno es el presidente de la Federación Brasileña y yo no serviré a la corrupción".

A los setenta y ocho años de edad, pareció a los observadores más cercanos que la mente del presidente estaba fallando. Unos meses más tarde, después de causar ofensa universal y un ultraje por haber excluido a Pelé, Havelange asistió a la reunión de la FIFA en Nueva York y en varias oportunidades llamó *señor* a la gobernadora de Nueva Jersey. Desde entonces fue perceptible la presencia de sus colaboradores alrededor de él en todas las recepciones como si se tratara de un maniquí sobre ruedas.

El elemento europeo de la FIFA se comportaba de modo peculiar. Hacía tiempo que ellos habían concluido que Havelange era un riesgo. El problema radicaba en encontrar un candidato lo suficientemente fuerte para establecer un reto serio. El nombre del presidente de la Federación Italiana surgió de un paquete a principios de marzo de 1994. Por un momento pareció que Antonio Mataresse tenía el apoyo de los europeos, pero luego su nombre se descartó tan rápidamente como surgió. Luego se habló de Lennart Johansson de Suecia y después fue mencionado con insistencia el nombre de Sepp Blatter.

Blatter, aunque él lo negaba constantemente, era el más opcionado para el reto. Blatter mejor que ningún otro sabía cuánto daño hacia Havelange a la imagen internacional del fútbol. Blatter también tenía una buena posición para tener una opinión informada de lo válidas que eran las afirmaciones de corrupción relacionadas con la Federación Brasileña. Issa Hayatou, presidente de la Confederación Africana, era otro candidato con excelentes credenciales y fue seleccionado como un probable competidor.

Cualquier candidato potencial debía enfrentar un gran número de problemas. Havelange venció a Stanley Rous después de una larga y costosa campaña y ello antes de que surgiera el asunto de las tarifas aéreas de los delegados, las cuentas de los hoteles y los sobres blancos. Por cortesía de Nally y Dassler, Havelange cumplió sus promesas electorales. Incluso la China continental estaba ahora en el redil de la FIFA. La Copa del Mundo se ensanchó con el beneplácito de gran número de naciones futboleras mediocres, pero aun más importante, con el beneplácito de los patrocinadores, quienes con más equipos amplaban los mercados. Fue entonces cuando se inició una serie de torneos juveniles con competencias de fútbol de salón y torneos de fútbol para mujeres. El juego estaba empantanado con dinero. ¿Quién podría desear más?

Aparte de estas consideraciones prácticas hubo otra que afectó profundamente a muchos de los delegados, puesto que ellos consideraban sus opciones. El temor. Muchos estaban auténticamente temerosos con Havelange. Asustados de su poder. Asustados de su ira. Asustados de las represalias que él tomaría si el intento fallaba y el Rey Sol emergía del voto de Chicago todavía cómodamente sentado en su trono.

Durante años a Havelange se le ha llamado El Padrino en gran número de ocasiones, y ciertamente se ha estado rumorando con algo de malevolencia acerca de su reinado sobre el fútbol. Como líder de una mafia, él ha pedido lealtad total y obediencia absoluta. Pero ni las consultas con colegas, la consideración de otros puntos de vista, o la reflexión madurada tendiente a admitir que quizás él estaba en un error, trascendieron significativamente de sus palacios en Zurich y Rio durante el reinado del Rey Sol.

En los primeros meses de 1994 era confuso el panorama en las salas humeantes de los delegados de la UEFA, la AFC y CAF. Las confederaciones Asiática y Africana estaban confundidas. Blatter habló con los delegados de la UEFA intentando persuadirlos de respaldar su candidatura. A Lennart Johansson, el presidente de la Confederación Europea, y a los compañeros miembros del comité nunca les había gustado Blatter, hasta el punto de no confiar nunca en él. Ellos lo veían, al igual que la mayoría de los miembros FIFA, como una creación de Havelange. El tiempo se encargaría de probar al final que esto no era un inconveniente. Sin embargo, a principios de 1994, dicha circunstancia sí fue una inconveniencia para las ambiciones presidenciales de Blatter.

Durante una reunión del Comité Ejecutivo de la UEFA en Holanda, a la cual asistía en su calidad de secretario general de la FIFA, Sepp Blatter dejó pasmados a Lennart Johansson y a sus colegas con una propuesta especial:

"Creo que ha llegado el momento de deshacerse de Havelange. Si ustedes están preparados para nominarme, creo que con el apoyo de la UEFA puedo vencerlo en junio".

La posición europea fue resumida por Ellert Schram, en ese momento miembro islandés del Comité Ejecutivo de UEFA, y subsecuentemente presidente de la Liga de Deportes de Islandia, en las siguientes palabras:

"Nosotros no deberíamos discutir el relevo de Havelange, sino más bien el relevo de su desleal secretario general".

Sin los cincuenta y un votos de la UEFA, Blatter pelearía para obtener una mayoría absoluta. Una de las tácticas que intentó jugar para crear un ambiente favorable fue tratar de persuadir al oficial de prensa de la FIFA, Guido Tognoni, para que infiltrara en los medios noticiosos una serie de historias que pudieran mostrar los puntos débiles del presidente. Tognoni rechazó la idea por considerar que tales acciones serían desleales a Havelange.

Un aspecto en particular cohibió a los pretendientes al trono. Havelange no se quedaría tranquilo. Habiéndose enterado de la traición, recogió todos los ases de la baraja. Hizo llamadas privadas a los delegados votantes que recibieron gran variedad de sus favores reservadamente. Luego ofreció incentivos económicos a los delegados para asegurar que su *status quo* continuaría después de junio. Más tarde se hicieron pronunciamientos públicos. Una exhibición pirotécnica del Rey Sol. Desconfianza, amenazas, alardes y notificaciones de que con él sentado en el trono de la FIFA tendrían no solamente al Rey Sol sino a *Superman*.

"Yo me levanto en Rio a las seis. Trabajo todo el día en mis distintas compañías. Regreso a casa. Tomo un baño, recojo un maletín, voy al aeropuerto. Yo no duermo en el avión —ese es el tiempo para trabajar y leer— y cuando llego a Zurich a las diez de la mañana siguiente, voy directo a las oficinas de la FIFA. Allí trabajo hasta las siete. Generalmente hay una cena más tarde, después me acuesto. Nunca estoy cansado, ni irritado. Yo nunca soy arrogante".

Tras describir en su propia forma humilde su día de cuarenta y cinco horas, el Rey Sol volvió su mirada olímpica en dirección a su rival principal.

"El señor Blatter ingresó a la FIFA en 1975. Yo le di responsabilidad y lo promoví a su posición actual. Y él ha hecho un trabajo sobresaliente".

Comenzaba a sonar como un obituario.

"Pero en los últimos meses se han dado ciertas manipulaciones intencionadas conducentes a lograr que el señor Blatter se convierta en presidente de la FIFA. Debería habérseme informado. Las cosas no deberían hacerse a mis espaldas".

Éste fue un recordatorio maravillosamente velado para Sepp Blatter sobre el destino de su predecesor, el Dr. Helmut Käser.

En cuanto la elección en Chicago para junio se acercaba más, Havelange aumentó el riesgo.

"Como todo el mundo sabe, es nuestra tradición, al final de cada Copa del Mundo, tener una confrontación entre los ganadores y un equipo del resto del mundo y que la recaudación, generalmente de un millón de dólares, se destine para la UNICEF. Siento que deberíamos construir sobre este concepto, solicitando a las grandes compañías de América, Japón y Europa, unirse a nosotros para comenzar una fundación dedicada a orientar los problemas de la juventud. Si cada compañía contribuyera con un cuarto de millón de dólares, creo que para empezar podríamos reunir unos veinte millones de dólares; los cuales posteriormente podrían ser depositados en los tres bancos principales de Suiza, y el interés que ese dinero produjera enviarlo a los niños en Asia y en África para hacerlos crecer dentro del mundo del fútbol".

También invitó a Arabia Saudita a unirse a este esquema y concluyó luego con información para alegrar los corazones de sus opositores:

"Ésta es entonces mi misión y en 1998 diré adiós y regresaré a mi país".

Lo que muchos, tanto dentro como fuera de la FIFA, deseaban saber era a quién tenía Havelange en mente para su sucesor si finalmente se retiraba en 1998. El temor que circulaba, aun entre muchos de sus amigos, era que él preparaba a su yerno Ricardo Teixeira para sucederle. Privado de un hijo propio, ¿estaba el padrino del fútbol preparando el terreno para Teixeira? En mi mente no existía la menor duda que esto era lo que el Rey Sol deseaba profundamente, y si esto se convertía en realidad, basado en el desempeño de su yerno como presidente del fútbol de Brasil, un profundo desastre golpearía a la FIFA y la organización se desmoronaría.

Havelange permaneció desafiante en relación con su exclusión de Pelé del sorteo para la Copa del Mundo 1994, y aunque esta situación hizo enorme daño —no al prestigio de Pelé sino al de Havelange—, a los ojos de la prensa y el público en general era evidente desde mucho antes de la elección que ninguno más que Blatter estaba preparado para enfrentársele. Sin una confederación que lo apoyara, al menos la causa de Blatter estaba perdida antes que empezara siquiera la elección.

Sepp Blatter andaba cauteloso en el campo de batalla con su maquillaje seco todavía, deseando con fervor poder convencer a "El Viejo" de que todo era sólo palabrería de los medios de comunicación.

En la primera semana de abril todo estaba terminado, con excepción de la aclamación general de alegría que Havelange iba a darle a la

FIFA otros cuatro años más. La UEFA manifestó que mientras Havelange estuviera al frente no se le opondría con un candidato. La Federación Europea tenía justamente más de cincuenta votos, más de un tercio del electorado en ese entonces. Toda conversación posterior sobre rebelión se evaporó. Fue exactamente en este momento cuando Havelange recibió noticias alarmantes de Rio.

La red de interconexión para los contactos del presidente en Brasil llega desde lo más alto hasta lo más bajo. A mi entender, la información que Havelange recibió venía del Servicio Secreto brasileño. La casa de Castor de Andrade fue allanada por instigación del juez Denis Frossard. Precisamente el problema de quién era el que iba a efectuar la redada debió enojar severamente al juez. Todos los oficiales antiguos de la policía de Rio estaban en la nómina de Andrade, descrito como cabeza organizadora de la mafia de Rio, en donde estaban muchos de los grandes y buenos del Brasil, incluyendo al presidente João Havelange.

La red de corrupción que rodeaba a de Andrade tocó sin excepción todos los componentes del poder en el país.

El juego ilegal de Andrade y de las otras cabezas sindicadas tiene, según estimativos oficiales, un producido anual de $ 1,3 billones y, únicamente en Rio, emplea más de cincuenta mil personas.

Lo que también salió a la luz, simultáneamente, fue una extraordinaria carta escrita por Havelange el 2 de octubre de 1987. Era en esencia una recomendación personal para su bueno y leal amigo de Andrade. Desde entonces, de Andrade usaba este escrito continuamente, cada vez que se levantaban contra él causas judiciales. En vista que era indudable que de Andrade tenía vínculos con el crimen organizado, incluyendo el cartel de Cali, y que esos vínculos eran de muchas décadas, algunos de los comentarios de Havelange tenían un tono casi surreal.

"Yo sé que él es un piadoso católico y ha demostrado su fe en actos de devoción a Nuestra Señora de Aparecida... Castor de Andrade es un deportista. Yo soy el presidente de la Federación Internacional de Asociaciones de Fútbol (FIFA) y Castor es un sobresaliente promotor de este deporte en Rio de Janeiro, en donde él es el dueño del Bangu Atletico Clube. Por sus distinguidas contribuciones, Castor ha recibido condecoraciones de las federaciones de fútbol de los estados de Rio de Janeiro y Minas Gerais.

Debido a su dedicación y habilidades, Castor de Andrade fue encargado de los equipos nacionales de Brasil que tuvieron éxito en campos extranjeros, tales como en la Copa O´Higgins en 1966 en Chile, y la Copa Río Branco en 1967 en Uruguay.

Me gustaría dejar registrado aquí que Castor de Andrade es respetado y admirado por sus amigos por su refinada educación. También sé que suministra servicios apropiados y abnegados a muchas organizaciones benéficas que protegen niños abandonados y ayudan a los minusválidos en Bangu.

Castor de Andrade, un hombre controvertido con una personalidad fuerte, es una criatura amable y agradable, quien puede hacer amigos debido a un rasgo predominante en su carácter: la lealtad... Castor de Andrade es un buen hombre de familia, un amigo leal, y es admirado como administrador deportivo y director de una escuela de samba, además de ser un abnegado protector de ancianos y niños con necesidades.

Aquellos que lo atacan ignoran quizá estos rasgos positivos de su personalidad. Yo autorizo a Castor de Andrade a utilizar esta declaración como lo juzgue conveniente".

Una copia de esta declaración también se encontró entre las listas de aquellos que de Andrade había sobornado y corrompido. Frente al nombre de Havelange estaba escrito "$ 17.640 Caja en el Sambódromo". Una relación de la reservación de sillas para contemplar el Carnaval de Rio.

Cuando Havelange recibió noticias de que el escándalo estaba a punto de reventar, se encontraba en Madrid. Inmediatamente, expidió un comunicado para la prensa. No sobre su relación vigente de treinta años con un miembro antiguo del crimen organizado en Brasil, sino sobre un cambio asombroso en la composición de la Copa del Mundo. Un creciente número de observadores tenía la idea que el aumento del número de finalistas de dieciséis a veinticuatro simplemente no funcionaba. Lesiones excesivas, aburrimiento del público con un torneo alargado y una reducción inevitable de la calidad de fútbol fueron justamente algunas de las objeciones planteadas. Ahora Havelange anunciaba que él proponía que a partir de Francia 98 el número de finalistas debería aumentarse otra vez. De veinticuatro pasar a treinta y dos. Si fuera elegido ese junio, la proposición de Havelange era que habría ocho grupos de cuatro equipos por grupo en las finales, con dos calificados de cada grupo, que irían a la etapa eliminatoria. Se utilizarían ocho ciudades y la competición se realizaría de todas maneras en el plazo de un mes.

Las propuestas, con sólo un ligero ajuste —diez ciudades en vez de ocho—, se aceptaron. La oportunidad del anuncio bastante casual aseguraría que los medios de comunicación se centraran en una Copa del Mundo en Francia en 1998 y no en un escándalo en Brasil. Aquellos que disfrutaron el empacho de fútbol —sesenta y cuatro juegos en un mes— durante el verano de 1998 bien podrían dar las gracias a uno de los dirigentes criminales de Brasil de los últimos treinta años. El difunto Castor de Andrade.

En el cuadragésimo noveno Congreso de la FIFA en Chicago el 17 de junio de 1994, João Havelange fue reelegido, sin oposición, por otros cuatro años como presidente de la FIFA.

Uno de los individuos que observaba la reelección de Havelange era Alan I. Rothenberg, jefe principal, presidente y oficial ejecutivo principal del Comité Americano Organizador de la Copa del Mundo, quien trabajaba sin recibir salario alguno. Había rechazado tomar un salario regular a condición de que sería compensado como se considerara justo. Esta afirmación estaba a tono con la filosofía del presidente Havelange: "Yo no recibo ningún salario, únicamente los gastos suficientes para arreglármelas". El producto final era también bastante similar.

Cuando terminó la Copa del Mundo 1994 en los Estados Unidos y se contaron todas las ganancias, se anunció en octubre 1994 que a Rothenberg lo recompensarían con un bono de 3 millones de dólares. La prensa publicó que en su informe los medios dejaron de informar que Rothenberg recibiría también un salario de 4 millones de dólares. Según el Comité de la Copa del Mundo, este salario provenía de un contrato a cinco años a razón de US$ 800.000 por año. Considerando el hecho que el contrato de Rothenberg comenzó en noviembre de 1991, significaba que continuaría cobrando US$ 800.000 al año hasta 1996, dos años después de que la Copa del Mundo terminara. En ningún momento se les preguntó su opinión individual o colectiva en relación con Alan I. Rothenberg a los diez mil voluntarios sin pago que trabajaron día y noche para hacer del evento todo un éxito.

El camino hacia la Copa del Mundo 1994 en los Estados Unidos, como quedó anotado anteriormente, no estuvo muy tranquilo. Poco más de un año después que el Comité Ejecutivo dominado por Havelange dijera sí a la postulación, amargamente la rechazaba. La FIFA, la organización líder en el comercio deportivo se vio confrontada con el país que durante el siglo XX perfeccionó el concepto de las leyes de mercadeo.

La primera y mayor causa de la discordia fueron los derechos de mercadeo. Werner Fricker, presidente de la Federación de los Estados Unidos, creyó que su organización los controlaba. Havelange le mostró la ley de acuerdo con el ISL. Fricker rabió y resopló y permaneció firme. Havelange amenazó con llevar la Copa del Mundo 94 fuera de los Estados Unidos y Fricker paró de rabiar y resoplar.

La segunda causa de discordia fueron los derechos de la televisión en los Estados Unidos. Fricker desarrolló lo que él consideró que era una excelente transacción con la NBC para televisar el evento. El problema fue que las otras redes de televisión excluidas no la consideraron tan excelente, así como tampoco la FIFA.

Havelange sabía cómo manejar un problema recurrente. La FIFA estaba legalmente obligada a llegar a acuerdos con la USSF, la Federación de los Estados Unidos, pero eso no significaba que no se pudiera cambiar a su presidente. Se iban a realizar elecciones para la presidencia de la USSF. Justamente dos semanas antes de las elecciones, los ejecutivos de la FIFA persuadieron al abogado Rothenberg de los Ángeles para que se postulara en contra de Fricker. Rothenberg estaba renuente. Con sólo dos semanas para hacer campaña y lograr apoyo electoral, ¿cómo en este mundo se podría vencer al hombre que iba a dirigir con éxito para los Estados Unidos su solicitud para la Copa del Mundo? La respuesta a esto tenía una sola palabra: Havelange. Lo que el presidente hacía era asegurar que sus hombres ganaran elecciones en el mundo político del fútbol. Eso, más que ninguna otra cosa, es a lo que se había dedicado por décadas.

La FIFA comenzó a promocionar a Rothenberg, liderando su causa tan descaradamente que los delegados votantes estaban convencidos del todo de que si ellos tuvieran la osadía de votar por la reelección de su presidente, entonces la FIFA se llevaría la Copa del Mundo fuera de los Estados Unidos. No importaba que Havelange no tuviera el poder para hacer un trato de esta clase. En el pasado nunca le importó desconocer la consulta a su Comité Ejecutivo, ¿por qué sería diferente en esta ocasión?

En la mañana de la elección Guido Tognoni, oficial de prensa de la FIFA, telefoneó desde Zurich a Paul Stiehl, tesorero de la USSF, quien también se postulaba contra Fricker. Havelange estaba preocupado por que la votación contra Fricker pudiera estar fatalmente dividida. Tognoni le pidió que se retirara. Stiehl expresó su asombro por la interferencia de la FIFA y rehusó complacer al Rey Sol. Rothenberg ganó.

Que la Copa del Mundo 1994 sería un éxito financiero resonante era una predicción fácil de hacer. Cuando entra al mercado un evento deportivo, particularmente uno de los que tienen gran respaldo corporativo en los Estados Unidos, el éxito comercial está relativamente asegurado. Como el propósito primario de la FIFA bajo João Havelange es hacer la mayor cantidad de dinero sin tomar en cuenta prácticamente ninguna otra consideración, entonces la Copa del Mundo 1994 debe considerarse un éxito contundente.

Ahora bien, si el objetivo del ejercicio es presentar al público, tanto al que va al estadio como al que está en todo el mundo frente al televisor, un torneo que constantemente estremezcle la emoción, agite y construya una final que viva en la memoria, entonces la Copa del Mundo 94 fue un fracaso pasmoso...

Si el Comité Organizador de la Copa del Mundo hubiera dedicado la misma cantidad de energía a promover realmente el juego que a la comercialización del producto, entonces se habrían dado beneficios a largo término para el crecimiento del fútbol en los Estados Unidos. En vez de esto se desperdiciaron oportunidades doradas para convencer a los cínicos medios de comunicación.

Con Rothenberg cómodamente instalado por cortesía de las amenazas de Havelange, se convocó una rueda de prensa en Nueva York en el mes de diciembre 1990. En teoría era para marcar la iniciación de la Copa del Mundo 94. En la práctica llegaría a ser una conferencia noticiosa sin un punto focal. Sin personalidades del mundo del fútbol. Sin contenido que se relacionara con el juego. En vez de esto hubo riqueza de información respecto del dinero, patrocinadores e históricos contratos de mercadeo. Ni más ni menos que otro día en Wall Street.

La víspera del campeonato, *USA Today* publicó los resultados de una encuesta de opinión Harris sobre el evento. De acuerdo con la encuesta sólo el veinticinco por ciento de los norteamericanos adultos sabían que la Copa del Mundo se iba a llevar a cabo próximamente en su país. Cuando a otras personas se les preguntó qué era lo que se llevaría a cabo próximamente, sólo el quince por ciento comentó que probablemente vería uno de los juegos. La encuesta no tuvo relación con los asistentes a los juegos, ni con las perspectivas que se lograrían.

El 17 de junio en Soldier's Field, Chicago, el juego de apertura entre los equipos de Alemania y Bolivia lo presenció, bajo un calor sofocante, una multitud que incluyó al presidente Clinton y un presidente Havelange totalmente equipado.

Poco antes que el campeonato empezara, la FIFA anunció que una nueva regulación, ratificada por la Junta Internacional en marzo pasado, se aplicaría en la Copa del Mundo. Cualquiera que ataque a un adversario por detrás se hará acreedor a tarjeta roja.

João Havelange dijo: "Cualquier árbitro que no muestre tarjeta roja a un adversario que agarre a otro por detrás volverá a su país al otro día, en el primer avión que salga".

El árbitro para el juego de apertura fue el mexicano Arturo Brizio Carter, a quien un poco antes de la competencia la FIFA había descrito como el mejor árbitro del mundo. Tal descripción sería una cruz muy pesada para cualquiera. El peso probó ser demasiado grande para Brizio Carter.

Después de seis minutos, el jugador alemán Jurgen Kohler tumbó al jugador boliviano Baldiviesco, no por detrás, pero sin embargo era un atrevido desafío. Se sacó la tarjeta amarilla y aquellos que estaban en las tribunas a favor de la total abolición de la prohibición de agarrar por detrás al contendor, se sintieron gratificados. En menos de diez minutos otro boliviano estaba listo para la acción, esta vez Thomas Hässler atacó fuertemente por la espalda a Luis Critaldo. El árbitro Brizio Carter se hallaba cerca al lugar del incidente. Autorizó el tiro libre y los hinchas del bando esperaron. Aún siguen esperando: no hubo tarjeta roja, ni amarilla, sino que el árbitro se limitó a amonestar mientras el boliviano se esforzaba en la grama por recuperarse; aparentemente tomaba mucho tiempo para ponerse de pie. El mejor árbitro del mundo nombrado por la FIFA pasó por alto un notorio pase del balón con la mano, al inicio de la mitad del segundo tiempo cuando Hässler hizo un pase con la palma de la mano a Klinsmann, quien luego hizo el único gol del partido.

Al día siguiente, hubo una gran sorpresa para los que no eran italianos. Irlanda derrotó a los *azzuri*. En el estadio de los Gigantes de Nueva York 75.000 fanáticos, en su mayoría irlandeses, tuvieron un día para recordar, ya que los perdedores de Jack Charlton derrotaron a uno de los grandes favoritos para ganar la Copa. El único gol vino de Ray Houghton, un delicioso desquite sobre el dormido golero italiano Pagliuca.

Confundiendo a los encuestadores de Harris y a los pesimistas, los aficionados continuaron asistiendo a la Copa del Mundo 1994. Casi 82.000 espectadores presenciaron el sol flameante cuando Rusia perdió 2 a 0 contra Brasil. Romario, tocando campanas de alarma a los equipos rivales, estuvo devastador. Haciendo uno y anotando otro diferente, Romario fue otro ejemplo de ineptitud dirigente para trabajar con, más bien que contra, un jugador sagaz. Parecía que aún un dirigente brasileño entre todos, podía demostrar miopía cuando ascendía a genio creativo. El entonces director Carlos Alberto Parreira, lo mismo que otros dirigentes brasileños anteriores a él, estaban obsesionados con europeizar su equipo. Quería menos carreras desde los costados surgiendo desde el fondo y más severas marcaciones de sus defensas. Parreira despidió a Romario de su equipo antes de que Brasil se embarcara en sus encuentros para calificar para la Copa del Mundo. Lo que sucedió es una historia muy conocida. Brasil luchó por calificar. Hubo desórdenes públicos. Los periodistas deportivos, muy críticos. El dirigente deportivo ignora las peticiones para que Romario forme parte del equipo. Derrotas posteriores por parte del Brasil. Las demandas ahora aumentan. El entrenador cede a última hora y escoge a Romario para un partido crucial. Si el Brasil pierde, entonces no podrán ir a la Copa del Mundo 1994. Es contra el antiguo enemigo, Uruguay. Después de veinte minutos el marcador es aún 0 a 0. Brasil tiene que ganar para calificar. Luego, en los próximos diez minutos, se terminó. Romario hace no sólo uno, sino dos goles asombrosos. Brasil está listo a ir a las finales de la Copa del Mundo y el entrenador Parreira puede alejarse de los guardaespaldas.

Para un hombre destinado a conseguir un bono multimillonario en dólares por su brillante manejo de esta Copa del Mundo, Alan I. Rothenberg dejó mucho que desear. Si en la tradición clásica norteamericana el dólar debe detenerse en el escritorio del hombre, entonces Rothenberg debería haber sido hecho para responder a la farsa del coliseo cubierto de Silverdome en Pontiac, cerca a Detroit. El equipo local jugaría su primer partido en este vasto lugar sin ventilación. Nadie pensó en colocar la grama hasta que la decisión para jugar allí fue tomada. Después de incontables sesiones científicas de emergencia, los norteamericanos decidieron cultivar la grama en California y luego se gastaron una fortuna trasladándola a Detroit. Pero en lo que nadie pensó fue en el aire acondicionado. El coliseo cubierto de Silverdome no lo tenía. Los casi 74.000 aficionados soportaron un baño turco. Los jugadores estaban agotados y deshidratados a los veinte minutos del primer tiempo. Los Estados Unidos marcaron un estúpido 1 a 1 con Suiza.

El siguiente partido fue contra Colombia, un equipo del cual muchos pensaron que sería el campeón. Poniendo demasiada confianza en el talentoso Carlos Valderrama, los colombianos sufrieron una derrota de 3 a 1 con Rumania en su primer partido. El siguiente fue contra los anfitriones, Estados Unidos.

Los carteles de la droga ya habían hecho sentir su presencia fuera de los estadios. Enviaron grandes cantidades de cocaína al país sede de la Copa desde Cali y Medellín. Conocedores de la presencia de cientos de miles de visitantes extranjeros en los campeonatos, los carteles vieron la posibilidad de un aumento de sus ventas y como cualquier organización profesional se movilizaron para cubrir una posible demanda.

Su presencia se sintió dentro del estadio, dentro de la arena donde su equipo estaba jugando. Los carteles y el fútbol estaban desde tiempo atrás comprometidos. Los amos de la droga como Pablo Escobar eran dueños de clubes profesionales. El dinero se lavaba en muchos terrenos y no solamente en Colombia. Cali en especial era muy efectiva para el lavado de activos a través de los ingresos del fútbol. Brasil, Paraguay, Uruguay, México, España, Italia, Francia y Alemania, un sendero de cocaína va a través de los torniquetes en las canchas en todos estos países. En medio de la Copa la gente de los carteles llegó de Colombia. Se hicieron amenazas por parte de miembros del cartel a jugadores colombianos. Se habían hecho grandes apuestas sobre los resultados. Considerando que algunos miembros del cartel apostaron que Colombia ganaría y otros que perdería, el juego contra los Estados Unidos iba a terminar en un grave problema para alguien. Se recibió un fax antes del partido en el hotel donde se hospedaba el equipo colombiano, dirigido a Gabriel Gómez, un jugador mediocampista. Decía que si él jugaba contra los Estados Unidos le volaban la casa. Gómez no jugó. El dinero inteligente en Medellín apostó a que Colombia perdería contra el poco brillante equipo anfitrión.

A los treinta minutos del partido el defensa colombiano Andrés Escobar —su apellido no tiene ninguna relación con el amo de la droga en Medellín— sacó su pierna para interceptar un cruce e hizo un autogol. En la segunda mitad, Stewart, de los Estados Unidos, hizo un 2 a 0 y más de 93.000 espectadores en el Rose Bowl enloquecieron.

Colombia, a través del Tren Valencia, marcó en el minuto final un gol y el marcador quedó 2 a 1, pero Colombia salió de la Copa del Mundo. Jugó y ganó su último partido sin importancia contra Suiza; entonces, desmoralizados, partieron para Colombia. Su entrenador Francisco Maturana se escondió por una muy buena razón: antes del partido con los Estados Unidos recibió amenazas de muerte.

Unos pocos días después de que el equipo regresara a casa, Andrés Escobar salía de un restaurante en Las Palmas, en las afueras de Medellín. Allí era una persona conocida, popular y apreciada por todos. Por lo menos allí él y su novia podían estar seguros que no habría insultos sobre el autogol cometido involuntariamente. Al volver a su carro un grupo de hombres lo reconoció en el momento en que se sentaba con su novia al lado. Surgió una discusión. Se escucharon tiros y Escobar con su novia fueron baleados repetidamente. Cada vez que una de las balas penetraba en sus cuerpos se oía gritar *"gol"* por parte de los asesinos. Hasta el momento, a nadie se ha acusado de su asesinato.

El arquero italiano Gianlucca Pagliuca, cogido desprevenido en su primer partido contra Irlanda, fue sacado en el segundo partido. Enfurecido. En el partido contra Noruega una pelota recta pasó a través del defensa italiano. Saliendo rápidamente de su área con un noruego en su persecución, Pagliuca manoteó la pelota fuera del área y fue expulsado. Tiempo para cambiar el arquero por Marchegiani. Para abrirle camino al arquero, el dirigente Sacchi se unió a las filas de aquellos que no pueden vivir con sagacidad y originalidad. Quitó a su mejor jugador: Roberto Baggio. Los fanáticos italianos de las tribunas silbaron y abuchearon y Baggio, por supuesto, no se vio muy contento.

Arrigo Sacchi ya luchaba contra una ola de críticas hostiles. Despreciado por muchos de los eruditos, ya que nunca había jugado fútbol a un nivel alto, respondió: "uno no tiene que ser un caballo para ser un jockey". Después de retirar a Baggio, aunque los italianos lograron una victoria de 1 a 0, muchos dudaron de si el dirigente tenía el cerebro suficiente para ser un caballo, ni pensar en un jockey.

Los narcóticos nunca estuvieron lejos de esta Copa del Mundo. Argentina clasificó con dificultad para el campeonato. En un momento de necesidad acudieron, una vez más, a Diego Maradona, pero este Maradona se encontraba en su peor momento. Mientras jugaba con Nápoles se le encontró positivo en la prueba de cocaína y lo suspendieron por un año. Era en ese momento adicto a las drogas y estaba ligado con la *Camorra* como un proveedor de cocaína para la versión napolitana de la mafia. Durante los siguientes doce meses, bajo supervisión judicial, se rehabilitó. Sus kilos de más se perdieron y, mágicamente, el pequeño hombre no solamente logró que se detuviera el tiempo, sino que devolvió el reloj. En un monótono 4-0 con Grecia, Batistuta marcó con una jugada de sombrero y Maradona hizo el cuarto. Una imagen perturbadora apareció en las pantallas de televisión de todo el mundo: Maradona ante las cámaras, con los ojos saltones, gritando su gol en forma desafiante al mundo.

Contra Nigeria, Maradona nunca demostró mayor compromiso o energía: cubrió cada centímetro del tiro, y con el goleador Claudio Caniggia —ya regenerado de la adicción a la cocaína— confundieron con pases a los nigerianos que no pudieron contestar. Caniggia hizo dos goles y la búsqueda de Argentina de otra Copa del Mundo se acercaba cada vez más a la realidad.

La FIFA estableció pruebas contra la droga durante la Copa del Mundo en Inglaterra en 1966. El primer jugador que resultó positivo a la prueba fue el haitiano Ernst Jean-Joseph durante la Copa del Mundo 1974 en Alemania. A Willy Johnston de Escocia, lo expulsaron de Argentina durante la Copa del Mundo 1978 después de descubrírsele el uso del estimulante fencamfamina. En junio 30 de 1994 apareció otro, un argentino. La muestra de orina del argentino Maradona después del partido con Nigeria reveló el uso de una droga relacionada con la efedrina. Estos estimulantes se usan para disminuir de peso y Maradona perdió casi 28 libras en un tiempo muy reducido antes de empezar la Copa del Mundo. El director del comité de la FIFA, Dr. Michael D'Hooghe, dijo: "Maradona debe haber tomado un coctel de drogas, estas substancias no se encuentran juntas en un solo medicamento". La droga, aparte de actuar como un supresor del apetito, es también un estimulante. Por esto, ahora se explica el impresionante nivel de energía de Maradona durante el partido con Nigeria. Julio Grondona, presidente de la Asociación de Fútbol Argentina y vicepresidente de la FIFA, salvó lo que pudo. Anunció que Maradona era retirado del campeonato. Actuando rápidamente en lo que fuera un aviso confidencial de Havelange, Grondona evitó cualquier intento del Comité de la Copa del Mundo de sacar a Argentina del campeonato. Protestando por su inocencia, a Maradona se le prohibió tomar parte en cualquier equipo de fútbol a escala mundial durante 15 meses. En esencia, su carrera internacional se había acabado, pero muchos no estaban contentos con esto. En su propio país muchos creían que esta era otra de las muchas contiendas publicitarias entre Maradona y Havelange. Hubo mucho apoyo de diferentes partes para Maradona. Lo más sorprendente de todo fue el apoyo del tenor Luciano Pavarotti: "Estoy muy disgustado por la estupidez de la FIFA. Yo considero la efedrina una medicina y la tomo todos los días para estar mejor frente a mi público".

Sin su pieza principal, una deslucida Argentina fue derrotada en el siguiente partido contra Bulgaria por 2 a 0. Entonces jugaron el otro partido, que era lo máximo que podían hacer sin el hombrecito y perdieron contra Rumania con un marcador de 3 a 2.

Fue una variación irónica del "complot y la conspiración". En los primeros años antes de Havelange, los argentinos, brasileños y el resto de latinoamericanos estaban seguros hasta la certeza de que eran víctimas de un complot. De los europeos en general y Sir Stanley Rous en particular. Ahora con una poco atractiva Argentina amenazando poder agarrar la Copa del Mundo 94 por el cuello, con su estrella rejuvenecida y recuperada, toda la pompa y majestad de su talento conduciendo la carga de Argentina, se sentían frustrados. Perversamente prevenidos de ganar lo que les pertenecía por... ¿Por quién? ¿Seguramente no por parte del Comité Ejecutivo de la FIFA o sus comisión permanente? ¿Brasil en 13 escaños? ¿Inglaterra con dos solamente? ¿Seguramente no con el yerno de Havelange, Ricardo Teixeira de Brasil o Cañedo de México o Grondona de Argentina, todos miembros honestos del Comité Ejecutivo? A donde uno mirara, los muchos comités de la FIFA estaban lado a lado con los latinoamericanos. Y si no eran los latinoamericanos, entonces marionetas como Harry Cavan o un Ulsterman cuya obediencia total a todos los caprichos del presidente condujo a que Havelange lo promoviera a presidente de los cinco comités mayores. Havelange, por medio de dichas medidas, se aseguraba que con los años ninguno podría, como Cavan, atacar al Rey Sol. ¿Quién estaba detrás de toda esta injusticia contra Diego Maradona?

La tendencia de las muchas teorías publicadas desde la Copa del Mundo 1994 es ésta:

La FIFA estaba tan preocupada que el próximo campeonato en los Estados Unidos careciera de calidad de estrellas y éxito de taquilla, que prometió la inmunidad de Maradona a cualquier prueba contra la droga. La FIFA entonces falsificó la documentación de que estaba libre de drogas y le tendió la alfombra roja al hombrecito, que respondió en la forma debida, perdió peso rápidamente por su bien, pero en forma impresionante empezaron a verse grandes efectos. La FIFA entró en pánico. Se suponía que Maradona no debía ser tan bueno. Podía llevarse a todos por delante. Brasil y en especial el presidente de la CBF debería estar protegido contra esto. "El camino del Brasil a su justo lugar como ganador debería suavizarse". Entonces, *quod erat demostrandum,* el hombre detrás del complot debía ser el brasileño que estaba a la cabeza: João Havelange.

Bien, supongo que quien crea que Sir Stanley Rous era capaz de "arreglar" un encuentro futbolístico puede creer cualquier cosa. A Maradona se le encontró haciendo trampa y se le castigó. Fin de la historia. Una pregunta aún más interesante: ¿por qué a Maradona no se le cogió haciendo trampa cuando manoteó el balón más allá de Peter Shilton?

El argentino no fue el único en problemas con los círculos oficiales durante la Copa del Mundo. Jack Charlton, el entrenador inglés de Irlanda, estaba insatisfecho con un número de oficiales entrometidos de la FIFA. Si un juego de fútbol brinda lo peor en algunos de los aficionados, es igualmente verdad que la Copa del Mundo brinda algo poco agradable al personal de la FIFA. Charlton se preocupó mucho del hecho de que en las áridas condiciones enervantes en Orlando, sus jugadores se fueran deshidratando ante sus ojos y los ojos de todos. Sus intentos por poner al substituto John Aldridge en el campo fueron contemplados ampliamente. Pasó mucho tiempo antes que cualquiera de los oficiales pasara a Aldridge al campo. Fue ultrajante mirar esto. Sólo Dios sabe lo que se sentía ser Charlton o Aldridge. La FIFA sabía qué hacer y no fue exactamente reprender a sus oficiales. Enviaron a Charlton a la banca para el próximo partido y lo multaron con 15.000 dólares. Para que hubiera equilibrio también multaron a Aldridge con cerca de 2.000 dólares. Una gran cantidad de gente que se dio cuenta de lo que sucedió decidió protestar. El dinero empezó a llegar para pagar las multas. Jack Charlton terminó teniendo 100.000 dólares. Entregó el dinero a la familia del asesinado futbolista colombiano Andrés Escobar.

A lo largo de este campeonato el arbitraje fluctuó enormemente. Durante el segundo partido de Alemania, que con el marcador 3 a 2 derrotó a Bélgica, el defensa alemán Thomas Helmer derribó a Weber en el área de penalti. El árbitro suizo Kurt Rothlisberger debió estar mirando en otra dirección. Ningún penalti. Havelange miraba también. Al día siguiente Herr Rothlisberger emprendió el viaje de regreso a su país.

Kurt Rothlisberger, no extraño a las controversias, un año antes del campeonato de la Copa del Mundo en los Estados Unidos estuvo encargado del partido Galatasary-Manchester United. Cuando el partido terminó, Eric Cantona se exasperó acerca del dudoso nivel de los árbitros, salió en televisión y acusó a Rothlisberger de soborno. Cantona fue excluido de cuatro partidos por hacer dicha acusación.

Dos años después de que la FIFA lo enviara de regreso a su país, demostró por lo menos un control inepto del partido entre Alemania y Bélgica. Roghlisberger se acercó a Erich Vogel, el gerente general de Grasshopper Zurich. Grasshopper había jugado recientemente la primera ronda de la Liga de Campeones contra Auxerre, perdiendo 1 a 0. Rothlisberger quería saber si el Grasshopper de Zurich estaría interesado en el nominado árbitro, para la segunda ronda, Vaim Zhuk de Bielorusia, tomando "decisiones favorables para el club suizo a cambio de una compensación financiera. Por, dijéramos, unas 45.000 libras esterlinas".

Vogel reportó al árbitro ante UEFA, que lo vetó de por vida por intento de soborno.

Como árbitro para el partido entre Italia y Nigeria estuvo el "mejor árbitro del mundo", Arturo Brizio Carter. Los comentarios antes del partido indicaban que Carter necesitaba estar en su mejor momento. El presidente de la Federación Nigeriana, Samson Emeka Omeruah, declaró a un grupo de periodistas italianos que fueron al campo de entrenamiento de los nigerianos: "No tengo miedo de Italia. Somos los campeones del África. ¿Quiénes son ustedes? Italia es famosa por la mafia y la Fiat, no por el fútbol".

Sólo para asegurarse que los medios italianos entendían qué pensaban los nigerianos acerca de ellos, un equipo de la televisión italiana fue golpeado por tener la temeridad de tratar de filmar una sesión de entrenamiento de los nigerianos.

Durante el curso del partido, Carter sacó nueve tarjetas amarillas, retiró a Gianfranco Zola, le negó a los italianos dos penaltis que eran obvios, ignoró una tremenda falta de Maldini que ameritaba una tarjeta roja y ya casi al final le impuso a Italia un penalti que les dio derecho al 2 a 1 en el extratiempo. La FIFA anunció después del partido que el mejor árbitro del mundo no volvería a pitar ningún otro partido.

Las noticias de que Carter logró un grotesco record de la Copa del Mundo —nueve tarjetas amarillas y una roja en un sólo partido— viajaron veloces. Las noticias llegaron rápidamente al árbitro sirio Jamal Al Sharif, quien el mismo día se encargó del partido Bulgaria *vs.* México. Éste también sacó nueve tarjetas amarillas, luego completó con dos tarjetas rojas. Fue otro de los árbitros retirados permanentemente, después de finalizar el partido ganado, apropiadamente por tiros desde el punto penal, por Bulgaria.

A los cuartos de finales, un número de finales potencialmente emocionantes figuraron en el programa. Los primeros cuatro elegidos para ir a los semifinales eran Italia, Brasil, Alemania y Suecia. En el evento los apostadores ganaron tres de los cuatro indicados. Lo inesperado fue el resultado del partido entre Bulgaria y Alemania.

Alemania aparecía en cada final desde 1978. Para muchos, cada nueva Copa del Mundo significaba tratar de adivinar quién se enfrentaría a Alemania en las finales. Que un equipo tan poco importante como Bulgaria los derrotara, parecía increíble.

Alemania iba a la delantera al principio de la segunda mitad después que Letchkov puso zancadilla a Jürgen Klinsmann y Matthäus hizo el gol de penalti. Quince minutos antes de finalizar el partido Stoichkov, empujado por Möller, cayó al piso. Después del partido, Möller fue firme en que no hubo falta, que los búlgaros se habían tirado y engañado al árbitro. Stoichkov tomó el tiro libre y la pelota pegó en la parte de atrás de la malla sin que el arquero Ilgner se moviera. Tres minutos más tarde, un gran cruce se formó desde el ala derecha búlgara. Normalmente un defensa alemán alto hubiera cabeceado la pelota al centro del campo. El problema es que faltaban defensas alemanes altos para afrontar el cruce. El único alemán cercano era el más bajito del grupo, el diminuto Thomas Hässler, y no hubo dificultad para Yordan Letchkov quien cabeceó el gol ganador.

El equipo de los Estados Unidos se fue hacia Brasil en el segundo encuentro. Su desempeño era hasta entonces ampliamente negativo, como un equipo que juega por los tiros de penalti. En realidad lo hicieron muy bien para progresar desde el difícil Grupo A. Después de su retiro, todo su apoyo parecía aferrarse al Brasil.

En los cuartos de final, Holanda *vs*. Brasil fue un asunto curioso: la primera mitad fue tan monótona, como la segunda de entusiasta. Durante los primeros 45 minutos los holandeses, raro en ellos, jugaron un partido bastante defensivo, al cual le faltó espíritu aventurero. Ataque tras ataque de los brasileños se perdieron en las líneas defensivas de Holanda.

A los diez minutos en la segunda mitad, los brasileños finalmente los cerraron: Romario consiguió el primero, Bebeto el segundo. Holanda se recuperó. Recibiendo la pelota rebotando, Dennis Bergkamp corrió hacia la defensa brasileña. Hay pocas señales más estimulantes que ver a un grupo hacia afuera, tomando directamente la defensa. Inevitablemente hay pánico, a menudo un error fatal a través de un desafío que se ha demorado mucho. Taffarel fue derrotado por un tiro que dejó el marcador 2 a 1. Doce minutos después un tiro de esquina de Overmars, el salto del defensa de Holanda Aron Winter, y Taffarel fue derrotado de nuevo para un 2 a 2.

Con sólo nueve minutos para terminar el partido el defensor izquierdo brasileño Branco se dejó venir con un disparo de 10 metros, el cual no dio oportunidad a De Goey en la portería holandesa. Un marcador de 3 a 2 y Brasil fue a las semifinales.

El equipo más afortunado para unirse a Brasil y a Bulgaria en las semifinales fue sin duda alguna Italia. Ellos tuvieron la delantera por medio tiempo gracias a un gol de Baggio —no Roberto, sino su tocayo

Dino—, el jugador mediocampista que trabajaba duro y empezaba a tener el hábito de meter goles vitales. Esta vez un disparo raspante de 25 yardas sobrepasó al arquero español Zubizarreta.

Anteriormente el defensa español Abelardo se había salvado con una tarjeta amarilla, cuando la falta contra Roberto Baggio merecía una tarjeta roja a los ojos de todos, excepto del árbitro Sandor Puhl. La segunda mitad fue dominada por España, con su mediocampista José Caminero corriendo constantemente hacia la defensa italiana. A los treinta minutos del segundo tiempo empataron con España, que luego siguió adelante, presintiendo afanosamente la victoria. Italia es letal cuando contraataca. Esta vez el goleador italiano fue Roberto Baggio; un despeje bajo la defensa italiana lo recibió y el marcador fue 2 a 1. Pero España apretó aun más. Un cruce del ala derecha tenía al delantero español Luis Enrique corriendo en el área de penalti italiana, el defensa Tassotti italiano se le cerró y Enrique fue a dar contra la grama recibiendo un codazo en la cara. Cuando el árbitro falló en reaccionar, Enrique, con sangre en la cara, se puso en pie gritando por justicia. Ni el árbitro ni el juez de línea vieron nada erróneo y el partido continuó por un minuto más, antes del pitazo final, con el cual quedó Italia a un partido de la Final.

Los jueces del certamen debieron estar ciegos, pero el trabajo de la cámara de televisión mostraba un terrible falta contra Enrique. La FIFA no tenía otra alternativa que ver la evidencia. El Comité Disciplinario sancionó con mantener fuera de ocho partidos a Tassotti. No hubo ninguna compensación para con Enrique o España, a quienes se les debió otorgar un penalti. Tassotti, por supuesto, debió recibir tarjeta roja y salir del juego. Italia estaba en las semifinales y España camino a casa.

El otro cuarto de final entre Suecia y Rumania fue un verdadero fiasco, un juego negativo. Los espectadores norteamericanos demostraron ser estudiantes sobresalientes acerca de lo bueno y lo malo del fútbol. Ambos equipos fueron abucheados la mayor parte del juego. Suecia prevaleció después de los lanzamientos desde el punto penalti.

Ese período extra era para asegurar lo que venía. Cuando los suecos se enfrentaron a Brasil en la primera semifinal, se veían desde el comienzo como un equipo que había jugado sólo noventa minutos. Durante los pases de apertura del juego se veía mucha más actividad en la sección VIP del estadio que en el campo. Lennart Johansson, presidente de UEFA, me comentó: "¿Qué pasó el día de las semifinales? Bien, el capitán del equipo sueco, mediocampista Jonas Thern, fue sacado después de 18 minutos, por un árbitro que vino de Sur América. Ahora, el Ministro de Finanzas y el Ministro del Deporte y otros cuatro miembros del gobierno sueco vinieron y yo no pude ofrecerles un lugar. No podía ofrecerles un puesto. Me sentí muy avergonzado al decirles a estos caballeros, a quienes yo personalmente conozco y quienes eran de mi propio país, que no había sitio para ellos para presenciar el partido. La razón fue que por todos lados los puestos estaban ocupados por amigos de Havelange. Se me dijo que él tenía entre 200 y 300 huéspedes, muchos de los cuales llegaron en aviones privados".

Le comenté: "La expulsión de Thern fue por supuesto crucial para los resultados finales, al estar ganando Brasil por un solitario gol. Me han dicho que el árbitro para dicho partido fue seleccionado porque Havelange insistió que él controlara la semifinal".

"Eso fue lo que me comentaron y que esto sucede obviamente con mucha frecuencia, que Havelange tiene influencia en la escogencia de árbitros".

"Entiendo que algo similar sucedió antes de las finales y que esta vez el Comité de Árbitros ahondó, objetó y peleó con Havelange sobre este asunto".

"Sí, tiene razón. Ése es mi entender de lo que ocurrió".

Romario consiguió el único gol en el minuto dieciocho. Italia o Bulgaria, ¿cuál se uniría a Brasil en la final?

Los búlgaros obviamente dieron su máximo contra Alemania. Ésa fue una explicación. La otra fue que ellos simplemente no tenían una respuesta que dar a Roberto Baggio, "El Divino Cola de Caballo", como lo llamaban sus compatriotas. Baggio marcó dos goles destellantes y Bulgaria convirtió el regalo de un penalti para hacer el marcador final 2 a 1. Italia estuvo en la final contra Brasil, pero el juego dejó su marca en su estrella Roberto Baggio. Cojeaba con una lesión en un tendón; su presencia en la final se volvió una incertidumbre.

El entrenador de Brasil, Parreira, pagó tributo a los oponentes que su equipo pronto enfrentaría.

"Es evidente cada día: no es solamente Baggio. Ganamos el derecho a jugar en la final a través de nuestra estabilidad. Italia ganó el derecho con su última brillante actuación".

De nuevo los críticos de Brasil tuvieron una visión menos generosa del progreso de su equipo a la final. Chico Mai, un reportero de Belo Horizonte, se aunó a lo que sus colegas sintieron:

"Los periodistas consideramos un error europeizar el juego de nuestro equipo nacional. Tenemos una tradición, una credibilidad, y no estamos dispuestos a venderla o a negociarla".

Cuatro años más tarde, hasta el día de hoy, el mismo lamento triste y mucho más se oirá en la región. En las horas y días siguientes a la Copa del Mundo 98 en Francia.

Veinticuatro años antes de la Final de la Copa del Mundo 94, estos dos equipos, Italia y Brasil, se encontraron en lo que es aún —y estas palabras están escritas después de la final en Francia— la mejor final de la Copa del Mundo en la historia del campeonato.

La Final de 1970 produjo un encuentro que fue la exaltación del juego, el ejemplo perfecto de lo que el fútbol de ofensiva podía producir. Fue un teatro de primer orden. En la actuación de Pelé todo lo que es maravilloso acerca de un partido de fútbol se condensa en un sólo hombre. Cualquiera que saliera de ver ese partido sin moverse era de tenerle lástima. Fue la última final de la Copa del Mundo antes de Havelange.

En 1994 en lo que fue la penúltima final de Havelange, la audiencia fue mayor. Aparte de los 94.000 espectadores atestados en el estadio de Rose Bowl en Los Ángeles, fue la mayor audiencia de televidentes. La FIFA estimó que el número de televidentes para toda la Copa del Mundo 1994 fue de 31,2 mil millones de personas —más de cinco veces el número total de la gente que hay en el planeta—. Para aquellos que presenciaron la Final entre Brasil e Italia en 1994 fue un juego estéril, aburrido, defensivo, terminando sin marcar un solo gol, se redujo a la decisión por tiros desde el punto de penalti que "ganó" Brasil. El que la final de una copa del Mundo se haya reducido a un espectáculo así, habla con más elocuencia que cualquier palabra de cómo el juego ha sido prostituido desde aquellos 90 minutos de magia absoluta en México 1970.

Los ingresos totales de la Copa del Mundo 94 fueron un record de todos los tiempos. Un espaldarazo triunfante a las habilidades brillantes del mercadeo. El total fue un tambaleante SF 292.843.000 ($ 235 millones de dólares). Si apenas un pequeño porcentaje de estas utilidades se hubiera donado a investigación, estudio, un intento por encontrar modos de mejorar el producto que se estaba vendiendo, ¿quién lo sabe? FIFA Incorporated podría haber empezado a ganar un poco de credibilidad a su autodescripción —"Por el bien del partido"—, un eslogan que invita a una acción legal bajo el Acta de Descripción Comercial.

Con el éxito comercial de la Copa del Mundo en los Estados Unidos, ahora una realidad, el Rey Sol podía enfocar el siguiente ítem de la agenda. Venganza.

El 27 de octubre Havelange la acometió contra las cifras finales de la Copa del Mundo 94 que fueron anunciadas sólo nueve días antes. Desde su punto de vista, ciertos miembros de su tribunal mostraron deslealtad a principios del año durante su llegada al Congreso de Chicago. Los intentos para desbancarlo fueron destruidos rápidamente, pero Havelange decidió prevenir sobre lo que le pasaría a aquellos que conspiraran contra él.

Hay por supuesto procedimientos establecidos, reglas y una gran variedad de estatutos para asegurarse de que dentro de la FIFA se apliquen principios democráticos. Estos se aplican a cada miembro de la FIFA excepto uno, el Rey Sol.

Presumiblemente Havelange tiene una determinación especial sobre los estatutos de la FIFA. Una versión editada que excluye, por ejemplo:

"El presidente deberá tener un voto ordinario y cuando hay empate el voto decisivo".

En la Asamblea Ejecutiva de la FIFA en Nueva York, Havelange permitió que los diversos puntos de la agenda oficial progresaran hasta cuando él introdujo como punto final algunos cambios hechos a los diversos comités. Envió copias de las listas a los miembros ejecutivos. Para asegurarse que ninguno sabría lo se proponía, fotocopió personalmente su propia lista de miembros, nombrados para los comités. Antes de que el Comité pudiera responder o estudiar la lista Havelange, de pie en el estrado, dijo:

"Declaro estas listas aprobadas y la reunión se da por terminada".

Con ello el Rey Sol se marchó, dejando un tribunal confundido y aturdido. A medida que empezaron a leer, su confusión se tornó en cólera.

Sacados de sus puestos estaban algunos de los mejores de la FIFA, Peter Velappan de Asia, Gerd Aigner de Europa, Chuck Blazer de la Federación de los Estados Unidos, Mustafá Famy de África; se excluyó del Comité de Arbitraje al italiano Paolo Casarin, director de la Federación de Árbitros Italianos. Casarin había recibido amplios elogios por su intento de mejorar el estándar del arbitraje y por su meticuloso estudio sobre la materia. Casarin cometió un pecado imperdonable: nombrar árbitro de la final de la Copa del Mundo al húngaro Sandor Puhl. Ignorando el hecho que esta decisión no estaba dentro de su ámbito, el presidente quizó influir en ella. Falló, y entonces Casarin tuvo que irse. También fueron despedidos de este importante comité otros dos árbitros muy respetables, Karoly Palotai y Alexis Ponnet. Havelange reemplazó también al presidente delegado, el brasileño Abilio D'Almeida. En este momento con otro brasileño, su propio yerno, Ricardo Teixeira.

Havelange también despidió a su oficial de prensa de la FIFA, Guido Tognoni —un hombre que demostró su lealtad a Havelange y a la FIFA durante 11 años—. Hubo una gran omisión en la lista, un nombre que la debía encabezar se omitió por completo. Sepp Blatter, el secretario general de la FIFA. Havelange demostró en 1981 que retirar a alguien de ese nivel no era un problema insuperable para el presidente. El Dr. Helmut Käser fue destituido fácilmente.

Cuando entrevisté a Blatter, negó rotundamente que la iniciativa para ir contra Havelange era suya. El insistió en que era de los miembros *senior* de la FIFA. De su Comité Ejecutivo. También dijo que el presidente de la UEFA, Lennart Johansson, lo había confirmado. Johansson y sus miembros de la UEFA fueron inflexibles: me dijeron que la sugerencia venía de Blatter. Estas acusaciones y contraacusaciones se me revelaron sólo unas semanas antes que Johansson y Blatter debían ganar o perder la lucha para reemplazar a Havelange. Lo que resalta claramente es que no hay duda que Blatter fue por un tiempo, a su llegada a Chicago en 1994, un serio contendor para la corona. ¿Por qué entonces sobrevivió a la purga? La respuesta que se me ocurrió cuando me hice esa pregunta fue siempre la misma. Por lo que tenía con Havelange. Lo que variaría sería exactamente lo que el secretario general tenía con su presidente. El rango de posibilidades fue extenso, pero invariablemente involucraba dinero. Grandes sumas. Sin nada más, este asunto sirve poderosamente para subrayar la necesidad de total transparencia en todos los asuntos financieros de la FIFA. Este dinero no es de Havelange o de Blatter. Es nuestro, puesto en depósito por los oficiales de la FIFA.

Me han dicho que después de la noche de los cuchillos largos en Nueva York, Blatter tuvo que soportar el hielo del Rey Sol. Su anterior relación de "tú" se redujo a "usted" y eso duró hasta 1996, cuando Havelange ignoraría totalmente a su secretario general. Es un comportamiento muy acorde con el João Havelange que llegué a conocer. Blatter lo recuerda de un modo diferente. "...durante un mes, agosto, cuando regresamos de la Copa del Mundo, hubo escarcha. Me dijeron que él estaba descontento. Le pregunté, João, ¿verdaderamente quieres deshacerte de mí? ¿Quieres comprar mi parte?".

Es claro que eso era exactamente lo que Havelange quería. De algún modo Blatter "persuadió" al presidente para que olvidara sus ofensas. La única ocasión registrada en toda su vida, quien aún hablaba con amargura de un insulto en 1974, veinticuatro años más tarde estaba preparado para clavar el cuchillo en otra parte distinta de la cabeza de su oponente.

Hubo cinco momentos definitivos que condujeron al cierre del reinado de Havelange en el fútbol.

El primero fue su trato con Pelé en la reunión de la Copa del Mundo en Los Ángeles. Havelange fue temido siempre. También respetado. Nunca, fuera de su círculo familiar, fue amado. Tratar a una imagen con tanto menosprecio, y a una persona muy amada por muchos, aseguraba que muchos verían a Havelange con mofa. Su actitud repercutió y condujo a muchos delegados de la FIFA a condenarlo públicamente por primera vez.

El segundo incidente que aceleró su partida de la FIFA fue la noche de la reunión de los cuchillos largos, la cual dio como resultado que Havelange alejara a muchos.

Justo un año después del comité de Nueva York, ocurrió el tercer evento clave en la inevitable transferencia. João Havelange siempre está buscando condecoraciones. La lista acumulada con los años, en lugar de mejorar su reputación, derrumba su imagen como un suflé recalentado. Su anhelo vehemente por tales frusterías llevó a Nigeria en noviembre de 1995 para un triple beso del general Abacha, otro dictador que se añadía a la lista de Havelange —por lo menos hasta la reciente muerte de Abacha— como un buen amigo.

En los días previos a la visita de Havelange se montó una presión sobre Abacha para conmutar la sentencia de muerte existente sobre nueve disidentes, incluyendo el dramaturgo y propagandista de derechos humanos Ken Saro-Wiwa.

Nigeria, debido a la junta militar que gobernaba el país, fue considerada por la opinión mundial como un lugar que no tenía sitio en la sociedad civilizada. Entra Havelange. Estaba ansioso de reasegurarle al general Abacha que Nigeria podría, después de todo, ser el anfitrión del campeonato juvenil de fútbol 1997. Ésta fue la mejor pieza de relaciones públicas que Abacha tenía en mucho tiempo. El encantado general concedió, al igualmente entusiasmado Havelange, una jefatura honoraria. Simultáneamente ordenó que los nueve propagandistas de derechos humanos fueran ejecutados, orden que se cumplió dentro de las siguientes 24 horas. Havelange no vio nada erróneo en las acciones de Abacha o en las suyas. Defendiendo su reunión con el dictador, dijo:

"Si en algún país me conducen a ver al jefe de Estado, por educación y respeto yo lo hago; es mi función y mi obligación. Si la FIFA empieza a estar involucrada en cuestiones políticas, desaparecería. Recientemente, un periodista me preguntó acerca de las pruebas nucleares francesas y yo le dije que era asunto de las Naciones Unidas, ya que ellas son los encargados de cuestiones políticas, mientras que nosotros hacemos fútbol. Y mi respuesta en este momento con respecto a Nigeria es la misma".

Aparentemente, mantener a Sudáfrica fuera de la FIFA hasta que el *apartheid* fuera abolido; incluir de nuevo a China continental en la FIFA; reconocer a Croacia, Lituania y Estonia muy rápidamente después del colapso del comunismo y en un momento en que el Kremlin tomaba una línea muy dura, especialmente en los Estados Bálticos; suspendiendo a Yugoslavia, en línea con la sanción de las Naciones Unidas, de partidos casificatorios para la Copa del Mundo, nada de esto es hacer política.

El presidente de la FIFA asegura por sus propias acciones que la organización que él encabeza, a pesar del régimen rechazable que le había hecho honor a él, es internacionalmente despreciable.

Cuando la controversia sobre su visita estaba en su punto máximo, Lennart Johansson, presidente de la UEFA, finalmente decidió que era más que suficiente. Anunció su candidatura para la próxima presidencia. Las elecciones se llevarían a cabo en París inmediatamente antes del comienzo de la Copa del Mundo 98.

La Asociación Francesa de Fútbol veía a Havelange con exasperación. Cuando Francia se ofreció para la Copa del Mundo 98 se basó en el hecho de que habría 24 equipos compitiendo en las Finales. A pesar del hecho que Havelange declaró en varias ocasiones, después que se aceptó la propuesta, que era imposible concebir en qué momento el número de finalistas podría aumentarse... "la idea de que podría haber 32 finalistas era absurda", los franceses se enteraron a través de la prensa que eso tan absurdo se convertía en realidad. Ahora habría 64 partidos en lugar de 52. Una pesadilla sobre la logística y la seguridad que estaba a la mano. Con un compromiso inicial de gastar 235 millones de dólares para renovar nueve estadios y otros 541 millones para construir el nuevo Grande Stade en los suburbios de París, el Comité Francés se trasladó de prisa a Zurich buscando un suscriptor firme para los costos adicionales, que se comprometiera con un campeonato de mayores proporciones. Havelange se comprometió, por cortesía de Coca-Cola y los otros patrocinadores de primera categoría. Nada había cambiado desde los días de Dassler y Nally. Las mismas corporaciones gigantes como fiadores del mismo presidente de la FIFA.

Uno de los resultados de estos desatinos por parte de Havelange fue un intento de restricción de sus poderes para asegurarse que se limitaran futuros abusos. Las reformas propuestas por Johansson incluyeron la redefinición del equilibrio del poder entre la FIFA y las confederaciones para asegurar un mayor grado de democracia después de más de 20 años de gobierno autocrático por parte de Havelange.

La otra propuesta fue un ataque directo sobre las ciudadelas de ISL y la Unión de Transmisiones Europea (European Broadcasting Union, EBU). La UEFA impulsó el mercado competitivo de las finales de la Copa del Mundo e insistió sobre que las utilidades obtenidas se repartieran de una manera más equitativa. Los críticos de Havelange estaban en extremo preocupados por el hecho de que las sumas que se generaran en las finales de la Copa del Mundo fueran mucho más bajas que lo que pagaría el mercadeo. En 1986 Havelange, alguien que en todo momento proyecta una imagen de un hombre de negocios supersagaz, confirmó la ingenuidad mostrada en acuerdos anteriores con Dassler, firmando un contrato de doce años con ISL y un acuerdo por el mismo período para derechos de televisión con la EBU. Havelange excluyó a su Comité Ejecutivo de estas negociaciones, las cuales fueron conducidas por él mismo, Blatter y Guillermo Cañedo. Lo que esta autocracia ha costado al fútbol durante los pasados doce años es incalculable. Las pérdidas pueden estimarse entre 500 y mil millones de dólares.

Havelange, quien se ufana de los millones que ha conseguido como astuto operador en Brasil —millones que no han salido de ninguno de sus intereses comerciales— no pensó en poner un tope a las utilidades que en principio Dassler y luego sus herederos harían en el ISL. Tampoco pensó en exigir un esquema de participación en las ganancias o una cláusula escaladora en los contratos de la FIFA por derechos de televisión, los cuales siempre se otorgaron a la EBU, pero luego esos conceptos básicos aparecieron como aprobados por Blatter y Cañedo.

El efecto, de estos cuatro incidentes y la opinión de la mayoría de los delegados en el seno de las confederaciones, fue hacer que todo llegara a su fin y evaluar de nuevo a João Havelange. Muchos, por primera vez desde su elección en 1974, empezaron a cuestionarse seriamente sobre si el presidente era un riesgo para el fútbol. Algunos sostuvieron ese punto de vista, pero por décadas fueron la minoría silenciosa, a menudo temerosos de decir en público lo dicho extraoficialmente. Vieron lo ocurrido a varios secretarios de la Confederación, empleados de tiempo completo en el mundo del fútbol, despedidos de comités influyentes por parte de Havelange. Ese despido significó que de ahí en adelante no viajarían en avión a los diversos sitios en el extranjero, para no tener la oportunidad de conocer otros miembros de la FIFA en contra de Havelange. El entrenador los sustituyó. Era difícil tener influencia en los partidos desde la línea que marca el límite del juego. Ahora Johansson se declaraba candidato para las elecciones de junio de 1998, donde los disidentes tenían un punto de enfoque.

El punto de enfoque llegó a definirse más claramente cuando ocurrió el quinto y más crucial momento final a principios de 1996. El tema de la Copa del Mundo 2002. ¿Qué país debería ser el anfitrión del campeonato? ¿Quién debería tener los derechos de televisión y mercadeo?

Era un secreto a voces que Havelange, mientras se declaraba oficialmente como neutral en la guerra de propuestas entre Japón o Corea del Sur —desatada desde que el último balón fue pateado en el campeonato de 1994—, trataba de dar el premio a los japoneses.

Fue también un secreto conocido por todos en abril de 1996 que a pesar de acordar, cuatro meses antes, que habría una amplia concertación sobre las negociaciones para los derechos televisivos y de mercadeo, Havelange actuó de nuevo como si estos derechos fueran de su propiedad. Ni decir de las propuestas de la organización Mark McCormack, ni de no consultar con el Comité Ejecutivo. La doble acción de Havelange y Blatter ya había efectuado el negocio.

El tema sobre la jurisdicción de la Copa del Mundo 2002 tenía a todo el mundo comprometido en el asunto. Hubo filtraciones inspiradas para los reporteros favorecidos. Reuniones secretas entre los anteriores primeros ministros del Japón y Sur Corea. Cenas a la luz de la vela entre Havelange y sus viejos compañeros de armas, el presidente del Comité Olímpico Internacional, Juan Antonio Samaranch, quien andaba detrás de Havelange para que se otorgara la sede los Juegos Olímpicos del 2004 a Rio de Janeiro, como recompensa por desistir y dejar a un lado su implacable oposición a que Corea del Sur fuera la anfitriona de la Copa del Mundo 2002. Cada uno, según parecía, estaba ante todo preocupado con un solo objetivo, no desprestigiarse.

Por dos años Japón y Corea continuamente subieron las apuestas. Los obsequios llovieron para los oficiales de la FIFA a quienes un país dado creía capaces de tener influencia sobre los resultados. Lo que empezó con una invasión de cámaras, relojes y equipo electrónico de cualquier clase, siguió con automóviles, todos los gastos pagos por viajes al exterior, mujeres, hombres y cuando a sus mentes se les acabó la gama de la corrupción, entonces los dos campos históricos de guerra recurrieron al viejo auxilio: el dinero.

Cada uno de los miembros del Comité Ejecutivo de la FIFA fue objetivo de las federaciones japonesas y sur coreanas. La mayoría de los miembros del Comité de la FIFA aceptaron los obsequios mientras al mismo tiempo ordenaban a los japoneses y a los sur coreanos que desistieran. Este Comité incluyó, además del presidente Havelange, a los miembros más antiguos de la FIFA, aun miembros tales como el vicepresidente David Will, quien aparentemente no vio nada de malo en aceptar los obsequios por miles de libras esterlinas. Will dijo entonces que él ayudó a refrenar la bonanza de dar regalos por medio de una campaña con otros oficiales de la FIFA en la que presentaban un nuevo código de conducta, prohibiendo regalos que sobrepasaran las 60 libras esterlinas. Como lo confirmó Will: "junto con otros europeos, yo contacté de inmediato las dos partes interesadas en la propuesta y les dije: «Miren, nosotros no queremos recibir obsequios en esta forma». No soy una persona que recibe un obsequio y se queda como si nada".

El nivel de debilidad consternó aún a los más realistas, que saben que el endulzamiento, el ajuste financiero, la comisión, son hechos de la vida diaria. El sultán Ahmad Shah, el presidente malasio de la Confederación Asiática, envió una carta confidencial a los dirigentes de las otras confederaciones de la FIFA.

"La AFC (la Confederación de Fútbol Asiática) está perpleja con las intensas campañas que se hacen en cada continente. Las campañas han traspasado los límites de lo normal. No es bueno para la FIFA y la AFC ni para el futuro de la Copa del Mundo. Por consiguiente, como líderes responsables del fútbol mundial, es nuestro deber tomar control de la situación de modo que la cordura y la moral del fútbol se mantengan en alto en todo momento".

La respuesta de Havelange indicaba lo que él consideraba un nivel de cordura y de moral dentro del fútbol. Aprobó el voto colectivo de sus cinco colegas suramericanos del Comité Ejecutivo en favor de otorgar la Copa del Mundo 2002 al Japón.

Coincidencialmente, el asunto de los derechos de mercadeo y televisión para el mismo evento levantaba ampolla a la superficie de otro asunto contencioso. Chung Mong Joon, vicepresidente surcoreano del Comité de Medios de la FIFA, señaló al presidente lo que fue un hecho establecido. Los derechos fueron seriamente desestimados por muchos años. Llamó la atención sobre el Comité Olímpico, que ganaba aproximadamente siete veces más por televisión y mercadeo. Havelange le dijo a Chung: "Creo que usted debe concentrarse en asuntos más mundanos, como suministrar los arreglos para la prensa".

Chung estuvo sujeto a una campaña de rumores creada por Blatter en un intento por desacreditarlo. Obstinado en su creencia de que

Havelange y Blatter vendían el fútbol a muy bajo precio, Chung llamó la atención sobre la propuesta de Mark McCormack's International Management Group. Creyó que la presencia de estas propuestas rivales al ISL podrían subir el precio para los derechos de mercadeo y televisión para la Copa del Mundo 2002 a dos mil millones de dólares. Esto dejaría un espacio de más de trescientos millones de dólares para distribuir en el fútbol desde la base a través de las federaciones.

Chung Mong Joon también jugó una carta ética muy importante con respecto a la amarga lucha aun existente de cuál sería la sede de la Copa del Mundo de 2002.

"Yo deseo afirmar sin temor a equivocarme que si Corea del Sur es el anfitrión de este campeonato, todas las utilidades se devolverán al fútbol. Una décima parte para la FIFA y nueve partes para las confederaciones de fútbol".

Esto aseguraría que las grandes utilidades generadas en los campeonatos de la Copa del Mundo no irían a los poderosos —los 32 principales que disputaron las finales en Francia 98— sino también a las pequeñas naciones que están en desarrollo del fútbol, las bases de los juegos.

Havelange estaba bajo asedio y odiaba esto. Cuando el cuidadosamente redactado documento *Vision one* de Lennart Johansson llegó a manos de Havelange durante la reunión del Comité Ejecutivo, tuvo una explosión de ira y lo tiró lejos. No quería tomar parte en ningún intento de dar lugar a una mayor democracia o más apertura para la FIFA. Él estaba satisfecho con la forma en que lo venía manejando.

Havelange intentó saltarse a sus colegas en una decisión prematura sobre el asunto de la Copa del Mundo 2002 unos seis meses antes de la fecha prevista. Anunció una decisión unánime del Comité Ejecutivo para empujar el voto a enero de 1996 debido a que el agresivo *lobby* coreano causaba mala atmósfera alrededor. Los presidentes de las seis confederaciones discretamente vetaron esta decisión tomada por la minoría. Una minoría suramericana.

A Havelange lo llevaron ahora a las trincheras. En abril de 1996 informó que "Corea sólo será el país anfitrión de la Copa del Mundo sobre mi cadáver", —una apuesta peligrosa.

Para confirmar que las políticas sobre este asunto no estaban confinadas a los miembros de la FIFA, sino que también involucraban a dos gobiernos, el entonces primer ministro japonés, Hashimoto, descartó la insinuación propuesta de Lennart Johansson, presidente de la UEFA. Coanfitriones. El Primer Ministro quería el evento exclusivamente para Japón. ¿Por qué Havelange se comprometió tanto en la propuesta del Japón? Parece ser un rompecabezas para muchos observadores. El hecho de que Dentsu, el gran conglomerado publicitario japonés, aún era propietario en ese momento del 49% del ISL se presume que no fue ampliamente conocido por ciertas secciones de la prensa. Lo que fue desconocido por completo fue exactamente cuánto se benefició Dentsu en el pasado de esta tenencia. De su participación a principios de 1980 Dentsu ganaba una comisión extraordinaria del 50% sobre todas las ganancias. Entonces Dassler, vendiendo los derechos de mercadeo de la Copa del Mundo 82 en España por una ganancia bruta de US $96 millones, de inmediato colocó US $48 millones en las arcas de Dentsu. No era de sorprender que se presionara al presidente para que entregara la Copa del Mundo 2002 a los japoneses.

Los días siguientes a la crucial reunión de los ejecutivos de la FIFA en Zurich el viernes 31 de mayo fueron, como muchas de las actividades que rodearon a João Havelange a través de su vida adulta, una combinación de ciertos elementos. Estos iban desde la farsa y la intriga al engaño, pero ante todo fue el pronunciamiento de cargos entre aquellos miembros del Ejecutivo contra el presidente, ya que ellos perdieron los Idus de Marzo. Entonces el último día de mayo era tan bueno como cualquier otro para hacerlo contra el hombre que miraban como un tirano.

Unos días antes de la reunión, Havelange todavía jugaba a sacar al vencedor con una declaración de que Japón sería el anfitrión de la Copa del Mundo 2002. Dijo: "En los deportes siempre hay un ganador y un perdedor. Las normas de la FIFA no permiten coanfitriones en la Copa del Mundo. Mientras yo sea el presidente de la FIFA, esto no cambiará".

Las normas, por supuesto, como los presidentes, pueden cambiarse en el mundo real. Havelange, quizás por primera vez, desde que él sin ninguna consideración conspiró para remover de su puesto a su predecesor —una conspiración que ahora considera como una demostración de su gran lealtad hacia Sir Stanley Rous— se enfrentó con una derrota humillante. No escuchó cuando aquellas personas cercanas a él le habían dicho que éste era un partido que no podía ganar. No escuchó cuando Samaranch lo urgió a comprometerse por la unidad del deporte en Asia. No escuchó cuando se le dijo que la mayoría de los miembros de su comité estaban contra él. Y finalmente, no escuchó cuando se le dijo que las dos personas que dirigían sus respectivas delegaciones, los anteriores primeros ministros, se reunieron en secreto la noche anterior a la reunión y acordaron compartir la Copa del Mundo. Acordaron ser coanfitriones. Eventualmente, durante la reunión en sí, escuchó al final. Fue un hostigamiento para el japonés, un castigo para Havelange, y un triunfo para los surcoreanos. Si el presidente de la FIFA se hubiera molestado en conducir la más básica investigación, quizá se habría sentido poco inclinado a considerar cualquiera de los dos países. Junio y julio, los meses en los cuales se juega la Copa del Mundo, es la temporada alta de la estación de lluvias en Corea y Japón. Lo que Havelange nos ha legado para el 2002 es una campeonato de la Copa del Mundo que se llevará a cabo en un clima de monzones y tifones con una humedad muy alta. Anunciando que los dos países conjuntamente serían los anfitriones de la Copa del Mundo 2002, Havelange, con el estilo que marcó la mayor parte de su vida, declaró: "Mi comité está respaldándome totalmente".

No solamente su comité no lo respaldaba, sino que sus miembros estaban ocupados limpiando las cosas para junio de 1998. Lennart Johansson declaró que ya estaba moviéndose. Si una votación a la ligera entre los delegados de la FIFA se hubiera efectuado en los meses después de la catástrofe que produjo los primeros coanfitriones de la historia de un campeonato, no hay duda de que Suecia hubiera derrotado a Brasil. Muchas veces durante el verano de 1996 Havelange declaró que estaría allí, que estaría candidatizándose para el más alto cargo. Sintió la humillación muy profundamente. Quería una revancha y toda su vida, cuando Havelange buscó revancha, siempre la obtuvo. El dilema era que los sondeos efectuados demostraron que su apoyo previo se desvanecía. Europa estaría con Johansson, lo mismo que África. Eso daba 100 votos efectivos. No lo suficiente para ganar en la primera votación, cuando se necesita por lo menos las dos terceras partes, pero más que suficiente en la segunda votación, cuando una simple mayoría sería bastante.

A medida que el verano de 1996 se acercaba, un plan empezaba a gestarse en la mente de Havelange. Era exquisito. La revancha es un plato que se come mejor cuando está frío y Havelange tenía la intención de comerlo bien frío. El 6 de diciembre se le preguntó, un poco antes de la reunión ejecutiva de la FIFA en Milán, acerca de su futuro y en especial sus planes sobre un segundo periodo como presidente. El no descartaba otros cuatro años, dijo a la *Gazzetta dello Sport*: "Este año cumplo los 82 años, y si se me pidiera de nuevo, tendría que considerar mis condiciones físicas y mentales. A mi edad éstas pueden cambiar inesperadamente".

Así fue. Aparentemente sus condiciones se deterioraron con extrema rapidez, ya que una vez que salió de la entrevista en la reunión de ejecutivos dijo a su Comité que él se retiraría tras la Copa del Mundo 98 en Francia.

El anuncio se recibió con agrado en total silencio en la sala del comité. Entre los presentes estaba la persona que ya había sido declarada candidata: el presidente de UEFA, Lennart Johansson. También en la sala se encontraba la persona que Havelange decidió sería su sucesor, el secretario general Sepp Blatter.

Pronto empezó, cuando se les informó a los medios, la cacería sobre el nuevo presidente. El primero en la lista fue la antigua estrella alemana Franz Beckenbauer. Enseguida el hombre que la prensa describiera como el candidato personal de Havelange para sucederlo: Franco Carraro, presidente designado de la Liga Italiana. Seguido estrechamente por Pelé y luego Issa Hayatou, presidente de la Confederación de Fútbol Africana.

Preguntado en enero de 1997 por una opinión sobre los contendores de su título, Havelange no quiso decir ningún nombre. "No voy a entrar en el proceso de elección".

Lo cual, traducido, significaba que tarde o temprano Havelange iba de todos modos a entrar en el proceso de elección.

Surgió una vacante de naturaleza poco común. Un puesto que en teoría no ofrecía un sueldo fijo y que en la práctica pagaba como mínimo un millón de dólares al año en gastos libres de impuestos. También ofrecía un apartamento con todos los gastos pagados en Zurich y una oficina y alojamiento privado en el lugar normal de residencia del individuo. El exitoso solicitante debería estar dispuesto a viajar a diversos países para conocer las personas más adineradas y poderosas. Tendría un acceso ilimitado a cualquier partido de fútbol en cualquier parte del mundo, aunque ni el amor al fútbol, ni un profundo conocimiento del tema eran necesarios para ocupar dicha posición. El puesto ofrecía el beneficio poco común de asegurarse que un número de personas del mismo parecer, extremadamente poderosas y muy bien conectadas, se establecerían cerca a la residencia de dicho individuo en Zurich. Estas personas son los expertos en salud y el director general de la Organización Mundial de la Salud en el lago Ginebra; el presidente del Comité Olímpico Internacional en Lausana y, por supuesto, todos los banqueros suizos.

El puesto significa que si a usted se le ocurre una idea relacionada con el fútbol, ésta será considerada en serio, y las personas que saben más sopesarán cuidadosamente todas sus ideas. De modo que si, como Havelange, usted considera que el fútbol no debería ser más un juego dividido en dos tiempos iguales sino en cuatro partes, entonces usted podría ser la persona que los delegados de la FIFA esparcidos por todo el mundo están buscando.

Quizás, de nuevo como João Havelange, usted puede notar que desde finales de la Segunda Guerra Mundial los arqueros han sido personas cada vez más altas, mientras que el tamaño de la portería permanece del mismo tamaño. Ésta fue la explicación dada por el presidente de la FIFA para explicar la falta de goles después de la Copa del Mundo 90 en Italia. Si usted está de acuerdo con que la solución obvia es hacer las porterías más grandes, usted podría ser la persona indicada. Y recordar lo más importante: el absoluto poder que incluye dicho puesto, si usted maneja la organización en este sentido tan firmemente establecida por su predecesor. Lo que el presidente de la FIFA quiere, lo consigue.

Se espera que el candidato elegido retribuya la lealtad de aquellos que votaron por él de manera satisfactoria. Este aspecto está sujeto a negociación, pero asumiendo que usted es tan flexible como el último empleado en el desempeño de su cargo, es seguro que se encuentre en el Congreso de la FIFA por lo menos con 100 votos en su poder. Ninguna otra calificación es necesaria para llegar a ser presidente de la FIFA.

Durante el verano de 1997 Havelange dio un perfecto ejemplo que, en lo que a él concierne, describirlo como un hombre que tiene poder absoluto es describirlo correctamente. Antes sacó al ciudadano más famoso del Brasil, Pelé, de una Copa del Mundo. Ahora amenazaba proscribir todo un país de la Copa del Mundo, por culpa del mismo hombre.

El presidente Cardoso, de Brasil, nombró Ministro del Deporte a Pelé. En agosto de 1997 anunció su intención de presentar un proyecto de ley ante el Congreso. Si pasaba, el fútbol brasileño se reestructuraría radicalmente. Esto fue lo que irritó a Havelange. El presidente de la FIFA estaba muy contento con el estado de los asuntos dentro del fútbol brasileño. Havelange y su yerno Ricardo Teixeira eran ampliamente responsables por el estado actual del fútbol en Brasil.

Havelange afirmó que lo que Pelé proponía era una violación a las normas de la FIFA. No era la primera vez que se comentaba en público que el presidente de la FIFA era, para utilizar una descripción que él mismo aplicaba a Maradona y a Pelé, *gaga*. En vista de que no sólo los miembros internacionales anteriores, sino la mayoría de los miembros de la UEFA, consideraban también que Havelange se convirtió en dictador, crecía la opinión general que un tirano loco había tomado el control del reino del fútbol.

Havelange y Ricardo Teixeira hicieron repetidas aseveraciones que el fútbol brasileño y la manera como estaba organizado y la forma como funcionaba no podían mejorarse. El presidente de la FIFA, reconociendo el poderoso vínculo entre el fútbol y la política, dirigió la atención al hecho de que 1998 era no solamente el año de la Copa del Mundo en Francia. Habría elecciones en Brasil. Repitiendo su amenaza de proscribir al Brasil de las finales si Pelé insistía en sus intentos de reformar el fútbol brasileño, Havelange preguntó en forma amenazante: "¿No quiere el presidente Cardoso ganar las elecciones?".

¿Qué irritó tanto a Havelange y a su yerno?

Pelé quería dar a sus jugadores en Brasil la misma libertad que el fallo de Bosman dio a los jugadores a través de toda Europa. A la expiración del contrato el jugador deberá ser su propio amo y señor. Libre para irse, libre para negociar con cualquier club. Lo que existe en Brasil es una forma de esclavitud moderna. Los futbolistas permanecen atados a un club, aun sin contrato alguno, a menos que haya alguien que haga que valga la pena para el club dejar libre al jugador. Pelé también quería convertir a los clubes brasileños en empresas comerciales que pudieran ir públicamente y ofrecer acciones en la bolsa. Si esto contravenía las normas de la FIFA, entonces un gran número de importantes clubes europeos estarían contraviniendo las normas.

El proyecto de ley de Pelé también permitiría a los clubes formar ligas que no estuvieran bajo el control directo de la CBF de Teixeira. En muchos países —India es buen un ejemplo— los clubes no están directamente afiliados a la asociación nacional. En Inglaterra la Primera Liga y la Liga de Fútbol controlan los clubes, mientras ellos están controlados por la Asociación de Fútbol. Pelé contemplaba algo similar para el Brasil. Por supuesto, hacer esto reduciría el poder y la influencia de Ricardo Teixeira y éste fue el meollo del asunto.

Lo que Pelé con bastante valor intentaba hacer era llegar a ser un Hércules de nuestros días. El moderno equivalente de los establos de Augías que él intentaba limpiar, era el fútbol brasileño —algo que estaba podrido hacía muchos años.

Lo que sigue no pretende ser un estudio comprensible de la historia del fútbol en el Brasil o un examen definitivo de todo lo que moleste al fútbol en ese país. Sólo una serie de instantáneas.

El fútbol brasileño tiene dos caras. Una, la que el mundo conoce y es el equipo nacional. Como este libro muestra, generaciones de equipos nacionales han subido a la cumbre del fútbol. Tan exitoso fue el equipo nacional en el pasado que ganó el trofeo Jules Rimet y una nueva copa del mundo tuvo que crearse. Existe siempre una emoción, un realce de la expectativa, cuando los hombres de amarillo y verde llegan al campo. Han agraciado el fútbol y en varias ocasiones lo han elevado a algo muy bello. También está la otra cara de su fútbol. La realidad doméstica.

El trofeo Jules Rimet, que Pelé y su equipo de 1970 tan orgullosamente trajeron de México para dejarlo para siempre en Rio de Janeiro, fue robado luego de la oficina del CBF. Un acto al mismo tiempo irónico y apropiado. Robado del edificio en donde primero Havelange y luego Teixeira jugaron papeles importantes en robarse hasta el mismo juego.

Muchos se hicieron eco de las palabras que me dijo Guido Tognoni: "El mayor talento de Ricardo Teixeira es ser el yerno de Havelange". De hecho Teixeira y su esposa Lucía están ahora divorciados, pero los lazos que unen a Havelange y a Teixeira son impenetrables. Ricardo —un mediocre estudiante de derecho con una historia de negocios infructuosos cuando se casó con Lucía— bajo la dirección y enseñanza de su patrono, se ha fortalecido cada vez más y ahora tiene tanta riqueza que está constantemente enredado en acciones legales entabladas por el Servicio de Rentas Internas del Brasil y el Departamento de Justicia. Tiene cargos por evasión de impuestos que suman cientos de miles de dólares. La CBF, la Federación Brasileña del Fútbol, que controla Teixeira, está también en constante litigio con las autoridades tributarias, y también por evasión de impuestos y de nuevo por cantidades de seis cifras.

Una situación similar que involucre a cualquier otro presidente de una asociación de fútbol haría que dicha asociación buscara un nuevo jefe, pero lo que sería increíble en el fútbol europeo es normal en el fútbol brasileño. Teixeira tiene un record como pagador de tributos a Havelange. Él dijo cuando reconoció la deuda que tiene con su suegro: "Me lo ha enseñado todo acerca del fútbol".

Considerando que después de reemplazar a Havelange en la CBD, se descubrió un faltante multimillonario de dólares, parece que Havelange también fue responsable del entrenamiento de su yerno en teneduría de libros y contabilidad. Su mano se podía detectar en el arte de una gentil persuasión, como lo practicaba Teixeira.

En camino a la Copa del Mundo 94 en los Estados Unidos, Brasil, como todos los demás países, con la excepción del país anfitrión y los campeones de Alemania Occidental, tenían que clasificar. De nuevo, como todas las otras naciones, esto significaba jugar una serie de partidos en su país y en el exterior. Contrario a cualquier otro país que intentaba clasificar, Teixeira arregló que Brasil no alternara estos partidos. Brasil jugaría una serie de partidos en el exterior contra Ecuador, Bolivia, Venezuela y Uruguay. Ellos jugarían entonces cuatro partidos, uno después del otro, en su país. Lo que Teixeira pagó a las respectivas asociaciones para asegurarse que Brasil ganara por una ventaja tan grande no se conoce. Que él realmente pagó puede deducirse por lo que sucedió.

El primer partido fue contra el Ecuador en julio 18 de 1993. Debería jugarse en la capital Quito. Una prueba debido a la altura sobre el nivel del mar para el equipo visitante del Brasil. Teixeira estuvo ocupado. Hablando con el presidente de la Asociación de Fútbol Ecuatoriana, dijo: "Usted sabe que tendrá más espectadores si juega en Guayaquil. Ese estadio tiene espacio para más gente". El presidente lo pensó por un momento. "No. Estoy contento con que nuestro equipo juegue aquí en Quito. Además, nuestros jugadores están acostumbrados a la altura".

Ambos sabían precisamente cuál era el objetivo de esta conversación. Ricardo Teixeira elogió las virtudes de la ciudad portuaria de Guayaquil muchas veces sin tener éxito, entonces se sirvió otro whisky.

"Mire, entiendo que necesito su cooperación en este asunto. Quisiera ofrecerle unos honorarios por su cooperación. Digamos 100.000 dólares. ¿Trato hecho?".

"Sí, trato hecho".

Aun con la ventaja de jugar al nivel del mar, Brasil sólo en forma muy reñida evitó la derrota, el marcador final fue 0-0.

Cuando el arreglo de cooperación se filtró en Quito, fue ultrajante. Miembros del Congreso ecuatoriano iniciaron una investigación. Hubo una profunda sospecha de que el arreglo fue más allá de cambiar ilegalmente la jurisdicción y cubría una garantía para no ganarle a Brasil. Preguntado para responder sobre la ira en Ecuador, Teixeira se quedó perplejo. "¿Cuál es el problema? ¿Si era bueno para nosotros y bueno para ellos? Es válido romper las normas si creemos que debemos ganar".

Descubriendo que los bolivianos programaron su partido contra Brasil en la capital, La Paz, Teixeira tomó de nuevo su billetera. Ofreció 100.000 dólares en un intento de cambiar el partido a un estadio de Santa Cruz de la Sierra. La razón fue la misma, escapar de la altura. Los bolivianos habían escuchado acerca de su trato anterior y no se impresionaron mucho con la oferta inicial. También ellos fantaseaban con sus oportunidades de ganarle al Brasil. Teixeira subió la oferta a 300.000 dólares. Los bolivianos propusieron un millón de dólares, una suma que el presidente y sus colegas en la CBF no quisieron pagar. El juego se llevó a cabo en La Paz y el marcador fue Bolivia 2, Brasil 0.

Considerando la controversia que rodea los eventos tanto antes como durante la reciente final de la Copa del Mundo 98 en París, el comportamiento de Teixeira es digno de anotar. Él es una de esas castas de ejecutivos del fútbol que sin el beneficio de jugar previamente el partido a un nivel significativo, creen que saben todo acerca del juego en general y de la selección en particular.

Al contrario de la mayoría de nosotros, que estamos en esa categoría, Teixeira estaba, y aún está, en una posición que de hecho influye la selección y las tácticas, y no un equipo verde de villorio, sino el equipo nacional del Brasil.

Hablando a los medios después del partido de Bolivia, el presidente de la CBF declaró: "No me gustó el partido, no es posible gastar los noventa minutos sin marcar un solo gol". Nadie se atrevió a señalarle que los bolivianos de hecho marcaro dos goles. Teixeira continuó: "Les estaré reclamando personalmente el miércoles, en su campo de entrenamiento, al equipo técnico y a los jugadores".

Y de verdad se quejó. Por dos horas Teixeira vociferó contra Carlos Alberto Parreira, el entrenador del equipo, y contra Mario Jorge Lobo Zagalo, su asistente. Los vilipendió a ellos y al resto del equipo técnico. Les dijo quién debería quedarse y quién salir. Habló sobre tácticas y también amenazó. Si Brasil no calificaba todos serán expulsados. Omitió decir a su entrenador y a su asistente que él estuvo hablando por un rato con Tele Santana con el fin que se hiciera cargo. Santana revolvió la olla diciéndole a Ricardo Teixeira lo que habría hecho de estar a cargo en el partido contra Bolivia. El presidente les dijo que quería más agresión y ver más ataque. El pequeño gordito se fue con sus guardaespaldas quienes se lo llevaron en su carro. Su puesto, al contrario del de los demás que estaban en la sala, no corría peligro. Él era intocable.

Teixeira dio miles de dólares a los catorce delegados que lo nombraron para ese puesto en 1989. Eso era para asegurarse, con una táctica dudosa, que obtendría una extensión de su presidencia. Llevó a treinta y tres amigos en un viaje en primera clase con todos los gastos pagados a la Copa del Mundo 90 en Italia y pensaba llevar cien, también con todos los gastos pagados a la Copa del Mundo 94. Sería vergonzoso para sus amigos y humillante para él, ante sus propios ojos, por lo menos, si Brasil no clasificaba para las finales en los Estados Unidos. Todas estas dádivas no salían por supuesto de su propio bolsillo, venían de los fondos de la CBF.

Como el suegro, el yerno saludaba con el sombrero de otro, obviamente eso opera en la familia. A su tío Marco Antonio le dieron un puesto en la CBF como gerente financiero, un cambio de carrera poco común para un profesor de bioquímica. Marco Antonio recibe más de 10.000 dólares mensuales. La tía de Ricardo es otra beneficiaria de su generosidad. La tía Celina es gerente de compras en la CBF.

Qué hombre tan amable. Cuando Brasil —cortesía de una victoria de último momento sobre Uruguay— clasificó, el júbilo de Ricardo, lo mismo que su generosidad, no tuvieron límites. A todos los anteriormente mencionados, además del resto de los miembros de la CBF, se les ofreció un viaje con todos los gastos pagados a las finales. Teixeira olvidó invitar a los antiguos héroes del fútbol brasileño. Quizás fue un descuido, debido a que quería asegurarse de cupos disponibles en los dos aviones para todos sus invitados. Los más altos ejecutivos de muchas de las más grandes empresas brasileñas; los cinco miembros del poder judicial de Rio; los tres jueces del tribunal de apelación; los dos fiscales y muchos otros abogados. Muchas de estas figuras legales estaban involucradas por lo menos en cuarenta pleitos relacionados con la CBF y en ese momento eran procesados. En uno de los tribunales, la CBF demandaba a Pelé, quien alegaba que existía corrupción dentro de la CBF. Los manifiestos establecen algo así como el "quién es quién" en la profesión legal. Teniendo en cuenta que muchos de estos funcionarios estaban involucrados, ya sea como jueces o como abogados, en casos contra de la organización de Ricardo Teixeira, caían en contravención del Artículo 135 del Código brasileño de Procedimiento Civil, que se refiere a los deberes de los jueces con respecto a la aceptación de obsequios, ya sea antes o después de la demanda. ¿Pero quién se iba a sentar en el juicio de algunos de los mejores abogados del Brasil?

De manera que cientos de personas tuvieron veintidós días de fiesta y, como se registró anteriormente, eventualmente vieron a Brasil ganar la Copa del Mundo 94 por un tiro penalti. Si el viaje de ida a los Estados Unidos fue extravagante, no fue nada comparado con el retorno.

También en el viaje de retorno hubo un gran número de periodistas seleccionados cuidadosamente. Si un reportero brasileño quería garantizarse un pase de prensa para el agasajo, a él o ella se le haría más fácil si filtraba ciertas líneas cuando escribía sus artículos para sus periódicos o cuando transmitía para radio o televisión. Si la persona que escribe percibe que todos los triunfos futbolísticos deben acreditarse a la CBF y especialmente a su presidente, entonces nunca hay demora para obtener autorización. Si el mismo redactor cierra sus ojos a la verdad y a la realidad en el mundo del fútbol brasileño y sólo escribe o habla de manera positiva, entonces, como cualquier prostituta que se porta bien con su cliente, la recompensa es grande, incluyendo, como ellos lo hacen, viajes al exterior con todos los gastos pagados.

Varios de los viajeros en su viaje de regreso, estando en sillas de primera para observar lo que ocurriría cuando el avión aterrizara, sufrieron una curiosa amnesia colectiva. Dado que ignoraron la mejor historia de la Copa del Mundo 1994.

Cuando el vuelo 1035 de la aerolínea Varig aterrizó en el Aeropuerto Internacional de Rio, antes de las 11 de la noche del 19 de julio de 1994, la primera imagen que vieron los espectadores fue un Romario triunfante, sosteniendo la bandera nacional del Brasil en una ventanilla del avión. Pudo haber sido por la lotería del tiro libre, pero Brasil derrotó a Italia en la Final de la Copa del Mundo y el equipo nacional de 22 jugadores llegaba con la Copa del Mundo, las medallas de sus ganadores y el título mundial por cuarta vez.

Léanse las siguientes palabras de apertura del Departamento Federal de Justicia, cuando abrieron el proceso judicial en el Tribunal 13 de la Sección Judicial de Rio de Janeiro:

"El evento, que debió ser una razón para estar orgullosos y con júbilo para toda la nación, resultó ser una serie de malos manejos con el fin de encubrir actos ilegales que consistieron en la admisión en el territorio nacional de mercancías extranjeras sin el pago de los impuestos debidos".

La persona que hacían responsable era el presidente de la Federación Brasileña de Fútbol y miembro del Comité Ejecutivo de la FIFA: Ricardo Teixeira.

De uno y medio a dos millones de personas salieron a las calles de Recife y Brasilia a aplaudir a los campeones. Al llegar a Rio de Janeiro los esperaba más de un millón de personas alineadas en las calles, desde Ilha do Governador hasta São Conrado.

Conscientes de que una gran concentración esperaba a los héroes, el jefe de Aduanas de turno le aconsejó a Teixeira que por previo arreglo entre el secretario de Aduanas, Osiris Lopes Filhio y los miembros de la CBF, todo el grupo podría salir de la terminal aérea de inmediato con su equipaje de mano y volver al día siguiente para el chequeo aduanero del equipaje restante. Teixeira estalló en cólera.

"¿Cómo puede usted atreverse a decirme eso? Soy campeón del mundo. Acabo de ganar la Copa del Mundo. Le exijo la entrega inmediata del equipaje, inmediatamente, sin ninguna inspección, sea lo que fuere. Tenemos camiones afuera que nos están esperando para transportarlo todo. Eso es lo que vamos a hacer y nadie lo va a impedir. Qué atrevido, hablarme a mí así. ¿No me reconoce? ¿No sabe quién soy?".

Había mucho más en un temperamento así. Era obvio que Teixeira estaba dando signos de abusar de la hospitalidad —como sus arranques de cólera—, era algo que tenía el hábito de hacer. Ya muchos de los jugadores subían a un carro de bomberos que fue el vehículo asignado para el desfile.

Teixeira no paró un momento. Las amenazas salían constantemente de su boca. El funcionario de la Aduana estaba ahora siendo tratado con rudeza por el presidente del fútbol brasileño, que le gritó abusivo al temeroso funcionario. Entre otras amenazas que salieron de su boca hubo una en particular que aterró al funcionario de aduanas, Belson Puresa.

"Si usted no obedece lo que le he dicho, no habrá desfile para los campeones. Vengan muchachos, bájense de ese carro de bomberos. Les ordeno que se bajen".

Uno de los del equipo tiró su medalla al suelo desde el carro de bomberos en el momento en que él y sus compañeros saltaban.

Estas órdenes de Teixeira fueron recopiladas en una declaración juramentada por testigos, en el momento en que el proceso real de coerción moral y física hacia el Sr. Belson empezaba.

Belson, junto con sus colegas, tenía conocimiento de que muchos de los más de un millón y medio de personas que esperaban a lo largo de las calles estaban esperando por horas para el desfile. Aterrado ante Teixeira si cumplía sus amenazas y cancelaba el desfile de la victoria, Rio sufriría una revuelta muy seria, visiones de un aeropuerto vuelto escombros, saqueos, parte de la ciudad en llamas, fue lo que previó el funcionario de seguridad del aeropuerto.

Con Ricardo Teixeira aún gritándolo, el funcionario de aduanas intentó telefonear al Ministro de Gobierno. Eran ahora las 11 y 30 p.m. En ese momento de la noche, los ministros de gobierno son difíciles de localizar. Seguía insultando y el atemorizado Belson marcó varios números, pero Teixeira seguía ejerciendo presión.

"Esto es mierda. Ustedes tuvieron tiempo de inspeccionar el equipaje en Recife y en Brasilia. El avión permaneció en esas dos ciudades por más de ocho horas. Tiene que dejar retirar todo el equipaje ahora".

La mierda de hecho salía de Teixeira y él lo sabía. El equipaje no puede ser inspeccionado a menos que el propietario esté presente. En las anteriores paradas ni Teixeira ni nadie más estuvo rondando los aeropuertos. Estaban afuera y corriendo, recibiendo los aplausos de la multitud y departiendo.

Incitados por Teixeira, los miembros del equipo nacional empezaron a involucrarse en el asunto. Branco agarró la Copa del Mundo y gritó melodramáticamente a Belson: "¡Tómela entonces! ¡Confisque la Copa!". Entonces la empujó en las manos del funcionario de Aduanas. Romario agregó: "Si usted no entrega el equipaje, no habrá desfile".

El entrenador Parreira y su coordinador técnico Zagalo empezaron a amenazar a Belson. "Bien, entonces, si quiere una inspección, hagámosla ahora aquí mismo. No nos preocupan las multas. Pero no se olvide que pasaremos la noche aquí. Me gustaría saber qué va a hacer usted con toda esa gente allá afuera".

Cuando luchaban por clasificar y sufrieron una derrota frente a Bolivia, Teixeira le exigió más agresión en el equipo. Lo estaba logrando ahora con la carga del avión. La arrogancia de Teixeira se contagiaba como un virus a casi todo el equipo.

Varios funcionarios del gobierno en restaurantes y casas de Brasilia habían pasado la bola, con la excepción notable de Osiris Lopes Filhio. Filhio, el funcionario del gobierno responsable de la Aduana e Impuestos, pidió el contrato que se había hecho semanas antes para adjuntarlo. El equipaje de mano podía salir de inmediato; los pasajeros podían volver al día siguiente para someter a revisión el equipaje más grande y pesado, en caso que sobrepasara y se denegara por parte de los miembros del Gobierno cercanos al presidente Itamar Franco. El secretario general de gobierno, Mauro Durante, fue muy revelador:

"La preocupación principal de Itamar fue la de entregar el equipaje rápidamente. Los jugadores son héroes nacionales. No pueden devolver sus medallas. No pueden protestar. Sería una humillación para el presidente".

El desdichado bloqueador Belson, a regañadientes, autorizó entregar el equipaje del avión sin ser sometido a inspección por parte de las autoridades aduaneras. En ese momento muchas secciones de los medios brasileños cubrían la historia. La cámaras de televisión estaban listas, los fotógrafos de la prensa y los periodistas empezaron a registrar la enorme cantidad de equipaje que no se inspeccionó, el cual rápidamente sacó a empellones el equipo de fútbol brasileño y el personal de la CBF, de tal manera que el presidente del fútbol brasileño y su séquito demostraron que ellos estaban por encima de la ley. Las regulaciones aduaneras no eran para ellos. Ellos eran, en sus mentes colectivas, gente muy importante, y João Havelange educó a Ricardo muy bien en este aspecto de la vida. Los mejores sitios, ya sea en los estadios o en los aviones, son para la gente muy importante, y las normas que se aplican para el resto de la sociedad no son para la gente importante. El yerno se paró en el pasillo y gritó:

"Itamar les dijo a los muchachos que no habría problemas en Rio de Janeiro. Si el equipaje no sale conmigo, volveré al aeropuerto con mi gente y el desfile será cancelado automáticamente".

Obviamente, por un momento fugaz, el pequeño gordito se vio a sí mismo en el papel de libertador moderno de la gente. Con Itamar, se refería al entonces presidente Itamar Franco.

Cuando las implicaciones sobre lo acontecido en el aeropuerto internacional empezaron a ser consideradas por el público en general, se descubrió que Teixeira cometió una grave equivocación. La discusión fue televisada en vivo. Las encuestas mostraron que más del 70% de la gente pensaba que los jugadores deberían pagar derechos de Aduana lo mismo que cualquier mortal.

El avión contenía una cantidad extraordinaria de equipaje. Las investigaciones del Departamento de Policía y Justicia establecieron irrefutablemente que en relación con lo que salió del país antes de la Copa del Mundo, había un exceso de equipaje de casi 12 toneladas, en el vuelo de regreso. Les tomó a veinte hombres más de dos horas descargar el equipaje.

Después de armar un bullicio público, varios jugadores y funcionarios de la CBF espontáneamente declararon una variedad de artículos, pero aún faltaban más de nueve toneladas de mercancía extranjera, no declarada ni contada. Cuando todo el equipaje fue descargado del avión, de nuevo se cargó en cinco camiones que se dirigieron en caravana al Hotel Intercontinental. Bajo la estrecha supervisión de cinco funcionarios de la CBF, en una discreta operación que duró varias horas, en una sección acordonada del parqueadero del hotel, lejos de la mirada curiosa de los reporteros, las chucherías del consumismo de finales del siglo XX fueron descargadas y entregadas a sus propietarios. Los computadores, teléfonos inalámbricos, televisores en color y el resto de los objetos considerados tan preciosos para Teixeira, sus colegas de la CBF y el equipo nacional brasileño, desaparecieron. El soborno a los medios, sin embargo, aparte de los más venales, fue una historia en la cual la prensa arremetió.

Teixeira permaneció impávido. No había hecho nada malo.

"Si la Aduana cobra a cualquiera de los jugadores, la CBF pagará sus multas e impuestos. El gol de Branco contra Holanda valió más que una nevera".

Los únicos ítems que Teixeira declaró después de una reacción pública fueron una silla de montar, una nevera y cuatro parlantes.

Aparte de la opinión pública, hubo una determinación en algunos círculos oficiales de que este asunto no podía quedarse así. Se especulaba mucho en la oficina del Fiscal del Estado en Rio acerca de nueve toneladas faltantes de mercancía. ¿Qué se trajo ilegalmente al Brasil? En la lista de la Fiscalía sobre posibles mercancías se mencionaban los narcóticos.

En febrero de 1998 entrevisté a la Fiscal del Estado, Dra. María Emilia Arauto, y a varios colegas suyos en Rio. No sólo discutimos sobre el caso del Estado contra Teixeira, sino también sobre el lavado de activos y narcóticos ilegales por parte de Castor de Andrade. Le pregunté a la Dra. Arauto cuál era su punto de vista sobre la posibilidad de que estas actividades ilícitas estuvieran ligadas al fútbol brasileño.

"Quisiera decirle de inmediato, antes que sigamos adelante, que este departamento está convencido de que el fútbol se está utilizando para lavar dinero proveniente de la droga. Estoy totalmente convencida de eso. Actualmente intentamos reforzar la evidencia sobre este caso, reuniendo las pruebas apremiantes. Estamos seguros que en Italia, España y Brasil esta actividad ha progresado por muchos años".

"¿Usted cree que Castor de Andrade está involucrado en estas actividades?"

"Sí, lo sabemos y no sólo Castor, todos los otros cabecillas de juegos ilegales, los otros *bicheiros*. Ellos también utilizaron los clubes de fútbol en los que estaban involucrados como lavadores de dinero. Los dos dirigentes del club de fútbol Botafogo, por ejemplo. Los *bicheiros* también utilizaron sus conexiones con las escuelas de samba para lavar dineros. Estas representaban para los *bicheiros* fachadas aceptables".

"Dra. Arauto. Este caso contra Teixeira; este incidente ocurrió hace casi cuatro años. Usted y su departamento han intentado todo este tiempo hacer que dichos alegatos sean procesados judicialmente. Sé que la ley se mueve muy lentamente, pero ¿cuatro años?"

"Cada vez que tratamos de tocar a Teixeira nos demanda por un millón de dólares por calumnia. Así que cada vez que entablamos una acción, el proceso se demora porque Teixeira entabla una acción de tutela contra el Gobierno. Él reclama ser moralmente difamado. Acción de difamación. Siempre tiene una esperándonos".

"¿Así que nunca se ha disculpado, o intentado una conciliación?"

"No, nunca. ¿De parte de Teixeira? Él cree en la confrontación, no en la conciliación. Siempre nos está demandando".

"¿Cómo puede salirse con la suya con tal comportamiento?"

"Él está bien protegido por el Tribunal del Estado, el Tribunal de Cuentas del Estado".

"¿Han tenido algún adelanto en establecer dónde estaban realmente esas nueve toneladas de mercancías faltantes?"

"Sí. Teníamos lista la demanda durante la segunda mitad de 1994. En diciembre de ese año se informó en los periódicos sobre la apertura de un club nocturno, el Turf. Investigaciones establecieron que el propietario era Teixeira. La publicidad hacía alarde de que el club tendría un equipo muy sofisticado. Un equipo utilizado para servir bebidas. Enviamos personas a inspeccionar el equipo, Teixeira mostró una serie de documentos para probar que había importado este equipo legalmente de Suecia. Nosotros investigamos y los documentos resultaron falsos. Cuando tuvimos pruebas de eso, Texeira dijo: "Ah, fue que lo declaré en forma incorrecta. Lo volveré a hacer de nuevo".

"Y este equipo para el club nocturno, ¿usted cree que representa las nueve toneladas faltantes de mercancías no declaradas?"

"Algunas, no todas".

"De las evidencias que he recopilado durante mi investigación para este libro, parece claro que Teixeira es un hombre muy rico. ¿Qué detalles tiene usted al respecto?"

"Se le esta demandando en la actualidad por este asunto. Durante tres años no ha declarado sus ingresos. Nosotros sabemos que todos los negocios en los cuales se involucra quiebran".

"Si, él es multimillonario".

"Bueno, él tiene un puesto muy bueno, lo mismo que su yerno".

"Sí, eso es verdad. Cuando el Estado perdió el caso contra Teixeira ¿qué sucedió exactamente en la audiencia?"

"Teixeira presentó un auto de *habeas corpus*, un artificio para detener la audiencia. Se le otorgó. La audiencia por supuesto fue suspendida. Presentó un recibo en el cual probaba que pagó todos los impuestos sobre las mercancías declaradas: la silla de montar, la nevera y los parlantes".

"Pero ¿qué dijo el Tribunal del Estado acerca de las nueve toneladas de mercancías faltantes?"

"No tuvieron nada que decir".

La Dra. Arauto me miró a través de su escritorio y luego se inclinó hacia adelante.

"Sr. Yallop, ¿sabe usted cuántos jueces, abogados, miembros del colegio de abogados, fueron a la Copa del Mundo como huéspedes de Teixeira?"

No, no lo sé.

"Me aseguraré que usted reciba una copia de la lista de pasajeros". Hizo una pausa por un momento, reflexionando. "Él no tiene que sobornar esta gente con dinero en efectivo. Un viaje, todos los gastos pagados, las entradas a la Copa del Mundo...".

Cuando traté de verificar la última vez, la Dra. Arauto y sus colegas todavía intentaban apelar el caso contra Teixeira y establecer exactamente lo que él y otras personas entraron ilegalmente al país, Teixeira permanece como la cabeza suprema del fútbol brasileño. Él y un pequeño grupo de hombres que controlan el juego en el país se conocen como *cartolas*: los sombreros grandes.

Eduardo Viana es un *cartola*, presidente de la Federación de Fútbol de Rio. Confrontado con la amenaza de una acción legal por una organización dedicada a proteger los derechos del consumidor, respondió:

"Detesto la opinión pública. La gente podría matarse con ametralladoras, no me importa. Soy el hijo del dueño de una fábrica. La élite. Soy un derechista".

La amenazada acción legal siguió a la revelación hecha por varios árbitros en el sentido que Viana dio instrucciones para arreglar partidos importantes.

Viana, como los otros *cartolas* se ve muy poco en público, a menos que esté acompañado por lo menos de tres o cuatro guardaespaldas. Es muy despectivo con esa parte del público que pone su dinero en su bolsillo.

"Me importa un pito la opinión de los aficionados al fútbol. Las únicas personas por las que me preocupo son la élite. Los que deciden. Por eso es por lo que me intereso acerca de lo que Ricardo Teixeira piensa".

Eduardo Farah, otro *cartola*, es presidente de la Asociación de Fútbol de São Paulo y amigo cercano del por mucho tiempo presidente João Havelange. En 1987 se oía frecuentemente a Farah renegar del arriendo que tenía que pagar por su apartamento. Sus únicos haberes eran un pequeño apartaestudio en el centro de São Paulo y una pequeña parcela al oriente de la ciudad.

Era un conflictivo abogado, que fue obligado a vender su colección de libros de leyes para pagar sus incalculables deudas. El arriendo de sus oficinas estaban en mora con frecuencia. Farah era un hombre que necesitaba desesperadamente ganarse una lotería del Estado. Lo que adquirió fue aún más lucrativo. Con la ayuda de Havelange, llegó a ser presidente de la Asociación de Fútbol de São Paulo en 1988. La posición no incluye sueldo; sin embargo, en seis años, Farah tenía propiedades que valían más de 2,5 millones de dólares. Su capital incluía un *penthouse* avaluado en unos 750.000 dólares, con seis zonas de parqueo, utilizadas por Farah, con autos avaluados en más de 200.000 dólares. A Farah no se le conocen fuentes de ingresos y dedica todo el tiempo a su trabajo sin paga. Diez meses después de ser nombrado presidente, compró una propiedad avaluada en 500.000 dólares, poco tiempo después compró un apartamento de tres alcobas avaluado en 100.000 dólares. Al año siguiente compró una tierra avaluada en 400.000 dólares. En 1991 compró otros cuatro apartamentos. Para poder adquirir todas estas propiedades, como lo hizo Farah, en menos de cinco años, tuvo que ganar más de lo que gana el presidente de la Shell en Brasil. En 1993, cuando se le otorgó el título de "Ciudadano de São Paulo", como reconocimiento por su trabajo como presidente de la Asociación de Fútbol, se le dijo: "Su trabajo es un ejemplo para todas las personas involucradas en el fútbol".

Enrico Miranda, otro *cartola*, presidente de la Federación Brasileña de Fútbol, CBF, fue conocido con el apelativo de 171 —el número del artículo que se refiere a evasión de impuestos y fraude financiero—. Cuando fue elegido para dirigir la CBF, al tiempo que la Federación estaba a punto de investigar un escándalo que involucraba el arreglo de partidos de fútbol por parte de árbitros corruptos, uno de sus derrotados oponentes protestó: "¿Cómo es posible que alguien conocido como 171 vaya a investigar la corrupción de otros?".

Cuando presentó sus ingresos del año 1979 mostró dos pagarés. Su padre había firmado como fiador. Su padre murió ocho años atrás. Luego, Miranda presentó una serie de ingresos que en parte mostraban gastos en dólares, cubriendo viajes al exterior y sostuvo que en ambos casos la razón para efectuar ese viaje era la muerte de un miembro de su familia. Ambas muertes sólo existían en la mente de Miranda.

En 1990 un concesionario de vehículos, con el cual Miranda tenía negocios, hizo que 285 carros ya pagados, desaparecieran en el aire.

Hombres como Miranda, Teixeira, Farah y Viana —la élite del fútbol, para utilizar las palabras de Viana— están en teoría obligados a asegurarse que el fútbol brasileño esté libre de corrupción. Para preguntar lo mismo de siempre: "¿Quién vigila a los vigilantes?". Y si los custodios del juego brasileño están tan preocupados con sus muy lucrativas actividades, sus miembros no se quedan atrás.

De acuerdo con el Ministro de Trabajo, el 80% de los 239 clubes involucrados en los distintos campeonatos de la primera división evaden con frecuencia los pagos de impuestos y las contribuciones al fondo de seguridad social por parte de sus jugadores y miembros. El promedio anual de la deuda es de más de 100 millones de dólares. Pero como el Departamento de Impuestos y Rentas del Estado actualmente entabla una demanda contra Ricardo Teixeira, el presidente de la Federación Brasileña de Fútbol, por una supuesta evasión de impuestos de alrededor de 327.000 dólares, y a la CBF por una supuesta evasión de más de 40.000 dólares, ¿dónde pueden los clubes y sus jugadores buscar un modelo ideal?

Tal situación hace que tanto los clubes como los futbolistas sean vulnerables a una extraña forma de chantaje. "Si usted no juega en este partido de exposición para nosotros, el IRS podría conseguir información de su club que le ocasionaría una multa muy grande que pagar, más todos los impuestos anteriores que usted ha lavado". Es una estratagema que se remonta por lo menos hasta Pelé en sus albores del fútbol. Me dijo que cuando no aceptó jugar en la minicopa 1972 organizada por Havelange y también rehusó jugar en la Copa del Mundo 74 en Alemania, lo amenazaron con una investigación sobre sus ingresos. Su respuesta fue: "Investigue. No voy a jugar".

Como puede verse, Pelé no tenía nada que ocultar. Otros sí.

Los *cartolas* tenían mucho que ocultar. Capital, honorarios, negocios ilegales, comisiones ilícitas por venta de derechos de televisión de los juegos que ellos controlan, honorarios por patrocinios con el equivalente brasileño de la ISL, Traffic, una compañía de propiedad de Kleber Leite, quien también es el presidente del club más grande del Brasil, Flamengo, y su socio Hawilla. Éstas son las personas que estaban en contra de Pelé en sus intentos por limpiar el fútbol brasileño.

Cuando se preparaban para la Copa del Mundo 98 en Francia, el equipo nacional podía alegrarse que ningún equipo en el campeonato tuviera tanto dinero para gastar en su preparación como Brasil. Bajo la tutela de Havelange, su yerno creó una situación idéntica de monopolio en Brasil a la creada por el presidente de la FIFA y la ISL. Cuando Pelé, a través de su propia compañía, trató de romper esta influencia opresora y licitó por los derechos televisivos del campeonato nacional del Brasil, los funcionarios de la Federación Brasileña de Fútbol con la cual negociaba le pidieron un soborno de un millón de dólares para asegurarse que la compañía de Pelé consiguiera los derechos. Pelé rehusó pagar. La compañía rival, Traffic, adquirió los derechos por un millón de dólares menos de lo que Pelé había ofrecido y tomó 20% de la suma total.

Cuando Pelé hizo pública esta situación, Havelange, tal como se registró antes, lo proscribió del encuentro en Los Ángeles para la Copa del Mundo 1994.

Cuando Kleber Leite se candidatizó para el cargo de presidente del Flamengo, llenó una página del periódico *O Globo* para reproducir una carta de apoyo de Havelange —una actitud poco común para el presidente de la FIFA, quien en teoría debe mantener una posición neutral en estos asuntos—. Como se mencionó anteriormente, Havelange es un hombre que es leal con quienes considera sus amigos. Kleber Leite es una compañía ideal para unirse a hombres como Castor de Andrade, Lacoste y otros. Justo antes de ser elegido, a Kleber Leite se le hizo una grabación, en la que aparecía discutiendo una serie de tácticas para utilizar en contra de Pelé, en su intento por destruir la tradicional credibilidad del futbolista.

En la grabación, Leite discute un plan para invitar a Pelé a participar en una trasmisión de un programa deportivo que sale al aire los domingos por la noche. Se proponían sobornar a una prostituta para que fuera al programa y dijera que Pelé era impotente. Preguntado en la grabación si valía la pena hacer esto, Leite responde: "Por supuesto, todo es válido; si usted quiere destruir la reputación de alguien, tiene que inventar algo... Si una prostituta dice en televisión que Kleber es impotente, bien, me tomarán del pelo pero luego lo olvidarán. Si una prostituta dice que Pelé es impotente, la noticia se regará por todo el mundo".

El esquema de Leite también aseguraba un máximo cubrimiento en todo el mundo, invitando a representantes de agencias internacionales.

La intención del plan, el cual fracasó, también era destruir los intentos de Pelé para sanear el fútbol brasileño. Muchos de los clubes funcionan como fiduciarias privadas y, aparte de pensiones e impuestos personales, están exentas de impuesto sobre la renta para transferencias internacionales. Pelé quiere cambiar eso y también hacer obligatoria la publicación de su balance anual y manejar los clubes de acuerdo con las leyes de las corporaciones. Busca transparencia en el mundo del fútbol brasileño. No es extraño que quienes controlan lo que ha llegado a ser una licencia para imprimir dinero estén utilizando tretas para destruir no sólo el sueño, sino al soñador.

A finales de 1997 João Havelange, preocupado por asegurarse en que su sobornado sucesor ganara la próxima elección presidencial de la FIFA, exaltó no sólo sus propias virtudes, sino todo lo relacionado con el Brasil, por lo menos en el mundo del fútbol.

"En Brasil, 1.800 jóvenes menores de 17 años que vienen de pueblos muy pobres juegan en el campeonato. Si pudiéramos hacer eso en todos los países del mundo sería maravilloso".

Eso lo dijo cuando el Rey Sol asistía a una audiencia en Marsella. Habiendo hecho *lobby* por mucho tiempo y con mucha dificultad durante varios meses a favor del hombre a quien quería ver en el trono de Zurich, Havelange declaró entonces públicamente su profundo deseo de que Sepp Blatter fuera elegido.

"Si él toma mi puesto, yo le daré la mano. Si fracasa, lloraré".

Esto ocurrió cuatro meses antes que Blatter, aún el renuente aspirante, aceptara. De hecho, él iba a actuar en contra de Lennart Johansson. Havelange, antes y después de la declaración de Marsella, trabajó incesantemente a favor de Blatter. Viajó por todo el mundo consiguiendo apoyo y utilizó constantemente el talismán brasileño, como si en alguna extraña forma un voto por Blatter fuera un voto para que el fútbol mundial se acogiera al estilo brasileño. En la cancha de fútbol, quizás, aunque no siempre. Fuera de la cancha, que Dios los perdone.

En Malasia, mientras hacía *lobby* para Blatter, Havelange utilizó el señuelo del Brasil como cebo. Declaró: "Malasia debería enviar a sus jugadores y entrenadores a cursos de entrenamiento en el Brasil. Entre más pronto mejor".

Lo que no explicó fue por qué muchos futbolistas brasileños quieren salir del país. Más de 2.000 en los pasados cinco años. En las condiciones en que está el fútbol, de acuerdo con lo descrito en estas páginas, ¿quién podría culpar a un joven futbolista por querer irse de Brasil?

El promedio de asistencia durante el campeonato Nacional es de menos de 11.000 espectadores, y frecuentemente el número está por debajo de 1.000. Esto en el caso del equivalente brasileño de los juegos de la Primera Liga. Teixeira y los *cartolas* vendieron el alma del fútbol a Globo Televisión. La cadena de televisión no va a considerar siquiera alterar su programación para complacer a los fanáticos del fútbol. Nada debe interferir con las noticias de la noche y las telenovelas; entonces los encuentros de fútbol se transmiten a las 9 y 30 p.m. El regreso a casa después de las once de la noche, por calles poco iluminadas, con una alta incidencia de crímenes, llama poco la atención. A principios de 1998, cuando estuve en Brasil, muchos de los partidos tenían 100 ó 200 espectadores. La violencia es frecuente. Oímos mucho en la prensa europea acerca de la violencia en nuestro país. Aún estoy por encontrar un informe de prensa que cubra el comportamiento violento que se presenta con frecuencia en los partidos en la tierra de la samba. En Brasil los jugadores son virtualmente propiedad del presidente del club. El noventa y cinco por ciento de todos los jugadores profesionales en Brasil gana menos de 1.000 dólares al mes. Para evitar pagar impuestos cuando una estrella brasileña es transferida a otro país, se utilizan los intermediarios, como el uruguayo Juan Figer. Figer opera fuera de la oficina de São Paulo. Es esquivo con la prensa por una buena razón: el visitante podría no ser un reportero sino alguien de las autoridades tributarias del Brasil. Lo que hace que a él lo soliciten mucho los *cartolas* es el hecho de que posee una tercera clasificación, tercera división del lado uruguayo, Central Español, que sirve como un buzón. Los pagos, no sólo de los *cartolas* sino también de las estrellas de fútbol transferidas por Figer, se reparten a través de su club. Los clubes de fútbol uruguayos no pagan impuestos de renta sobre las ganancias de los futbolistas transferidos. Central Español tiene un gran número de jugadores brasileños en sus listas. Raramente alguno de ellos ha jugado alguna vez para el club.

Durante la primera mitad de 1997, Denilson de Oliveira, un talento de clase mundial que surgía en ese entonces, iba a ser transferido del club de São Paulo al FC de Barcelona. La suma acordada fue de 32 millones de dólares. Juan Figer no se conformó con su parte, que era muchos millones de dólares. Como muchos agentes e intermediarios, Figer es un hombre de mucho apetito. El trato fracasó no sólo por las exigencias de Denilson, sino por las de Figer.

Unos meses más tarde, Real Betis de España estaba preparado para pagar el precio de Figer. Se acordaron los términos para transferir a Denilson por 22 millones de libras, honorarios que batieron el récord mundial. Cualquier club que desee comprar a Denilson antes que llegue a ser un agente libre en unos diez años, tendrá que pagar una suma que quizás finalmente satisfaga a Juan Figer. El valor impuesto por Denilson, el cual inevitablemente incluye la comisión para Figer, es 270 millones de libras. Aquellos a quienes los dioses quieren destruir, primero enloquecen.

Si el traslado de jugadores a clubes extranjeros está penetrado por la corrupción, entonces el juego doméstico, del cual aquellos jugadores están ansiosos por salir, a menudo hacen que la lucha profesional parezca realmente pura por comparación.

En 1996, cuando terminó la temporada en noviembre, los dos clubes relegados de la primera división fueron Bragantino y Fluminense. Inmediatamente, los funcionarios que tenían conexión con Fluminense, lo mismo que varios de sus partidarios, empezaron a agitarse y a buscar una salida posible para echar abajo el descenso. Fluminense es un club con millones de fanáticos. Ellos no van exactamente a los estadios, sino que ven el juego por televisión para crear un *rating* bastante alto para las cadenas televisivas.

Se habló de dudosas decisiones de los árbitros en varios partidos que pudieron afectar el tema del descenso. Se mencionó a un árbitro en particular al que sobornaron para dar un penalti en un partido vital.

Nada se pudo probar y el tribunal deportivo asociado con la CBF de Teixeira confirmó el descenso de ambos clubes. En mayo siguiente, un poco antes que la nueva temporada empezara, una serie de grabaciones salieron a flote. Contenían conversaciones entre Ivens Mendes y varios presidentes de los clubes de fútbol. Mendes intentaba un cambio de carrera; quería dedicarse a la política y buscaba fondos. Un presidente habló de donar 100.000 dólares, los otros eran igualmente generosos. Las conversaciones aclararon que, en el pasado, Ivens Mendes hizo muchos favores a varios clubes de fútbol, cuando era presidente de la Comisión de Arbitraje Nacional, la cual está bajo el control de la CBF de Teixeira.

Se vio muy claro en la grabación que habían arreglado los partidos. Los alegatos contra Mendes salieron a flote tres o cuatro años atrás y Teixeira los ignoró. Esta vez se vio obligado a actuar, y qué decisiones tan maravillosas tomó.

Se estableció una comisión de consulta. Para dirigir la comisión, Teixeira nombró al "171" Enrico Miranda. Teixeira también usó el escándalo como una oportunidad para regresar a ambos equipos, Bragantino y Fluminense, de nuevo a la primera división. Ninguna de las conversaciones telefónicas grabadas ofrecía una pizca de evidencia de que el arreglo del juego hubiera afectado cualquiera de los partidos que remotamente influyera en el descenso de los dos clubes, pero los volvieron a traer de todos modos. Haciendo esto, Teixeira violaba los estatutos de su organización, pero entonces la CBF apareció haciendo esto en forma normal. Las normas fueron incumplidas en 1990, después que São Paulo fue relegado. De nuevo se violaron cuando en 1992 lo fue Gremio. A finales de los 80, cuando se relegó a Gremio y terminó undécimo en la división menor en la siguiente temporada, doce equipos, en lugar de dos, ganaron el ascenso.

Una muestra de qué tan lucrativo es arreglar un partido en Brasil se puede apreciar por el caso de Ivens Mendes. Entrevisté al profesor Rogerio Mascarenhas, el Fiscal del Estado que investigaba el caso Mendes. Me dijo que un verdadero y encantador estado de negocios existe en Brasil: encantador si un individuo quiere cometer fraude contra el IRS —la Administración de Impuestos Nacionales.

"Pedimos al IRS llevar a cabo una investigación fiscal para establecer si Mendes recibió dinero no declarado. Ellos lo hicieron. Hay una ley muy interesante en Brasil. Si el IRS encuentra que una persona está cometiendo fraude en sus impuestos pero luego los paga, esto absuelve a dicho individuo de cualquier responsabilidad ante la ley. Ninguna acción podrá tomarse contra esa persona. Es una ley absurda que por supuesto invita a toda la nación a presentar una declaración de renta fraudulenta".

"¿Han encontrado ellos alguna irregularidad en las cuentas de estos señores?"

"No sé si se hayan encontrado algo. Lo que sí sé por fuentes no oficiales es que Ivens Mendes, viendo que sería investigado, ofreció pagar a la IRS una suma de 300.000 dólares".

"¿La máxima tasa de impuestos en Brasil es de 26.5 por ciento?"

"Sí".

"Entonces, si uno toma lo que Mendes está ofreciendo pagar y lo extiende a una suma total, él debió recibir pagos ilegales por más de 1 millón de dólares".

"Sí, creo que sí".

"¿Y ofreció el Sr. Mendes una explicación a la Oficina de Impuestos sobre cómo adquirió el millón de dólares no declarado anteriormente?"

"Dijo que esa suma provenía de la venta de sandías".

Pasaron algunos momentos antes de que pudiera continuar mi entrevista con el profesor, pero eventualmente le pregunté acerca de las grabaciones que Globo Televisión había trasmitido.

"Cuando preguntamos por las grabaciones, Globo Televisión en principio dijo que tenían más de 24 horas de grabación. Ellos nos enviaron seis cintas que contenían solamente tres o cuatro horas de grabación. Éstas las enviamos al mejor laboratorio de Brasil para saber si estaban editadas. Sí estaban. Creemos que el material que quitaron compromete a Globo Televisión o más exactamente a Ricardo Teixeira. Algo quitaron. Entendemos que la parte que se quitó compromete muy seriamente a Ricardo Teixeira".

"¿Sabe usted por qué Teixeira nombró a Ivens Mendes para la Comisión Suramericana como presidente de la Junta de Árbitros?"

"Teixeira dijo que lo nombró porque Mendes entiende el arbitraje del fútbol mientras él, Teixeira, no lo entiende".

"¿De verdad? ¿Usted está enterado, profesor, de que Teixeira es el vicepresidente del Comité de Árbitros de la FIFA?"

Fue el turno para que el profesor Rogerio hiciera una pausa y se riera.

Cuando los generales gobernaron el país y pensaron que eran inmortales, desataron una locura futbolística en Brasil de la cual el país tiene aún que recuperarse. No sólo construyeron una cantidad excesiva de estadios, sin gran previsión; fue algo muy absurdo. Cerca a Porto Alegre queda un pueblito llamado Erechim. La junta militar construyó un estadio de fútbol para la población con un capacidad excesivamente superior al número de habitantes. Los generales tenían un eslogan: "Integrar al país a través del fútbol". En realidad trataron de hacerlo. Cuando Giulite Soutinho se posesionó en la CBF heredó un campeonato nacional el cual competían 94 equipos. Contra la tremenda oposición de los *cartolas*, lo redujo a dos divisiones de veinte equipos por división.

No contentos con esto, los *cartolas* que quedaban aumentaron el número de partidos. El calendario de fútbol en Brasil es difícil de creer. En la temporada 1998, Vasco estaba programado para jugar por lo menos noventa partidos, comparado con PSV Eindhoven, que debe jugar 45 o Barcelona 59, o Juventus 67, o aun Manchester United 74. Y esa cantidad del Manchester United presupone partidos extendidos en los dos campeonatos de la copa doméstica y el campeonato europeo, todo además de la Primera Liga.

Más juegos significa más lesiones, muchas causadas simplemente por un excesivo uso y abuso de los músculos del cuerpo. Comparar a dos talentosos jugadores, Alexandro de Souza, Alex, quien empezó la temporada del 98 jugando con el Palmeiras, y Raúl Gonzales Blanco, Raúl, del Real Madrid, es un saludable ejercicio.

Ambos tienen veinte años de edad. El brasileño empezó su temporada jugando nueve partidos en veintidós días. Si esta temporada del club va de acuerdo con el plan, Alex jugará 83 partidos con un promedio de siete por mes. Raúl jugó 33 partidos para su club durante la temporada de 98. Su máximo en un calendario deportivo anual sería de 54 partidos.

Si los dos jugadores continúan a lo largo de sus carreras conservando su nivel actual, el brasileño Alex perderá 30% de su vida como jugador. Raúl todavía estará jugando a los 35 años de edad. Alex estará fuera del fútbol a los 30 años de edad. Ningún país en el mundo somete a sus futbolistas a un número tan grande de partidos jugados al nivel más alto que Brasil.

Y esto se demostró en el campeonato de la Copa del Mundo en Francia.

Tele Santana, quien jugó para Fluminese a principios de los 90, afirmó:

"Cuando yo jugaba se me prohibió entrenar durante la semana para estar seguros de que recuperaría el peso perdido durante el partido. Yo era un atleta frágil, como lo son la mayoría de los de ahora, perdía de tres a cuatro kilos en un cada encuentro. Por consiguiente, los médicos del club me prohibieron entrenar media semana. Jugué hasta que cumplí los 33 años".

Esto sitúa los logros de Pelé y sus colegas en una perspectiva sorprendente. En varias ocasiones Santos jugó 100 partidos en una temporada. Pedirle a Alex y a sus colegas que alcancen esta meta, dada la marcha del fútbol moderno, es invitar a su generación de futbolistas a enfrentar una edad madura con dolorosas lesiones. En vista de la oferta de 400 millones de dólares por los 10 años que Teixeira y otros negociaron con Nike, es lo que precisamente la Asociación Brasileña de Fútbol está pidiendo a los talentos futbolísticos brasileños. Como patrocinador del equipo nacional, a Nike se ha otorgado una serie de privilegios. Observadores en Brasil creen que, a través de estos derechos, Nike virtualmente controla el equipo nacional de Brasil. Su influencia alcanza, por lo menos, una incidencia significativa con respecto a quién está al lado y qué partidos jugará Brasil. Nike tiene también control absoluto sobre la organización de cinco juegos nacionales por año. Los peligros inherentes a esta negociación se verían en la Final de la Copa del Mundo 98.

"El fútbol en Brasil está en las manos de la mafia y es de lo peor que uno se puede imaginar. Debido a que la mafia en Italia o en ningún otro lugar está en contra de gente común. Aquí está en contra de la gente y de sus intereses".

Éstas son palabras de Marcio Braga, antiguo presidente de Flamengo, durante mi entrevista en Rio. Braga fue parte de la Confederación Brasileña de Deportes durante 13 años, ejerciendo las funciones de juez en el tribunal deportivo. Abogado especializado, miembro del Parlamento del Gobierno Federal, secretario deportivo de Estado y por mucho tiempo gran opositor de Havelange y Teixeira. Marcio Braga ha luchado muy fuertemente y por largo tiempo contra la corrupción endémica dentro del fútbol brasileño.

"La estructura del fútbol que tenemos nos llegó de la Italia fascista en 1941. Se adaptaba a la dictadura, la dictadura de Vargas, que controlaba al país en ese momento. Como yo, muchos otros han luchado por muchos años para cambiar este modelo".

Braga me contó de nuevo que durante sus 20 años en la presidencia de uno de los más famosos y exitosos clubes del Brasil, él estuvo constantemente en guerra con la siguiente junta militar. Me describió un retrato muy vívido sobre lo que era la vida bajo el gobierno militar.

"Le estoy diciendo esto, para ilustrarlo sobre el hecho de que João Havelange es el fruto de aquellos años. Es la flor que salió de ese fango. De acuerdo con la gente cercana a mí, durante mis años en Flamengo, le aseguro que João Havelange fue un miembro del Servicio de Inteligencia brasileño en la época de la dictadura militar a partir de 1964. Cuando se trasladó a la FIFA, su papel cambió de ser un partidario, a convertirse en un informante. Especialmente hizo este trabajo para la Inteligencia después de tomar posesión como presidente de la FIFA".

La fuente de información de Braga para esta extraordinaria afirmación fue un miembro del Servicio Secreto Brasileño. Luego, a través de mis fuentes fuera de Brasil, incluyendo la Oficina de Asuntos Latinoamericanos de la CIA, pude constatar que Braga no estaba desinformado. El presidente de la FIFA durante 24 años, trabajó para el Servicio Secreto de su país por un período mucho más largo. Esto explica muchos aspectos de la historia de Havelange. No es extraña la renuencia de la junta militar para enjuiciarlo entre 1974 y 1975.

La razón de que Braga discutiera este aspecto de Havelange conmigo fue con el objeto de ilustrar, justamente cuán importantes eran los vínculos y lazos que Havelange mantenía con el propio corazón de la estructura del poder de Brasil y qué difícil era combatir dicho poder.

"Havelange es parte de esta estructura, y se debe a que él controla los deportes brasileños y específicamente el fútbol. Él se las arregló para hacer que se eligiera a su yerno. Luego, ambos llegaron a ser los dueños del fútbol brasileño. Es un pequeño mercado y ellos son sus propietarios. Cuando yo fui presidente del Flamengo, representé la verdadera oposición contra ellos. Lo cierto es que luché y luché con todas mis fuerzas. Utilicé cualquier argumento válido contra ellos, pero son muy fuertes. Demasiado fuertes. Lo máximo que podría obtener sería mi retiro. Yo nunca podría ganar".

Le pregunté a Braga sobre la riqueza de Teixeira.

"Es obvio que este dinero sale del fútbol. Cuando se posesionó en la CFB venía de un negocio de inversiones bastante malo, llamado Minas Investimentos. Se vendió en un dólar después de quebrar. No tiene un trabajo con sueldo. Tiene una finca en Pirati con poco ganado. Procesa leche. El frustrado abogado y quebrado hombre de negocios ahora es propietario en Rio de una concesionaria Hyundai, dos clubes nocturnos y un restaurante. Con esta pequeña finca ha hecho una fortuna que se remonta a más de 100 millones de dólares. En todo está protegido por Havelange".

Cuando Teixeira, contra todas las leyes de la Federación Brasileña de Fútbol, gestionó una situación para quedarse un año más en el cargo, Braga, en nombre de su club de fútbol Flamengo, le hizo la guerra.

"Era en esencia una lucha por el poder. Yo tenía la fuerza ampliamente popular del Flamengo. Teixeira tenía la fuerza de los políticos, amigos y el dinero. De modo que los demandé. Tenemos en el Brasil un sistema llamado justicia deportiva, y otro, justicia común. Hay un estatuto de la FIFA que prohíbe a un club de fútbol corregir una injusticia a través de la justicia común en ciertos casos. Ahora conozco la Constitución de mi país muy bien, de hecho yo redacté la sección que tiene que ver con este aspecto. Era muy claro que para retirar a Teixeira de su cargo, tendría que ir por la ruta de la justicia común. Esto hice, a tal punto que la FIFA —o sea Havelange— proscribió al Flamengo de las competencias internacionales. Éste fue su segundo error. Si mi club iba a ser sancionado, tendría que ser a través de la Federación de Rio, no por la FIFA ni la CBF".

En ese momento se convirtió en una controversia nacional. Havelange empezó a dar latigazos por todas partes. Declaró que si no podía sancionar a Flamengo directamente, sancionaría a todo el país. Proscribiría al Brasil de la Copa del Mundo 1994 en los Estados Unidos. Hubo entonces una gran presión sobre Braga y su club, por parte de Globo Televisión, la prensa y los medios en general, para retirar el caso contra Teixeira, el cual era exactamente el objeto de las amenazas de Havelange. Braga entonces incrementó el riesgo.

"Interpuse una acción contra la FIFA. Encontré un abogado brasileño con un corresponsal en Zurich. No fue fácil, pero lo encontré. Un día antes del juicio en Zurich, la FIFA canceló la sanción para suspender mi club indefinidamente del fútbol internacional. Los abogados de la FIFA previnieron a Havelange de que lo más seguro era que él perdería y para la FIFA era un precedente riesgoso. Sería la primera vez que la poderosa FIFA hubiera perdido contra cualquiera en un tribunal. Podía abrir la compuerta de la esclusa".

"Una victoria muy famosa".

"Muy corta. Al día siguiente la CBF entregó precisamente la misma sanción a Flamengo. Proscrito de todos los juegos internacionales hasta que retirara la demanda para quitar de encima a Teixeira. Mis horas en Flemengo estaban contadas. Yo trataba obtener la Ley Zico a través del Congreso. Ésta, como el proyecto de ley de Pelé, era un intento para sanear el fútbol brasileño. Así que todos nos reunimos e hicimos un trato. Yo retiraría la acusación, ellos quitarían la suspensión contra el Flamengo y sus seguidores. Los seguidores de la CBF en el Congreso no se opondrían al proyecto Zico. Ahora, el asunto acerca de ese proyecto es que aclaró que lo que Teixeira hizo era ilegal. De modo que, si todo sale como se planeó, nos libraremos de este hombre. Yo estaba lo suficientemente seguro y desistí de mi acusación. La CBF retiró la proscripción sobre el Flamengo. La Ley Zico pasó y Teixeira y sus amigos en CBF ignoraron la ley. En ese momento ya no era el presidente del Flamengo y por consiguiente no estaba en una posición para reinstaurar una acción legal. Teixeira continuó ignorando la ley. Como usted puede ver, David, en este país tenemos un gobierno democráticamente elegido. Pasamos las leyes que el Senado y el Congreso aprueban. Esas leyes se aplican a todo el mundo, menos a la CBF. El fútbol del Brasil está en las manos de la mafia".

A medida que esta investigación progresaba en Brasil, empecé a darme cuenta de la tarea tan tremenda que Pelé había emprendido. Tenía conocimiento de que un debate final de su proyecto se oiría pronto en el Parlamento de Brasil, en Brasilia. También sabía que Teixeira alquiló una lujosa villa, junto con el entretenimiento, en Brasilia, de modo que a los diputados al Congreso podría hacérseles *lobby*. Era posible que el ejercicio se repitiera antes del voto crucial. Esta vez los senadores podrían disfrutar de la famosa hospitalidad de Teixeira.

Empecé a necesitar un antídoto para la cantidad de corrupción que parecía esperarme en cada rincón de Rio y São Paulo. Algo positivo, algo bueno acerca del juego doméstico de Brasil. Encontré lo que buscaba en el Parque Flamengo de Rio.

La *Nova Safra* —la Escuela de Fútbol de las Nuevas Generaciones— tenía un verdadero anillo académico en él. En realidad es una cancha de asfalto llena de baches en el parque municipal en el corazón de Rio. Al principio pensé que era una cancha típica de una mañana de domingo. Me equivoqué. Estaba bien organizada, aunque los jugadores eran muy jóvenes, máximo con 10 años de edad, eran muy disciplinados. Esperando a un lado estaba un grupo de chicos un poco mayores, muchos de ellos elevados sobre la diminuta figura de un viejito que a su modo es una figura que inspira como Pelé.

Tiene 66 años de edad y su nombre es José João, conocido por la mayoría como Jota. Es tan bajito que podría ser un jockey. A finales de 1940 Jota era un jugador joven que se consideraba una promesa. En 1951 un accidente puso fin a su carrera futbolística. En ese momento soñó con abrir una escuela de fútbol para jóvenes. Como muchos trabajadores con un sueño, lo puso a un lado y se dedicó a ganarse la vida.

"Hace unos 10 u 11 años mis hijos me preguntaron si podíamos ir todos al parque y jugar fútbol. Yo les contesté: claro, pero consigan dos o tres amigos para que vengan con nosotros, será más interesante. Yo jugaba con ellos, dándoles un poco de entrenamiento y de pronto pensé: Sí, esto es lo que yo quiero hacer y ahora que estoy pensionado lo haré".

Y a partir de ese sencillo comienzo en un pedazo de tierra apenas suficiente para estacionar un carro, empezó a hacer entrenamientos y jugar fútbol. Jota ha sacado puro oro de esa mina. Ha tenido que rogar para conseguir el equipo. Pidió a la Secretaría de Deportes de Rio y la Asociación de Entretenimiento que le regalaran diez balones. Le dieron dos. Debido a que la cancha está en tan malas condiciones, la vida del balón es corta. En 1995 el presidente del club holandés Feyenoord vino a visitar la academia de Jota con sus piedras y baches. Llovía en ese momento. Llovía al estilo Rio. En comparación el Niágara es sólo una ducha. Los chicos jugaban como en una piscina. El presidente no daba credibilidad a sus ojos, estaba absorto viendo cómo jugaban los chicos.

Entrenaban y jugaban sólo los sábados por la mañana de 7 a.m. a 1 p.m., y los domingos de 7 a.m. a 3 p.m. Ya que éste es un parque público, ése fue el máximo tiempo que se le asignó a Jota por parte de las autoridades locales. Al principio era solamente de 9 a.m. a 1 p.m. Jota le escribió al comandante de la sección de educación física de la Escuela Militar localizada en Rio pidiéndole usar un campo de juegos más grande para las sesiones del domingo. La respuesta fue un rotundo no.

Varios antiguos jugadores brasileños dirigen escuelas de fútbol —Zico, Carlos Alberto, Rivelino—. Todos ellos comenzaron después de Jota. Todos ellos, al contrario de Jota, cobran por esto. Aun en las escuelas de la playa, ellos cobran. Esto por supuesto, excluye a los niños de las *favelas*, los barrios pobres. Allí es donde Jota y sus colegas van buscando talentos potenciales, los chicos que nunca pueden pagar una mensualidad de 120 dólares en la escuela de Zico.

Los grandes clubes como Braga, Flamengo, Santos, Vasco, tienen esquemas de entrenamiento para jóvenes, pero si el jugador no tiene dinero para pagar su pasaje en bus para ir a la cancha, no puede ir. Un joven jugador, un chico muy prometedor, enfrentó precisamente este problema mientras jugaba para Flamengo, y habló con el entrenador, cuya respuesta fue: "ese es su problema". El joven se mudó a un club cercano a su casa, el São Christovao. Su nuevo club le pagaba los gastos de viaje. El muchacho mejoró, el club empeoró. Eran de una segunda división que no iba para ningún lado. Jairzinho, el mismo que derrotara a Inglaterra en la Copa del Mundo 1970 en México, vio al joven y lo compró al São Christovao. Lo compró casi de la misma manera que compraban a los negros antes de la abolición de la esclavitud. Pagó $10.000 por el muchacho. Lo vendió a Cruzeiro, un club en el norte del Brasil. Probablemente el muchacho recibió algo. El precio fue $100.000. Este año el muchacho ganará 20,5 millones de libras. Había llegado a ser el futbolista mejor pagado del mundo. Su nombre es Luiz Nazario de Lima, mejor conocido como Ronaldo.

Jota me contó la historia de Ronaldo con una mezcla de diversión y amargura. El hecho de que Flamengo, por su tacañería y falta de visión, dejara escapar de sus manos a una superestrella, llamó la atención de Jota. El hecho que los grandes clubes continúen perpetuando exactamente la misma clase de errores lo pone furioso. Su pasión por el juego lo consume del todo y domina cada minuto de su vida. Los chicos de cinco a seis años hasta la mitad de su adolescencia son entrenados y se forman no sólo en las destrezas del fútbol. Saben que cualquier forma de delincuencia o ausencia de la escuela los haría quedar por fuera. Jota es también de la *favela*; su padre alimentó a su familia pidiendo limosna. Jota vive de una pequeña pensión. Lo único que pide son los utensilios y el equipo para su nueva cosecha. Durante los diez años transcurridos desde que creó su escuela, muchos de sus futbolistas se han graduado con honores. Veinte fueron a Fluminense, tres a Vasco. Más de 100 pasaron a jugar fútbol profesional en Brasil. Otro se fue a Honduras y otro —Leonardo— está en Feyenoord en Holanda. A Leonardo, ahora con 15 años de edad, muchos expertos lo consideran muy especial —un jugador de clase mundial.

Otros Leonardos potenciales han venido a la escuela de Jota, aceptan la camiseta de algodón que Jota les da gratuitamente y no vuelven. Para conseguir una camiseta que vale menos de un dólar. Vuelven a sus *favelas*. Algunos mueren jóvenes, involucrados en el negocio de cocaína, otros permanecen atrapados de un modo u otro en la pobreza de la *favela*. Jota no sólo está regalando una camiseta barata de algodón, también está dando a los chicos que vienen a quedarse para entrenar, aprender y jugar, una pala: una herramienta con la cual ellos pueden cavar su camino hacia afuera de la *favela*.

Jota tiene una pensión de 700 dólares al mes. Ciento cuarenta dólares son para sus propios hijos. Cien dólares para pagar su pequeño apartamento. Ciento diez dólares para servicios privados de salud. Luego viene la lavandería. Al final del día hay escasamente lo suficiente para vivir, por supuesto sin ninguna clase de lujos, es la razón por la cual tiene que pedir para sus implementos de fútbol.

Feyenoord donó 30 balones y equipos para la escuela, pero la necesidad de nuevos equipos es continua. Jota escribió el año pasado a Ricardo Teixeira. Fue una súplica para obtener ayuda. En el momento exacto de la carta de Jota, Teixeira y sus colegas de la CBF, la Asociación Brasileña de Fútbol, daban los toques finales al negocio con Nike. El convenio firmado entonces y ejecutado era un patrocinio de diez años con la corporación de prendas deportivas por $ 400 millones.

NOVA SAFRA - ESCOLINHA DE FUTEBOL
PARQUE DO FLAMENGO
Fundada en agosto 13 de 1988

Rio de Janeiro, Mayo 13 de 1997

PARA: SR. RICARDO TERRA TEIXEIRA
PRESIDENTE DE LA FEDERACION BRASILEÑA DE FÚTBOL
RUA DA ALFANDEGA, 70
NESTA

Estimado Señor:

Por el bien de los niños y adolescentes del fútbol, el día 13 de agosto de 1988 empecé un proyecto llamado NOVA SAFRA ESCOLINHA DE FUTEBOL con clases totalmente gratis, y sin ningún apoyo financiero, para niños y adolescentes de 10 a 15 años.

Roja, el proyecto en cuestión, es una corporación de hecho y por ley de acuerdo con sus bases y estatutos registrada en el REGISTRO CIVIL DE ENTIDADES LEGALES localizado en la Avenida Franklin Roosevelt, No. 126 —2o. Piso, Oficina 205 de esta ciudad.

Las clases se llevan a cabo en el campo de fútbol No. 3 del Parque do Flamengo los sábados y domingos de 9 a 13 horas. Este sitio que fue donado por la Administración del Parque do Flamengo tiene aproximadamente 9 años.

El trabajo llevado a cabo por nuestra Comisión Técnica, sin ninguna remuneración, empezó a tener éxito desde 1992 con varios alumnos de la NOVA SAFRA ESCOLINHA DE FUTEBOL entrando a varios clubes del Estado de Rio de Janeiro en nuestras respectivas categorías para ellos.

Para su mayor información le enumero a continuación los nombres de los clubes involucrados. Nada se ha recibido a cambio.

01   FLUMINENSE F CLUBE — 20
02   C R VASCO DA GAMA — 03
03   C R FLAMENGO — 01
04   OLARIA A CLUBE — 31
05   SÃO CHRISTOVAO F R — 09
06   AMERICA F CLUBE — 04

07 A A PORTUGUESA — 02
08 BONSUCESSO P CLUBE — 04
09 PAVUNENSE F CLUBE — 05
10 A A EVEREST — 07
11 F CLUBE BAYER B ROXO — 13
12 CANTO DO RIO F CLUBE — 01
13 A A PONTE PRETA — 03 (SÃO PAULO)
14 SERRANO F CLUBE — 04 (PETROPOLIS)
15 HONDURAS — 01 (CENTROAMÉRICA)
16 FEYENOORD ROTTERDAM — 01 (HOLANDA)

TOTAL: 109

En la actualidad la ESCOLINHA DE FUTEBOL tiene 100 (cien) alumnos cuyas edades oscilan entre los 10 y los 15 años. La mayoría son nativos de diferentes barrios pobres en la Municipalidad de Rio de Janeiro y Baixada Fluminenso (Valle de Fluminenso) lo mismo que de otros distritos.

En vista de lo que he mencionado antes, estoy solicitando a nombre de esta Corporación —la más importante del fútbol brasileño—, a través de la rama competente, una ayuda para propagar este proyecto y también solicito una donación de balones para la escuela.

El firmante, fundador, director y entrenador, por medio de esta carta, solicita que un representante de esta Corporación visite nuestras instalaciones.

Favor contactarme durante el día al teléfono 225-5770, en las noches al 285-0320.

Atentamente,

JOSE JOÃO

CBF - IAFB
INSTITUTO DE ASISTENCIA AL FÚTBOL BRASILEÑO IAFB
CARTA OFICIAL No. 59/97

Rio de Janeiro, junio 26 de 1997

De: Instituto de Asistencia al Fútbol (IAFB)
Para: Escolinha de Futebol Nova Safra

Respuesta a la Carta Oficial del Sr. José João

Estimado Señor:

Le informo que infortunadamente nuestro proyecto no incluye una donación de material a escuelas bajo su proyecto.

Aunque en el momento no podemos cumplir con su solicitud, permítanos expresarles nuestra admiración a usted y a todos los miembros de su comunidad por el admirable y humanitario trabajo que se está llevando a cabo.

Con nuestras voces de aliento para que siga adelante, quedamos de usted,

Atentamente,

Denise Cunha
Administradora

Éste es entonces un resumen de la situación dentro del fútbol brasileño. Un estado de cosas en el cual el presidente de la Federación Brasileña, Ricardo Teixeira y su antiguo suegro no ven nada malo. Aun más, ellos forzaron cada nervio para derrotar la propuesta de Pelé destinada a eliminar el grado de corrupción registrado en este libro. Ambos tomaron este asunto muy a lo personal, y Havelange de nuevo demostrando su propio sentido de imaginación:

"Es obvio que este proyecto está dirigido a una sola persona. Yo soy una persona respetada en todo el mundo y aun el gobierno de mi país se ha vuelto en contra de la organización que yo dirijo".

Cuando hablé con Pelé en sus oficinas de São Paulo a principios de 1998, le pedí una respuesta a algunas de las fogosas y ultrajantes afirmaciones que el presidente de la FIFA hizo en los meses anteriores a medida que nos acercábamos a la fecha del debate del proyecto de ley en el Senado brasileño.

"El mayor problema, tanto con la FIFA y la CBF como con Havelange y Teixeira, es que ellos olvidaron destinar algo para los juegos. Hablaban mucho sobre cuánto dinero ganaban, pero ¿para quién? ¿Qué dieron de vuelta a los juegos en su base? ¿A sus raíces?".

"Havelange ha dicho que él lo trató a usted como a un hijo. Que usted le debe mucho. Que usted no hubiera podido jugar nunca en la Copa del Mundo de 1958 en Suecia sin su apoyo. ¿Cuál es su reacción a todo esto?"

"Yo nunca he negado que se preocupó por mí cuando yo era joven. Siempre he expresado mi gratitud por eso. Sí, es cierto que él cuidó de mí como si fuera su hijo y eso es lo que me confunde tanto. Su ira. Su rabia. Sí, él me dio valores, justo como mi propio padre lo habría hecho. Lecciones acerca de la honestidad. Ser decente. Nunca deshonesto. Todo lo que estoy tratando de hacer con este proyecto de ley es guardar como reliquia algunos de estos valores en el Libro de Estatutos. Él debería estar contento con lo que yo estoy tratando de hacer".

"¿Qué pasaría si Havelange cumple su amenaza de proscribir a Brasil de la Copa del Mundo 1998 si su proyecto de ley pasa en el Senado?"

"David, Brasil ganó su lugar en las Finales de la Copa del Mundo en Francia en la cancha. No por medio de una decisión de la FIFA".

Unos minutos más tarde Pelé contestó una llamada telefónica. Era de Brasilia, del Senado. Volvió para continuar nuestra conversación, la sonrisa de satisfacción en su cara iluminó la oficina.

"Eran muy buenas noticias. Mi proyecto de ley acaba de aprobarse en el Senado".

Compartimos su júbilo y yo pronuncié una oración en silencio para que al contrario del proyecto de Ley Zico ésta tuviera éxito, para que Teixeira y sus compinches no pudieran ignorar y echar a un lado ésta legislación. Para que esta vez los establos estuvieran limpios.

A mediados de 1997, el presidente Havelange, quien afirmó categóricamente al principio del año que: "Yo no voy a participar en el proceso de elección", estaba muy comprometido en solicitar votos a favor de su secretario general, Sepp Blatter. Cuando Havelange anunciaba a finales de 1996 que no sería presidente de la FIFA después de junio de 1998, habló con elocuencia en una carta personal a otros miembros del Comité Ejecutivo de la FIFA sobre su deseo para volver realidad lo que Lennart Johansson expresó en un banquete en honor de Havelange y su esposa Anna María: "Me refiero a la unidad de la FIFA a través de todos los continentes". A mediados de 1997, también olvidó eso cuando aprovechó todas las oportunidades para empujar a Blatter como su sucesor. Con los 51 bloques de votos europeos comprometidos para Johansson, elegir a Blatter como candidato aseguraba que no existiría unidad dentro de la organización de la FIFA. Si Blatter ganaba, la desunión sería grande por mucho tiempo en las altas esferas del mundo del fútbol.

En octubre de 1997 la FIFA invitó 25 secretarios generales y administradores de fútbol de los países africanos a un curso de entrenamiento de 12 días en la Universidad de Neuchatel en Suiza. Fue una espléndida ocasión. Diplomas por todas partes, con la prensa invitada a cocteles y a almuerzos. El evento costó más de un cuarto de millón de dólares. De lo cual, tanto Johansson como sus siete colegas ejecutivos de la FIFA, se enteraron cuando leyeron los informes de la prensa. El principal propósito de este ejercicio fue crear una oportunidad para Havelange de trabajar tanto los medios como los delegados. El miembro tunecino de la Comisión de Medios de la FIFA estuvo presente cuando Havelange invitó a un grupo de periodistas a su oficina y empezó a afirmar los elogios de Sepp Blatter y urgía a la prensa para que apoyara lo como su sucesor. Blatter por supuesto, no era un candidato y Havelange no estaba involucrado en la elección.

Durante sus 24 años como presidente, João Havelange en varias ocasiones había hecho afirmaciones como: "sobre mi cadáver", y enseguida cambiaba su posición, o su cadáver, cuando era claro que estaba perdida la discusión. La propuesta de ley de Pelé es un ejemplo clásico. Si había desde principios de 1997 un asunto de: "sobre mi cadáver" que para Havelange nunca se convertiría en un cambio de posición, ésta era la cuestión de quién sería el sucesor. Havelange determinó que al derrotar a Johansson él viviría como presidente a través de Sepp Blatter. Continuismo. Ése era el nombre del juego. En Blatter, Havelange tendría un monumento viviente.

Resultaba extraordinario observar a un hombre que a los ochenta continuaba desafiando a la mayoría del Comité Ejecutivo de la FIFA, todo el fútbol europeo y una buena parte del resto del fútbol mundial. El más sorprendente ejemplo de la arrogancia de Havelange y su desprecio por cualquier tipo de democracia fue la manera como él distribuyó los derechos televisivos de la Copa del Mundo a sus mejores candidatos, un consorcio de los medios alemanes, el gigante Taurus Film/Kirch Gruppe y su socio Suizo, Sporis. La referencia al Comité Financiero de la FIFA se redujo al mínimo, la consulta con otras partes no existió; una propuesta anterior de mil millones de dólares simplemente fue ignorada y, para completar, el dúo Havelange-Blatter vendió los derechos no sólo de la Copa del Mundo 2002 sino también los de la del 2006. Havelange estará fuera del cargo por ocho años antes de que los derechos que él vendió volvieran a estar disponibles. Vendieron los derechos para los dos campeonatos de la Copa del Mundo por dos mil millones. La razón más importante para que sacaran dicha cifra tan alta del consorcio fue porque la organización Mark McCormack IMG propuso mil millones sólo para la Copa del Mundo 2002. El prospecto de dichos vastos ingresos aseguró que en el camino a la elección en junio de 1998, Havelange y Blatter podían ser muy generosos cuando se trataba de un apoyo electoral. Muchas asociaciones nacionales se beneficiarían de pagos anticipados de asistencia financiera. El tipo de beneficio dado de esta manera sobrepasó los $ 1,3 millones.

El Rey Sol y el no declarado pretendiente a su trono utilizaron sus posiciones como presidente y secretario general de la FIFA en forma desvergonzada, ya que mientras la reunión de la Copa del Mundo se efectuaba en Marsella, iba y venía. Aun Blatter se abstuvo de declarar. Cuanto más lo extendiera, más podría utilizar su posición oficial como secretario general en una campaña no oficial de elecciones de alto perfil. Nadie trabajó tan arduamente durante este falso período de guerra para el éxito final de Blatter, que Havelange. El presidente se había embarcado en un viaje de despedida alrededor del mundo a principios de 1998. Llegó cargado de regalos. En África, por ejemplo, fue como una repetición del misterio de principios de los años 70. Los brasileños se mezclaron con los delegados de la FIFA ofreciendo atractivos financieros. Como siempre, el grado de ofertas por parte de Havelange fue variado. El potencial para persuadir a los delegados de la FIFA para votar por Blatter se puede medir por el más modesto hospedaje que muchos delegados del Tercer Mundo estuvieron obligados a aceptar. Cuando comenzó su último período en el cargo en 1994, Havelange habló de que uno de sus mayores proyectos era que cada una de las 191 asociaciones miembros de la FIFA debería tener un fax de modo que todos pudieran participar en los asuntos que se iban a considerar. "Ésta es una inversión que se necesita urgentemente". Ahora, gracias a Havelange —o esa es la forma como el presidente lo vería— hay suficientes aparatos de fax hasta para repartir.

Los aparatos de fax constituían sólo una parte de lo que el presidente regalaba. A cada una de las asociaciones miembros, un millón de dólares. A cada una de la seis confederaciones, diez millones de dólares. Hacia el final, Havelange continuó saludando con el sombrero de otro. En esta ocasión era el sombrero que nos pertenece a usted y a mí. A todos nosotros. Era un sombrero hecho por Lennart Johansson.

Havelange recordó a todos. Ninguno que tuviera un voto era olvidado.

Asociación de Fútbol de Somalia
C/o Confederación Africana de Fútbol
5 Gabalaya Street
11567 El Borg
Cairo, Egipto

Zurich, Suiza, abril 8 de 1998
JH/mmu/sk

Estimado señor secretario general, Dr. Yasin Abukar Arif:

Quisiera expresarle el agrado que sentí al verlo en la reunión de Kagali, donde usted pudo exponer los puntos de vista de su Federación y yo tuve el placer de confirmar la promesa que le hice con respecto a la presencia de dos delegados al Congreso de la FIFA en París los días 7 y 8 de junio. El costo del viaje de un delegado será pagado por la FIFA, como se decidió, y el otro como se lo prometí, lo cubriré yo, lo mismo que los costos de hospedaje.

Además, mantengo mi promesa de realizar el curso FUTURO II en su región, o en su país, en lo que concierne a técnicas, arbitraje, medicina deportiva y administración. Adicionalmente, dos participantes asistirán a los cursos dictados en el Brasil.

En lo que se refiere a su Asociación Nacional, he sostenido una reunión con el asistente del secretario general de la FIFA, Sr. Michel Zen-Ruffinen con respecto a su desarrollo.

Asegurándole que estaré muy complacido de verlo de nuevo en París, junto con su presidente, en el Congreso de la FIFA los días 7 y 8 de junio, quedo de usted,

Atentamente,

João Havelange

En algunas ocasiones el viaje de Havelange fue recibido con cierto escepticismo. Mustafá Fahmy, el vicepresidente y secretario de CAF —la Confederación Africana de Fútbol— me dijo: "Havelange está ofreciendo muchas cosas y él está por irse, no sé quién va a cumplir todas estas promesas. Durante el tiempo que ha estado en su cargo como presidente prometió muchas cosas y nunca las ha cumplido. Ahora que se va, ¿quién puede asegurarnos que cumplirá sus promesas?".

El punto de vista de Mustafá Fahmy estaba influido por el hecho que el obsequio de un millón de dólares a cada asociación fue una idea robada al presidente de UEFA, Lennart Johansson, expresada el documento *Vision one*, hacía más de dos años. El lector puede recordar que cuando se le entregó una copia a Havelange, la tiró lejos.

Por supuesto, presentar la idea como suya a diversas asociaciones mientras que urgía a los delegados para que votaran por Blatter no afectaría el voto. Claro que no.

Con injurias en el campo europeo creciendo constantemente y con los comentarios de los medios comenzando a dirigir la situación en marzo de 1998, Blatter continuó explotando al máximo su posición como secretario general. Éste podía mantener un perfil global supervisando los arreglos para la Copa del Mundo Francia 1998. Hablando con frecuencia en la televisión y la prensa, pudo mantener contacto constante con los 198 ejecutivos de las asociaciones de la FIFA en su papel de Primer Ministro de la FIFA. Un aspecto preocupaba sobremanera a Lennart Johansson y a sus colegas de la UEFA. Las entradas al campeonato de la Copa del Mundo 98. Ellos sabían cómo Havelange, durante los pasados 24 años, utilizó las entradas, lo mismo que los respectivos gastos, como una poderosa arma de persuasión. El 18 de febrero el presidente Johansson escribió a Blatter:

"Como siempre, la distribución de las entradas a la Copa del Mundo es un asunto que ha sido ampliamente discutido. Como miembro del Comité de Organización, me siento obligado a prestar un especial interés a las políticas de distribución. Me gustaría pedirles que me suministraran una lista completa de la distribución de estas entradas, a la fecha. Además, espero que me informen semanalmente por escrito acerca de la distribución de otras contingencias y cambios a las anteriores asignaciones".

Por más de cinco semanas, Johansson aún esperaba una respuesta a aquella carta, y sólo faltaban diez días para la fecha límite del 7 de abril, para presentar la declaración, cuando Blatter finalmente anunció que se candidatizaba para el trono al Rey Sol.

El hecho de revelar su candidatura junto con Michel Platini, una extraña forma de aliarse y darle a Platini un trabajo como director técnico si Blatter llegara a ganar, fue causa de mayor preocupación entre los europeos con respecto a la distribución de las entradas. Platini era copresidente de Francia 98. En la mente de los europeos, Blatter y Platini tenían acceso ilimitado a cualquier cantidad de entradas que ellos quisieran.

Que los miembros más antiguos de la UEFA se sintieran amenazados por la alianza entre Blatter y Platini era algo fuera de lo común. Estos ejecutivos compartieron conmigo cómo, durante muchos años, Havelange explotó repetidamente el acceso que tenía a las entradas a la Copa del Mundo. Ahora existía la creencia de que Blatter usaría la misma táctica como uno de los atractivos para los delegados votantes. Por lo menos se deja ver una imagen clara sobre la relación entre la confederación de fútbol más importante del mundo y el presidente de la FIFA y su secretario general. La desconfianza y hostilidad entre los dos campos hicieron irrisoria su unidad. La primera batalla, la que comenzó a principios del año, fue la de forzar a Blatter para que renunciara a su posición.

Los seguidores de Lennart Johansson se encolerizaron porque Blatter y Havelange explotaban el poder y la influencia de la dirección ejecutiva mientras que se candidatizaban para el más alto cargo. Era algo que Blatter venía haciendo desde los meses anteriores. Cuando él presidía el grupo en Marsella en diciembre de 1997, cada delegado de la FIFA con derecho a voto sabía con certeza que este hombre iba a candidatizarse en contra de Johansson. Dejando su declaración para el último minuto, Blatter pudo tomar ventaja de su posición como secretario general de la FIFA mientras preparaba su campaña. El 6 de febrero la Asociación Africana se reunió en Burkina Faso. Blatter desempeñaba su papel de secretario general, ya que pasaba la mayoría del tiempo haciendo *lobby*, haciendo ofertas con alicientes financieros, como lo describieron cinco miembros diferentes de la Asociación. Éstos no se limitaban a tiquetes de avión y al hospedaje en los hoteles de Francia, lo mismo que a las entradas a los partidos, sino que las ofertas incluían pagos en efectivo de muchos miles de dólares para ayudar a asociaciones nacionales que estaban en graves dificultades económicas en ese momento. Ésa era la descripción de Sepp Blatter sobre lo que hacía. Qué hombre tan amable, lo mismo que el fascinante Dr. Havelange, quien también iba en repetidas ocasiones al África para repartir regalos.

Como un funcionario a sueldo de la FIFA, Blatter no tenía derecho a llevar a cabo una campaña electoral. Aparte de no hacer campaña en la reunión de Burkina Faso, Blatter se abstuvo también en Asunción, Paraguay, y de nuevo a principios de mayo, cuando debía asistir a la reunión de las Asociaciones de Norte y Centro América en Guatemala, no pronunció palabra al respecto en las reuniones de Antigua, etc. Era para desmantelar este escenario que la UEFA había llevado a las barricadas después que Blatter declaró que él noblemente permanecería en su cargo en la FIFA. Ellos prevalecieron a principios de abril y Blatter fue obligado a renunciar a su cargo como secretario general. Fue un triunfo de la suerte para los seguidores de Johanssen, una victoria moral. Pero luego la moral no tendría nada que ver con todo lo que se hizo para ganar la presidencia de la FIFA.

Los críticos de Sepp Blatter siempre lo han visto como una creación del presidente Havelange. De hecho fue, como se registró anteriormente, creado por Horst Dassler y, por supuesto, al pertenecer a la FIFA siguió siendo pagado por la Adidas de Dassler, una situación que en cualquier organización dirigida con ética se vería como que producía verdaderos conflictos de interés.

Pero luego no despertó ningún conflicto el hecho de que Blatter tuviera un apartamento en Appenzell, en una manzana que es propiedad de Emil Sutter, el hombre que por muchos años ha sido el auditor de la FIFA. Auditor *independiente*. Tampoco hubo conflicto por el hecho que el colega de Blatter, director de finanzas de la FIFA, Erwin Schmid, haya sido amigo de toda la vida de Sutter. En una historia que está llena de cambios y giros caprichosos, el hecho que por muchos años una oscura compañía de asesores contables haya sido responsable de las cuentas comerciales en billones de dólares, desciende de lo grotesco a lo absurdo.

Ni Battler ni Havelange por muchos años han visto ningún problema en que el portafolio de bienes raíces con el cual Havelange alardeó tanto —un portafolio que vale más de 100 millones de dólares— lo manejan nadie menos que Blatter y Schmid, y cuando Blatter está ausente, lo cual ocurre con frecuencia, Schmid convoca a reuniones a las cuales sólo asiste él mismo, se confirma a sí mismo que está presente, levanta el acta de lo que él mismo ha dicho, vota a favor de un asunto que él mismo expone y luego vota para cerrar la sesión a la cual solamente él ha asistido. Nadie en sus cabales manejaría una tienda de dulces de esa forma, no digamos ya un portafolio con billones de dólares. Blatter tampoco ve conflictos de interés en que su jefe financiero Schmid sea también el codirector de otras dos compañías de bienes raíces e inversiones que son propiedad de los contadores de la FIFA.

Se dice que uno tiene que levantarse temprano para conseguir al Primer Ministro británico. Alguien debió decirle que Havelange nunca duerme. El Rey Sol vino al número 10 de Downing Street el 13 de marzo de 1998. Después que él y Tony Blair hicieran girar el fútbol para beneficio de las cámaras de televisión, se retiraron con varios colegas. En cierto momento el presidente y el Primer Ministro continuaron su discusión en francés. Algunos en la sala que entendían se unieron a ellos, otros que no eran bilingües se mantuvieron en silencio, asintiendo con la cabeza y fingiendo que estaban muy involucrados en la reunión. En esta última categoría estaba el Ministro del Deporte de Gran Bretaña, Tony Banks. Se sentó junto al Primer Ministro, "asintiendo con la cabeza como uno de esos perritos de juguete que se ven en la parte de atrás de los carros, fingiendo saber lo que estaba pasando". Alastair Campbell, médico voluntario interno del Primer Ministro, un sádico bastardo en sus mejores momentos, decidió que Banks hiciera la conferencia de prensa después de la reunión. Algunos de los que eran bilingües quedaron confundidos con las declaraciones del Ministro de Deportes, quien más tarde dijo: "Creo que me salí con la mía".

Durante la reunión Havelange declaró que estaba a favor de Inglaterra como anfitrión de la Copa del Mundo 2006. Fue una afirmación que se aseguró los encabezados de todos los periódicos y espacios en los noticieros de la televisión y radio. Todo eso lo entendió Tony Banks. Después en la conferencia de prensa, se pronunció "muy entusiasmado con dicha aprobación por parte de una figura tan influyente".

Lo que el Primer Ministro dijo como respuesta, Banks no lo supo, porque la respuesta fue en francés. Los cínicos pueden pensar que mantener al Ministro a oscuras fue intencional. Banks no ataca sino con la boca.

La respuesta de Blair, de conocerse, pudo ocasionar unos encabezados mucho más grandes que la declaración de Havelange. Después de todo, Havelange no solamente ofrecía algo que no estaba dentro de sus dádivas, era algo que ya había ofrecido previamente por lo menos en dos ocasiones: a Nelson Mandela de Sudáfrica y a Alemania. Se le escuchó también cantar las alabanzas a Brasil durante el mismo campeonato. Quizás, mientras la Copa del Mundo 2002 va a jugarse en Japón y Corea del Sur, Havelange simplemente subía la oferta. ¿La próxima vez cuatro coanfitriones? Nada de eso estaba obviamente contenido en la conferencia del Primer Ministro antes de la reunión con el presidente de la FIFA. Por consiguiente, se mostraba muy entusiasmado con la noticia. Su respuesta a Havelange era la de hacer un compromiso claro e inequívoco para gastar "por lo menos un billón de libras en los estadios". A medida que este país iba hacia la recesión en la segunda mitad de 1998, era interesante reflexionar sobre las prioridades del Gobierno. Sin mencionar las necesidades en lo que se refiere a salud, los ancianos, los enfermos, los pobres, los que no tienen dónde vivir y todos los demás sectores de nuestra sociedad que están gritando desesperadamente para que se les otorguen más fondos. Un campeonato de la Copa del Mundo en Inglaterra en el 2006, que podría anunciarse ante el Primer Ministro y que debía convocar las próximas elecciones, garantizaría una victoria de Blair en las urnas. Las juntas militares no son los únicos gobernantes que aprecian la importancia del fútbol.

Una demostración de la ingenuidad del Primer Ministro que ocurrió ese día en Downing Street, en verdad merece una paliza. Havelange intrigó para una visita al Número 10 sólo por una razón. Si a través de una declaración inquietante pero sin significado, podía persuadir al Primer Ministro y a través de él a la Asociación Inglesa de Fútbol para cambiar su voto en las próximas elecciones en París, pondría un obstáculo al voto sólido europeo a favor de Johansson. Si la Asociación Inglesa de Fútbol anunciara un día antes que la votación se llevara a cabo, que ellos estaban cambiando su lealtad a Johansson por Blatter, esto le podría dar otros votos de la UEFA a Blatter. Lo hizo. Lo hicieron. Se hizo.

Mi fuente para lo que el Primer Ministro dijo al presidente de la FIFA fue João Havelange.

Los temores de Lennart Johansson sobre los abusos en la asignación de entradas a la Copa del Mundo 98, eran realidad, aun antes de su carta al secretario general Blatter en febrero. Cuatro semanas antes era claro que los comerciantes vendían grandes cantidades de entradas vía Internet. En el sistema de distribución se presentarían abusos una vez que se supiera que el 60% de las sillas sería asignado a los franceses, el 20% era para los patrocinadores y huéspedes de corporaciones, un irrisorio 16% —8% por equipo— sería asignado a los fanáticos del momento, y el 4% restante simplemente desapareció en un Triángulo de las Bermudas. La FIFA, a través de su director de Comunicaciones, declararía después del campeonato que todas las secciones de la infraestructura organizativa tuvieron un éxito resonante, de este modo Keith Cooper tenía acceso a todos los partidos.

Solamente diecisiete agentes viajeros estuvieron autorizados por la FIFA para vender tan sólo ocho por ciento de todas las entradas. La demanda de entradas excedió lo que estaba disponible en una relación de cinco mil a uno. Con ese nivel de desigualdad era inevitable que se abusara de la situación. Un tema muy común era que frecuentemente la fuente de esos tiquetes ilícitos eran los Estados Unidos.

En enero de 1998 una agencia americana, 24/7, con base en Atlanta, dijo que tenía aparentemente una cantidad ilimitada de entradas para los juegos que quisiera cualquier comprador, si estaba preparado para pagar el precio. A Nick Harris, reportero del periódico *The Independent*, se le ofrecieron 477 entradas para los tres partidos de clasificación de

Inglaterra, los cuartos y semifinales y la final. Las entradas tenían un valor nominal de 19.000 libras. La agencia en Atlanta cobraba 244.000 libras —una ganancia de 1.184%.

Otra fuente de los Estados Unidos fue Murray's Tickets en Los Ángeles, que ofrecía también entradas para todos los partidos, con precios terriblemente altos.

Había corredores de tiquetes en Nueva York, San Francisco y lugares intermedios. Todos ofrecían grandes cantidades de entradas. El corredor de Nueva York tenía una buena fuente de información sobre las entradas, si mis informantes alemanes eran creíbles: el presidente de la FIFA y el miembro del Comité Ejecutivo Jack Warner. Aparte de ser un amigo cercano del presidente Havelange, Warner era un hombre que fue por lo menos en parte el instrumento para que Havelange permaneciera en su cargo en 1994. Warner es un hombre de diferentes facetas, pertenece al Comité de Emergencia de la FIFA, al Comité Financiero, al Comité Organizativo para la FIFA/Copa de las Confederaciones, al Comité para las Competencias Juveniles de la FIFA, al Comité Técnico de la FIFA, al Comité de Status de los Jugadores, al Comité de Asuntos de Seguridad y Juego Limpio y al Comité Organizador de la Copa del Mundo Francia 98. También es presidente de la CONCACAF, La Confederación de Norteamérica, Centroamérica y el Caribe. Si, como se me informó, él verdaderamente vendió al distribuidor de Nueva York una gran cantidad de entradas, incluyendo mil para el partido Bélgica *vs.* Holanda, no es una sorpresa que usara los servicios de un corredor. Nunca habría tenido tiempo para venderlas personalmente al agente de viajes de Hilversum, quien me ofreció una cierta cantidad de dichas entradas. El valor nominal de estos tiquetes era 45 dólares. A mí me las ofrecieron a 450 cada una. La agencia de viajes en Hilversum se llama Joscam Travel.

Yo discutí las consecuencias de esto con el secretario de prensa de la UEFA, Marco Casanova, quien, como miembro clave del equipo de la campaña Johansson, se sentía muy preocupado con algunas de las implicaciones que este comercio ilícito de entradas podría tener.

"Nosotros (UEFA) estamos preocupados sobre la forma en que Jack Warner y Chuck Blazer (secretario general y tesorero de CONCACAF) están comprometidos con el comercio de estas entradas. Creemos que Blatter está involucrado".

"¿En qué forma está comprometido Blatter con el comercio de estas entradas?"

"Él las tiene. FIFA posee las entradas. Así es que él físicamente tiene las entradas, eso quiere decir que usted llama a un presidente y le dice: «Yo le doy diez entradas para la final de parte mía, si usted quiere». Y entonces las coloca físicamente en un sobre que diga: «Saludos, Sepp», y se las envía a alguien. No hay ningún sistema de control. No existe ninguna lista que muestre quién recibió esas entradas o cuáles fueron. ¿Por qué escogió a Platini? De modo que él está utilizando en forma indebida la Copa del Mundo. De manera que él tiene un aliado en la comité organizador. Él y Platini tienen el control del 100% de las entradas. Esto es lo que pasa".

Casanova explicó cómo se escondió un faltante de esas entradas.

"Razones de seguridad. Los medios. Punto de vista de las cámaras de televisión. Estos factores indican, por ejemplo, en el estadio de Saint Denis, en París, donde hay cerca de 70.000 sillas, que hasta 8.000 de ellas no se venderían a través de canales oficiales. Nadie puede verificar si ellos en realidad necesitan reservar tantas. Las personas que guardan las entradas pueden hacer lo que quieran con ellas".

No hay nada como un campeonato de la Copa del Mundo para sacar a flote el egoísmo que duerme en la humanidad. Compañías dudosas ofreciendo entradas para el campeonato brotaron como arroz después de una tempestad en toda Europa. Algunas tuvieron acceso a las entradas, otras no. Estas últimas tomaron el dinero y se escaparon.

Fanáticos de todos los países en el mundo fueron estafados. La ironía es parte de la cultura francesa. Se duda que el país anfitrión apreciara lo que, con respecto a la controversia de las entradas, fue una cabal estampida desde enero hasta la final de la Copa del Mundo el 12 de julio, el aspecto más irónico de todo.

El socio interno de la FIFA, ISL, llegó a ser tentado por el fraude de las entradas de la Copa del Mundo. El director administrativo del ISL Francia, Marc Loison, y un consultor que trabajaba para su compañía, Gilles Favard, dirigieron una operación que involucraba tiquetes fantasmas. La cantidad de dinero que la pandilla adquirió llegó a muchos millones de libras. El ISL en Lucerna intentó distanciarse del escándalo, estableciendo que el ISL Francia no era parte de su red mundial de negocios asociados, sino que operaba independientemente. Esta declaración contradice totalmente la literatura de promoción del ISL que establece claramente al ISL Francia como parte integrante de la compañía. Las oficinas del ISL en Francia, cerca de donde la final de la Copa del Mundo se iba a jugar, estaban llenas del personal de la FIFA hasta que estalló el escándalo, en un punto en que la FIFA y el jefe del ISL parecían sufrir de amnesia colectiva.

"Confío que, basado en lo que me contaron, tengo por lo menos cien votos". Era la afirmación de Lennart Johanssen el 12 de abril de 1998.

"Confío que, basado en lo que me contaron, tengo por lo menos cien votos". Era la afirmación de Sepp Blatter quince días después, el 27 de abril de 1998.

Algo tenía que pasar. Había menos de docientos votantes.

Una de las razones bajo los estatutos de la FIFA para descalificar a la asociación de fútbol de un país para votar en las elecciones presidenciales, es no participar en campeonatos juveniles específicos en los cuatro años anteriores. Otra es su estado financiero. Si una asociación no pagaba sus deudas, quedaba descalificada. Yo había oído, de diversas fuentes, que Havelange y Blatter tenían un punto de vista benévolo con respecto a este asunto. El presidente de la UEFA, Johansson, escuchó lo mismo.

"Yo diría que hay por lo menos diez países en esta situación. Ellos, por supuesto, están siendo abordados por la otra parte".

"¿Por Sepp Blatter?"

"Sí".

"Algunos de estos beneficiarios de la generosidad de Blatter, creo yo, son los países africanos".

"Eso es lo que entiendo".

"Usted cree que tiene 100 votos. ¿Me los puede describir?"

"Claro. Europa representa 51 votos. Confío en casi todos ellos, digamos 47. África, aparte de aquellos actualmente descalificados, está conmigo. Por lo menos 40 de las 44 asociaciones. Asia tiene siete votos y estoy seguro que la mayoría de ellos son míos".

"Bien. ¿Eso significa una victoria para usted en la segunda vuelta?"

"A menos que la gente me esté mintiendo".z

Hablamos largo rato de lo que pensaba Lennart Johansson que molestaba a la FIFA y de lo que planeaba hacer si salía elegido. Él expresó su asombro por la forma como Havelange y Blatter condujeron sus negociaciones por muchos años cuando vendieron los derechos de TV y mercadeo.

"He oído de varias fuentes que existe una agenda secreta entre el ISL, Havelange y Blatter. Para mí, estoy asombrado que se haya confiado en la misma compañía todo el tiempo. Creo que el procedimiento tiene que cambiar. La FIFA debe pedir ofertas y deben ser abiertas por un auditor, estando presente el Comité Ejecutivo. Ése sería un procedimiento normal. Esto nunca ha ocurrido en la FIFA, es el motivo de los rumores de una agenda secreta. Hemos oído que Havelange consiguió esto y aquello. No lo sé y no voy a especular. He oído muchas cosas a través de los años, muchos argumentos relacionados con Havelange y Blatter. Por lo que a mí concierne no voy a luchar por esta elección utilizando la ética de ellos. Si el precio que tengo que pagar para ganar es actuar como ellos, entonces, me retiro. Por lo menos saldré con dignidad".

La visión de Lennart Johansson sobre el futuro si ganaba la elección, implicaba un cambio radical. "Yo no quiero leer en ningún periódico que la FIFA ha decidido algo... Los días en los que el presidente y su secretario general manejaban la FIFA a su manera se acabaron... Los Comités no los deberá formar el presidente. Las asociaciones nacionales, las confederaciones, de allí es de donde deben salir las propuestas para elegir a los miembros del comité. Nunca se debe permitir otra vez lo que pasó en Nueva York en 1994... Debemos tener en estos comités sólo personas transparentes e intachables... Ellos están en contra mía porque tienen miedo de lo que una nueva administración pueda encontrar... Acerca de los dineros que se obtenienen, estas grandes cantidades deberán ser invertidas en los niveles bajos. Debemos devolver al juego mucho de lo que hemos sacado de él".

Considerando lo que quedó por hacer el 12 de julio en las finales de la Copa del Mundo en el estadio de Francia, parte de mi conversación con el presidente de la UEFA fue, en sus propias palabras, un presagio de cosas por venir.

"Me pregunto si usted comparte mi punto de vista de que hay demasiado fútbol. En el Brasil a veces se juegan de cuatro a cinco partidos en un período en el cual deberían jugarse solamente dos. Mientras estuve allí, aun su equipo nacional estaba en gira por el Caribe jugando una serie de partidos sin sentido, simplemente para satisfacer a Nike".

"Estamos totalmente de acuerdo. Creo que el médico experto tendrá algo que decir al respecto. Mucha energía gastada, ellos deberían tener influencia sobre el partido en la forma como lo hace un árbitro. Es casi un crimen hacer que en un partido participe un jugador que no está en las mejores condiciones. Las lesiones ocurren con demasiada frecuencia en un país como Brasil, donde los equipos juegan casi cien partidos en un año".

Lennart Johansson es una persona que está de acuerdo con la frase "lo que se ve, es lo que se consigue". Él quería sanear a la FIFA para hacerla democrática. Hacer sus negocios en la forma más transparente posible.

"Digamos que yo tengo la mayoría de estos cien votos que vienen de los dos lados".

Sepp Blatter tomó una servilleta de la mesa y empezó a dibujar. Estábamos en un restaurante de Zurich cercano a las instalaciones de la FIFA. Mientras Johansson es serio, casi hosco, Blatter es vivaz, bullicioso, de mente ágil. Le pedí, lo mismo que a su rival, que dividiera estos 100 votos por partes geográficas.

"Si Europa y África tratan de hacer un convenio para dominar el mundo del fútbol, entonces el contraataque viene de las dos alas que están opuestas a su plan".

"¿De modo que ustedes tienen a los norteamericanos y a los latinoamericanos?"

"Sí. Los norteamericanos, suramericanos, centroamericanos y el Caribe. Asia y Oceanía. El sureste de Asia, son diez países allí. Cien votos, estoy seguro".

"Entiendo que varios han sido descalificados para votar porque deben dinero a la FIFA".

"No, eso no es un problema porque al final, una hora antes del Congreso, ellos pueden pagar y siempre encuentran el dinero".

"¿De verdad? ¿Cómo lo hacen?"

"Buscan un patrocinador, quien termina pagando lo que necesiten".

Nos interrumpió en ese momento la llegada de su hija, que trabajaba como su gerente de campaña. Cuando regresamos a la campaña para presidente, era obvio que Sepp Blatter había hecho su tarea con mucho cuidado. Yo trataba establecer precisamente cuántos delegados habría a finales del día con derecho a voto. En ese momento todo iba sobre ruedas. Aparte del asunto que había aparecido un patrocinador con su chequera en blanco, estaban otros países que, el 27 de abril, el día de mi reunión con Blatter, se hallaban técnicamente descalificados porque no pagaron por lo menos en dos campeonatos de la FIFA durante los últimos cuatro años. Blatter pensaba en todo.

"Sí. Hasta ahora teníamos 165 que podían votar. A partir de ese momento otros habrán pagado lo que faltaba... De modo que habrá 204 miembros de la FIFA en el Congreso. Si los candidatos son aceptados y por consiguiente, si usted saca, por ejemplo, diez o doce, habrá, en mi opinión, 190, 192 que pueden votar".

Durante el evento, en la mañana del 8 de junio, Havelange anunció un poco antes de la votación que 191 países podrían votar. El "patrocinador" estuvo muy ocupado.

En el momento de mi reunión con Blatter la controversia sobre las entradas sonaba como una primicia en las noticias diarias, a través de toda Europa y probablemente mucho más lejos. Una semana antes, cuatro millones de personas intentaron telefonear desde el Reino Unido, en un sólo día, en su intento por conseguir entradas. Uno tenía que admirar el descaro del hombre que, como secretario general de la FIFA, no en poca parte, era responsable del desorden.

"Es sólo falta de comunicación. Hay 2,5 millones de entradas disponibles; hay 25 millones de solicitudes. De modo que si usted dobla la cuota para Inglaterra, Escocia, Holanda y Bélgica, los países que han hecho más ruido, si usted la dobla, no estarán contentos, si la triplica tampoco. Eso es todo. Esta controversia se debe a que no hay ninguna noticia importante en el momento, por eso la gente enfoca el asunto de las entradas. Es como se dice en Francia «la dama más linda del mundo no puede dar más de lo que tiene». Somos las víctimas de la popularidad del fútbol".

Blatter tenía un montón de razones por las cuales la Copa del Mundo estaba en la mitad de una lucha monumental. Ninguna atribuía una triza de culpabilidad a la FIFA. Era porque Francia está en la mitad de Europa. "París, todo el mundo quiere ir a una ciudad tan atractiva como París...", o "No fue previsto que muchos equipos europeos calificarían. Sáquelos a todos y habría menos bulla con las entradas... ¿Por qué les dimos tantas a Francia? Francia tenía que dar una garantía de 170 millones de francos suizos, una garantía por las entradas, y es obvio que la mitad de ellas irán a Francia".

Cuando lo abordé acerca del porcentaje que iba a los patrocinadores y a los elementos corporativos —20%— no aceptó esa cifra. No podía ofrecer una alternativa, pero, "yo tendré en cuenta que le den esa información". Como la solicitud de Lennart Johansson por una información detallada de a dónde iban las entradas, todavía estoy esperando. Además de fuentes alternas dentro del ISL y la FIFA, me han sugerido que el 20% de los patrocinadores y las personas incorporadas son un estimativo conservador.

Antes de dejar la controversia de las entradas, pregunté a Blatter sobre los argumentos surgidos por parte de los ejecutivos de la UEFA, acerca que la escogencia de Michel Platini como compañero de fórmula era para asegurar el acceso ilimitado a las entradas para asistir a su elección.

"Esta gente merece una doble tarjeta amarilla, o sea, roja. Se me preguntó esta mañana si Platini estaba conmigo porque tenía influencia en los países de habla francesa. Le dije que Platini tiene influencia en todos los países que hablan de fútbol, porque es un futbolista".

Sepp Blatter asintió que por las sumas de dinero que surgen de los derechos televisivos de mercadeo en el pasado y a la fecha, incluyendo la Copa del Mundo 1998, tristemente menospreciaban los derechos. Havelange, por supuesto, está muy orgulloso de estas cifras históricas que Blatter y él negociaron juntos.

"La Copa del Mundo en Francia, yo diría, es la última Copa del Mundo de pequeñas cifras".

La versión de Blatter sobre cuánto han aportado los derechos de mercadeo de la Copa del Mundo 98, fue: "Los patrocinadores de primera categoría pagaron directamente a la FIFA 110 millones de francos suizos, los doce patrocinadores, Canon, Coca-Cola, Budweiser y otros".

Una indicación sobre el alto incremento del dinero que se vaciará en las arcas de la FIFA puede medirse a partir del hecho que sólo Coca-Cola estará pagando la misma cifra total de 110 millones de francos suizos por las copas mundo del 2002 y el 2006. Blatter reveló que aparte de la Copa del Mundo y la Copa de las Confederaciones, todos los demás campeonatos de la FIFA están en rojo. Están subsidiados por un *pool* central de dinero.

Entre los cambios que Sepp Blatter pensaba hacer si ganaba la elección, estab uno destinado a asegurar un estado de guerra continuo, no sólo con la UEFA sino con otras confederaciones.

"Creo que el presidente debería tener un sueldo fijo, y también el supercomité que yo crearé, uno de cada confederación, deben tener un sueldo".

Sería interesante ver la reacción del Comité Ejecutivo acerca de un supercomité con sueldo fijo que manejará los negocios diarios de la FIFA. Le pregunté si los árbitros deberían tener un sueldo de profesionales.

"La mayoría sí. Estoy totalmente de acuerdo con usted y sí, debe contratárseles por tiempo completo y entrenados como a cualquier otro jugador".

Esto, como muchas otras de las ideas de Blatter, encontrará eco en muchos que se interesan por el partido. Planea conseguir fondos para los de abajo. "Darles camisetas, el equipo y algo que comer. No se necesita darles canchas, siempre encontrarán un lugar donde jugar". Estas ideas venían directamente del manifiesto de elección de Lennart Johansson.

Le hablé sobre las condiciones que existen dentro del fútbol brasileño. Parecía verdaderamente consternado. Su plan es que Michel Platini intente solucionar el problema de conseguir ayuda para los que están en la parte de abajo de la escalera.

Con respecto a los repetidos argumentos contra él, referentes a las cuentas bancarias secretas que permitieron a ciertos miembros de la FIFA y del ISL cometer sobornos, Blatter también conocía estas acusaciones. Su respuesta delicadamente excluía a cualquier otro.

"Sí, conozco esas acusaciones. Quizás soy muy ingenuo para contestarlas, pero yo sólo tengo cuentas abiertas".

Sabía acerca de todas las acusaciones relacionadas con el presidente Havelange. Havelange las negó. Su aseveración iba en contra de su declaración de que "cualquier corrupción dentro del fútbol debería ser tratada como un cáncer y cortada; cualquier acusación de corrupción debería ser rigurosamente investigada". Citó el Artículo 2, Cláusula 3, de los Estatutos de la FIFA:

"Los objetivos de la Federación son...
3. Controlar cada tipo de asociación de fútbol, siguiendo los pasos que sean necesarios o aconsejables para prevenir cualquier infracción de los Estatutos o

regulaciones de la FIFA o de las Leyes del Juego como está establecido por la Junta de la Asociación de Fútbol Internacional, para prevenir el uso de otros métodos impropios o prácticas en el juego y para protegerlo de los abusos;"

Sepp Blatter sabe de memoria los Estatutos de la FIFA. Conocer las normas y aplicarlas, por supuesto, son dos cosas totalmente diferentes. Blatter es brillante, inteligente y un compañero muy listo. Al contrario de su rival sueco, lo que usted ve *no* es realmente lo que usted obtiene. Lo que consigue con Blatter depende, en mi opinión, de lo que usted está vendiendo.

La campaña de elección de Havelange-Blatter continuaba oprimiendo cada botón y halando cada cuerda. El 14 de abril, Havelange escribió a Timothy Fok, el presidente de la Asociación de Fútbol de Hong Kong:

Mi querido amigo, presidente Timothy:
En días pasados antes de que yo fuera al África para una reunión, le envié a usted una carta en la cual le solicitaba muy exactamente su apoyo para la candidatura del señor Blatter a la Presidencia de la FIFA y junto con esa solicitud le pedía que usara su influencia con las federaciones de Hong Kong, Macao y China, lo mismo que Corea del Norte.

En este momento el candidato de la UEFA está en la China y espero que la China le dé su voto a Blatter con el fin de continuar el trabajo y el desarrollo que se lleva a cabo en este continente asiático...

Dos días después el presidente, quien, por supuesto prometió públicamente no involucrarse en esta elección, escribió de nuevo a un miembro de la Confederación Africana, esta vez la Asociación de Kenya:

...El Departamento Financiero de la FIFA le enviará pronto un giro por $ 50.000 dólares para el manejo de su secretaría por un período de dos años. Con el fin de facilitar esto, le solicito enviar la dirección completa de su banco a la FIFA (banco, número de cuenta y nombre de la cuenta).

La FIFA se pondrá en contacto con usted muy pronto para discutir el asunto sobre las computadoras que usted quiere instalar en la oficina general.

Ninguno de estos pagos que Havelange ha hecho fueron autorizados por ninguno de los Comités Ejecutivo o Financiero de la FIFA.

El candidato mismo estaba ansioso por mostrar su generosidad al electorado.

En mayo escribió a cada Confederación y Asociación Nacional:

Esta información va dirigida especialmente a aquellas asociaciones nacionales que —como sucede infortunadamente en la mayoría de los casos—, menos privilegiadas que otras, debido a la falta de dinero, a una infraestructura técnica apropiada y, como consecuencia, a los medios para manejar su administración en forma eficiente y nacionalmente.

La participación de los ingresos por derechos televisivos y de mercadeo que la administración Havelange adjudicó a cada asociación nacional (un millón de dólares, pagaderos en cuatro cuotas anuales de US $ 250.000, de los cuales US $ 50.000 pueden pagarse en el otoño de este año) está dirigida a permitir que aquellos que necesitan nuestro apoyo establezcan una oficina permanente, equipada con las comodidades necesarias, tales como teléfono, fax y computadoras con correo electrónico. Después que los técnicos expertos de la FIFA tomen parte en la situación individual de las asociaciones nacionales en el sitio, quiero que éstas reciban la ayuda que realmente necesitan para establecer sus programas técnicos, administrativos y de mercadeo...

El encabezamiento de la carta decía *JSB para presidente*, lo mismo que la carta dirigida a la Asociación de Fútbol de Samoa el primero de junio. La carta contenía cuatro puntos, el tercero de los cuales decía:

En mi programa, cada asociación nacional de Oceanía recibirá proyectos adaptados a las necesidades individuales y naturalmente el millón de dólares para los próximos cuatro años.

Blatter y Havelange daban una demostración continua del bien establecido hecho de que no hay nada como una elección inminente para abrir la billetera de un candidato —o en este caso nuestras billeteras, porque por supuesto, al final, todo este dinero que despilfarraron los delegados votantes, es nuestro—. El juego de la gente es igual al dinero de la gente.

A principios de mayo de 1998 empezaron a surgir detalles de una conspiración que involucraba sobornos ofrecidos a ciertos funcionarios de la FIFA. Las sumas manejadas fueron en promedio $50.000. El dinero fue un intento para influir en ciertas decisiones. ¿El objetivo? Los árbitros y los jugadores.

De acuerdo con los funcionarios de la FIFA, los intentos para sobornar a los jugadores y oficiales del partido se harían por parte de los miembros de un círculo de apostadores. La FIFA no iba a correr riesgos. Más de 700 jugadores y 67 árbitros de la FIFA y jueces de línea serían protegidos por un contingente de seguridad. Los árbitros estarían especialmente bien protegidos: nadie sin pase podría tener acceso a sus hoteles. Cuando viajaran a encuentros fuera de París, los acompañarían los oficiales de la FIFA, y el anuncio de cuál juez iba a arbitrar cuál partido, se haría a última hora. Todas fueron unas precauciones admirables en este perverso mundo. Es una lástima que la FIFA no tomara las mismas precauciones con respecto a los miembros de 191 asociaciones cuando se reunieron en París para su congreso número 51.

Hacia finales de mayo, faltando dos semanas para la Copa del Mundo y la elección de su sucesor, entrevisté a João Havelange durante dos días. Las entrevistas sobre las cuales he escrito ampliamente a través de este libro fueron, según Havelange me dijo: "las últimas que daré como presidente de la FIFA". Fue quizás este factor, un tiempo de reflexión, el que influyó en este hombre. Lo encontré muy colaborador la mayor parte del tiempo. Sabiendo sobre su capacidad para dar por terminadas las entrevistas prematuramente, si su orgullo o su autoimagen es ofendido, yo medí cuidadosamente el tiempo para hacerle una pregunta particularmente difícil. El momento inevitable llegó.

"Yo estoy muy agradecido por el tiempo que me ha concedido, pero hay un aspecto particular, varios asuntos que debo tratar. Durante el tiempo en que usted administró la FIFA y aún más, a partir de su anterior cargo como presidente de la CBD de Brasil, me han comentado directamente acerca de muchas acusaciones y hay evidencias para justificarlas. Éstas incluyen el desfalco de fondos en la CBD; prácticas de negocios corruptos tanto en la CBD como en la FIFA; sobornos por parte de Horst Dassler. Hay muchas. Tengo la evidencia y estoy preparado para analizarla junto con usted. Aparte de esto, mis investigaciones indican que cuando a usted lo confrontan sobre cualquiera de dichos aspectos, su respuesta, si se puede resumir, es básicamente: «Pueden escribir todo lo que quieran sobre mí», pero usted nunca se refiere a nada específico con respecto a estas acusaciones. ¿Quisiera detallármelas?".

Yo previne a mi traductor sobre que una frase/pregunta bastante larga iba a surgir, y que yo haría pausas varias veces, de modo que su traducción al francés pudiera cubrir sin falta cada palabra. A medida que yo hablaba, Havelange me miraba fijamente, luego se inclinó a través de su escritorio hacia mí, señalando con el dedo.

"Primero que todo debo decir que esto me pone muy triste. Tengo principios que heredé de mis padres y mantengo esos principios hasta ahora. De modo que me gustaría pedirle que viniera a Brasil, hable con un portero del aeropuerto, por ejemplo, un conductor, entre a un restaurante, hable con un alto industrial, médico, abogado, y pregúnteles acerca de lo que piensan de mí. Mi vida ha sido siempre normal y sólo puedo decir que tuve siempre problemas para cumplir con todas las obligaciones en las que me comprometí, porque cuestan dinero. Nunca le pedí nada a nadie. Nunca he pedido ni siquiera un préstamo bancario y las pocas cosas que tengo en mi vida se las he dado a mi esposa. Si ahora me separara de mi esposa, empezaría mi vida desde cero".

"Cuando usted habla de eso, quiere decir financieramente?"

"Sí. El respeto que siento por mí, lo tengo por mi esposa".

El presidente Havelange empezó entonces a hablar del intento de Dassler en 1973 para elegir a Havelange como el entonces presidente de la CBD para comprometerse con Adidas. Ésta y las siguientes secciones de la entrevista se encuentran registradas al principio de este libro. Aunque la respuesta anterior es su respuesta completa, con mucha palabrería, a una extraordinaria lista de cargos. Una respuesta que me parece casi una defensa de mitigación después de un veredicto. Como se dará cuenta el lector, yo busqué información sobre João Havelange entrevistando a mucha gente en Brasil. Sus puntos de vista son evidentes por sí mismos. Sus comentarios acerca de que todo su capital está a nombre de su esposa indica que el Dr. Havelange ha estado bien asesorado en materia de evasión de impuestos. Su comentario sobre nunca pedir un préstamo bancario deberá juzgarse contra la evidencia que hay en este libro, especialmente la del Dr. Lobo, socio comercial de Havelange por muchos años.

Parece que Havelange olvida unos arreglos extraños que él hizo con varios bancos en Nassau, en las Bahamas, entre 1976 y mediados de 1980. Si los pagos normales por más de un millón de dólares cada vez no fueron lo que ello parecía ser, sobregiros, ¿quién entonces hacía donaciones al presidente de la FIFA?

En los días restantes antes del Congreso de la FIFA, los contendores para la corona del Rey Sol lucharon, tuvieron una guerra de palabras en los medios noticiosos. Perfiles de Havelange empezaron a aparecer en los periódicos alrededor del mundo. Los recuentos de su vida y milagros estaban exentas de cualquier muestra de dolor por el abandono de su cargo. Los escritores reconocieron cómo se habían transformado los juegos financieramente durante sus años como presidente de la FIFA; pero más allá de eso, su real contribución al juego, a juzgar por el cubrimiento de la prensa, fue mínimo. Verdaderamente esos artículos fueron un eco de las propias palabras de Havelange a mí y a otros. Cuando habla de lo que logró, se limita a asuntos materiales. De asuntos espirituales, del romance de los juegos, su encanto, drama, ninguna palabra. El puro teatro que el fútbol en lo más fino representa, no aparece a los ojos de Havelange como un activo tangible. El mismo Henry Kissinger se emocionó con el genio Johann Cryuff en una cancha alemana y se puso en pie para aclamarlo. ¿Cuán apropiado era que Havelange lo hiciera sentar de nuevo?

Un Congreso de la FIFA no es un lugar para ningún amante del fútbol. Está compuesto en su mayoría por gente de edad media y gente de edad avanzada. La mayoría son gordos y fuman cigarros. Hay pocas mujeres y pocos, ya sean hombres o mujeres, de la misma edad de los jugadores reales.

Desde el punto de vista de Jules Rimet, que el fútbol unifica al mundo en una familia feliz, lo que se mostró en el Equinox Hall de París el 7 y 8 de junio no fue nada ni unificado ni feliz. Esos salones llenos de humo de cigarrillo donde la verdadera toma de decisiones ocurre, trajeron a la memoria las convenciones republicanas y demócratas.

En la antesala, fuera del salón de conferencias, se reunieron las personas poco importantes. Hubo muy poco trato entre los diversos grupos.

Los de Islandia hablaron entre sí, lo mismo los de Estonia, los cubanos, los de Irán y el resto de esta reunión de accionistas del Fútbol Inc.

El Rey Sol apareció. Era alguien con quien querían hablar, aunque fuera para tomarme una foto con él. Noté que la primera vez que João Havelange, cuya sonrisa en la foto es tan rara como una virgen en el Reeperbahn, generalmente frunce el ceño o hace una mueca al fotógrafo, luego, un momento después, arregla su cara con una sonrisa, cuando vuelve a hablar. Una palabra final, entonces un momento más tarde su secretaria, Marie Urlacher, lleva a Su Majestad muy gentilmente para la próxima foto. Era más El Padrino que Luis XIV. Difícil de creer que Luis fue tan libre con su beso triple en la mejilla de cada hombre que saludaba.

Cuando empezaron los acontecimientos, se proyectó un recuento fílmico de los grandes momentos de cada campeonato de la Copa del Mundo. Todos mostraban a uno y a otro equipo en el momento del triunfo. La Copa del Mundo de 1966 no mostraba a Inglaterra como ganador, sino cuando empató con Alemania Occidental. La posición de Blatter contra Inglaterra tomaba otro aire. Dos días antes la Asociación de Fútbol Inglesa anunciaba que cambiaría su voto, de Johanssen por el de Blatter, cortesía del abrumador deseo del primer ministro Blair para que Inglaterra fuera el anfitrión de la Copa del Mundo 2006. Ésta fue una decisión que ahumó la oportunidad y también se convirtió en una traición. En su mente, Inglaterra y Alemania llegaron en años anteriores a un acuerdo de caballeros. Alemania apoyaría la propuesta de Inglaterra para ser el anfitrión de Euro 96, lo cual sucedió. Inglaterra apoyaría la propuesta de Alemania para ser el anfitrión de la Copa del Mundo 2002, y en esto faltaron a su palabra.

"...Yo fui invitado a Londres por el Sr. Tony Blair. El quería tener la Copa del Mundo 2006 en Inglaterra y creo que Inglaterra tenía razón. Ellos crearon el fútbol. Ellos organizaron el fútbol. Ellos establecieron todas las normas relacionadas con el fútbol y la gente en Inglaterra es totalmente apasionada por el fútbol. Su Primer Ministro me dijo que él había destinó ya dos mil millones de libras para los estadios. Para reconstruir Wembley. Construir un nuevo estadio en Manchester. Seis días después de ir a Downing Street, las seis industrias más grandes del Reino Unido fueron a ver al Sr. Tony Blair y le dijeron que apoyarían su programa para asegurarse que la Copa del Mundo se llevaría a cabo en Inglaterra...".

Nadie estaría más contento que este autor de ver que el torneo de la Copa del Mundo retorne a la cuna del juego moderno, pero no a costa de engaño y traición. Yo toqué el tema de la propuesta alemana con Havelange. Él descartó el deseo de Alemania de mantener la sede del campeonato. "Esto no tiene nada que ver con la democracia. Es una dictadura. Es peor que una dictadura militar. ¿Por qué Alemania debería decidir la sede de la Copa del Mundo? Mire, la sede de la Copa del Mundo 2002 está dividida entre dos países asiáticos. En la votación por parte de los europeos en el Comité Ejecutivo hubo mucha presión, y entre Seúl y Tokio sólo una discusión de unas dos horas. De modo que yo le pregunté a Tony Blair: ¿Por qué no puede usted hacer un arreglo similar con Alemania? ¿El mismo tipo de cooperación? Le señalé que sólo hay noventa minutos de vuelo entre la Gran Bretaña y Alemania. El respondió: «Nunca». Él lo quiere en Inglaterra y no lo va a compartir".

Demasiado para la unificada Europa.

La Asociación Inglesa de Fútbol —Graham Kelly, Keith Wiseman y el resto— habiendo faltado a su palabra con respecto al contrato con Sir Bert Millichip, el presidente anterior, también faltaron a su promesa de apoyar a Johansson para el cargo de presidente de la FIFA, para ganar una imaginable ventaja con Sepp Blatter. Haciendo esto votaban por un hombre que se opuso a la entrada de Inglaterra de nuevo al fútbol europeo, quien criticó agriamente el tamaño de la Primera Liga, y quien condenó al fútbol británico como un fútbol con treinta años de atraso. Sólo tres días después que la Asociación de Fútbol, con los ojos puestos en la Copa del Mundo 2006, anunció que votaría por él, afirmó Blatter:

"Yo no cederé todos mis programas al África, pero una cosa es cierta, que si soy elegido presidente de la FIFA, otorgaré la Copa del Mundo 2006 al África".

El compromiso de Blatter fue recibido con júbilo en el estadio de fútbol en Monrovia, la capital de Liberia, donde hacía sus compras de último momento antes del Congreso de París. La búsqueda de Blatter por el voto del África francohablante fue cruel. Él, obviamente, tenía que trabajar mucho más duro con los países africanos que con Inglaterra, quienes votando contra Lennart Johansson, rechazaban a un hombre que quiere entregar de nuevo el fútbol a la gente, construyendo el juego desde las raíces, y apoyando a Blatter, un hombre comprometido con el continuismo —más que las políticas de Havelange, las cuales, a pesar de las observaciones que me hizo Blatter con respecto a sus propios deseos sobre el tema, no incluyó, nunca lo ha hecho, el de devolver el juego a la gente a la que pertenece.

Johansson, quien presentó su candidatura a finales de 1995, en mayo de 1998 desarrolló un impulso que nadie podía detener. Tenía un claro dominio del campo electoral y había impresionado a muchos con sus políticas, su visión y quizás, lo más importante, con una honestidad bastante transparente. No era visto como carismático en especial, algunos lo veían como aburrido, pero después de 24 años del carismático Havelange, esto no era necesariamente una desventaja. Al principio de 1998 Lennart Johansson sin lugar a dudas tuvo los cien votos de los que hablaba. Logró cuarenta y cuatro del África y por lo menos los suficientes de otras asociaciones para llevarlo a los cien votos y a una victoria certera.

Blatter presentó su candidatura sólo hasta cuatro meses antes de la elección, aún en vísperas de la votación extraoficialmente se comentó que sería algo muy reñido. Esto habló mucho de los seguidores de Havelange en su viaje de despedida alrededor del mundo. Habló elocuentemente de la propia industria de Blatter y su encanto. Habló de cómo eran de efectivas las técnicas de elección utilizadas por Havelange en 1974, vigentes hasta 1998, pero yo creo que si la sabiduría convencional que se murmuró a los oídos en vísperas de la votación era correcta, existía otro factor. Un eslabón perdido.

A la mañana siguiente existía un argumento largo y amargo que demostraba poderosamente que no había ninguna confianza con respecto a cómo se produjo la votación. Los seguidores de Johansson planteaban unas elecciones abiertas. Los seguidores de Blatter querían unas elecciones secretas. Era el sistema que se usaba en 1974 cuando ganó el hombre de Rio. La votación finalmente se llevó a cabo. Los resultados en la victoria de la primera vuelta estaban muy en contra. Ninguno obtendría dos terceras partes de la mayoría. Las cifras asombraron a muchos, pero agradaron a muchos más. Blatter 111, Johansson 90. A medida que los electores se preparaban para una segunda vuelta, Lennart Johansson admitió la derrota. No sería una final como en Hollywood. El chico bueno perdió.

Efectivamente, la primera decisión tomada por el nuevo presidente, quien se hospedaba en el Meridien, fue cambiar de una *suite junior* a una presidencial desocupada en el Hotel Bristol. Un poco antes de la votación prometió otra vez el continuismo, más de lo mismo, nada cambiaría si llegaba a ganar. El estilo de Havelange sería el estilo de Blatter.

Blatter no cabía en el estrado. Era el comportamiento de un hombre que, en cierto modo, no podía creer que lo había logrado, que el premio era suyo. Trató, en forma algo forzada, de felicitar de una manera poco sincera a Johansson, pero rápidamente cambió de opinión y se contentó luego simplemente con alegrarse con su victoria.

La imagen de tolerancia del proceso sucedió cuando Johansson declinó con altura para prolongarlo hasta la segunda vuelta y admitir la derrota. Varios delegados de países africanos saltaron de alegría, gritándose el uno al otro y frotándose el dedo índice con el pulgar para indicar el gesto universal de dinero.

La información que nos llegó confirma que sus expectativas se realizaron.

Antes de la votación, cuando otros asuntos se negociaban, entre los temas de discusión hubo dos que me intrigaron en especial. Se anunció que tenía que cambiarse el auditor de la FIFA —no más el candidato de componenda de Sutter—, sino el caballo de pura casta: de la KPMG, Peat Marwick se encargaría de la auditoría de la billonaria cuenta de la FIFA. Había un número de gastos de la FIFA en París que necesitaban de una concienzuda revisión por parte de esta firma de auditores de fama internacional. El otro anuncio que me llamó la atención fue que Ricardo Teixeira recibió un regalo de despedida por parte de su antiguo suegro: era ahora el nuevo vicepresidente de la FIFA. Se espera que una verificación de las finanzas de la FIFA por parte de KPMG, la cual se está llevando a cabo, establezca si el gran número de huéspedes que Teixeira de nuevo trajo al campeonato de la Copa del Mundo, incluyendo, una vez más, unos veinte jueces y abogados brasileños, fue pagado por la FIFA o por la CBF.

Una pregunta quedó sin respuesta después de concluir la elección para la Presidencia de la FIFA. A Johansson se le dijo categóricamente, no sólo por parte de su equipo de votantes de la UEFA, sino también por parte de personas como Issa Hayatou, presidente de CAF —la Confederación Africana de Fútbol—, que el voto africano era suyo, todas o casi todas las 44 asociaciones. Mustafá Fahmy, el secretario de la CAF, me confirmó semanas antes de la elección que las diversas asociaciones ratificaron en forma contundente que ellos votarían por Johansson. Estos votos, además de la abrumadora mayoría de las asociaciones de la UEFA y de otros del Asia, eran suficientes para llevar al hombre de Suecia a la victoria.

Hayatou es considerado como un hombre de una integridad impecable, aunque, a mi parecer, por lo menos parte del grupo de comités electorales africanos de Johansson se abandonaron al enemigo.

Durante la inauguración de la FIFA/Copa de Confederaciones, un campeonato de diez días que se llevó a cabo en Arabia Saudita en diciembre de 1997, el secretario general de la FIFA estuvo ausente por lo menos un día. Blatter se alejó de Riyadh para llevar a cabo una visita secreta al vecino Qatar. Allí se reunió en Doha con el gobernante del país, Sheikh Hamad Bin Khalifaal-Thani. El emir se había apoderado del gobierno tres años después de destronar a su padre. Khalifaal-Thani tiene la reputación de modernizador, un hombre que está ansioso de abrir las puertas de su país a la inversión occidental. Nombró miembros de su Parlamento a algunas mujeres, y levantó la censura de prensa. También abrió las relaciones comerciales con Israel. Su reunión con Blatter no fue para discutir innovaciones. El tema de su agenda era tan viejo como la humanidad. El poder y cómo adquirirlo. La solución ha estado disponible por mucho tiempo. ¡Compre el poder!

No sé lo que Blatter ofreció a Sheikh, pero no me sorprendería si en un futuro cercano la FIFA anunciara que uno de los muchos campeonatos sin sentido a los cuales dio a luz la presidencia de Havelange fuera programado para jugarse en Qatar.

El secretario general salió de la reunión con un rico seguidor, quien estaba también preparado para utilizar su posición como cabeza de Estado para activar una extensión de los canales políticos. La generosidad del emir fue impresionante. Incluyó el poner su propio avión a disposición de Blatter.

La conexión francesa que Blatter tan asiduamente alimentó, también empezó a pagar dividendos a principios del nuevo año. El presidente Chirac, quien amenazó una vez a Havelange con incitar al África de habla francesa contra el presidente de la FIFA, empezó ahora a movilizar todas las colonias francesas para apoyar a Blatter. Chirac, como el gobernante de Qatar, pasó por alto las diversas confederaciones de fútbol y asociaciones y se fue directamente al jefe, a su colega presidente o jefe de Estado. Era una técnica que también se usaba en Europa. El presidente Chirac le abrió la puerta a Blatter en Croacia, de modo que cuando él llegó buscando seguidores, su meta no fueron las instalaciones de la Asociación Croata de Fútbol en Zagreb, sino la residencia presidencial del Dr. Franjo Tudjman. Pudo ser que tomaran en consideración el trabajo del Dr. Tudjman como historiador y jefe de Estado. También pudieron considerar que Tudjman era miembro de la Sociedad de Escritores Croatas desde 1970. Lo que fuera: al final de la reunión, Blatter tenía el voto croata asegurado.

El emir también ordenó a sus familiares, que controlan y dirigen la Asociación de Fútbol de Qatar, hacer todo lo que estuviera a su alcance para ayudar a la elección de Blatter. Esto se desarrolló como una infiltración de dos filos. Empezaron a recoger votos tanto de la Confederación Africana como de Asia. El delegado de la FIFA en Qatar, Mohamad Bin Hamman, quien ocupa un puesto en el importante Comité Financiero de la FIFA, tenía una misión adicional. Como delegado de su país en París, podía mezclarse con los otros delegados sin llamar la atención.

En ese fin de semana, corrían toda clase de rumores en París: de tratos que se rompían, de favores que se hacían, etc. Los verdaderos centros de poder donde finalmente se decide la votación.

Blatter tenía una *suite junior* en el Hotel Meridien de París. Era el sitio donde la mayoría de los delegados se hospedaba. En los días siguientes al Congreso de la FIFA, Hamman sirvió como encubridor de Blatter. Colocándose abajo en el *lobby* del hotel, Hamman abordaba a los delegados a medida que iban y venían. Exaltaba las virtudes de Sepp Blatter. Si veía que la atención de los delegados se alejaba, Hamman hablaba de dinero, insinuando que pagaría $50.000 por voto. La fatiga del día surgió y los delegados empezaron a moverse hacia el bar con un paso súbito. Algunos de los seguidores de Blatter empezaban a sentir pánico el sábado anterior a la votación del día lunes. Estaban convencidos que Lennart Johansson aún tenía la mayoría. De acuerdo con los rumores, fue en este momento en el que se hablaba de dinero y nada más. Varios delegados permanecieron escépticos. ¿Cómo podían saber que Hamman era de confiar? Bajo las circunstancias, era una pregunta válida. Se hizo un compromiso que si Blatter resultaba elegido, como cortesía del emir, un avión saldría de inmediato de Qatar con un millón de dólares a bordo. Con primera escala en París. Los delegados se aseguraron que ellos podrían reclamarle a Hamman sus 50.000 dólares. La cifra de un millón no deja de tener un significado. De quince a veinte delegados fueron persuadidos para cambiar su sobre con el voto, por otro que contenía 50.000 dólares. Si la totalidad del millón de dólares del emir se manejó de esta manera, entonces los veinte votos faltantes de la cuenta de Johansson están incluidos.

El mismo Blatter afirmó más tarde que él no tenía conocimiento sobre estos u otros arreglos. Siempre negó en forma contundente su conocimiento acerca de estas actividades. El recién elegido presidente confirmó que el dinero había cambiado de dueño, pero los únicos pagos de los cuales tenía conocimiento, en relación con los arreglos hechos anteriormente, eran aquellos en los cuales se había ofrecido ayuda financiera a varias asociaciones nacionales. Los dineros en cuestión tuvieron diversos usos —comprar carros, computadoras, financiar las competencias y otras actividades oficiales—. Si aceptamos la explicación de Blatter —y en este momento, no hay razón para no hacerlo— entonces una situación extraordinaria parece haber ocurrido ese fin de semana en París.

Simultáneamente con los fondos de la FIFA, oficialmente entregados a los delegados, se hicieron otros pagos para influir en los votos. La evidencia de que esta última actividad se llevó a cabo, la obtuve de una variedad de fuentes, incluyendo individuos de la UEFA y otros dentro de la Federación de Fútbol Africana.

Esta táctica, además de los canales políticos que se activaron, influyeron para la elección de Blatter. Entonces el poder de las confederaciones de Asia y África fue neutralizado y la democracia prostituida en busca de la Presidencia de la FIFA. Nada ha cambiado desde que, a principios de 1970, João Havelange se compró para sí mismo el más poderoso cargo en el mundo del fútbol.

Así es que si Rupert Murdoch o cualquier otro barón de los medios se antoja de controlar el fútbol internacional y la olla de oro que ha llegado a representar el campeonato de la Copa del Mundo, con el desembolso de una modesta suma, el barón de los medios podría conseguir una mayoría, para estar seguro que su candidato resultara elegido y él iría en camino por el próximo billón de dólares.

El martes 9 de junio, la *suite* presidencial en el Hotel Bristol era un enjambre de actividades. De manera que muchos llamaron para felicitar al nuevo soberano del fútbol. ¡El Rey ha muerto! ¡Viva el Rey! Dos días más tarde, el domingo, los delegados compartieron la última noche del Rey Sol antes de la elección del sucesor en los más elegantes alrededores. Los jardines e invernaderos del Palacio de Versalles. Si faltaba Racine, Molière o La Fontaine para añadir lustre artístico a la elección de Havelange como presidente de la Copa del Mundo, los continuos excesos de varios de los presentes dieron al último viva de Havelange un esplendor digno de él, que sirve como una proscripción propia para todos aquellos que han pasado a través de los 24 años de reinado.

Havelange estableció un ejemplo que fue ansiosamente seguido por varios ejecutivos de la FIFA. Se quedó durante seis semanas en el Hotel Bristol de París. El hombre, que no viaja si no es en primera clase, ni se hospeda en un hotel de menos de cuatro estrellas, salió de la FIFA de la misma forma como entró. El secretario general Helmut Käser reprendió muchas veces a Havelange a partir del año 1970: "el dinero de Coca-Cola no es suyo. Debe dejar de comportarse como si se le hubiera donado personalmente a usted". Dicha franqueza le costó a Käser su puesto.

La *suite* presidencial de Havelange en el Hotel Bristol vale 3.500 libras la noche —42 noches, 147.000 libras—. Eso para empezar, luego vienen sus ocho huéspedes, luego su amigo personal de la Argentina, el vicepresidente senior de la FIFA, Julio Grondona y sus 40 huéspedes, luego, la viuda del mexicano Guillermo Cañedo, el anterior vicepresidente senior de la FIFA. La señora de Cañedo vino con quince familiares y amigos aproximadamente. La señora de Cañedo no pudo decirnos exactamente cuánto se les pagó y a quiénes, para asegurarse que, en contra de todos los excesos, a México se le otorgara su segundo campeonato de la Copa del Mundo en 1986. Grondona, de otra parte, pudo ayudar con otro rompecabezas de años más recientes.

En la carrera por la Copa del Mundo muchos de los equipos nacionales dieron la bienvenida a un encuentro en un partido amistoso. Conocedores de esto, se le ocurrió a un miembro del Lee Dixon Testimonial Project la idea de invitar al equipo nacional de Argentina a Highbury. Dixon prestó un servicio maravilloso a ese club, a Arsenal y a su país.

Un partido contra la Liga de 1998, un doble encuentro en la Copa y uno de los favoritos en la Copa del Mundo en Francia, y habría un lleno total. Los fanáticos estarían encantados y Dixon, después de cubrir los gastos, tendría una importante cantidad de dinero. Se contactó la Asociación de Fútbol de Argentina. La respuesta fue positiva. "Es una idea muy buena. Excelente. Díganme qué día y me aseguraré que estén allá para jugar contra Arsenal. ¿El costo? No se cobrará. Los jugadores lo harán gratuitamente. Sin embargo, necesito 250.000 dólares en efectivo, en un maletín que debe entregárseme antes de comenzar el partido".

La oferta se declinó, pero el rompecabezas persiste acerca de la identidad de los argentinos. Sé que Julio Grondona, después de hacer las respectivas averiguaciones, podrá suministrar los nombres, aunque sea solamente por el bien del partido.

Lejos de intentar reinar en los excesos de Havelange y su entorno, parece que Sepp Blatter se enteró de todo lo que acontecía en el Hotel Bristol y otras partes de París como desafío. Como se anotó anteriormente, él se había ascendido a la *suite* presidencial del Hotel Bristol como su primera actuación después de ganar la presidencia. Ésa sólo fue su estratagema de apertura. Con la Copa del Mundo acercándose, Blatter, quien me dijo que si ganaba las elecciones aboliría el absurdo hecho de tener un cargo sin sueldo, comentó acerca de mejorar materialmente su suerte en la vida. El sueldo no se había fijado aún. Mientras tanto, la FIFA ha asignado 1,7 millones de libras para gastarlas en el manejo del cargo de Blatter en los próximos cuatro años. Un incremento al desenfreno de Havelange de un 70%. La FIFA también señaló una suma adicional de 660.000 libras para viajes y hospedaje, un 40% de aumento en la suma en la que titubeó el Rey Sol. La FIFA también asignó otra suma adicional de 1,6 millones de libras para cubrir el costo de los regalos. Pequeños artículos como relojes, medallas, estilógrafos y pendientes.

Es claro que su promesa antes de la elección acerca de su continuidad seguiría a toda costa. Pensando que él podría mitigar la posible cólera de Johansson y del otro grupo anti-Blatter en el Comité Ejecutivo —un grupo que consta de la mayoría— la FIFA también decretó que ellos pueden unirse a la fiesta. Cinco millones de libras para gastos durante los próximos cuatro años, 240 libras diarias como una asignación para compensar las ganancias perdidas. La única voz diferente a la de los funcionarios asalariados en la sede de la FIFA para defender lo indefendible es la voz de Jack (¿Quién quiere entradas?) Warner. Declarando que los edictos de Sepp Blatter fueron escritos en piedra, Warner afirmó: "Debemos movernos, porque de otro modo pasaremos nuestros próximos años en guerra de guerrillas para el detrimento de la FIFA".

La cuenta final del Hotel Bristol para la FIFA se acerca a muchos millones de dólares. ¿Pueden imaginarse cuántos futbolistas de los de Jota se podrían entrenar con esta suma? Imagínense una inyección de esa cantidad de dinero en el trabajo que está efectuando la organización, en las Aldeas de Niños SOS —una organización sin ánimo de lucro, fundada hace 45 años—, que cuida de unos 200.000 niños menos favorecidos, de 125 países. En 1994 Havelange creó el Fondo de Juventudes de la FIFA para ayudar a esta organización. Quizás Sepp Blatter podría ser públicamente avergonzado comparando sus ofensivos excesos en París, con la suma equivalente, donada a las Aldeas de Niños SOS.

La siguiente es una reproducción exacta de la edición actual del informe de actividades de la FIFA de abril de 1996 a marzo de 1998:

LA RAÍZ DE TODO MAL

La naturaleza humana es veleidosa, vulnerable a las tentaciones de dineros fáciles. Hubo ejemplos durante el periodo de este informe, en el cual aquellas tentaciones llegaron a ser extremadas y se vio a individuos cayendo en ellas. Éste es un recordatorio oportuno sobre la necesidad constante de estar en guardia contra este flagelo.

En todas las instancias, la motivación fue el dinero —la raíz de todo mal, como se dice a menudo—. Ciertamente, hay algo muy malo que es la corrupción en el fútbol, ya que está engañando, no solamente a los jugadores, sino también a los inocentes fanáticos que asumen de buena fe, que cada uno en cada partido da lo mejor de sí mismo al ciento por ciento. Quiten esa confianza básica y todo el edificio del fútbol se derrumbará.

Por el Bien del Juego, Siempre...

1 ...juegue para ganar
2 ...juegue limpio
3 ...observe las Leyes del Juego
4 ...respete a los oponentes, compañeros de equipo, árbitros, oficiales y espectadores
5 ...acepte la derrota con dignidad
6 ...promueva los intereses del fútbol
7 ...promueva los intereses del fútbol
8 ...ayude a otros a rechazar propuestas que signifiquen corrupción
9 ...denuncie a aquellos que tratan de desacreditar nuestro deporte
10 ...haga honor a aquellos que defienden la buena reputación del fútbol.

El lector puede darse cuenta que los números 6 y 7 son iguales. Es de hecho un error y la FIFA ha olvidado totalmente su propio edicto número 7: "rechazar corrupción, drogas, racismo, violencia y otros daños a nuestro deporte".

El fútbol fue realmente un hermoso juego —sin distingos de clases sociales, raza, etc., unificador—. Nos dio un idioma universal. Nos ofreció ideales de magnificencia. Fue en muchas formas un ejemplo de cómo se debe tomar la vida. Tenía integridad, honestidad, ética y moral. No más. Se lo han robado todo. Se han robado el juego.

EPÍLOGO

En la noche del 16 de julio de 1998 se podía ver una vez más la otra cara del fútbol brasileño. La técnica, la disposición, el instinto desde un ángulo —diferente a otros en este campeonato mundial de pacotilla— en el que se notaba más preocupación por ganar que por no perder. Era una noche en la que el espectador con mucha gratitud podría olvidar lo acontecido en los sesenta y tres partidos anteriores para presenciar esta final. Aunque todavía quedaba mucho que olvidar.

Era el tiempo de despedir a los ebrios criminales —ingleses, alemanes, franceses, árabes, o de cualquier otra nacionalidad—. Y además de olvidar la trampa, el control sobre el árbitro, la continua agarrada de camisetas, el engaño para que expulsaran a un adversario y la estratagema para conseguir un tiro libre o un penalti. Tiempo de olvidar lo que el entrenador inglés le decía a Owen: "Penetra en el área y finge caerte. Si los demás lo hacen, ¿por qué nosotros no?". Tiempo de olvidar cómo el magnífico Laurent Blanc fue sacado de la final por Slaven ("Yo no merezco que me traten como a un criminal") Bilic de Croacia. Tiempo de ignorar al belga Lorenzo Staelens, que continuaba retorciéndose en el suelo hasta que el árbitro expulsó al holandés Patrick Kluivert. De ignorar al argentino Simeone quien, retorciéndose agonizante, logró, ayudado por sus histéricos compañeros de equipo, que expulsaran al inglés Beckham. Era tiempo de discutir partidos como los de Nigeria-Paraguay y Brasil-Noruega, que parecían charadas del encuentro Alemania-Austria de 1982.

Mucho que olvidar y poco que recordar. Pero la final cambiaría todo eso.

Se enfrentaban el mejor ataque contra la mejor defensa. Los anfitriones contra los titulares. Clase A contra clase A. Los cuatro veces ganadores contra quienes por primera vez jugaban una final. Era el enfrentamiento de Nike contra Adidas.

Sí, especialmente Nike contra Adidas. Los invitados se veían por todas partes. El dinero iba de extremo a extremo por la hospitalidad de los quioscos. En el quiosco de Coca-Cola se encontraba un buen número de anfitrionas que lucían minifaldas negras y *tops* rojos por sólo 34 libras las veinte horas de trabajo a 1.70 libra la hora, poco menos del salario mínimo devengado por el primer ministro Blair. Mientras los invitados se distraían y de vez en cuando miraban el partido, un grupo de fanáticos fuera del estadio ofrecía hasta 3.000 libras por una entrada.

Canon, Philips, JVC y otras firmas comerciales estaban presentes. Había invitados de una firma inglesa de inversión, que bien era la propietaria o accionista de un consorcio de fútbol supremamente rico entre los que figuraban Rangers, AEK de Atenas, Slavia Praga y Vicenza. Invitados de la IMG de Mark McCormack, que además es propietaria del Estrasburgo FC, Canal Plus, del Paris Saint Germain y de Servette. También invitados de la FIFA, Havelange, Blatter, Teixeira y Grondona, por cientos y miles.

En todos los partidos aconteció lo mismo, con un veinte por ciento de entradas que los directivos de la FIFA les dieron a los patrocinadores y firmas comerciales, y el sesenta por ciento de sillas dado a los hinchas franceses, buena parte llegó a los invitados. De esta forma se contribuía negativamente a los partidos. Los invitados no festejan, no cantan, no gritan —si se encuentran al alcance de la mano de Havelange— ni se salen de los asientos durante los encuentros. Sólo conservan la calma, y cuando Francia, el país sede, comenzó a avanzar a los cuartos de final reinaba un silencio casi sepulcral en los estadios, tanto que el mediocampista francés Leboeuf hizo un llamado público para que se motivara y se apoyara más a la Selección de Francia. La apatía no es una característica principal de los franceses. De todas maneras Leboeuf no identificaba correctamente el problema. Mientras que Didier Deschamps, su compañero de equipo, sí sabía cuál era la causa de tanta apatía:

"Daba la impresión que estábamos en un sepelio. La tercera parte de los asistentes son invitados por los patrocinadores y no saben o no les interesa el fútbol. La mayoría de los hinchas que nos apoyan no pueden pagar la entrada. El fervor del público es increíble, pero los que vienen ataviados a aburrirse no tienen nada que hacer aquí".

Deschamps no hablaba de un partido en particular sino de los partidos que Francia había jugado.

Entre los hinchas ausentes se encontraban cuatro mil brasileños que no pudieron asistir, pues en el torneo la CBF hizo ofertas para manejar la parte comercial del Brasil y subvencionar las entradas. En 1994 la compañía de Pelé, a pesar de los grandes problemas de logística que acarreaba cubrir las largas distancias en los EE.UU., obtuvo mucho éxito. Para 1998 también entró en la licitación. Cuando Ricardo Texeira se dio cuenta que la oferta de Pelé era la mejor, llamó a una de las empresas rivales y le aconsejó cómo debía aumentar la oferta para ganar el contrato. De esta manera la compañía logró ganar el contrato y vendió miles de paquetes turísticos con alojamientos, pasajes y entradas incluidos. El resultado fue tal que por lo menos cuatro mil de los hinchas que llegaron a Francia se quedaron sin entradas para presenciar los partidos. Las demandas aún continúan.

En muchos aspectos el campeonato mundial de Francia 98 se parecía al congreso que eligió a Sepp Blatter presidente de la FIFA. Una escasez crónica de jóvenes aspirantes. Un exceso de viejos obesos que fuman puros y cigarrillos.

En la noche del 12 de julio era tiempo de ocuparse de los estadios. Se iba a desarrollar un partido muy intrigante. Brasil extrañamente era el favorito y pocos partidarios no franceses le daban la oportunidad a Francia. "Francia no cuenta con goleadores...", "No jugará Laurent Blanc, el inspirado". Se barajaba un sinnúmero de razones para explicar por qué Francia estaba a punto de ser derrotada. La razón se sintetizaba en una sola palabra: Ronaldo.

Este joven que nunca pudo costearse el pasaje de bus a Flamengo era el as que Zagalo tenía en la manga. Dos veces la FIFA lo nombró el mejor jugador del mundo. La manera como hacía los pases, como corría y su gran técnica eran escalofriantes. A pesar de tener una pierna lesionada, anotó cuatro goles antes de que Brasil pasara a la final. De acuerdo con los partidos anteriores, se deducía que Ronaldo no estaba en forma. Hacía muy pocos quiebres y aceleradas improvisiones y la mayor parte del desempeño de este jugador de veintiún años no era vistoso. Pero aun así muchos creían que un Ronaldo que no estuviera en plena forma era superior a cualquier otro jugador que lo estuviera.

Era un injustificable y estúpido punto de vista. Perdonable en un hincha miope. Inaudito si lo esgrimía un profesional. Muchos de los antiguos jugadores cojeaban en el hospital después que jugaron un partido en malas condiciones físicas. Otros sufrían de artritis crónica porque los obligaron a jugar varias veces después que les aplicaron inyecciones analgésicas. A los veintiún años, y después de la final del juego, era seguro que Ronaldo necesitaría una operación de la rodilla que tenía lesionada.

Pero Ronaldo jugó soberbiamente en la semifinal contra Holanda. Sólo le faltaban unos analgésicos para que jugara un partido más, la final, después podría descansar.

"Éste era el sueño de la final. El que se jugaría en un videojuego o en la calle", comentó Thierry Henry, integrante de la Selección de Francia.

El sueño de la final que millones de personas presenciarían en los televisores y en el estadio que estaba a punto de convertirse en una terrible pesadilla para uno de los equipos.

En enero de 1998 a Ronaldo se le nominó el mejor jugador del mundo por segunda vez consecutiva, otro de los candidatos era el jugador francés Zinedine Zidane.

En julio de 1998 cuando Francia le ganó a Brasil 3-0, Zidane anotó dos hermosísimos goles, el mediocampista Emmanuel Petit marcó el tercero. Ronaldo ni siquiera corrió, apenas podía caminar. Produce alegría que Francia, el país que concibió la idea de la Copa Mundial, hubiera ganado y entrado en la historia de ganadores. Ahora bien, si Brasil fue derrotado después de tan abierta presentación se debió a que inicialmente lo mitificaron produciendo ello posteriormente una profunda rabia.

Una buena parte de la respuesta a la presentación que hizo Brasil se expone claramente, creo, en este libro. Si se rodea a un equipo con la semilla de la corrupción, la falta de valores éticos y morales, y la falsa creencia que lo único que hay que hacer es correr en la cancha para ganar la copa y cosechar las medallas, entonces afloran los problemas. Si el presidente de la Asociación de Fútbol de su país es como Ricardo Texeira, que puede solucionar cualquier problema y puede, por ejemplo, arreglárselas para que los eventos públicos no se jueguen de acuerdo con las estipulaciones de la FIFA, sino de acuerdo con sus propias fantasías, buscando con ello sacar ventaja, entonces es factible que se crea que todo se puede arreglar, entonces su equipo empezará a creer lo mismo. ¿Cuatro partidos como local y cuatro visitante? No se preocupe. ¿Queremos jugar a nivel del mar? Ricardo lo arregla. La doble actuación de Ricardo y João lo han solucionado desde hace rato. Con sólo pavonearse y jactarse que han sido campeones mundiales: miren ustedes. Observen cómo voy a contrabandear nueve toneladas de artículos en Brasil. Nueve toneladas. La nación entera me verá en la televisión y, sin embargo, no voy a pagar ni un solo dólar. ¿Cómo lo hago? Ya se los diré. Pero si por casualidad conocen ustedes un juez que quiera una entrada para presenciar el partido, avísenme.

Si se permite que la Selección Nacional respire este veneno, entonces tendrá efectos nocivos. Creo que este libro establece más que cualquier duda razonable sobre que hay algo podrido en el fútbol brasileño. Lo que sucedió antes, durante y después de la final es el síntoma de un cáncer que padece el país que ha tenido el mejor fútbol del mundo. ¡Pobres mis Garrincha, Pelé, Tostao y Gerson de hace años!

Los detalles específicos de la terrible actuación que tuvo Brasil en el estadio de Francia son secuelas de la corrupción que hay en el seno de la infraestructura del fútbol brasileño.

Zagalo, el técnico, a pesar de su famosa buena suerte, demostró que apenas podía llegar lejos. Dunga, capitán de la selección de Brasil, mucho antes de la final demostró que ya era hora de retirarse. Un técnico con ojos y coraje lo habría sacado de la Selección. No es recomendable llevar un jugador a un campeonato mundial sin que se arriesgue a ser severamente castigado. Dunga, el capitán y duro del equipo, ha debido ser amonestado por un técnico severo, pero no lo fue. Él jugó y falló.

Leonardo era apenas un chico como para hacer bien su oficio. César Sampayo jugó mal, tan mal como Dunga. Se puede continuar, si no con todos los jugadores, por lo menos con la mayoría.

Por último tenemos a Ronaldo. En las semanas que faltaban para acabarse el campeonato mundial todo el mundo quería una parte del chico de la *favela* de Rio. A los ocho años se unió al primer club, el Valqueire. Con tan poco tiempo para adquirir una educación formal como para aprender a manejar lo que le esperaba. Con las notables habilidades para jugar, dejó atrás la casucha de la *favela* mientras todavía era un adolescente. Ya jugaba en el tercer equipo profesional al que pertenecía (el PSV Eindhoven) cuando todavía no se afeitaba.

Con tan poca formación, Ronaldo rápidamente desarrolló otros insólitos talentos. En su cuarto equipo, el Barcelona, ya había concedido numerosas entrevistas para la prensa, la radio y la televisión. Ya tenía un guardaespaldas cuidándolo. A los veinte años lo vendieron y lo compraron de nuevo. Esta vez el Internacional de Milán obtuvo la transferencia por 20 millones de libras. El ritmo era frenético. Las exigencias que se le hacían eran muy opresivas. En 1997 jugó setenta y tres partidos, después hubo una sarta de juegos insignificantes por todo el mundo organizados por Nike.

Durante la Copa de las Confederaciones, mientras Blatter estaba ausente organizando los eventos importantes con sus patrocinadores, Ronaldo comenzó a probarse ante la presión y las exigencias. Zagalo, el entrenador de Brasil y la figura paterna de Ronaldo, intentó mantener a raya los medios de comunicación. Éstos no iban a ver frustradas sus exigencias y exigieron acceso. Gracias a Ronaldo vendían periódicos y revistas. Los comerciales de televisión con la figura de Ronaldo eran el premio. No iba nada bien; desde la perspectiva de Ronaldo todo empeoraba. Necesitaba espacio, tranquilidad y calma. Necesitaba recordar a sus compañeros de la *favela*. Tal vez sentarse con Chalango, Ze Carlos y recordar otros tiempos.

El chico de la *favela*, el de los dientes separados, el futbolista genial de 21 años que usó sus dotes para escapar de la *favela* se marchó de un infierno para caer en otro. Más de mil periodistas persiguieron a Ronaldo durante todo el evento. Lo que la prensa hizo con la princesa Diana ahora lo hacía con Ronaldo comiéndose viva a la estrella. También quedaba el público que quería estar cerca de él. Sólo para verlo en carne y hueso, así fuera por un rato y después los patrocinadores. Claro está que siempre era Nike. Luego había que tomarse una foto. De otro lado una aparición para la televisión. Sin duda que los niveles del estrés aumentaron cada vez más.

El epitafio existía antes de que apareciera el muerto. "Se sentía como si Brasil se apoyara en mí". Esto dijo después de la final, pero él lo sintió por semanas, aun meses antes de la final. Ronaldo arrendó una casa cerca al campo de entrenamiento de Brasil, pero la incesante intromisión en su vida privada lo obligó a volver a la concentración y a compartir la habitación con Roberto Carlos.

Lo ocurrido entre el sábado 11 y el domingo 12 de julio en la concentración brasileña depende de quién habla. Por encima de todo, lo irrefutable es que las mentiras, encubrimientos, desinformación y comportamiento que el mismo Maquiavelo hubiese admirado, quedan como el veredicto final del reinado de Havelange en el fútbol mundial y el comienzo del dominio de Ricardo Texeira en el fútbol brasileño. ¿Dónde está la transparencia? ¿Dónde la franqueza? ¿Y dónde la verdad?

Mis propias fuentes incluyeron directivos de la FIFA, informantes europeos y un integrante de la Selección de Brasil. Se dijo que la noche del sábado 11 de julio, Ronaldo tuvo un ataque convulsivo. Que el joven jugador sufrió un ataque es incuestionable, pero ocurrió poco después del almuerzo el domingo. La causa de lo que causó el ataque aún no ha sido totalmente establecida. El médico de la selección Lidio Toledo —alguien que tiene mucho que decir— dio una amplia gama de diagnósticos. En ese momento lo mismo que en el test que le hicieron el domingo en la tarde, Toledo afirmó que: "Debido al estrés lo llevé al hospital y pedí un examen completo, una electrografía y un electrocardiograma". Días más tarde, y sin haberle hecho más pruebas, Toledo dijo: "Es probable que haya sufrido un ataque epiléptico".

De hecho, fue el asistente de Toledo, el Dr. Joaquín De Mata, quien llevó a Ronaldo a la clínica Lilas. Allí se le internó antes de la 6 p.m., después de haber sido sometido a una serie de exámenes, que no alcanzaron a establecer la causa del ataque convulsivo, el cual fue presenciado por lo menos por dos jugadores —Carlos Alberto y Leonardo—. Y a las 7 y 45 p.m., justo sesenta y cinco minutos antes del juego, salió del hospital.

Tal vez con el tiempo la FIFA y la CBF puedan considerar que lo que Ronaldo sufrió fue producido por los analgésicos que le administró el Dr. Toledo, quien admitió que: "la decisión que tomé para decir que Ronaldo estaba en forma es la peor decisión de mi vida". El doctor admitió que le formuló tabletas analgésicas, pero negó haberle puesto inyecciones. La información que tengo dice que Ronaldo recibió varias inyecciones durante el campeonato. Existen drogas que enmascaran el dolor y si se mezclan con otras producen convulsiones. Tal como en el pasado, se descubrió posteriormente que las drogas usadas como anticonvulsionantes eran las que más producían convulsiones.

Mientras Ronaldo era sometido a pruebas en el hospital, el técnico de la Selección salió hacia el estadio. Era obvio para Zagalo y sus asistentes que Ronaldo no podía jugar. Zagalo discutió el problema con Zico.

El resto de la selección parecía muy preocupado con lo acontecido al jugador estrella. Roberto Carlos comentó cómo el sábado en la noche Ronaldo estuvo excepcionalmente callado, afligido y a punto de llorar. Parecía claro, basado en las evidencias disponibles, que lo que Ronaldo sufría el sábado por la noche era un ataque agudo de estrés y pánico. El tratamiento mínimo exigía un reposo de veinticuatro horas.

Zagalo alineó a Edmundo, que remplazó a Ronaldo, hizo la lista de su equipo y comenzó a revisar la táctica que emplearían. Cuando iba a salir del hotel de donde estaba hospedado le informaron a Ricardo Texeira lo ocurrido y él dijo que Edmundo tenía ganas de llevar la camiseta con el número nueve. Toda la delegación brasileña dejó el Chateau de la Grande Romaine y salió para el estadio. En el viaje, Texeira se mostraba profundamente inquieto por el curso de los acontecimientos por numerosas razones, quería conseguir dos victorias en serie, lo cual era entendible. También estaba preocupado sobre la reacción que tendría Nike, su patrocinador, por la inversión que hizo en la campaña publicitaria. Texeira fue la persona que más que ninguna otra logró este negocio lucrativo con Nike. La naturaleza exacta del negocio, los términos y cláusulas precisas nunca se revelaron. Me contaron que existían cláusulas específicas en cuanto a Ronaldo y que en una de ellas se decía que si se encontraba en forma y lo alineaban, debía jugar los noventa minutos. Esto no se puede confirmar hasta que la Asociación Brasileña de Fútbol revele los detalles del contrato con Nike. Texeira sin duda que había sido entrenado por Havelange. El secreto sobre el contrato comercial es una de las enseñanzas del suegro. En este libro hago alusión a que Nike firmó un contrato por 400 millones de dólares por diez años, aun cuando no se ha confirmado esta cifra. En realidad he visto once cifras citadas por once periodistas diferentes. El equipo se sentía bien con el cambio que se hizo cuando cuarenta minutos antes de empezar el partido aparecieron Ronaldo y el Dr. Mata. Mata confirmó que el examen no decía nada. Ronaldo le dijo a Zagalo que estaba listo a jugar, y el infierno se desencadenó. Todos los temores, las ansiedades que se cocinaban estaban fuera de control. El equipo ya no era un equipo. Se dividió en dos bandos, uno de los cuales lideraba Dunga, que pedía que no se cambiara la alineación, y aducía que Edmundo debía jugar. Zagalo al principio estuvo de acuerdo, la titular ya estaba escogida y dada a conocer a los medios de comunicación. El técnico le dijo a Ronaldo que había cambiado la táctica para alinear a Edmundo. Era tarde, de acuerdo con las reglas de la FIFA, para cambiar a los titulares ya alienados. El otro bando conducido por Leonardo pedía que lo alinearan, la anarquía reinaba.

Gilmar Rinaldo, asistente de Zagalo, corrió a avisarle a Texeira sobre lo que ocurría. Entretanto, la selección de Francia ya estaba en la cancha para hacer un calentamiento previo.

En el camerino Ricardo Texeira optó por alinear a Ronaldo, pues argumentó que si el equipo médico lo había encontrado en forma, entonces debía jugar. ¿Y que sucedería con las reglas de la FIFA?, le preguntaron. A lo cual respondió "No sean tontos, recuerden quién soy". Por supuesto, el yerno de Havelange cambió las reglas de la FIFA en un abrir y cerrar los ojos haciendo uso del nepotismo.

Un equipo dividido salió a la cancha. No íbamos a ver sino la otra faz de Brasil en esta final, y había una gran expectativa. Cuando Brasil salió a la cancha iba seguido de una gran desconfianza. Ronaldo no estaba en forma, andaba por la cancha como un sonámbulo. El hecho obvio a cualquier observador que lo vio jugar los primeros quince minutos era que debería ser sustituido y, sin embargo, no lo fue. Esto sirve de fundamento para creer en la cláusula hecha por Nike. Ronaldo, según el informe médico, se encontraba en forma para jugar, ¿pero estaba este jugador sujeto a los que simplemente creían que tenía que cumplir con los términos del contrato comercial? Entonces los dioses tuvieron éxito al enloquecer a los Havelange y Texeira del fútbol.

Así que Francia ganó 3-0, en un estadio en donde la minoría ordinaria de los partidarios de Francia tuvo por lo menos el éxito de formar un suave murmullo, mientras que los señores de los atuendos guardaban absoluto silencio. Los puestos vacíos en la zona reservada dieron testimonio mudo a los patrocinadores que más bien permanecían en sus quioscos y carpas de hospitalidad bebiendo champaña antes que mirando el partido. Otros dormían. Finalmente terminó. Havelange y compañía demostraron que no se necesitaban fanáticos comunes y corrientes.

La entrega de medallas tuvo un recuerdo memorable. Sabiendo que una vez que le entregaran la copa al presidente Chirac para que a la vez se la entregara a Didier Deschamps, su cargo como presidente de la FIFA terminaría, Havelange se robó el show. Todos los ganadores recibieron las medallas, mientras que el capitán recibió la copa. Enseguida todo el equipo Francés subió a la tarima presentándole la Copa a Havelange, una persona que de la popularidad ha hecho un arte —con una vista entusiasta que mostraba una hilera de traseros franceses.

La última palabra la tenía el nuevo presidente de la FIFA, Sepp Blater. Cuarenta y ocho horas después de haber terminado el campeonato mundial del 98, el sucesor de Havelange compartió sus puntos de vista para el próximo mundial:

"Creo que los juegos nocturnos, especialmente la final, deben comenzar más temprano. A eso de las 6 p.m., hora local. Comenzar un partido a las 9. p.m es un mal asunto: significa que no tendremos fiesta el día de la final". La final del próximo campeonato mundial comenzará a las 6 p.m., hora de Tokio, lo que significa que hay que presenciar el partido a las 9 a.m., hora de Inglaterra. Es mejor estar listos para ver a esas horas un monzón del extremo oriente.

Los comentarios iniciales sobre lo fácil que le resultaría a Rupert Murdoch, el administrador de los medios de comunicación, comprar la Presidencia de la FIFA, para poder controlar el campeonato mundial los escribí durante el torneo celebrado en Francia. Me pareció que durante poco tiempo era inevitable que Murdoch hiciera una inversión para lograr el control del fútbol mundial. La primera semana de septiembre de 1998 se vio obligado a hacerlo, pues ofreció cerca de mil millones de dólares por el Manchester United. El viejo Trafford se convertiría en el vendido Trafford. Otra parte del juego en peligro era la pérdida irreversible, no obstante, la oferta de compra, ya que prácticamente le habían robado el equipo a los legítimos propietarios.

Por consiguiente el equipo que este año prohibió a sus hinchas y partidarios ponerse de pie excepto cuando sea brevemente y en un momento de gran emoción estaba entusiasmado por venderle el alma al barón y magnate de los medios de comunicación.

El alma del joven hincha era así reducida a mera banalidad. Si el joven hincha objeta que no puede quedarse sentado, así en la iglesia tenga que levantarse para cantar, ahora podría obtener un apoyo al Manchester United, propiedad de Murdoch, gracias a BskyB Satellite TV que también es de propiedad de Murdoch, y leer comentarios favorables sobre el Manchester United en los periódicos *The Sun, News of the World, Sunday Times,* todos ellos propiedad de Murdoch. Los hinchas y partidarios del Manchester United siempre existirán en Murdochlandia, que no es una realidad virtual sino real. Difícil de experimentar por un hincha en un ambiente tan frío y sin alma.

Estas dificultades no están solamente confinadas al mundo del fútbol. Los partidarios de Rugby Union en este y en otros países se han impacientado con las arrogantes intransigencias hechas por los administradores del juego, individuos que como sus contrapartes en el fútbol son, de acuerdo con la célebre frase de Will Carling, "un puñado de viejos cagones". Los administradores cuestionados, rápidamente dieron crédito a las palabras de Carling ya que lo suspendieron del equipo inglés de Rugby hasta que pidió disculpas en público. Cualquier amante del críquet debe estar aterrado sobre cómo la junta directiva de críquet australiano ocultó un escándalo de apuestas hechas por uno de los jugadores estrella —comportamiento tan reprensible como el ocurrido en el campeonato mundial de Francia cuando los organizadores objetaron un escándalo sobre la venta de entradas robadas—. A finales de 1998 se hicieron fastidiosas revelaciones sobre la extendida ola de corrupción dentro del Comité Olímpico Internacional. Éstos son, por supuesto, los mismos directivos y fanáticos del deporte que buscan para asegurarse que los Juegos Olímpicos estarán exentos del uso de estimulantes.

Uno se pregunta qué hubiera hecho el corintio Sir Stanley Rous con los hechos ocurridos recientemente en el fútbol. ¿Qué pensaría, por ejemplo, de David Davies, el director de los Asuntos Públicos de la Asociación de Fútbol, que escribía a favor del entrenador de Inglaterra Gleen Hoddle, quien reveló los secretos del camerino, después de haber sido bien pagado de la Selección del campeonato mundial de 1998? ¿Qué pensaría el antiguo secretario de la Asociación de Fútbol de los cinco millones de dólares que le pagó secretamente a la AF (Asociación de Fútbol) de Gales el secretario ejecutivo de la AF, Graham Kelly, y el presidente de la AF, Keith Wiseman, para obtener el apoyo para que Inglaterra fuera sede del Mundial del 2006? ¿Y qué pensaría del curioso acuerdo que la AF negoció con el antiguo representante de BskyB, Sam Chisholm?

Tratando de justificar las actividades de Wiseman y Kelly, Alex McGivan, el director de la campaña Inglaterra sede del Mundial del 2006, dijo: "¿Acaso no es normal que ellos digan cómo pueden ayudarnos? Este es el mundo real". Esto aparentemente se llama, sin un toque de ironía, la "nueva moral".

McGivan haría bien si se da cuenta que los quince millones de dólares que se dan para obtener la sede del Mundial del 2006 no los va a conseguir en la libreta de promoción. Si se le dieron cinco millones de dólares a la AF galesa —una organización sin mucha influencia o salida— entonces, el Comité Ejecutivo de la FIFA, las diferentes confederaciones y federaciones de fútbol, los negociantes y los intermediarios van a necesitar más de quince millones de dólares para apoyar la sede del mundial para Inglaterra. El todopoderoso Havelange y sus compinches gastaron la mitad de esa suma en sus seis semanas en el verano de 1998 en París.

El señor McGivan no tiene que dar credibilidad a mis palabras sobre el alto costo de la corrupción que hay en el mundo deportivo de hoy. Tampoco necesita mirar más allá de las revelaciones que comprometen al COI (Comité Olímpico Internacional) con el lema: "Mente sana en cuerpo sano", que ha sido reemplazado por: "Un saludable fardo en un sobre ambientalmente amistoso". Sidney no se ganó los derechos a ser la sede de los Juegos Olímpicos del año 2000, los compró. La víspera para elegir la sede John Coates, presidente del Comité Olímpico Australiano, ofreció 35 mil dólares a los presidentes del Comité Olímpico de Kenya y de Uganda. Al día siguiente Sidney obtuvo dos votos por encima de Beijing. El Comité Australiano no dejó una tuerca floja buscando amigos influyentes para el voto crucial. Los esfuerzos incluyeron una fuerte presión sobre la Federación Australiana de Fútbol para que le consiguiera puesto a la hija de Sepp Blatter. Una fuente de la Federación Australiana confirmó: "Que me parece muy claro que dado el perfil que tiene el fútbol en los Juegos Olímpicos, es imperativo que la coloquemos en un cargo después que haya terminado el campeonato mundial Juvenil de 1993. El fútbol produce mucho dinero durante los Juegos Olímpicos. Sólo las pistas y los estadios arrastraron multitudes en Atlanta. Como el Sr. Blatter era el número dos después de Havelange, y estaba en una posición en la que podía influir a los delegados del COI sobre cómo obtener la ventaja en el voto de Montecarlo. Hubo mucha presión política contra la Asociación de Fútbol Australiana para que su hija mantuviera su cargo, pero me negué a ello. La decisión de que ella trabajara en el Comité Olímpico

Australiano fue tomada por una persona que ocupaba un cargo muy alto".

En la época que conocí a Corina Blatter en Zurich, cuando trabajaba como administradora de la campaña de su padre, ella todavía figuraba en la nómina de pago de la Asociación Australiana de Fútbol.

Salt Lake City no se ganó la sede de los Juegos de Invierno del 2002. Ellos lo compraron gracias a una sostenida campaña de sobornos y corrupción, y a un fondo multimillonario que hicieron en dólares.

Amsterdam pidió infructuosamente la sede para los Juegos de 1992. Se informó hace poco que los delegados del COI fueron agasajados y escoltados hasta los exclusivos burdeles de la ciudad. Los delegados también pidieron regalos costosos a cambio de los votos. Entre los delegados se encontraba João Havelange, quien posteriormente negó la versión publicada de que había pedido diamantes, porcelana azul Delft y cuadros al óleo.

Hay 110 delegados del COI. Cuando los funcionarios alemanes preparaban la solicitud para los juegos del año 2000, utilizando una gran variedad de fuentes, crearon un documento altamente confidencial en el que afirmaban que aparte de la princesa Ana, sólo otros cinco delegados del COI eran completamente incorruptibles.

A comienzos de febrero de 1999 el entrenador de Inglaterra Glenn Hoddle se convirtió en el ex entrenador de Inglaterra. Pagó el precio de sus creencias religiosas —reencarnación, curación por la fe y otras— cuando debía pagar el último precio para endosar una filosofía del fútbol que predicaba que entrenar los tiros de penalti era una completa pérdida de tiempo. En vista de que Inglaterra fue sacada del campeonato mundial del 98 después de errar un penalti contra Argentina y que el técnico inglés posteriormente afirmó que el gran error que había cometido fue no haber llevado al sanador de la fe Eileen Drewery a Francia. Sólo se puede esperar que si la reencarnación existe, Glenn Hoddle regresaría como un experto entrenador de fútbol.

Ahora, después de jugar un solo partido, se esperaba que Kevin Keegan fuera una suerte de Mesías como técnico. Después de la victoria contra un equipo polaco, que difícilmente derrotaría a un equipo provinciano, la creencia convencional era que la Copa Euro 2000 se ganaría y el campeonato mundial del 2002 era una conclusión inevitable. El campeonato 2006, sin embargo —y a pesar de todos los pitazos que desde la oscuridad promovían McGivan y sus colaboradores— sigue siendo el elusivo Santo Grial. El hecho que Sepp Blatter siguiera declarando públicamente después de ser nombrado presidente de la FIFA, que se comprometía a realizar el campeonato del 2006 en el Continente Africano fue descartado por el director de la campaña que no parece entender el hablar claro y sencillo de Batter.

Por ejemplo, en Nigeria en la segunda semana de abril de 1999, Blatter declaró: "Ahora con más convicción que nunca puedo decir que África celebrará el Mundial del 2006". Frente a estas declaraciones, vendrá seguramente el tiempo en que cuestionemos seriamente las actividades y los continuos gastos que ha hecho McGivan. Desesperado en su intento por lograr la sede del campeonato mundial, que ya es como una piedra hundida en el agua, la AF ha pedido al príncipe Carlos que se involucre en la Campaña Pro-Mundial. En 1995, mientras hacía una extraña visita a la final de la Copa Inglesa, el príncipe Carlos mostró poco interés en el juego y luego trató de entregarle la Copa a los perdedores —el Manchester United— en lugar de a los ganadores —el Everton—. Su nueva conversión en la religión más grande del mundo es un movimiento astuto. El príncipe Carlos no ha recibido los mejores comentarios de la prensa, pero si logra establecer un pequeño vínculo con el fútbol, esto le daría una buena dosis de relaciones públicas al heredero del trono. También tiene un precedente histórico. En 1914, actuando por consejo de sus asesores, el rey Jorge V asistió a la final de la Copa AF —era la primera vez que se hacía una visita real a un evento futbolístico—. Con esta actitud se buscaba aumentar la popularidad demostrando que tenía un "toque común". El rey presenció el cotejo en el que el Burnler le ganó al Liverpool, justo unos meses antes que Inglaterra estuviera en guerra contra Alemania, país que era gobernado por los parientes del rey de Inglaterra. Tal vez el príncipe Carlos almuerce con Sepp Blatter en Highgrove el día antes de la final de la Copa AF, le pedirá al presidente de la FIFA —que siempre está bien informado— que corrobore la información que he dado, es decir, que Inglaterra sólo puede contar con tres votos de los veinticuatro miembros del Comité Ejecutivo de la FIFA.

Tal vez fue el deseo de arrojar una vía de espera a las aspiraciones de Inglaterra para celebrar el campeonato mundial del 2006 lo que le llevó a la más temeraria afirmación, el primer año como presidente de la

FIFA, es decir, que se debía hacer un campeonato mundial cada dos años. Concepto que ha hecho el ridículo universal, tal como lo demostró en un comentario el periodista del *Guardian* de Inglaterra, David Lacey: "Blatter no ha sido el mismo desde que Sofía Loren tocó sus bolas de plástico antes de la selección de equipos para el campeonato de 1990".

A mediados de abril de 1999, la sabiduría popular le dio una bofetada en la cara. Se creía que BskyB, que intentaba apoderarse del Manchester United, tendría el visto bueno por parte de los Comisión de Monopolios y Fusiones. En el evento, la comisión concluyó que tal adquisición sería mala para el fútbol y mala para la transmisión y por consiguiente no despertaba el interés del público. La mayoría de los comentaristas gozaron en el desconcierto que tuvo Rupert Murdoch; dos días más tarde llegaron a un acuerdo para ver en el canal Sky TV (propiedad de Murdoch) cómo el Manchester United hacia las veces del Arsenal.

Difiero de la mayoría de los comentaristas y no creo que la derrota de Sky sea el fin de la guerra, sólo el fin de una batalla. Las peleas continuarán y se mantendrán hasta que prevalezcan los intereses del ganador. Ya existe una situación bizarra en la primera liga. Muchos de los partidarios e hinchas ganan menos a la semana —a menudo mucho menos— que el valor promedio de un tiquete por el derecho a aplaudir a veintidós millonarios dentro y fuera de la cancha. No hace mucho, en la época de la gradería sin sillas en los estadios, era algo diferente.

Hubo una época en que los preadolescentes se colgaban de las vigas al frente de su estadio favorito, y en los años adolescentes se reunían en una parte de la terraza y miraban el partido. Eso era lo importante. Participar en el juego animando, ridiculizando, sufriendo o siendo feliz; y lamentar una derrota, celebrar una victoria. Después cuando tenían unos años más, a los veinte, iban a mirar el juego desde las terrazas acompañados de una mujer joven. Años más tarde encontrarían otros sitios en donde presenciar los partidos: el sector occidental, junto a su pequeño hijo. Más tarde quedaba el sector norte, ahora como hincha, mientras su hijo preadolescente repetía inconscientemente el ciclo hecho por su padre para embarcarse en su propia aventura como cuando se colgaba de las vigas. Esta aventura, gracias a los esfuerzos de Havelange, Blatter, Murdoch y su laya, ha desaparecido del fútbol moderno. El teatro del fútbol se ha robado sistemáticamente uno de los ingredientes más vitales: la energía, la pasión de la multitud.

En las próximas dos décadas el fútbol se habrá transformado en un encuentro "pague por ver" de *Rollerball* pero sin violencia.

La gente señalará al Old Trafford en Highbury, y a otros estadios famosos de Inglaterra, y dirán: "Allá solía haber un equipo de fútbol".

Ah bueno, todas las cosas buenas tienen un final.